机车总体及走行部

主　编　潘永军　何安琪
副主编　邓文华　付　翔
主　审　张明思

西南交通大学出版社
·成都·

内容简介

本书结合中国铁路机车现场运用实际，对目前我国铁路主型交直流电力机车和内燃机车作了重点介绍。全书共分为 8 个项目，重点介绍了 HXD_1、HXD_3、$SS_{4改}$、HXN_{3B}、DF_{4B} 五种型号机车总体及走行部知识，并对中国铁路当前在线主力运用的交直流电力机车和内燃机车总体布置及转向架各部件组成、构造、原理和性能等作了分析，探讨了机车总体设计等有关问题。

本书可作为高等职业院校铁道机车专业教材，也可作为从事铁道机车工作及相关技术人员的参考资料，同时还可作为铁路培训教材使用。

图书在版编目（CIP）数据

机车总体及走行部 / 潘永军，何安琪主编. —成都：西南交通大学出版社，2023.2
ISBN 978-7-5643-9182-9

Ⅰ. ①机… Ⅱ. ①潘… ②何… Ⅲ. ①电力机车 – 高等职业教育 – 教材 Ⅳ. ①U264

中国国家版本馆 CIP 数据核字（2023）第 031679 号

Jiche Zongti ji Zouxingbu
机车总体及走行部

主　编 ／ 潘永军　　何安琪　　　　责任编辑 ／ 李　伟
　　　　　　　　　　　　　　　　　　封面设计 ／ 吴　兵

西南交通大学出版社出版发行
（四川省成都市金牛区二环路北一段 111 号西南交通大学创新大厦 21 楼　610031）
发行部电话 028-87600564　028-87600533
网址 http://www.xnjdcbs.com
印刷　四川森林印务有限责任公司

成品尺寸　185 mm×260 mm
印张　21.5　　字数　537 千
版次　2023 年 2 月第 1 版
印次　2023 年 2 月第 1 次

书号　ISBN 978-7-5643-9182-9
定价　59.00 元

课件咨询电话：028-81435775
图书如有印装质量问题　本社负责退换
版权所有　盗版必究　举报电话：028-87600562

前　言

随着中国铁路的飞速发展，当前中国铁路机车发展正处在新的历史阶段。自 21 世纪初，"和谐型"大功率交流传动机车 HXD_1、HXD_2、HXD_3、HXN_{3B} 等机型成功设计与生产，并投入运用，标志着我国铁路机车行业成功实现了由交-直传动向交-直-交传动的转化，铁路机车技术平台达到了世界先进水平。

在这种新的形势下，为了能更好地应用新型铁路机车交直流传动技术，使学生了解和熟悉目前国产交直流传动各型机车的技术特点，编者特编写了这本《机车总体及走行部》，对目前我国铁路主型交直流电力机车和内燃机车作了重点介绍。全书共分为 8 个项目，深入浅出地介绍了 HXD_1、HXD_3、$SS_{4改}$、HXN_{3B}、DF_{4B} 五种型号铁路机车总体及走行部相关内容，并对目前中国铁路在线主力运用的交直流电力机车和交直流内燃机车总体布置及转向架各部件组成、构造、原理和性能等作了分析，同时补充强化了机车总体及走行部课程实训任务的设计和执行。

本书由武汉铁路职业技术学院潘永军、何安琪担任主编，武汉铁路职业技术学院邓文华、付翔担任副主编，武汉铁路职业技术学院张明思教授担任主审。具体编写分工如下：项目一由何安琪编写，项目二、项目四由潘永军编写，项目三由邓文华、黄欢编写，项目五由付翔、邓文华编写，项目六由石青、张宏林编写，项目七由彭俏、郑莎莎编写，项目八由中国铁路武汉局集团公司江岸机务段教育科董运鹏及武汉铁路职业技术学院齐笑笑编写。全书由潘永军统稿和组织编写，中国铁路武汉局集团公司襄阳机务段教育科高级技师黄斌，武昌南机务段技术科工程师郑玉虎，武昌南机务段动车运用车间高级技师孙辉，江岸机务段高级技师梁耀辉、夏瑀，武汉动车段工程师陆俊帅等提供了资料并参与部分内容的编写及审定。

由于编写时间仓促，铁路科技变化更新速度较快，加之编者水平有限，疏漏之处在所难免，恳请广大读者批评指正。

编　者

2022 年 4 月

目　录

项目一　铁道机车总体认知 1
　任务一　铁路在国民经济中的作用和地位 1
　任务二　铁道机车的发展概况 7
　任务三　铁道机车构成及主要参数 17
　实训一　铁道机车认知 23

项目二　机车车体和设备布置 27
　任务一　机车车体结构认知 27
　实训二　铁道机车车体结构认知 59
　任务二　机车司机室设备布置 63
　实训三　HXD$_3$型电力机车司机室设备认知 73
　任务三　机车机械室设备布置 77
　实训四　HXD$_3$型电力机车机械室设备认知 88
　任务四　机车车顶设备布置 92
　实训五　HXD$_3$型电力机车车顶设备认知 98

项目三　机车转向架 102
　任务一　机车转向架认知 102
　任务二　轮对、齿轮传动及电机悬挂装置 119
　任务三　轴箱装置 140
　实训六　铁道机车转向架轴箱认知 152
　任务四　一系、二系悬挂装置 156
　实训七　铁道机车一系、二系悬挂装置认知 169
　任务五　基础制动装置 173
　实训八　铁道机车基础制动装置认知 183

项目四　车钩缓冲装置 187
　任务一　车钩的作用和结构 187
　任务二　缓冲装置 197
　实训九　HXD$_3$型电力机车车钩拆装与检修 204

项目五　车体与转向架连接装置 　208
任务一　车体与转向架连接装置的分类 　208
任务二　车体与转向架连接装置的结构 　210
实训十　HXD$_3$型电力机车车体与转向架连接装置认知 　220

项目六　通风冷却系统 　223
任务一　通风冷却系统概述 　223
任务二　通风冷却系统的工作原理 　226
实训十一　HXD$_3$型电力机车通风冷却系统认知 　242

项目七　空气管路系统 　246
任务一　HXD$_3$型电力机车空气管路系统 　246
任务二　HXD$_1$型电力机车空气管路系统 　253
任务三　SS$_{4改}$型电力机车空气管路系统 　261
任务四　HXN$_{3B}$型内燃机车风源管路系统 　267
任务五　DF$_{4B}$型内燃机车风源管路系统 　279
实训十二　HXD$_3$型电力机车空气管路系统认知 　283

项目八　机车检查作业 　287
任务一　机车检查作业前的准备工作 　287
任务二　机车检查作业 　291
实训十三　HXD$_3$型电力机车走行部检查 　334

参考文献 　338

项目一　铁道机车总体认知

铁路是我国重要的交通设施，铁路运输企业是交通运输系统的骨干企业，是关系国民经济发展的重要因素。铁路交通运输方式具有速度快、运量大、全天候、成本低、运距远、安全可靠、节能环保、适应性强等优点，在国民经济中拥有举足轻重的作用和地位。铁路机车作为铁路运输的火车头，一直牵引着国民经济，不断向更好更快的方向发展。

任务一　铁路在国民经济中的作用和地位

知识目标

（1）了解铁路运输在运输生产、铁路建设、节能减排和沿线绿化等方面的趋势及发展。
（2）熟悉铁道机车在铁路运输中的地位。
（3）了解电力机车和内燃机车的优劣势。

能力目标

（1）了解铁路运输在国民经济中的作用。
（2）了解铁道机车在现代轨道交通运输中的地位。

素质目标

（1）培养学生爱岗敬业、忠于职守、团结合作的精神。
（2）使学生具备从事机车运用和检修岗位所必需的基本知识和专业技能。

工具设备

多媒体设备课件、图片、示教板、计算机多媒体设备等。

教学环境

多媒体教室、铁道机车模拟驾驶实训室。

一、铁路运输在国民经济中的作用

中国重要的基础工业之一就是铁路工业，铁路运输是综合运输体系的主要部分。铁路是国家重要的交通设施，是交通运输系统的骨干企业，是关系国民经济发展的重要因素。其对国家的政治领域、经济领域、文化领域及国防建设与发展都起着重要作用。与水路交通运输方式、公路交通运输方式、航空交通运输方式及管道交通运输方式相比，铁路交通运输方式具有速度快、运量大、全天候、成本低、运距远、安全可靠、节能环保、适应性强等优点。

现阶段，我国国民经济发展的关键物资的运输，主要靠铁路运输来承担；在国民经济中，铁路交通运输行业有力地发挥着其特有的作用。

（一）运输生产

1. 旅客运输

2018 年，国家铁路旅客发送量完成 33.17 亿人次，比上年增加 2.79 亿人次，增长 9.2%；国家铁路旅客周转量完成 14 063.99 亿人千米，比上年增加 667.03 亿人千米，增长 5.0%，如图 1-1 所示。

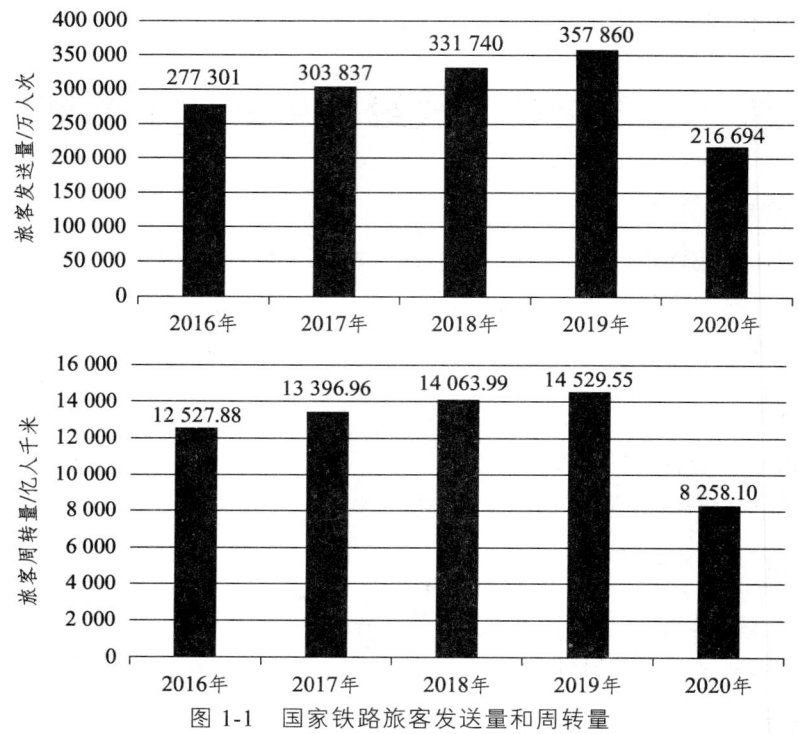

图 1-1 国家铁路旅客发送量和周转量

2. 货物运输

2018 年，国家铁路货运总发送量完成 31.91 亿吨，比上年增加 2.72 亿吨，增长 9.3%。其中，集装箱、商品汽车、散货快运发送量比上年分别增长 44.6%、25.1%和 2.3%。国家铁路货运总周转量完成 25 800.96 亿吨千米，比上年增加 1 709.26 亿千米，增长 7.1%，如图 1-2 所示。

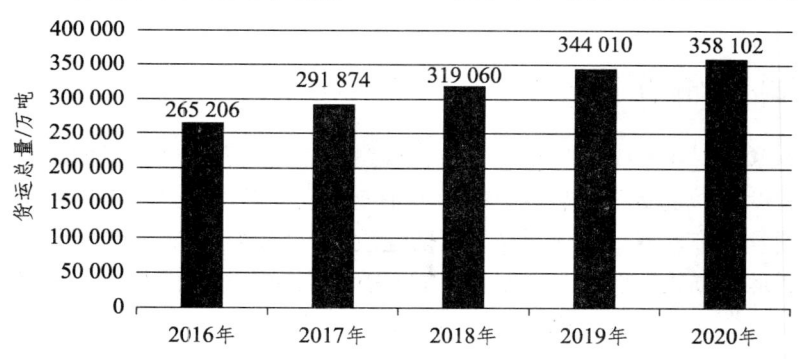

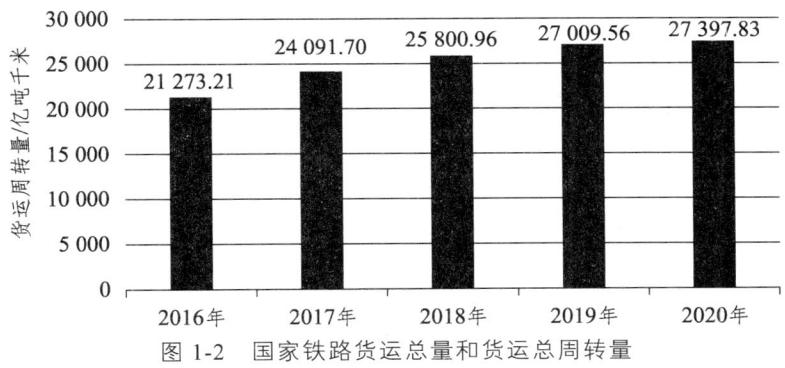

图 1-2 国家铁路货运总量和货运总周转量

3. 总换算周转量

2018 年，国家铁路总换算周转量完成 39 864.95 亿吨千米，比上年增加 2 376.29 亿吨千米，增长 6.3%，如图 1-3 所示。

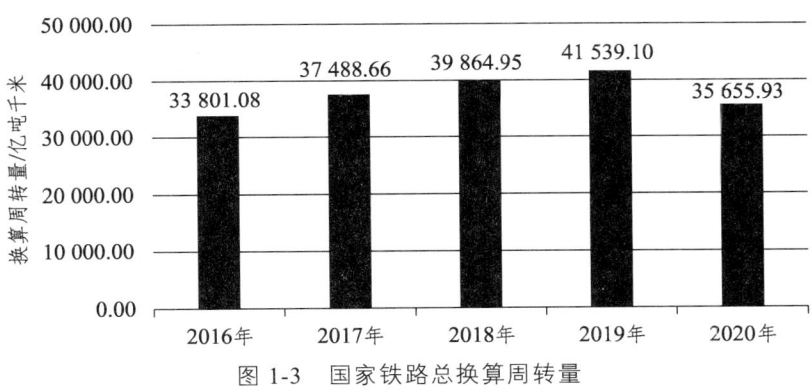

图 1-3 国家铁路总换算周转量

4. 运输安全

2018 年，全年未发生特别重大、重大铁路交通事故，铁路交通事故死亡人数比上年下降 4.4%。

（二）铁路建设

2018 年，全国铁路固定资产投资完成 8 028 亿元，投产新线 4 683 km，其中高速铁路 4 100 km。

1. 路网规模

2018 年年底，全国铁路营业里程达 13.1 万千米；全国铁路路网密度 136.9 千米/万千米^2。其中，复线里程 7.6 万千米，复线率为 58.0%；电气化里程 9.2 万千米，电化率为 70.0%。西部地区铁路营业里程 5.3 万千米。2016—2021 年间全国铁路营业里程如图 1-4 所示。

2018 年，国家铁路营业里程 12.1 万千米。其中，复线里程 7.3 万千米，复线率为 60.6%；电气化里程 8.7 万千米，电化率为 72.3%。

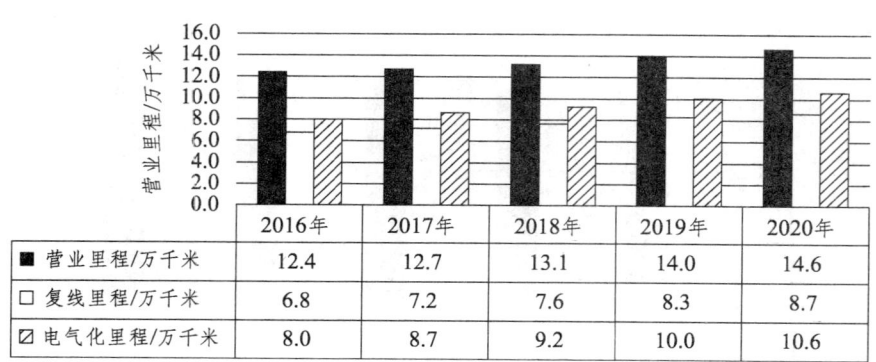

图 1-4 全国铁路营业里程

2. 移动装备

2018年，全国铁路机车拥有量为2.1万台。其中，内燃机车0.81万台，占38.6%；电力机车1.29万台，占61.3%。全国铁路客车拥有量为7.2万辆。其中，动车组3 256标准组、26 048辆。全国铁路货车拥有量为83.0万辆。

（三）节能减排

1. 综合能耗

2018年，国家铁路能源消耗折算标准煤1 624.21万吨，比上年减少2.57万吨，下降0.2%；单位运输工作量综合能耗4.11吨标准煤/百万换算吨千米，比上年减少0.23吨标准煤/百万换算吨千米，下降5.3%；单位运输工作量主营综合能耗3.90吨标准煤/百万换算吨千米，比上年减少0.08吨标准煤/百万换算吨千米，下降2.0%。2016—2020年综合能耗如图1-5所示。

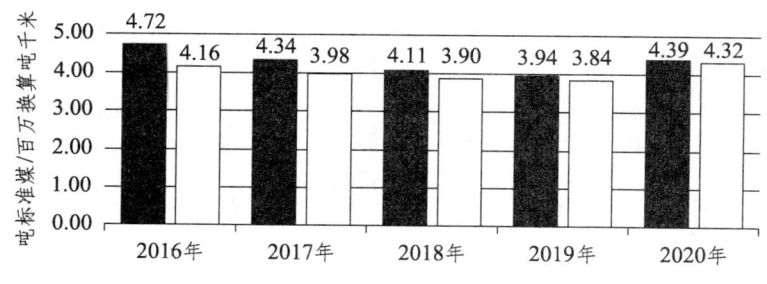

图 1-5 国家铁路运输工作量综合能耗、主营能耗

2. 主要污染物排放量

2018年，国家铁路化学需氧量排放量1 878 t，比上年减排14 t，降低0.7%；二氧化硫排放量0.98万吨，比上年减排0.65万吨，降低39.7%，如图1-6所示。

（四）沿线绿化

2018年，国家铁路绿化里程4.83万千米，比上年增加0.13万千米，增长2.8%。

图 1-6 国家铁路化学需氧量、二氧化碳排放量

二、铁道机车在现代轨道交通运输中的地位

铁道机车包括电力机车和内燃机车（一般还包括蒸汽机车），是通过外部接触网（或轨道）或燃料燃烧供给机车动能的现代化牵引动力。它无论在当前铁路运输中，还是在城市轨道交通运输中都具有不可替代的重要地位。

（一）电力机车

从对国家铁路机车的统计结果可知：电力机车拥有量占机车总量的比例已经超过60%，这主要得益于电力机车所具有的不可比拟的优势。

1. 功率大、速度快

机车的功率大小决定了它的牵引力和运行速度。内燃机车由于受结构的限制，功率受到影响，而电力机车的功率相对较大，加之现代电网容量超过机车功率好多倍，使现代电力机车向重载、高速方向发展成为现实。

2. 热效率高、成本低

电力机车的平均热效率为26%，高于内燃机车，同时无非生产性消耗，运输成本低，经济效益好。

3. 综合利用资源、降低能源消耗

我国有丰富的水利资源可供发电。另外，火力发电厂也可利用一些劣质燃料发电，做到资源综合利用，从而节约大量的优质燃料。

4. 清洁无污染

电力机车的动力来自电能，无任何有害排放物和污染，作为铁路运输的主要牵引动力是十分理想的绿色交通工具。

5. 维修便利、成本低

电力机车上主要是一些电气设备，因此具有保养容易、维修量小、定修周期短等特点。

6. 工作条件舒适

电力机车乘务员的工作条件在劳动强度、工作环境、噪声、采光、振动等方面都有很大的改善，且优于内燃机车。

（二）内燃机车

内燃机车与电力机车相比也有其优点。

1. 热效率高、能耗低

内燃机车的热效率可达 30%~35.5%。DF_{4B} 型内燃机车的热效率为 33.9%。而向电力机车供电的火力发电站的热效率在我国则只有 18.4%~19.3%。

机车柴油机的耗油总量占全国内燃机耗油总量的 4%左右。汽车的单位能耗比内燃机车高出 20 倍，内燃机车经济地利用了石油资源。

2. 投资少

电力牵引必须修建牵引供电系统，使电力牵引总的投资比内燃牵引高 1.45~2.55 倍，而且内燃牵引适应能力强，机动灵活性好。

3. 具有可靠的电阻制动或液力制动

内燃机车可以采用电阻制动（电传动内燃机车）或液力制动（液力传动内燃机车），不仅有利于提高列车的下坡速度，而且还由于使用电阻制动或液力制动，车辆轮对踏面及闸瓦减少了磨耗，延长了轮对踏面的运行里程，减少了闸瓦更换的工作量和消耗量。

4. 牵引性能好

内燃机车的牵引特性曲线较接近于等功率曲线，低速时的牵引力较大。例如，DF_{4B} 型机车在 6‰的坡道上能牵引 4 100 t 的货物。

5. 起动加速快，降低运输成本

内燃机车起动加速快、整备时间短、运行里程长、便于多机牵引，为延长机车交路、减少运用机车台数、降低运输成本、提高线路通过能力创造了条件。

6. 内燃机车新技术运用前景广阔

内燃机车在新技术运用方面有着广阔的前景，如机车交流传动、径向转向架、柴油机节能与强化代用燃料、微机控制、运行安全保障系统、检测与维修技术等。

内燃机车的缺点是结构复杂，制造修理工艺水平高和运用保养要求较高，对高温、高海拔和长大隧道的适应能力较差，排出的废气对环境会造成污染等。

因此，尽管我国电气化铁路电力机车由于其自身的优势，正在逐步取代内燃机车，占据越来越大的市场份额，但考虑到内燃机车具有使用范围广、铁路线路一次性投资少、无须电气化铁路、性能相对稳定、故障率较少、受外部环境影响较小、维修相对简单、使用成本低等优点，在一些经济不发达、气候条件恶劣或矿产自然资源集中区，如蒙内铁路、"一带一路"沿线、青藏铁路或煤矿等矿产资源丰富地区一般使用内燃机车牵引，因此内燃机车仍有其特定的应用环境。

任务二　铁道机车的发展概况

知识目标

（1）了解铁路牵引力概述。
（2）了解铁道机车的发展历史和不同阶段铁道机车的技术特性。
（3）掌握电力机车牵引制式。
（4）了解蒸汽机车发展概况。
（5）了解内燃机车发展概况。
（6）了解电力机车发展概况。

能力目标

（1）了解铁路运输和牵引力概述。
（2）了解电力机车发展概况。

素质目标

（1）培养学生爱岗敬业、忠于职守、团结合作的精神。
（2）使学生具备从事机车运用和检修岗位所必需的基本知识和专业技能。

工具设备

多媒体设备课件、图片、示教板、计算机多媒体设备等。

教学环境

多媒体教室、铁道机车模拟驾驶实训室。

一、铁路运输和牵引力概述

（一）铁路运输概述

1825年9月27日，英国人乔治·斯蒂芬森亲自驾驶"旅行者号"蒸汽机车在新铺设的世界上第一条铁路——英国的斯托克顿—达林顿铁路上试车，并获得成功。蒸汽机在交通运输业中的首次应用，使人类迈入了"火车时代"，为人类交通运输业揭开了新的篇章。铁路运输迄今虽已有近200年的历史，但经过不断更新改造，现代化铁路仍是世界各国重要的运输工具。铁路运输具有运量大、运程长、成本低、受气候条件影响小等优点。

铁路运输并不创造新的物质产品，而只改变旅客或货物的位置。铁路运输的生产过程是分布在全国漫长的铁路线上进行的，具有点多、线长、连续性强等特点，且铁路又是运输、机务、车辆、工务、电务、材料供应、基本建设等许多业务部门配合在一起的综合性企业，因此，铁路运输必须实行高度集中、统一指挥。从铁路运输组织工作的角度看，铁路运输形式的特点是铁道及列车，铁路的主要运输设备也是根据运输要求设置的。

1. 铁路线路及各种类型的车站

铁路线路是铁路列车运行的基础，由轨道、路基、桥涵、隧道等组成；车站则是办理旅客和货物运输、编组、解本列车以及有关技术作业的基地。车站又有旅客站、货物站、编组站、区段站和中间站之分。

2. 机车车辆及其修理与整备设备

机车是牵引列车运行的基本动力，各类型的车辆是载运旅客和货物的工具，而修理与整备设备则是机车车辆经常处于完好状态和正常运行的基本保证。

3. 通信信号设备

通信信号设备是保证行车安全和提高行车效率的重要设备，犹如铁路运输的耳目。铁路运输的生产过程就是利用铁路线路、车站、机车车辆及通信信号等技术设备，将旅客与货物从起点运送到终点的过程。

随着社会生产和现代科学技术的进步，世界各国的铁路运输都在广泛采用计算机技术和自动控制技术，以促使铁路运输逐步向自动化、信息化和数字化方向发展。铁路运输自动化不但是现代交通运输向着高速、安全方向发展的需要，而且能使复杂的运输管理更加科学与合理，从而极大地提高运输效率和劳动生产率，更好地完成日益繁重的运输任务。

（二）铁路牵引动力的基本形式

机车是铁路运输的基本动力。由于铁路车辆大都不具备动力装置，列车的运行和车辆在车站内有目的地移动均需机车牵引或推送。因此，机车的保有数量、牵引性能、保养和检验质量以及正确的组织，对机车的运用，对铁路能否完成和超额完成国家运输任务有很大的影响。

（1）机车按原动力分为蒸汽机车、内燃机车和电力机车。

（2）机车按运用分为客运机车、货运机车和调车机车。客运机车要求速度快，货运机车需要功率大，调车机车要有机动灵活的特点。

二、蒸汽机车发展概况

蒸汽机车是利用蒸汽机把燃料（一般用煤）的化学能变成热能，再变成机械能，从而使机车运行的一种铁道机车。它的优点是结构简单、成本低，缺点是热效率低、体型笨重。

1804 年，英国工程师特里维西克研制出一台单缸蒸汽机车。因为当时使用木材烧火作燃料，所以叫"火车"，"火车"这个名字在今天已经流传到全世界，而蒸汽机车被叫作"火车头"。

英国人乔治·斯蒂芬森研制了世界上第一台真正意义上的蒸汽机车。1814 年 7 月 25 日，他研制的第一台蒸汽机车"旅行者号"试运行成功，它可以拉着 8 节矿车，载重 30 t，以 6.4 km/h 的速度前进。

由斯蒂芬森主导设计的蒸汽机车和铁路工程不仅彻底改变了英国面貌，也极大地推动了社会进步，改变了整个世界的历史进程。

在"铁路之父"斯蒂芬森的百年诞辰之际，1881 年 6 月 9 日（光绪七年），中国第一条官办铁路"唐胥铁路"(唐山—胥各庄)开始建设铺轨,1881年11月8日,唐胥铁路正式通车。

中国第一台蒸汽机车——"龙号",诞生于1881年,是利用煤矿起重锅炉和竖井架的槽铁等旧材料试制而成的。1952年7月,新中国制造的第一台蒸汽机车出厂,命名为"解放型",现用代号JF,之后又陆续试制出"前进型""工农型""建设型"等蒸汽机车。

三、内燃机车发展概况

内燃机车是以内燃机作为原动力,通过传动装置驱动车轮的机车。我国铁路采用的内燃机绝大多数是柴油机。内燃机车的优点是起动迅速、功率大、热效率较高;缺点是构造复杂、制造维修费用大、造成的污染大。

1958年9月9日,中国第一台内燃机车"巨龙"号于原北京长辛店机车车辆厂研制成功,自重60 t,机车牵引力为441 kW,最高速度为85 km/h。

(一)我国第一代内燃机车设计生产的5年(1964—1968年)

代表产品:DF、DF_2、DF_3、$DF_{2增}$、$DF_增$、DFH_1等机型。

(二)第二代内燃机车开发生产的20年(1968—1988年)

代表产品:DF_{4A}、DF_{4B}、DF_{4C}、DF_5、DFH_3、北京型等(北京型和东方红型都是液力传动内燃机车,目前已经逐步淘汰)。DF_{4B}型机车共生产了40 000台左右,最大运行速度为120 km/h,柴油机装车功率为2 430 kW,于1999年停产。

(三)我国第三代内燃机车开发生产的10年(1989—1998年)

技术特征:中速柴油机匹配交直流电传动;采用微机控制;准高速机车采用牵引电动机架悬式转向架。

代表产品:DF_6、DF_{11}、DF_{8B}、DF_{4D}、DF_{10F}等。其中,DF_{4D}是为满足1997年4月1日开始的铁路提速的迫切需要,1996年12月大连机车车辆厂成功开发出的提速客运内燃机车,机车最高运行速度为145 km/h,后来提高到170 km/h。

(四)我国第四代内燃机车开发生产的起步(1999年至今)

技术特征:
(1)采用交-直-交电传动(直接采用第三代逆变器IGBT);
(2)辅机交流电传动;
(3)机车微机控制;
(4)柴油机电子喷射(喷油量和时间由微机控制);
(5)客运机车牵引电动机架悬、货运机车径向转向架。

代表产品:捷力号(日本三菱公司IPM)、DF_{8CJ}、DF_{8DJ}(西门子IGBT功率模块)、HXN_5(戚墅堰机车厂通过从美国通用电气公司技术转移方式进行国产化,如图1-7所示)、HXN_3(大连机车厂及美国EMD公司共同研制,如图1-8所示),以及出口澳大利亚内燃机车(SDA_1)和4400HP机车等。

图 1-7　HXN₅ 型内燃机车　　　　图 1-8　HXN₃ 型内燃机车

四、电力机车发展概况

电力机车是非自带能源式机车，以电能作为动力，电能通过高压线从发电厂获得。电力机车的热效率较高，具有功率大、过载能力强、牵引力大、速度快、整备作业时间短、维修量少、运营费用低、便于实现多机牵引、能采用再生制动以及节约能量等优点，而且不会造成空气污染、噪声小。

（一）电力机车牵引制式

目前主要存在三种形式的电力机车，即直流电力机车、低频单相交流电力机车和工频单相交流电力机车。此外，尚有一定数量的多电流制机车（即上述三种机车的组合型），用于不同供电制衔接区段的牵引。

1. 直流电力机车

直流牵引制是电力牵引早期采用的牵引制，目前在电力牵引中还占有一定比例，尤其是城市电车、地下铁道以及大型工矿企业运输中，直流牵引制仍占据着主导地位。直流牵引通常是由电力系统供给三相交流电，在牵引变电所中变压器降低电压，再用整流装置将交流电变为直流电，最后以直流的形式经馈电线输送给接触网，供直流电力机车取用。采用直流牵引制的机车为直流电力机车。直流电力机车的基本特点是：结构简单、工作可靠、调速方便、造价低廉、牵引性能好（因为机车上采用的是具有最佳牵引性能的直流串励牵引电动机）。直流牵引制由于受牵引电动机端电压的限制，接触网电压低，牵引电流大，接触网的有效截面也很大，有时竟高达 $600 \sim 800 \ mm^2$。为了节省有色金属和保证牵引网的电压水平，不得不缩小牵引变电所的距离（一般只达到 $20 \sim 30 \ km$），因此，牵引变电所的数量也随之增多。所以直流电气化铁道的建设投资和运营费用都较高，而且也限制了机车功率的进一步提高，降低了直流牵引制的供电效率。另外，直流牵引还有一个严重的问题，就是泄漏电流对沿线地下金属设施的腐蚀比较严重，需采取特殊的防护措施。

近年来，直流电力机车的发展出现了两种方向，即采用晶闸管直流斩波器调速和将接触网电压提高至 60 kV。直流电力机车传统的起动、调速方法是在电源与牵引电动机之间串联可变电阻器。这种调速方法的缺点较多。而晶闸管直流斩波器的应用，不仅可以取消上述电阻，而且能对牵引电动机的端电压进行连续、平滑地调节。这样既可节省大量的电能，又给机车牵引带来一系列的好处，如充分利用黏着，改善机车的起动性能等。

2. 低频单相交流电力机车

低频单相交流牵引制出现于20世纪初期。许多西欧国家如奥地利、挪威、瑞典和德国等都采用这种电流制。不过当初采用的单相低频交流制有很多种，如 15 Hz、$16\frac{2}{3}$ Hz 和 25 Hz 等，其电压也不一样，有 3.3 kV、6.5 kV、11 kV 和 15 kV，后来才逐渐统一成了 15 kV、$16\frac{2}{3}$ Hz 的单相低频交流制。采用单相低频交流制的主要原因：一是由于直流牵引制接触网电压太低，不经济；二是限于当地的技术条件，由于当时尚造不出工频单相交流牵引电动机，只能采用低频单相交流牵引电动机，单相整流子式牵引电动机在低频条件下易保持整流的稳定性，具有与直流牵引电动机相似的牵引特性；另外，在电力机车上还可以比较容易地将接触网的高压降低到牵引电动机所需的电压。在这种情况下，只好降低接触网的供电频率。

采用单相交流牵引制，可以大幅度提高接触网电压，节省有色金属的消耗量，同时可以增大牵引变电所之间的距离，从而减少牵引变电所数量。此外，接触网电压提高后，还可满足机车功率不断增加的需要。

低频单相交流牵引制采用的机车为低频单相交流电力机车。这种机车的传动形式是采用单相整流子电动机作为牵引电动机，其特点是在牵引电动机供电回路中设有整流环节。通常又把这种机车称为单相整流子电动机电力机车。单相整流子牵引电动机工作中最突出又最严重的问题就是整流问题。为了保证良好的整流质量，必须使电机整流元件（即电机的换向绕组）中的变压器电势不超过一定数值。要做到这一点，只有采用较低的供电频率才行。因此，在早期电气化铁路上采用的单相整流子牵引电动机均为低频的单相整流子电动机。

目前，单相低频交流牵引制采用三种供电方式：一是建立完全独立的电力牵引专用的低频供电系统，由发电厂发出单相低频电流，经高压输电线输送到牵引变电所；二是在牵引变电所获得电能，将电压降低到 16.5 kV 或 12.1 kV，然后再馈送到接触网，在专设的变频变电所内将三相电变为单相电，将工频转换为电气化铁路所需要的低频，再从这些变频变电所经高压输电线送给各牵引变电所；三是由三相工频交流电力系统供电，在各个牵引变电所进行降压、变频和变相，这比直流变电所既变压又整流设备更为复杂。

当采用单相低频交流牵引时，需要建立专门的低频发电厂（不能向非牵引用户供电），或者是设置变频装置，这使得电气化铁路一次投资增大以及变电所的运行管理复杂化。因此，低频单相交流牵引制在发展上受到一定的限制。

3. 工频单相交流电力机车

工频单相交流牵引制具有一系列直流牵引制或低频单相交流牵引制所无法比拟的优点：供电设备简单、经济、可靠。它的一次供电系统与直流制相同，但牵引变电所的设备大为简化，不需要像直流制那样在变电所内设置复杂的整流装置，也不需要像低频单相交流牵引制一样建设专用的发电设施，或在变电所内安设变频机组；工频单相交流制的牵引变电所还可以方便地向地区负荷供电，可以大幅度提高牵引网的电压，从而增大牵引变电所的距离，减少变电所的数量，缩小接触网的有效截面，简化接触网结构，降低接触网中的功率损失，这样不仅可以减少电气化铁路的一次建设投资，而且也可以降低电气化铁路的运营费用。另外，采用工频单相交流牵引制还可以改进电力机车的黏着性能和牵引性能。由于交流电力机车采用变压器变压，因而牵引电动机全部并联工作，可以防止轮对空转，大大提高了电力机车的黏着系数。由于整流器式电力机车仍采用直流电动机，因此具有较好的调速和牵引性能。正是因为具有这些突出的优点，所以自 20 世纪 50 年代以来，工频单相交流牵引制发展得很快。凡是新开始实行电气化铁路的国家，大多采用工频单相交流牵引制。

工频单相交流牵引制采用的机车为工频单相交流电力机车。工频单相交流电力机车可以采用直流（脉流）串励电动机、工频单相整流子电动机以及无整流子交流电动机（包括同步型和异步型），其中最有代表性且应用最普遍的则是直流（脉流）串励电动机，机车上装有变压器和整流器，其功能是将接触网送来的高压单相交流电在机车上经变压器降压，再经整流器整流，然后供给牵引电动机。

近几十年来，整流器式电力机车在技术上的重大突破集中地表现在整流器上。在 20 世纪 50 年代，这种机车是以水银整流器（即引燃管）作为整流装置的；进入 60 年代后，由于大功率半导体技术的迅速发展，水银整流器迅速被硅整流器所取代。硅整流器的突出优点是结构简单、工作可靠、维修工作量小。大功率可控硅（即晶闸管）的出现及其在电力机车上的应用，不仅使整流器式电力机车的整流装置发生了质的变化，由不可控整流变为可控整流，并使整流、调压、逆变三者融为一体，同时也为发展工频单相交流电力机车采用交流无整流子牵引电动机提供了新的技术途径。采用可控硅（晶闸管）相控调压，可以使机车实现平滑调速，也可以实现各种闭环控制，使机车自动按照一定的要求运行，从而提高了电力机车控制的自动化程度；此外，还可以取代机车主电路中一些有触点电器，如调压开关等。目前，我国电气化铁路上运用的电力机车主要是工频单相交流硅整流器式电力机车。

现在，交流传动技术正趋于成熟，各种交流传动系统已进入电气传动的各个领域，三相交流牵引电动机随着现代大功率变频技术的迅速发展而发展起来，除工业应用外，现已被成功地应用于铁道干线机车和高速动车上。

由于交流牵引电动机没有换向器工作面圆周速度的限制，因此可以选用高的转速和大的传动比，这样能显著减小电机的质量，以获得较大的单位质量功率。另外，交流电动机充分利用了原直流电机换向器所占的空间，热量能沿定子圆周均匀散发，改善了电机的冷却效果，明显地增长了电机的寿命。交流电机的优越性可在表 1-1 所示的两种电机参数比较中得到证实。

表 1-1　两种不同类型牵引电动机参数比较

电机种类	脉流电动机	三相异步电动机
型号	BAG4843	UZ116·64K
安装机车型号	BR120	181.2
功率/kW	1 400	1 360（5 min）
持续功率/kW	1 400	810
电机电压/V	2 200	1 050
持续电流/A	360（相）	830
最大转速/(r/min)	3 600	1 860
转子直径/mm	930	950
质量/kg	2 380	3 630
单位质量功率/(kW/kg)	0.588	0.375

如表 1-2 所示,对于中小型容量的电机,在质量和外形尺寸大致相同的情况下,交流牵引电动车的功率一般比直流电动车的功率大 30%。

表 1-2 中小容量交直流电机参数比较

电机种类	直流牵引电动机	交流异步电动机
型号	TDK6200-A	TDK8270-A
功率/kW	165	130
电机转速/(r/min)	1 565	1 450
绝缘等级	C	C
质量/kg	776	770
机座外径/mm	570	570
单位质量功率/(kW/kg)	0.168	0.214
单位质量转矩/(N·m/kg)	1.1	1.316

(二)电力机车发展概要

1890 年,英国伦敦首先用电力机车在 5.6 km 长的一段地下铁道上牵引车辆,这是世界上第一辆电力机车。英国作为第一次工业革命的主要发生地,在蒸汽机车和电力机车的研发过程中都有着至关重要的地位。

我国电气化铁路从 1958 年开始筹建,1961 年 8 月,我国第一条电气化铁路宝(鸡)成(都)铁路的宝凤(州)段(91 km)开通,采用工频交流 25 kV 牵引供电制式,跨越了直流牵引供电制式,奠定了我国铁道电力牵引现代化的基础。电力机车的研究与铁道电气化同步,也是始于 1958 年。1958 年 12 月,我国第一台干线电力机车研制成功,定名 6Y1 型(6 轴,引燃管整流),采用交直主传动技术。经历 60 多年的不懈努力,我国的电气化铁路得到迅速发展,电力机车的研究也从最初的韶山型系列电力机车,到最新的复兴号动力集中动车组(俗称绿巨人)。

我国电力机车的发展大体经历了四个阶段:

第一阶段是从 1958 年至 20 世纪 70 年代末,共 20 多年。这一阶段是我国电力机车发展的初期。第一台交流电力机车由湘潭电机厂(负责电器和总装)、株洲机车车辆厂(负责机械部分)共同研制。1958 年试制成功韶山型引燃管整流器式电力机车,该车参照苏联 H60 型电力机车设计。从此,我国电力机车从无到有并经过三次大的技术改造,生产出了性能稳定、运行可靠的 SS_1 型电力机车(见图 1-9),作为客货牵引动力的主型干线机车,到 1988 年止,共生产 SS_1 型电力机车 828 台。

第二阶段是从 20 世纪 70 年代末到 80 年代末。这是我国电力机车发展的成长期,这一阶段发展的目标是:研制我国自己的相控机车,提高机车功率和可靠性,充分发挥电力机车的优越性。这一时期的代表机型是 SS_3 型和 SS_4 型电力机车。

SS_3 型电力机车(见图 1-10)采用调压开关级间平滑调压方式,是调压开关调压向相控调压过渡的方案。这种调压方式避免了调压开关无故断开的情况,从而提高了工作可靠性,既保证了调压开关调压功率因数高、整流电压脉动小、对通信干扰小的优点,又具有平滑无级调压、能充分利用机车黏着质量的优点。如改装后的 SS_1 型 031 号电力机车，采用级间平滑调压试验结果表明，与原来有级调压相比，起动牵引力提高 13%～18%，坡停起动时机车功率提高 2～4 倍。但由于该调压方式仍采用调压开关作为级间转换，主电路结构较复杂。后期通过引进技术已将 SS_3 型电力机车改成了全相控方式（即 SS_{3B} 型）。改进的项目主要包括：8 级间平滑调压改为三段不等分相控调压、机车特性控制；两级电阻制动改为加馈电阻制动；中心销牵引装置改为低位平拉杆牵引装置等。

图 1-9　SS_1 型电力机车

图 1-10　SS_3 型客货两用电力机车

SS_4 型电力机车（见图 1-11）是我国自行研制的第一代重载货运、全相控调压、B_0 转向架机车。该车由相同的两节车组成，每一节只有一台劈相机，用一台通风机作先导机，当劈相机故障时，代替劈相机作为辅助机组提供三相电流。该车从性能指标上已达到我国货运主型机车的要求。由于该车从 20 世纪 80 年代初开始研制，当时的技术水平仍属于 70 年代开发研究的层次，且由于运输需要，从样机到大批量生产的过程太短，初期生产的 158 台车仍留有某些技术问题没有彻底解决。针对早期存在的质量问题，1993 年对原 SS_4 型机车进行了重大技术改进，俗称 SS_4 改进型（SS_{4G} 或 $SS_{4改}$）。改进的主要项目有：经济四段桥相控改为不等分三段桥相控；加装功率因数补偿装置；两级电阻制动改为加馈电阻制动；恒流恒压控制改为恒流准恒速特性控制；加装空转（滑行）保护装置、轴重转移补偿装置；Z 形低位斜杆牵引装置改为推挽式低位斜杆牵引装置等。

图 1-11　SS_4 型重载货运电力机车

第三阶段始于 20 世纪 90 年代。这是国产电力机车技术创新进化阶段，国产电力机车推进"绿色智能"技术，完成了交-直主传动向交-直-交异步主传动技术进化；客运普速向高速技术进化；货运普载牵引向重载万吨列车牵引技术进化，轨道交通方式逐渐向虚拟智能交通方式技术进化。通过消化吸收 6K、8K 等国外电力机车的先进技术，我国电力机车的研制水平有了长足的进步。所采用的新技术主要有：8K 机车的电子控制柜、大功率晶闸管及硅机组、受电弓、空气断路器、预布线和预布管工艺、单边刚性齿轮传动及滚动抱轴承结构；6K 机车的 $3B_0$ 转向架；SS_{6B} 机车的 ZD114 型牵引电动机；8G 机车的牵引装置等。结合我国传统的牵引电动机并联主电路形式，应用新技术相继研制或改进了 SS_5、SS_8、SS_9、SS_{3B}、SS_{6B}、SS_7、

SS₇B、SS₇C、SS₇D、SS₇E、SS₄B 等型电力机车和 AC4000 型交-直-交传动原型电力机车（见图 1-12）、DJ（熊猫）型交-直客运电力机车、DJ₁（蓝箭）动力集中型交-直-交动车组、DJ_E（先锋）动力分散型交-直-交电动车组、DF₁（中原之星）动力分散型交-直-交动车组、DJ₂（奥星）客运交-直-交电力机车（见图 1-13）。

图 1-12　AC4000 型交-直-交传动电力机车　　　图 1-13　"奥星"客运交-直-交电力机车

第四阶段是 21 世纪初至今。2003 年 11 月，原铁道部与原中国南车、北车集团及其重点企业共同制定了《加快铁路机车车辆装备现代化实施纲要》，并选择了 6 家机车制造企业作为引进先进技术和自主创新依托的主体。2004 年 1 月，国务院常务会议通过了《中长期铁路网规划》；2004 年 4 月，国务院常务会议研究通过的铁路机车车辆装备现代化实施方案明确指出，"加快我国铁路运输装备现代化，要按照引进先进技术、联合设计生产、打造中国品牌的总体要求，力争在较短时间内，使我国机车车辆生产能力达到世界先进水平"。根据国务院确立的上述方针，国家发改委与原铁道部于 2004 年 7 月联合下达了《大功率交流传动电力机车技术引进与国产化实施方案》，正式开始了新型交流传动电力机车的采购过程，并拉开了铁路装备的跨越式发展，由此产生了和谐型系列动车组，主要代表车型有 HXD₁、HXD₂、HXD₃ 等系列车型。

HXD₁ 型电力机车（见图 1-14）是中国铁路电力机车车型之一，由西门子公司和原南车株洲电力机车有限公司联合研制，是在西门子"欧洲短跑手"（EuroSprinter）机车平台上，以 ES64F4 型电力机车为原型车，结合 DJ₁ 型电力机车在大秦铁路的运用经验而开发研制的干线货运八轴大功率交流传动电力机车，持续功率为 9 600 kW，最高运行速度为 120 km/h，后期又通过技术创新相继开发出 HXD₁B、HXD₁C、HXD₁D、HXD₁G 等系列车型。HXD₁G（现已更名为 FXD₁）型电力机车是我国 2015 年在既有"和谐"系列机车基础上研制出的八轴交流传动大功率干线准高速电力机车，在充分考虑国内外机车车辆技术情况和目前开通的客运专线的要求后，通过轻量化设计和技术创新，能够满足客运专线及干线快速客运要求。

HXD₂ 型电力机车（见图 1-15）是中国铁路电力机车车型之一，由法国阿尔斯通交通运输股份有限公司和原北车大同电力机车有限责任公司联合研制，是在阿尔斯通"Prima"机车技术平台上，以法国国铁 BB27000 型电力机车为原型车，开发研制的干线货运八轴大功率交流传动电力机车，最大功率为 10 000 kW，最高运行速度为 120 km/h，后期又相继开发出 HXD₂B、HXD₂C、HXD₂F 等系列车型。

图 1-14　HXD_1 型电力机车

图 1-15　HXD_2 型电力机车

HXD_3 型电力机车，早期被称为 SSJ_3 型、DJ_3 型和神龙 1 型，是中国铁路电力机车车型之一，由原北车大连机车车辆有限公司和日本东芝公司联合开发研制。该型机车是为满足中国铁路客货需要而研发的大功率交流传动干线客货两用六轴电力机车，采用交-直-交流电传动，持续功率为 7 200 kW，最高运行速度为 120 km/h，后期又通过技术创新相继开发出 HXD_{3B}、HXD_{3C}、HXD_{3D}、HXD_{3G} 等系列车型。HXD_{3G}（现已更名为 FXD_3）型电力机车基于既有和谐型电力机车成熟技术，充分考虑了高速客运机车的技术特点，采用了轻量化、简统化、模块化的设计理念，可满足速度 200 km/h 机车的运用要求。

2006 年，和谐型交流传动电力机车全面担当全国铁路快速客运、重载货运牵引任务。为了能够适应中国高速铁路运营环境和条件，满足更为复杂多样、长距离、长时间、连续高速运行等需求，打造适合中国国情、路情的高速动车组的设计、制造平台，实现高速动车组技术全面的自主化，从 2012 年开始，在原中国铁路总公司的主导下，集合国内有关企业、高校、科研单位等优势力量，开展了中国标准动车组的研制工作。与此同时，国内主机制造企业也在积极推进机车的统型工作，CR160J 动力集中动车组是根据原中国铁路总公司运输和经营发展需求、提高既有线铁路运输服务品质、充分利用既有线铁路的运输资源和机车检修资源、依托 FXD_1 与 FXD_3 八轴快速客运电力机车和既有 25T 型客车技术平台而研制的，用于既有线或新线客货铁路推广使用动车组旅客列车，加快普速铁路的捷运化升级。CR160J 动力集中动车组作为中国标准动车组的一种，设计理念基于不同供应商配件，可以实现对等替换，不同厂商生产的动力车、拖车、通信标准和接口相同，可以进行互联互通互操作。

"绿巨人"指速度 160 km/h 的动力集中复兴号动车组（型号 CR200J，见图 1-16），采用流线型外形，内部服务设施设备与既有动车组基本一致，适用于所有普速电气化铁路，其动力集中在列车头部或列车首尾端。该动车组有短编组和长编组两种型号，其中短编组为 9 节车厢，定员 720 人，长编组为 11 节到 20 节车厢不等，最高定员 1 102 人。与传统机车牵引客车相比，该车型司机操作更加方便快捷，旅客乘坐更加安全舒适，运输组织更加高效，可充分利用既有检修资源，减少基础投入和设备的维护成本。该车于 2019 年 1 月 5 日陆续投入运营，一些普速线路进入动车时代。

图 1-16　复兴号动力集中动车组（俗称绿巨人）

任务三　铁道机车构成及主要参数

知识目标

（1）掌握铁道机车的构成、分类及主要功能。
（2）了解主型铁道机车的技术参数。

能力目标

（1）掌握铁道机车的构成及功能。
（2）了解机车的主要技术参数。

素质目标

（1）培养学生爱岗敬业、忠于职守、团结合作的精神。
（2）使学生具备从事机车运用和检修岗位所必需的基本知识和专业技能。

工具设备

多媒体设备课件、图片、示教板、计算机多媒体设备等。

教学环境

多媒体教室、铁道机车模拟驾驶实训室。

一、铁道机车构成及功能

目前，我国现有的铁道机车主要有电力机车和内燃机车两大类，由于电力机车市场占有率已超过60%，且逐渐替代内燃机车。下面将以电力机车为主、内燃机车为辅，重点介绍铁道机车的构成、分类和各系统的功能。

（一）机车构成及分类

1. 电力机车

电力机车由电气部分、机械部分和空气管路系统三大部分组成。

电气部分包括牵引电动机、牵引变压器、整流硅机组、各类电器等。通过它们把来自接触网的电能转变为机械能，同时实现对机车的控制。

机械部分包括车体、转向架、车体与转向架的连接装置及牵引缓冲装置等。

空气管路系统包括风源系统、制动机管路系统、控制管路系统和辅助管路系统等。

电力机车的分类方式如下：

（1）按使用场合可分为工矿电力机车和干线电力机车两类。工矿电力机车多采用直流制，功率和速度一般比干线电力机车小，习惯上按机车的黏着质量分级，如 150 t、100 t、85 t、70 t、60 t、50 t 和更轻的等级。较大吨位机车用于标准轨距线路，较轻型机车多用于各种窄轨距线路。干线电力机车按用途可分为客运电力机车、货运电力机车、客货两用电力机车和调车电力机车四种。

（2）按传动形式分为：① 具有个别传动的电力机车，电力机车每一轮对都由单独的牵引电动机驱动，这些轮对称为动轮或动轴；② 具有组合传动的电力机车，电力机车上某几个轮对互相连接成组，然后由一台牵引电动机驱动。

（3）按供电电流制-传动形式分为：① 直流供电，直流牵引电动机驱动的直-直型电力机车；② 交流供电，直（脉）流牵引电动机驱动的交-直-交型电力机车；③ 交流供电-变流器环节，三相交流异步电动机驱动的交-直-交型电力机车；④ 交流供电-变频器环节，三相交流同步电动机驱动的交-交型电力机车。

2. 内燃机车

内燃机车由柴油机（机车动力装置）、传动装置（电传动或液力传动）、车体及走行部（包括机车车架、车体、转向架等）、辅助和控制装置（包括机车燃油系统、机油系统、冷却系统、预热系统、制动系统、辅助传动装置）等组成。

内燃机车的分类方式有如下几种。

1）按工作性能不同分

（1）干线机车（包括货运机车和客运机车）：主要用于铁路干线上牵引客、货列车，主要型号有 DF_{4B}、DF_{4D}、DF_{11}、ND_5、DF_5。

（2）调车机车：主要用于调车场进行列车编组、解体作业及站段内调车或兼作短途小运转牵引作业，此外也可用于工矿企业内部，担任场内运输任务。调车机车有 DF_2、DF_7 和 DFH_1 型等。

（3）内燃动车组：具有内燃机动力装置的动车（其列车两端为具有动力装置的动车，并且车头造型和车厢是配套设计的）和客车编成的车组，一般适宜于市郊或邻近城市间的短途客运，如"长城号"动车组、"新曙光号"准高速双层内燃机车等。

2）按传动方式不同分

（1）机械传动内燃机车。其特点是结构简单、传动效率高，但功率利用系数低，换挡时功率中断，易引起冲动，仅适用于工矿专用的小功率内燃机车上。

（2）电力传动内燃机车。其特点是牵引特性好、效率高、运用可靠，缺点是质量大、电机耗铜多。电力传动内燃机车可分为直-直流电传动和交-直流电传动两种。

（3）液力传动内燃机车。其特点是质量小、电机耗铜少、牵引性能好，但也存在整个运用范围内平均效率较低、制造工艺要求较高等缺点。

我国铁路运用的内燃机车有电力传动和液力传动两种。

（二）机车机械部分的功能

1. 车　体

车体是电力机车上部车厢部分，由车厢体和底架组成，就其功能可分为司机室和机器间。

（1）司机室：乘务人员操纵机车的工作场所。现代干线运输电力机车设置两端司机室，可以双向行驶，无须调头。

（2）机器间：用于安装各种电气和机械设备，一般分为若干个室，各类设备根据不同用途分室安装。

2. 转向架

转向架即机车走行部分，它是机械部分最重要的组成部分，主要包括：

（1）构架：转向架的基础受力体，也是各种部件的安装基础。

（2）轮对：机车在线路上的行驶部件，由车轴、车轮及传动大齿轮组成。

（3）轴箱：用于固定轴距，保持轮对位置正确、安装轴承等。

（4）弹簧悬挂装置：也称一系弹簧，用于缓冲轴箱以上部件的振动，以减轻运行中的动作用力。

（5）齿轮传动装置：通过降低转速、增大转矩，将牵引电动机的功率传给轮对。

（6）牵引电动机：将电能变成机械能转矩，并传给轮对。

（7）基础制动装置：机车制动机执行制动力的部分，主要由制动缸、传动装置、制动夹钳、制动盘和制动闸片（或闸瓦装置）等组成。

3. 牵引缓冲装置

牵引装置即指车钩，它是机车与列车的连接装置。为了缓和连挂和运行中的冲击，设置有缓冲器。

4. 车体与转向架的连接装置

车体与转向架的连接装置也称二系弹簧悬挂装置，设置在车体和转向架之间。它是转向架和车体之间的连接装置，又是活动关节，同时承担各个方向力的传递以及减振作用。

二、有关机车参数的概念

（一）机车型号说明

1. 机车车型的构成

机车车型由基本型号和辅助型号两部分组成。

（1）基本型号。我国制造的机车基本型号由基本名称或基本代号表示，也可同时使用。

① 基本名称用汉字表示，如东风、韶山、和谐、复兴等。

② 基本代号用车型名称每个汉字拼音的第一个大写字母表示，如 DF、SS、HX、FX 等。

国外进口机车的基本型号采用基本代号表示，内燃机车和电力机车的基本代号分别用下列方法表示：

a. 内燃机车的基本代号由动力类别和传动方式的两个大写汉语拼音字母组成。如 ND 表示电力传动内燃机车；NY 表示液力传动内燃机车。其中，N 表示内燃机车；D 表示电力传动；Y 表示液力传动。

b. 电力机车的基本代号由机车车轴数量和代表电源整流方式汉语拼音的大写字母组成。如 6G 表示六轴硅半导体整流的电力机车；8K 表示八轴可控硅整流的电力机车；6Y 表示六轴引燃管整流的电力机车。其中，G 表示硅半导体整流方式；K 表示可控硅整流方式；Y 表示引燃管整流方式。

（2）辅助型号。机车的辅助型号由车型顺序号和车型变型号组成。

车型顺序号用阿拉伯数字表示，车型变型号用大写的拉丁字母表示，由 A 起顺序排列，字母 I、O 不使用。车型变型号位于车型顺序号之后，两者均写在基本型号的右下角。

车型顺序号按该型机车设计或从国外进口的顺序依次排列。

车型变型号按该型机车变型的顺序排列，如 DF_{4B}、SS_{3B}。

2. 机车车号的编定

我国制造的机车车号编码数字码，用四位阿拉伯数字表示。在按一台机车编定车号的多节机车，应分别在每节机车车号后缀以节号，节号分别用大写拉丁字母表示，由 A 起顺序排列。

示例：HXD_1　0096A，HXD_1　0096B。

机车车型和机车车号的组合实现了机车车型车号的唯一性。

（二）轴列式

所谓轴列式，是指用数字或字母表示机车走行部结构特点的一种简单方法。它可以用数字表示，也可以用字母表示。用数字表示的称为数字表示法，用字母表示的称为字母表示法。

1. 数字表示法

数字表示每台转向架的动轴数，注脚 "0" 表示每一动轴为单独驱动。无注脚表示每台转向架的动轴为成组驱动。数字之间的 "-" 表示转向架无直接的机械连接。例如，SS_1 型电力机车的轴列式为 $3_0\text{-}3_0$，表示机车为两台三轴转向架，动轴为单独驱动。SS_4 型电力机车的轴列式为 $2(2_0\text{-}2_0)$，表示为两节机车，每节为两台两轴转向架，动轴为单独驱动。

2. 字母表示法

即用英文字母表示每台转向架的动轴数。英文字母 A、B、C… 分别对应数字 1、2、3…，其他含义与数字法相同。例如，$3_0\text{-}3_0$ 可表示为 $C_0\text{-}C_0$；$2(2_0\text{-}2_0)$ 可表示为 $2(B_0\text{-}B_0)$。

为了区别无动力转向架与有动力转向架，常在表示轴的数字或英文字母的右上角加 "'" 号，如 $3'_0\text{-}3'_0$、$C'_0\text{-}C'_0$ 和 $2(B'_0\text{-}B'_0)$ 等。上角加 "'" 号，表示具有动力的转向架。但机车转向架都是有动力转向架，常常将角标省略不写。

（三）轴　重

轴重是指机车在静止状态下，每个轮对作用在钢轨上的重量。轴重越大，机车每根轴所能发挥的黏着牵引力也越大。然而轴重越大，机车运行中对线路的影响和破坏性也越大。同样重量的机车，轴数多则轴重小，轴数少则轴重大；线路质量好，运行速度低，轴重可以加大；反之，线路质量差，运行速度高，轴重必须减小。

世界各国对轴重并无统一规定，视具体情况而定。一般速度低于 100～120 km/h 的机车，轴重限制为 22～23 t；结构速度为 160～200 km/h 的机车，轴重限制为 19～21 t；结构速度为 200～250 km/h 的机车，轴重限制为 16～17 t。如果不符合这个限制，则需改变机车轮轴的配置。

美国铁路在 20 世纪 80 年代前，偏重发展重载牵引，所以轴重较大。那时制造的 GM108 型电力机车，轴重达 29.7 t。

我国铁道机车轴重大多数在 25 t 以下。HXD_1、HXD_2、HXD_3 型电力机车轴重：无配重（空车）为 23 t，加配重（满载）为 25 t。DF_4 型内燃机车轴重：无配重（空车）为 23 t，加配重（满载）为 25 t。

（四）单轴功率

单轴功率是指机车每根轮轴所能发挥的功率。单轴功率反映了机车牵引电动机和转向架的制造水平。在相同轴重下，单轴功率越大，机车所能达到的运行速度越高。单轴功率应根据运行速度和牵引力的设计要求而定。欧洲各国发展的结构速度大于 200 km/h 的机车，其单轴功率普遍大于 1 000 kW；结构速度达到 160 km/h 的机车，其单轴功率一般大于 800 kW；德国 E120 型电力机车，其小时制单轴功率达 1 400 kW。我国电力机车单轴功率也在不断提高，$SS_{4改}$ 型电力机车单轴功率为 800 kW，HXD_3 型电力机车单轴功率为 1 200 kW。

（五）构造速度（结构速度）

机车构造速度（结构速度）是指转向架在结构上所允许的机车最大运行速度。构造速度也是反映机车和转向架设计制造水平的重要参数。在高速下运行的机车，同样必须保证运行的平稳性和各零部件的正常使用寿命，这就对转向架的结构、工艺等方面提出了更高的要求。

我国铁路的发展方向也是重载、高速，随着铁路的大提速，对机车速度的要求越来越高，$SS_{4改}$ 型电力机车的结构速度为 100 km/h，SS_9 型电力机车的结构速度为 170 km/h，HXD_1/HXD_3 型电力机车的结构速度为 120 km/h；运行速度 160 km/h 的动力集中动车组（FXD_1/FXD_3 型）于 2019 年 1 月已正式上线运营。

追求高速是世界各国普遍的趋势，德国 ICE 高速列车于 1988 年 5 月达到 406.9 km/h 的试验高速纪录，法国 TGV 高速列车于 2007 年 4 月 3 日创造了 574.8 km/h 的当时世界高速纪录。

三、机车主要技术参数

机车主要技术参数见表 1-3。

表 1-3　几种铁道机车机械部分的主要技术参数

车　型	HXD_1	HXD_{1C}	HXD_3	FXD_1	DF_{4D}
制造年代	2007	2007	2007	2018	1996
轴列式	2（B_0-B_0）	C_0-C_0	C_0-C_0	B_0-B_0	C_0-C_0
机车总质量/t	200	138	138	78	138

续表

车型		HXD$_1$	HXD$_{1C}$	HXD$_3$	FXD$_1$	DF$_{4D}$
轴重/t		25	23	23	19.5	23
机车宽度/mm		3 100	3 100	3 100	3 105	3 100
机车落弓高度/mm		4 103	4 745	4 770	4 030	4 750（最大）
车钩中心线距/mm		35 222	22 670	20 846	19 336	21 100
车钩中心线高度/mm		880±10	880±10	880±10	880±10	880±10
固定轴距/mm		2 800	2 250+2 000	2 250+2 000	2 900	1 800+1 800
轴距/mm		2 800	2 250+2 000	2 250+2 000	2 900	1 800+1 800
转向架中心距/mm		9 000	11 760	20 846	9 000	15 900
牵引点高度/mm		240	240	240	230	725
车轮直径/mm		1 250	1 250	1 250	1 250	1 050
机车功率（持续制）/kW		9 600	7 200	7 200	5 600	3 240（机车标称功率）
机车牵引力/kN	持续制	532	370	370	212	341.15（货运）
	起动牵引力	760	520	520	240	480.48（货运）
机车速度/(km/h)	持续制	65	70	70	95	24.5（货运）
	最大	120	120	120	160	100（货运）
传动方式		单侧斜齿、六连杆空心轴、弹性传动	单侧斜齿、六连杆空心轴、弹性传动	单侧直齿、六连杆空心轴、弹性传动	单侧斜齿、六连杆空心轴、弹性传动	单侧齿轮传动
牵引电机悬挂方式		滚动轴承、抱轴式半悬挂	滚动轴承、抱轴式半悬挂	滚动轴承、抱轴式半悬挂	架悬式	滚动轴承、抱轴式半悬挂
齿轮传动比		6.235	6.235	4.81	4.435	4.5（货运）2.83（客运）
一系弹簧悬挂静挠度/mm		38	39.5	49	46	123
二系弹簧悬挂静挠度/mm		104	122	91.7	125	16
牵引方式		低位斜拉杆推挽式牵引拉杆	低位推挽式双杆牵引	中央低位推挽式牵引拉杆	中央低位推挽单牵引杆	低位平行四杆牵引拉杆
基础制动装置		轮装式盘形制动	轮装式盘形制动	轮装式盘形制动	轮装式盘形制动	独立作用式闸瓦踏面制动

操作运用案例

实训一 铁道机车认知

1. 实训项目教师工作活页

实训项目学生学习活页　　　　　　　　　　　　　　NO：

实训项目	铁道机车认知			
学　时	2	班　级		
实训场所	铁道机车模拟驾驶实训室			
工具设备	铁道机车模拟控制台、多媒体设备课件、图片、计算机多媒体设备等			
教学目标	专业能力	（1）能说出我国电力机车的发展和分类； （2）能叙述机车各机械部分的名称； （3）能叙述机车各机械部分的功能； （4）能说明轴列式概念； （5）能正确认识机车轴列式； （6）能正确认识机车构造速度； （7）能正确理解机车单轴轴重； （8）能正确计算单轴功率		
	方法能力	（1）能综合运用专业知识，通过利用专业书籍、多媒体课件和图片资料获得帮助信息； （2）能根据实训项目学习任务确定实训方案，从中学会表达及展示活动过程和成果		
	社会能力	（1）能在实习训练活动中保持积极向上的学习态度； （2）能与小组成员和教师就学习中遇到的问题进行交流和沟通； （3）能与他人共享学习资源，具有较好的合作能力和团队协作精神		
教学评价	学生活动：① 以5~7人为单位小组开展实训活动，根据本组同学在实训过程中的能力表现及结果进行自评、组内互评；② 根据其他小组同学在成果展示活动中的表现及结果进行互评。 教师活动：① 教师组织学生开展评价活动和总结；② 对学生本实训项目单元成绩做出综合评价			
指导教师		教学时间	年　月　日	

机车总体及走行部

2. 实训项目学生学习活页

实训项目学生学习活页　　　　　　　　　NO：

实训一　铁道机车认知

班级：　　　　姓名：　　　　学号：　　　　时间：

一、实训目标
1. 专业能力目标
（1）能说出我国电力机车的发展和分类；
（2）能叙述机车各机械部分的名称；
（3）能叙述机车各机械部分的功能；
（4）能说明轴列式概念；
（5）能正确认识机车轴列式；
（6）能正确认识机车构造速度；
（7）能正确理解机车单轴轴重；
（8）能正确计算单轴功率。
2. 方法能力目标
（1）能综合运用专业知识，通过利用专业书籍、多媒体课件和图片资料获得帮助信息；
（2）能根据实训项目学习任务确定实训方案，从中学会表达及展示活动过程和成果。
3. 社会能力目标
（1）能在实习训练活动中保持积极向上的学习态度；
（2）能与小组成员和教师就学习中遇到的问题进行交流和沟通；
（3）能与他人共享学习资源，具有较好的合作能力和团队协作精神。
二、知识总结
（1）简述我国电力机车的分类。

（2）简述机车车体的作用。

（3）简述轴列式概念。

（4）简述机车轴列式的分类。

（5）简述机车构造速度的定义。

（6）简述机车单轴轴重的定义。

三、操作运用
（1）在铁道机车模拟驾驶实训室控制台微机屏上对电力机车机械部分各部件进行指认。

（2）在铁道机车模拟驾驶实训室控制台微机屏上对电力机车走行部部件的相关参数进行讲述。

机车总体及走行部

四、实训小结

五、成绩评定

1. 学生评价

评价等级	A（优）	B（良）	C（中）	D（及格）	E（不及格）
学生自评					
组内互评					
他组互评					

2. 教师评价

评价等级	A（优）	B（良）	C（中）	D（及格）	E（不及格）
专业能力					
方法能力					
社会能力					

3. 综合评价

评价等级	A（优）	B（良）	C（中）	D（及格）	E（不及格）
评价结果					

注：按照学生自评占10%、组内互评占10%、他组互评占20%、教师评价占60%的比例计分。其中，A为100分，B为85分，C为75分，D为60分，E为50分。

4. 评价量规

等级	行为表现描述
A	能圆满高效地完成实训任务的全部内容
B	能顺利完成实训任务的全部内容
C	能完成实训任务的全部内容，但需要一些帮助和指导
D	自己只能完成实训任务的部分内容，但在现场的指导下，已经能完成任务的全部内容
E	不能完成实训任务的全部内容

项目二　机车车体和设备布置

车体和设备布置是铁道机车总体结构、总体设计的重要组成部分。车体是由底架、侧墙、车顶和车顶盖及司机室构成的壳形结构。设备布置主要指车体内及车顶的设备、车下和车端的辅助设备的布置。

本项目主要阐述车体的功能、要求和类型，重点介绍 HXD_1、HXD_3 型交流电力机车，$SS_{4改}$ 型直流电力机车，HXN_{3B} 型交流内燃机车，DF_4 型直流内燃机车的车体结构特点和结构组成，并对车体的设备布置原则、布置特点以及设备布置做了详细叙述。

任务一　机车车体结构认知

知识目标

（1）掌握机车车体的功能。
（2）了解车体的有关要求。
（3）掌握机车车体的类型。
（4）掌握 HXD_3 型电力机车车体结构。
（5）掌握 HXD_1 型电力机车车体结构。
（6）熟悉 $SS_{4改}$ 型电力机车车体结构。
（7）了解 HXN_{3B} 型内燃机车车体结构。
（8）了解 DF_{4B} 型内燃机车车体结构。

能力目标

（1）掌握机车车体的功能、要求和分类方式。
（2）熟悉几种铁道机车的车体结构特点和结构组成。

素质目标

（1）培养学生爱岗敬业、忠于职守、团结合作的精神。
（2）使学生具备从事机车运用和检修岗位所必需的基本知识和专业技能。

工具设备

多媒体设备课件、图片、示教板、计算机多媒体设备等。

> **教学环境**

多媒体教室、铁道机车模拟驾驶实训室。

一、车体的功能

车体是电力机车上部车厢部分，其功能有：
（1）车体是乘务人员操纵、保养和维修机车的场所。车体内设有司机室和机器间，机器间一般又分为几个室。
（2）安装各种电气、机械设备，并保护车内设备不受外界风沙雨雪的侵蚀。
（3）传递垂直力。将车体内外各种设备的重量经车体和车体支承装置传给转向架。
（4）传递纵向力。将转向架传来的牵引力、制动力经车体传给缓冲器，再传给车钩。
（5）传递横向力。在运行中，车体要承受各种横向作用力，如离心力、风力等。

二、对车体的要求

针对车体的功能要求和工作时的受力复杂性、严重性，车体必须满足以下条件：
（1）有足够的强度和刚度。要求机车在允许的设计结构速度内，保证车体骨架结构不发生较大变形和破坏，以确保运行安全和正常使用。
（2）为了提高机车的速度，必须适当减轻车体的自重，而且要求在各个方向上做到重量匀称、重心低。
（3）车体结构必须保证设备安装、检查、保养以及检修更换的便利。
（4）作为现代化的牵引动力，车体设计必须充分考虑改善乘务人员的工作条件，完善通风、采光、取暖、瞭望、隔声、隔热等措施。
（5）车体必须纳入国家规定的机车车辆限界尺寸中。
（6）在满足车体基本功能和空气动力学车体外形的基础上，应使车体外形设计美观、大方，富有时代气息。

三、车体的类型

机车的车体可谓形式多样，下面分类说明。

（一）按用途分类

根据车体的不同用途，其结构可分为下列几种。

1. 工业电力机车

工业电力机车是在工矿运输或调车作业中使用的电力机车。由于速度较低，且经常调换运行方向，其司机室往往设在中央。工业电力机车的特点是车体结构简单，但不便于设备安装、检查、保养，也不便于作业时的瞭望，如图2-1所示。

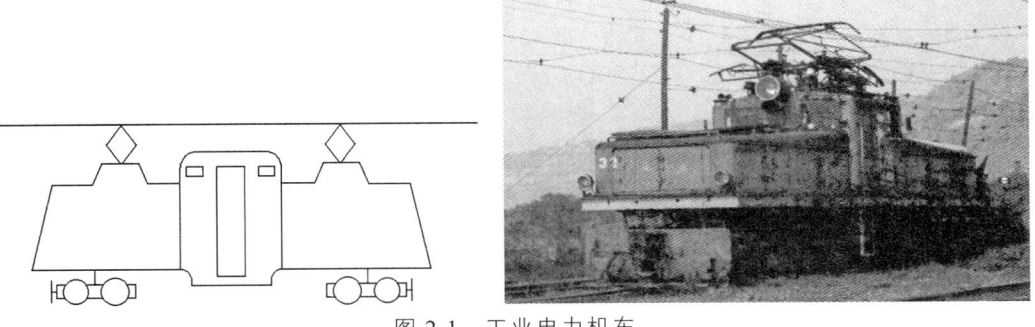

图2-1 工业电力机车

2. 干线运输大功率电力机车

干线运输大功率电力机车是在铁路主干线承担运输任务的电力机车，其特点是两端设有司机室，中间为机器间，设备安装、检修方便，司机瞭望视线开阔，类似客车车厢，如图2-2所示。

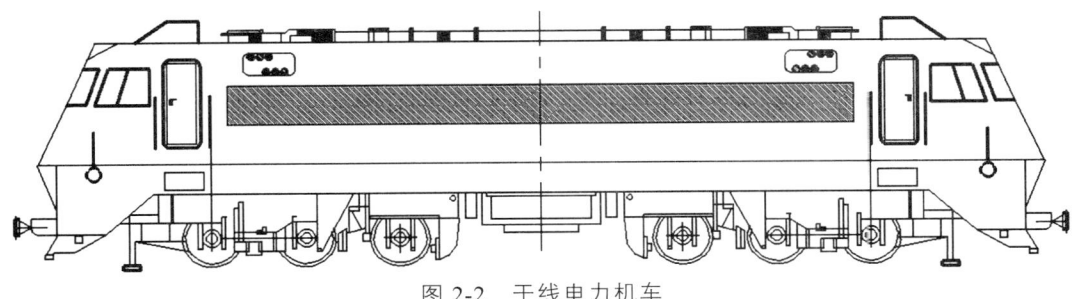

图2-2 干线电力机车

（二）按车体车载结构分类

根据车体不同的承载需要，其结构可分为下列几种。

1. 底架承载式车体（又称非承载车体）

底架承载式车体由侧墙、车顶和底架等组成，其底架承担所有载荷，而侧墙、车顶均不需参与承载。因此，侧墙结构较为轻便。但由于底架承受全部上部载荷，因此必须保证有足够的强度和刚度，底架较为笨重。此种车体多用于工业用电力机车车体或客车车厢。

2. 底架和侧墙共同承载式车体（又称侧壁承载车体）

底架和侧墙共同承载式车体，由于侧墙参与承载，侧墙骨架较为坚固，外蒙钢板也比较厚。车体底架焊成一个牢固的整体，侧墙骨架采用型钢材或压型钢板制成框架式或桁架式两种结构形式，如图2-3所示。

桁架式侧墙骨架有斜拉杆，强度、刚度都高于框架式侧墙骨架，但桁架式门窗开设不便，故一般多用于货车车体。机车车体或客车车厢骨架多采用框架式侧墙结构。

机车总体及走行部

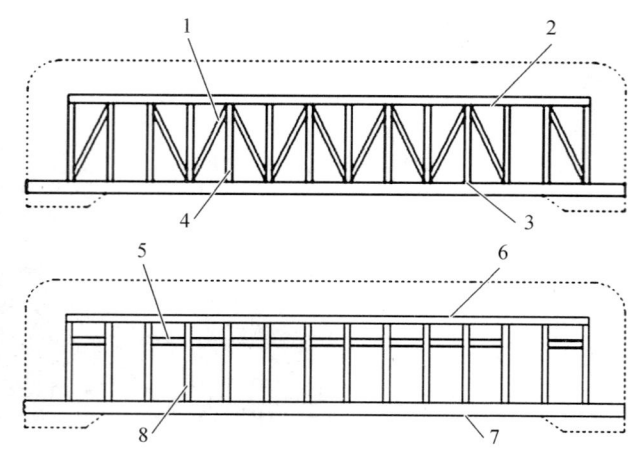

1—斜拉杆；2，6—上弦杆；3，7—下弦杆；4，8—立柱；5—中间杆。
图 2-3　侧壁承载式车体的侧壁结构示意图

由于侧墙与底架结合成一个较坚固整体，使底架质量大大减小，从根本上降低了车体的自重，使机车的设计速度得以提高。

3. 整体承载车体

整体承载车体是将底架、侧墙、车顶组成一个坚固轻巧的承载结构，使整个车体的强度、刚度更大，而自重较小。

整体式承载车体过去在客货车辆中应用较多，电力机车中应用较少。但随着电力机车向大功率重载和高速方向发展，整体承载车体现已广泛应用于电力机车车体中。目前代表重载货运的 HXD_1 型、HXD_{1B} 型电力机车，DF_4 型内燃机车和代表准高速客运的 HXD_{1D} 型、HXD_{3D} 型电力机车，以及后期生产的机型均采用整体承载车体结构。

四、HXD_3 型电力机车车体结构

HXD_3 型交流传动货运电力机车车体司机室采用流线型外形，各平面间采用大圆弧过渡，提高了整个车体的美观性。该车体采用框架式整体承载结构，由于该车的车体质量要求大，因此该车采用厚板结构，由 Q345B 低合金高强度结构钢、09CuPCrNi 耐候钢板和钢板压型件组焊构成。车体蒙皮使用耐候钢，以加强车体承受大气腐蚀的能力。图 2-4 为其外形简图。

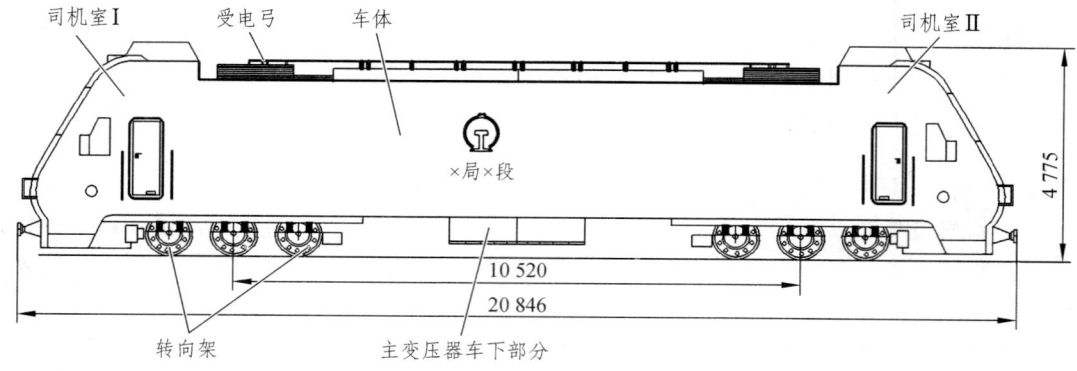

图 2-4　HXD_3 型电力机车车体外形简图

（一）底架

底架是机车车体的主要承载部件，它不仅承受垂向载荷，而且还传递机车的纵向牵引力及承受各种复杂的运动力，因此 HXD₃ 型交流传动电力机车对底架强度及刚度的要求较高。底架主要由前后端牵引梁、旁承梁、中梁（变压器梁）、后端牵引梁、侧梁组成一个整体框架式承载结构，其中前后端梁安装有钩缓装置用以牵引，中梁下面吊挂着主变压器，旁承梁则通过旁承座连接转向架，从而支撑整个车体。底架由 12 mm、16 mm、20 mm 厚的钢板组成。

该车底架组焊后应达到如下要求：

（1）车体组装后，以前、后旁承座中心线为基准，底架预挠 5~8 mm，车体组焊后整体挠度为 3~5 mm。

（2）边梁旁弯小于 6 mm。

（3）前后旁承座中心孔对角线的长度差最大为 4 mm。

（4）车钩和旁承梁的纵向中心线对底架纵向中心线偏差最大为 4 mm。

（5）磨耗板最小厚度为 8 mm。

1. 端 梁

底架前后端梁直接传递机车的纵向牵引力及纵向冲击载荷，其下部结构为车钩箱，用以安装车钩及缓冲装置。车钩箱与牵引梁上、下盖板及前、后端板等主要板件组焊成一较为复杂的箱形体，端梁结构如图 2-5 所示。图 2-5 中件 10 八字形箱形斜撑与侧边梁和端部横梁连接，将力传到边梁上，可将牵引及冲击载荷分散到侧边梁。前、后端牵引梁两侧与底架边梁相连接。由于该车为低位牵引，牵引拉杆座位于端部下方，因而后端板与端部中梁之间落差较大，极易造成应力集中。为改善连接结构处的受力状况，在此位置加一带圆滑过渡连接加强板的中梁，如图 2-5 中件 13，使受力结构件组成的横截面平缓过渡，很好地消除应力集中，将牵引载荷顺利地过渡到中间梁，进而传递到两侧边梁。端部上、下盖板的厚度为 16 mm，前后端板厚度均为 20 mm。在端部牵引梁两侧边梁上安装有救援吊座，为单头起吊吊销孔，如图 2-5 中件 8，采用 ZG230-450 整体铸造。

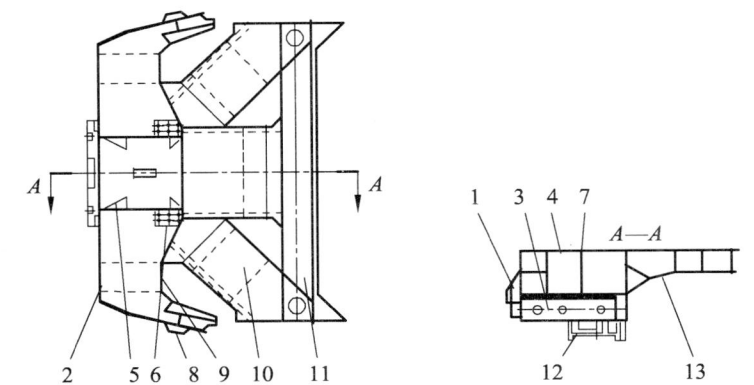

1—冲击座；2—前端板；3—车钩箱；4—上盖板；5—前从板座；6—后从板座；
7—隔板；8—救援吊座；9—后端板；10—八字形箱形斜撑；11—横梁；
12—牵引拉杆座；13—过渡加强板。

图 2-5　HXD₃ 型电力机车车体端梁

2. 旁承梁

旁承梁（二系簧座梁）通过二系簧座与转向架二系弹簧连接，主要承受机车的垂向载荷，纵向连接着端部牵引梁与中梁，横向箱形梁跨连着两侧边梁，使整个底架大的网格框架有机组合起来，对从前、后端牵引梁和侧梁传递过来的力进行分散。旁承梁结构如图 2-6 所示。旁承梁主要由两组横梁加盆形中梁以及旁承梁组成。横梁是箱形结构，上盖板和腹板的厚度是 16 mm，下盖板的厚度是 20 mm，高度是 210 mm，材质是 Q345B。图 2-6 中件 2 旁承梁为转向架支撑车体的支点，对强度和刚性有很高的要求，采用 ZG230-450 铸造，组焊后整体加工。在旁承座四周为压制成型弯梁，连接旁承座及横梁和侧边梁，组成网格结构。

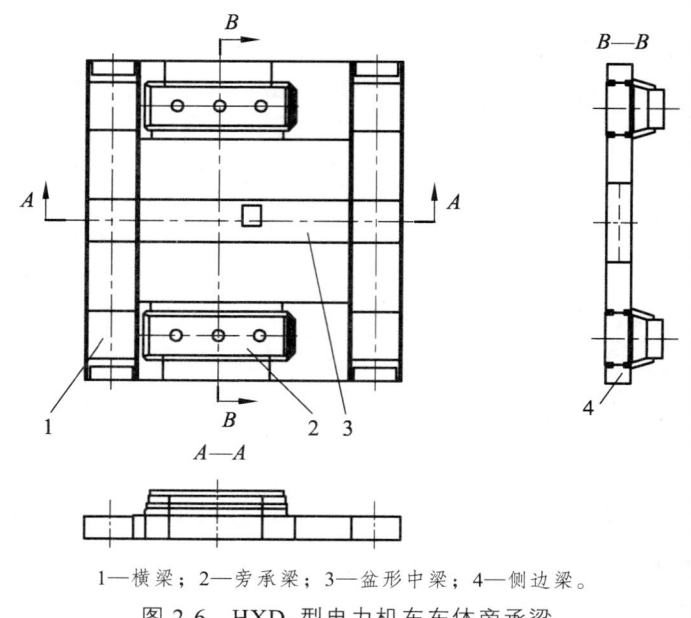

1—横梁；2—旁承梁；3—盆形中梁；4—侧边梁。
图 2-6　HXD$_3$ 型电力机车车体旁承梁

3. 中　梁

中梁，也叫变压器梁，由两根横梁加侧边梁组成。中梁主要承载变压器的垂向载荷及其产生的惯性力。HXD$_3$ 型电力机车采用吊挂式安装变压器，主要由两组相同的变压器横向安装梁组成，两端与底架侧梁连接，变压器通过安装螺栓穿过吊挂孔，吊挂在变压器梁下方。横梁是箱形结构，为增加刚度和强度，中间均布有立板，上、下盖板的厚度为 20 mm，立板的厚度为 16 mm，材质为 Q345B。横梁下侧有 3 块开 4 个吊孔的安装座板，横梁侧腹板开有 4 个方便安装的工艺孔。中梁结构如图 2-7 所示。

4. 边　梁

边梁是狭长的箱形结构，由压型槽钢与原 16 mm 的外板组焊而成。侧墙就固定在边梁上面，箱形梁内部布置有加强筋板。边梁结构如图 2-8 所示。

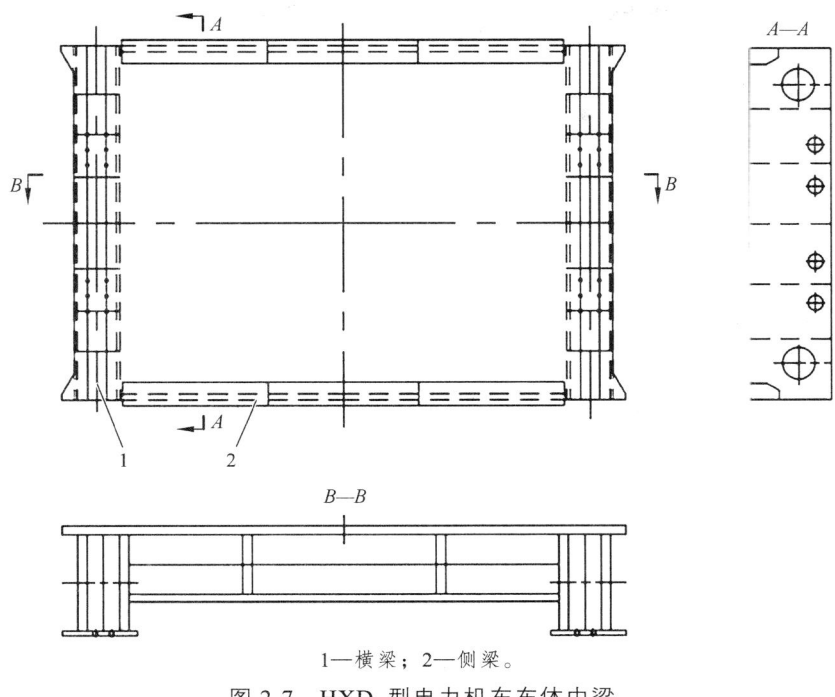

1—横梁；2—侧梁。

图 2-7　HXD₃ 型电力机车车体中梁

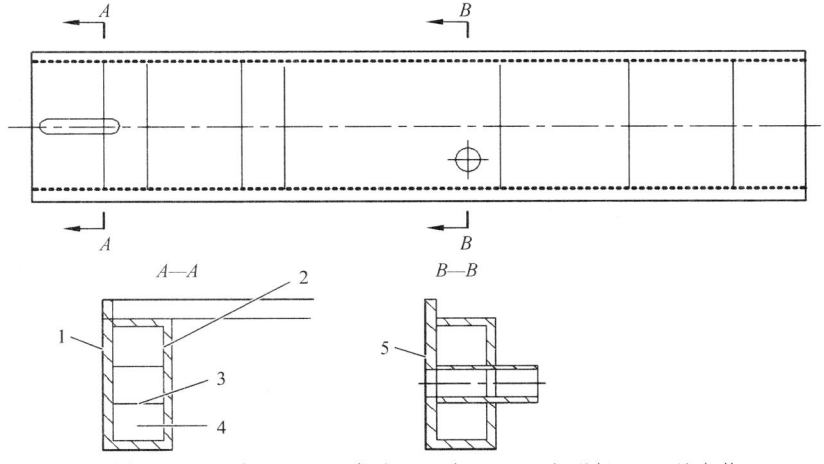

1—外板；2—压型梁；3—司机室入口脚蹬；4—加强板；5—吊车筒。

图 2-8　HXD₃ 型电力机车车体边梁

（二）司机室

根据 HXD₃ 型电力机车司机室流线型外形特点，钢结构采用传统的板、梁组合结构，如图 2-9 所示。司机室钢结构的所有板梁厚度均为 8 mm，司机室内部采用铝板装饰。前窗玻璃为一块柱面玻璃，直接黏结于司机室的风挡玻璃框上，侧窗采用提拉式结构。司机室各墙、顶棚、地板都添加防寒隔声材料。司机室门采用气密封整体门，即门和门框是一个整体，门框直接安装到司机室门洞口钢结构上。门为铝蜂窝材料，门框为铝合金材料，门和门框之间有一层充气密封条。

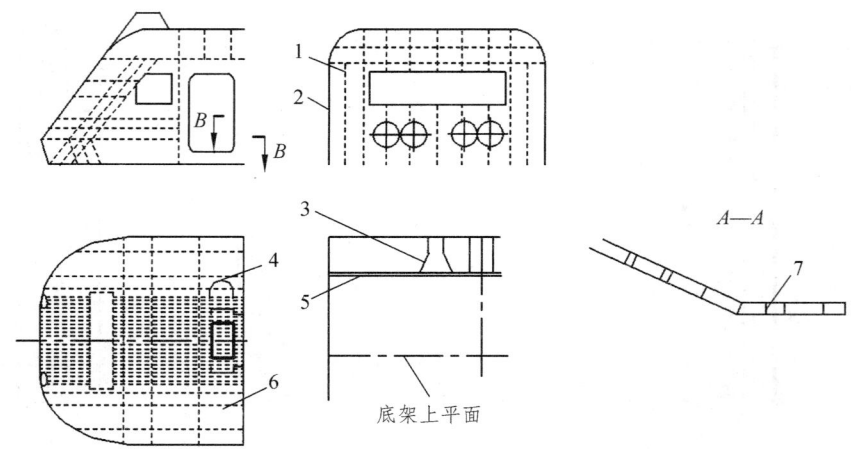

1—司机室梁组成；2—司机室蒙皮组成；3—司机室空调风道；4—喇叭安装座；
5—顶盖设备安装架；6—天线安装座；7—侧墙装配。

图 2-9　HXD$_3$ 型电力机车司机室结构

（三）侧　墙

图 2-10 所示为侧墙结构。侧墙承担了大部分的垂直载荷，侧墙立柱都与底架边梁相连。为了将底架的力有效地传递到蒙皮，使整个蒙皮能均匀地承受载荷，配置了由立柱和横梁组成的骨架网格，网格梁全部采用 120 mm × 80 mm × 8 mm 的方管。

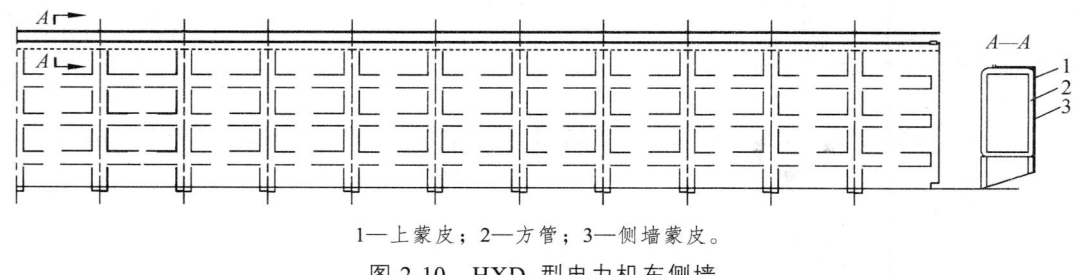

1—上蒙皮；2—方管；3—侧墙蒙皮。

图 2-10　HXD$_3$ 型电力机车侧墙

（四）顶　盖

HXD$_3$ 型电力机车有三个可拆卸的活动顶盖，分别为 Ⅰ 端侧顶盖、中央顶盖、Ⅱ 端侧顶盖。虽然顶盖不作为车体整体的承载部分，但其上面有车顶电气设备，对提高车体的自振频率有很大的作用，因此结构设计也要考虑到足够的强度和刚度。同时，牵引电机通风也从顶盖部分进入，在 Ⅰ、Ⅱ 端侧顶盖上设有独立结构通风风道，风道成为顶盖的主要构架。中央顶盖蒙皮内侧分布有立板梁，作为支撑；板梁之间用压型梁连接，作为网格骨架。各顶盖上根据车顶电气设备安装需要，设有相关的安装支座。在车内设备相对应位置设有进风口，装有百叶窗供电器件通风冷却。为能够通过内梯子到达车顶作业，设有活动天窗（人孔盖）。

（五）其　他

排障器安装在机车车体前端下部，主要用于排除机车运行前方的障碍物，对机车的安全运行起保护作用。排障器设有脚踏板。排障器及其前围板外表面均随司机室外形方案采用流线型圆滑过渡,骨架也采用板梁结构。排障器采用可拆卸安装方式,在排障器上安装有小排障器,它距轨面的距离可调,以保证与轨道面高度不小于 110 mm。

前围板位于车体底架前端下部排障器上方,为底架、司机室与排障器的过渡部件,主要由 2.5 mm 厚的蒙皮和 8 mm 厚的纵横板梁骨架组焊而成。

五、HXD_1 型电力机车车体结构

HXD_1 型电力机车由两节完整的单司机室四轴机车通过机械和电气重联的形式组成八轴机车,故机车的设备布置与通风系统以单节车为单元,如图 2-11 所示。其设备布置采用中间走廊、先进的模块化结构设计,以便有效地缩短组装时间,使系统和部件能独立地在机车外进行预组装和预试验。

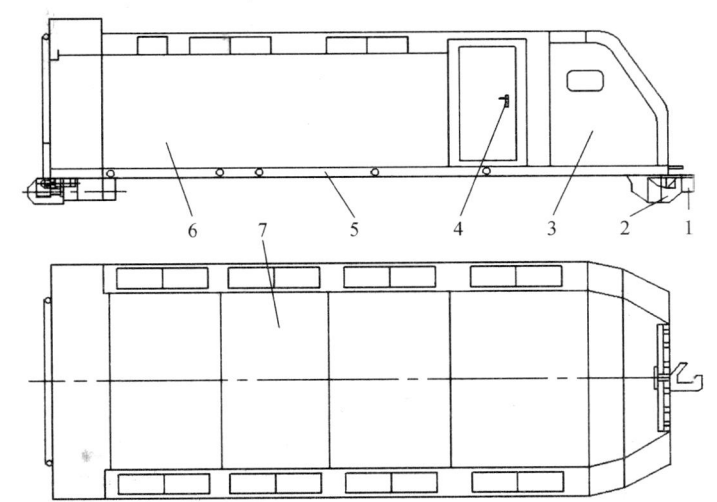

1—钩缓装置;2—排障器;3—司机室;4—入口门;5—底架;6—侧构;7—顶盖。

图 2-11　HXD_1 型电力机车车体外形图

(一)概　　述

HXD_1 型电力机车车体的设计主要采用 ISO、UIC、DIN、EN 等国际标准和我国 TB、GB 等相关标准。作为整体承载车型,HXD_1 型电力机车车体依照 EN 12663、ERRI B 12/RP17 等相关静强度、疲劳强度设计及评判标准,将整体骨架设计为适当的箱形网状结构,使应力通过车体整体骨架均匀、有效地分布和传递。司机室结构设计符合 UIC 651 的相关要求,并充分考虑了人机工程学;侧窗外皮采用细晶粒高强度结构钢,以应对侧窗窗角的应力集中;底架采用贯通式中央纵梁的框架结构;侧构设计成上倾斜的网架式结构,顶盖采用平板小顶盖结构;机械室采用中央走廊方式;钩缓装置选用小间隙的 13A 型 E 级钢车钩和大容量 QKX100 型弹性胶泥缓冲器,缓冲器后面设置了过载保护的变形吸能装置。

(二)特　　性

HXD_1 型电力机车车体结构具有以下特性:

（1）车体采用整体承载结构，沿车钩纵向水平中心线可承受 2 450 kN 的静压力和 2 450 kN 的静拉力而不会产生永久性变形。

（2）车体侧梁外侧设有 4 个检修作业用的吊销套，车体前后牵引梁两旁还分别设有救援用的 4 个吊销套。

（3）车体与转向架之间设有备用的连接装置，可将车体同转向架一并吊起。车体和转向架同时整体或一端吊起时，车体各部分不会产生永久性变形和其他损坏。

（4）每节车体侧下设有 6 个架车支承座和供检修用的 6 个支承点。

（5）车体内机械室设有中央直通式走廊，走廊宽度为 600 mm。

（6）司机室前上部设有宽敞明亮、视野开阔的前窗，前窗玻璃采用能自动除霜的电加热玻璃，司机室侧面设有两个带联动锁的入口门和能够上下启闭的活动侧窗。司机室后墙处设有通往机械室的门。两节机车连接处还设有带自动闭门器的门以及连通两个车体间的连挂风挡。

（7）机车的司机室前端两侧设有方便调车员调车作业的脚踏板，并有相应的扶手。

（8）底架前端牵引梁下方装有排障器，其中央底部能承受 137 kN 的静压力。

（9）车体组焊后要求侧构表面平面度在 2 000 mm 内不超过 3 mm，不允许有硬伤或局部凹凸不平现象；车体两侧倾斜度不大于 5 mm；两侧构组装时，与车体顶盖连接的安装孔距须控制在（2 310±4）mm 内，而各连接横梁顶盖沿车体纵向安装的尺寸公差不超过 ±3 mm。

（10）车体总成以及各部件的焊接应依据检测规范进行试验和检查，各板搭接处应进行焊前预处理。

焊接材料要求：16MnDR 材料及其他碳钢之间，一般采用 G2Si 焊丝，部分采用 ER5087 和 ER5183 焊材；普通不锈钢之间采用 ER308L 焊材，而不锈钢与碳钢之间一般采用 ER309L 焊材。

HXD_1 型电力机车整车为双司机室结构，机械间设备按斜对称布置，采用中间走廊结构（走廊宽度不小于 600 mm），预布线和预布管设计。车体采用整体承载的框架式焊接结构，包括底架、侧墙、司机室、隔墙等，如图 2-12 所示。单节车体顶部装有 4 个可拆卸的活动顶盖，车体设有救援用的吊车销孔，与转向架之间设有备用的连接装置，可将车体同转向架整体吊起。车体及安装在车体外部的各种设备和门、窗、盖等均严密，能防止雨雪侵入。

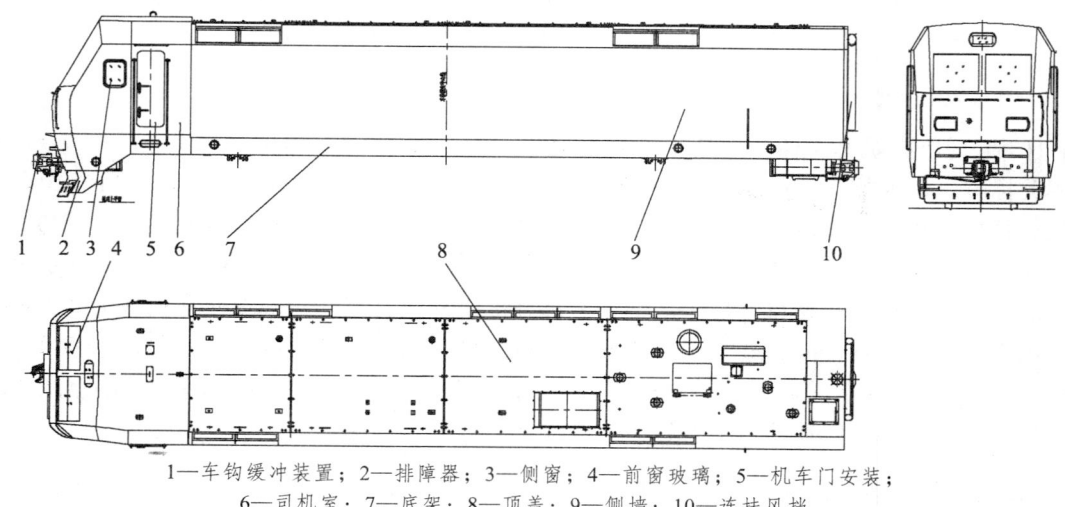

1—车钩缓冲装置；2—排障器；3—侧窗；4—前窗玻璃；5—机车门安装；
6—司机室；7—底架；8—顶盖；9—侧墙；10—连挂风挡。

图 2-12 HXD_1 型电力机车车体

（三）底 架

HXD$_1$型电力机车车体底架采用贯通式中央纵梁的框架结构，主要由前端牵引梁、后端牵引梁、侧梁、枕梁、变压器梁、中央纵梁、底架盖板、底架上焊接部件等组成，具体结构如图2-13所示。底架材料主要采用12 mm、16 mm、20 mm，24 mm 低温容器板 16MnDR，或压型或加工，以坡口焊接为主，并进行整体静调处理。各主要承载梁采用钢板或钢板压型件组焊成箱形或类似结构，从整体上提高了车体的刚度和强度。各横向梁与侧梁连接均采用插入式焊接，而且插入处均采用圆弧过渡，有效避免了连接部位截面变化引起刚度突变以至于应力集中。底架组焊后应保证如下基本要求：

（1）底架整个盖板平面的平面度不大于3 mm。

（2）底架整个盖板平面与侧梁外立面的垂直度不大于1 mm。

（3）检测单上要求的其他如变压器梁区域对角线、两枕梁二系簧引导销间对角线等相关尺寸的检测要求。

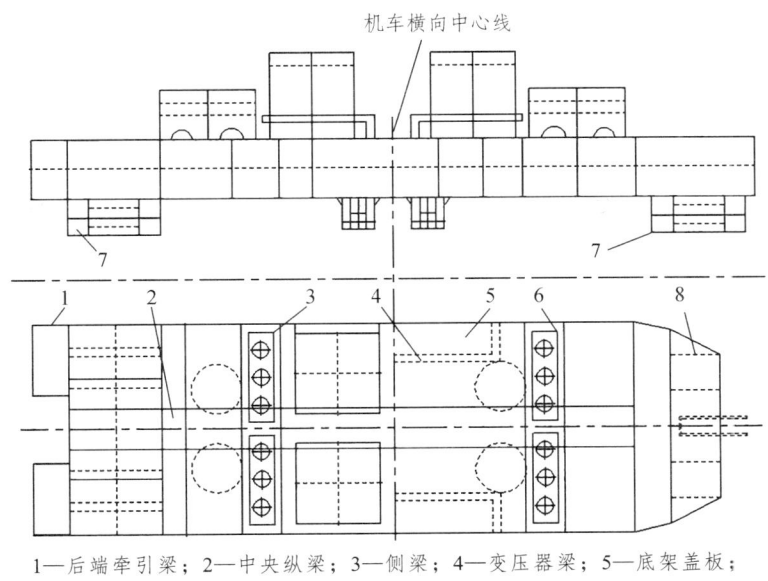

1—后端牵引梁；2—中央纵梁；3—侧梁；4—变压器梁；5—底架盖板；
6—枕梁；7—车钩箱；8—前端牵引梁。

图 2-13　HXD$_1$型电力机车车体底架结构

前端牵引梁和后端牵引梁是传递牵引力、承受制动力与冲击力的主要部件，由上盖板、前端板、后端板、加强撑板、中心纵梁、下盖板、车钩箱等组成空腹箱形结构。牵引梁前端焊有螺孔座，可以将安装车钩吊杆的冲击座用螺栓紧固其上。车钩箱直接焊装于前、后牵引梁的下盖板上，用于安装机车车钩、缓冲装置和变形吸能装置。车钩箱为厚板组焊的加强箱体，有足够强度满足车钩传递的牵引力和冲击力，内部空间完全满足国产13号标准钩缓装置的安装和互换，与转向架相连的牵引拉杆座就直接用特殊螺栓安装在车钩箱的下部；另外前端牵引梁上、下盖板之间还焊装有空调排气风道，两侧装有机车救援吊销孔，其下盖板上还焊有用于安装排障器的安装条。

车钩箱组焊时有较高的形位尺寸：两从板座端面平面度不超过 0.5 mm，与变形吸能单元安装面的平行度不超过 1 mm，车钩箱中轴线与牵引梁下平面的平行度不超过 2 mm。

侧梁位于底架两侧，是底架主要承载及传力部件，由 U 形压型梁与内立板组焊而成。内立板上与枕梁、变压器梁连接处预留断口，以方便枕梁、变压器梁插入与压型梁直接连接，共同形成更加牢固的结构体。垂向减振器座与转向架整体起吊座设计成一体并焊接在侧梁下部，横向减振器座采用嵌入方式与侧梁焊接成一个整体结构，左右侧梁上各设有 3 个吊销套，靠中间的吊销套用于机车的整体起吊，靠后端的用于单端救援，侧梁每个吊销套位置的下翼板上焊装有架车垫板。

枕梁主要承受车体和设备的重量载荷及其垂向冲击载荷，主要由压型横梁、内立板、中心纵梁、中心限位座等组成，枕梁的两端直接插入侧梁组焊。另外，变压器梁主要是由倒 T 形纵横梁（由下翼板和立板组焊）和纵向 U 形中梁组焊成的框架梁，用于承载变压器的重量载荷及其冲击载荷，其倒 T 形横梁也直接插入侧梁组焊，中央纵梁为压型 U 形梁，宽度达 600 mm，完全贯穿于整个底架，并与各被贯穿梁焊接在一起，与侧梁同时起到主要传力路径的作用。在底架两牵引梁之间，焊装 4 块 10~12 mm 厚的盖板，主要用以直接装配机车设备或焊装装配机车设备的安装支架，各安装支架主要由压型梁与 HALFEN 安装导轨组焊而成，盖板也同时进一步加强了底架的刚度和强度。

（四）司机室

HXD_1 型电力机车司机室采用准流线型外形，增强了整体外观的视觉效果，司机室前部设有前窗，采用胶黏方式将两块复合的电加热玻璃分别与司机室钢结构黏结，司机室两侧面设有可上下开启的活动侧窗以及入口门。司机室后墙上设有走廊门，通向机械间中央走廊。

司机室结构采用骨架与蒙皮一起形成整体承载的钢结构形式，且采用左右侧墙、前墙及顶棚组成的模块化结构，因此蒙皮及骨架梁均由 6 mm 低温容器板拼装或压型而成，不仅简化了组装工艺，而且加强了司机室的承载能力。

司机室前端两侧均设计成斜板箱体结构，从底部逐渐过渡到顶部，然后通过司机室侧墙上部梁自然过渡到侧构的上弦梁，这样就保证了车体拉伸、压缩工况下的力矩有效地通过司机室传递到侧构上弦梁，然后再通过侧构上弦梁传递到车体后端，同时也保证了车体整体一致的外观效果。

为满足 EN 12663 中关于司机室腰梁处应能承受 300 kN 均布载荷的要求，司机室腰梁设计成较大的箱形结构，并设置加强隔板，该区域结构得以有效强化。为了应对司机室侧窗窗角结构性的应力集中，侧窗部位采用 6 mm 厚的 HG785E 细晶粒高强度结构钢板材。司机室入口门门角通常也是应力集中区，因此门角处设计成圆滑过渡结构，并避开了焊缝，保证了应力不会过度集中于门角或焊缝区域。

司机室顶部焊有头灯安装箱及天线安装座，前下部左右两边对称焊有安装机车副头灯的安装法兰。在司机室前窗口边沿下及两侧大倒角处，焊有方便维护、清洁及调车用扶手杆。为保证司机室的防寒隔热，在司机室各主要骨架梁焊接前塞满防寒隔音材料。司机室钢结构如图 2-14 所示。

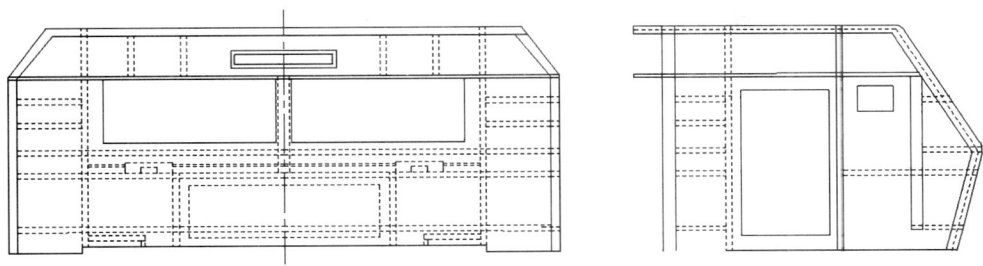

图 2-14 HXD₁型电力机车司机室结构总成

（五）侧构和隔墙

HXD₁型电力机车车体侧构采用上倾斜网架式结构，根据设计计算分析结果，侧构骨架的设计和布置充分体现了强度和刚度强弱合理布置的原则。如布置于侧构上部的两根上弦梁均采用了 6 mm 厚的板材，通过压型、焊接、设置加强隔板等方式，形成封闭的箱形结构，并且两上弦梁之间设置了较多、较强的连接梁，有效强化了侧构上弦梁部位的强度和刚度，而侧构下部骨架的立柱和横梁均设计成一边均匀断续开口的角梁结构，断续边与蒙皮焊接在一起，使断续边与蒙皮自然形成坡口，保证了其焊接可靠性，也降低了侧构平面的焊接变形；同时由于下料成型的均匀断续边，减少了人工控制断焊的不均匀性，提高了焊接质量。侧构上弦梁部位设置了多个通风口，用于安装单独通风冷却电气设备的通风过滤装置。侧构顶部焊接了 HALFEN 安装轨，用于安装车体顶盖。

侧构除上弦梁外的其他纵、横梁均采用 3 mm 厚的 Q345E 钢板压型，蒙皮也采用 3 mm 厚的 Q345E 钢板。侧构上弦垂直立面与侧构外墙面之间的平行度不大于 2 mm/2 000 mm，外墙本身平面度不大于 2 mm/2 000 mm。侧构结构如图 2-15（a）所示。

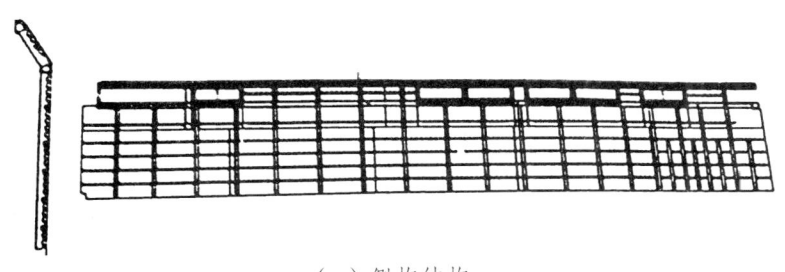

（a）侧构结构

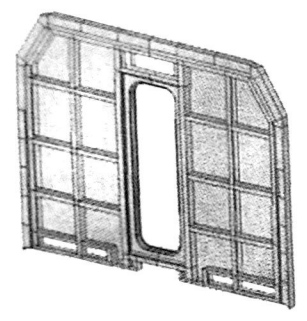

（b）隔墙结构

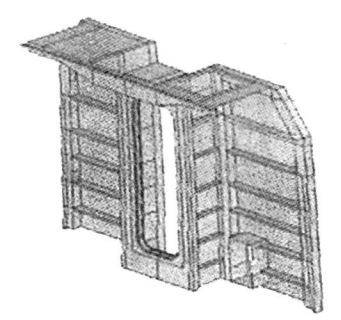

（c）后端墙结构

图 2-15 HXD₁型电力机车侧构及隔墙结构示意图

HXD₁型电力机车车体隔墙因不承受较大的载荷，其骨架厚度设计较薄。隔墙的司机室侧设置了隔音性能优良的减振复合隔音钢板，有效地隔离了机械间噪声对司机室的污染。后端墙不仅构成车体箱体结构的一个端面，同时还要考虑与另一节车相连，因此设计了后端墙门和通道。后端墙上还设置了尾照灯、连挂风挡等。隔墙及后端墙结构如图 2-15（b）、（c）所示。

（六）顶　盖

HXD₁型电力机车顶盖设计成可拆卸的框架式活动小顶盖，通过 HALFEN 螺栓与侧墙和顶盖连接横梁上的 HALFEN 安装轨相连，连接充分考虑了结构的防水性，设置了密封结构。中间的 2、3 号顶盖上焊有天线安装法兰，靠近后端墙的 4 号顶盖上焊有受电弓安装座、高压互感器安装座及上顶盖的天窗门等。各顶盖平面度要求每米不大于 3 mm，受电弓安装座之间的平行度不大于 1 mm，顶盖结构如图 2-16 所示。

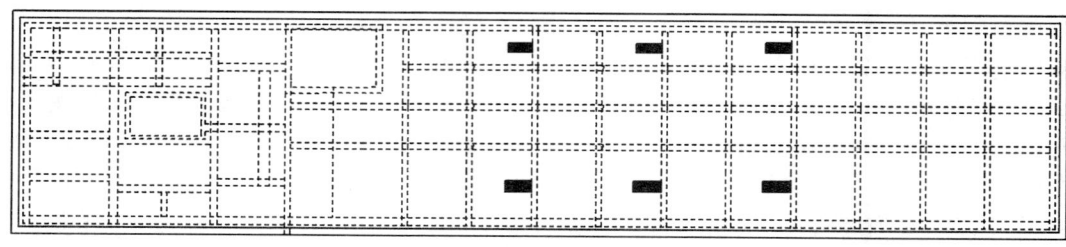

图 2-16　HXD₁型电力机车顶盖结构示意图

（七）排障器

HXD₁型电力机车排障器左右对称并用螺栓紧固于前端牵引梁前下部，为压型犁式钢和支撑梁组焊结构。由于落车后要求排障器底部距轨面高度为（110±10）mm，因此排障器主体下部装设了可调节高度的小排障器部件，在小排障器与排障器的连接部位都开有长圆孔，便于落车后调整排障器的高度。排障器如图 2-17 所示。

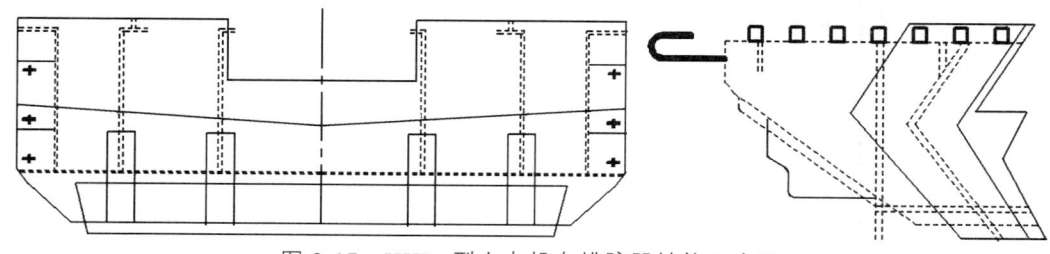

图 2-17　HXD₁型电力机车排障器结构示意图

六、SS₄改型电力机车车体结构

1. SS₄改型机车车体结构特点

SS₄改型电力机车是我国自行设计制造的大功率重载货运机车，由两节完全相同的 B₀-B₀

机车组成。分离后单节机车可独立运行。其车体结构具有下列特点:

(1) SS$_{4改}$型电力机车车体首次采用 16 mm 低合金高强度钢板压型梁与钢板焊成整体承载式车体结构,既满足了强度和刚度的要求,又达到了轻量化的目的。

(2) 吸收了国外电力机车的先进技术,在车体设计中采用了大顶盖预布线预布管结构和推挽式牵引方式及横移式密封侧窗结构等。

(3) 为便于制造和检修,SS$_{4改}$型机车车体较多地进行了标准化、系列化和通用化设计,使车体的一些主要参数和零件结构尽量与 SS$_4$ 型、SS$_5$ 型和 SS$_6$ 型车体通用。

(4) 采用单端司机室和两侧多通式走廊,尾端有一横走廊相通,后端上设有中间后端门及连挂风挡,把两节机车连接起来。

2. 车体各部分主要结构

SS$_{4改}$型机车车体主要由底架、侧墙、后端墙、车顶盖、司机室、台架、排障器等组成,如图 2-18 所示。

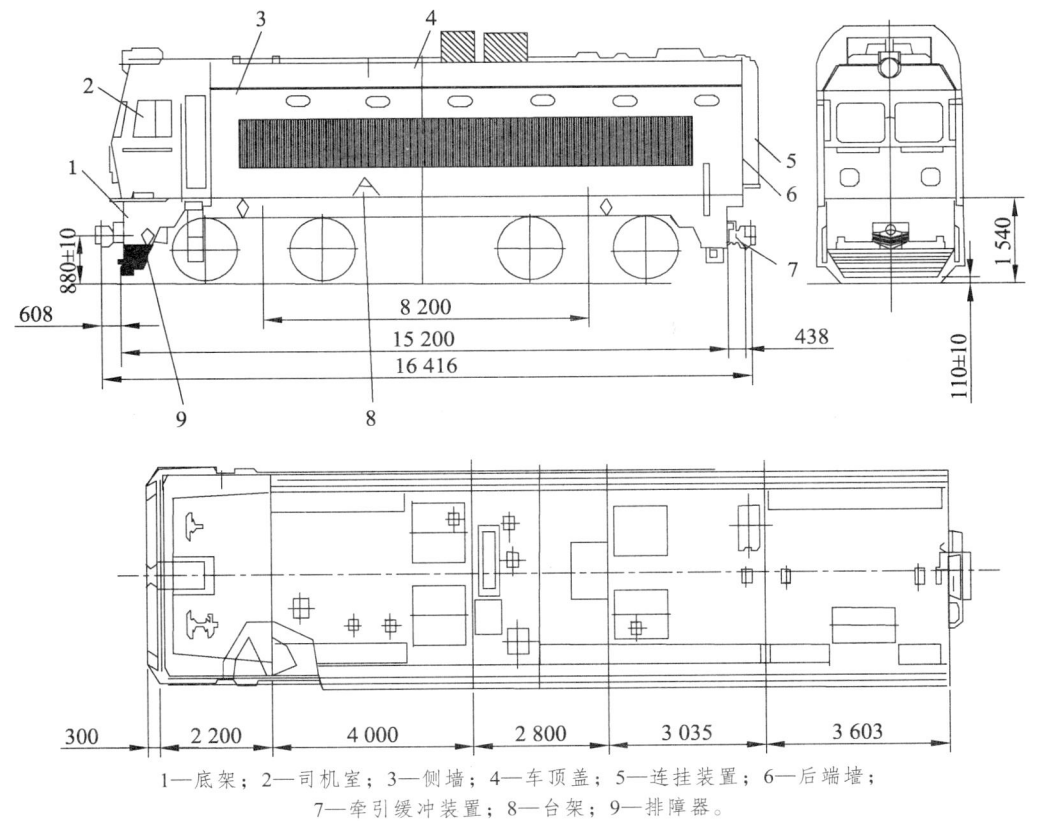

1—底架;2—司机室;3—侧墙;4—车顶盖;5—连挂装置;6—后端墙;
7—牵引缓冲装置;8—台架;9—排障器。

图 2-18 SS$_{4改}$型电力机车车体总图

(一)底 架

底架主要由两根侧梁、两根枕梁、两根牵引梁、两根变压器横梁、两根变压器纵梁、一根台架横梁、一根隔墙梁和一些辅助梁焊接而成,底架结构如图 2-19 所示。

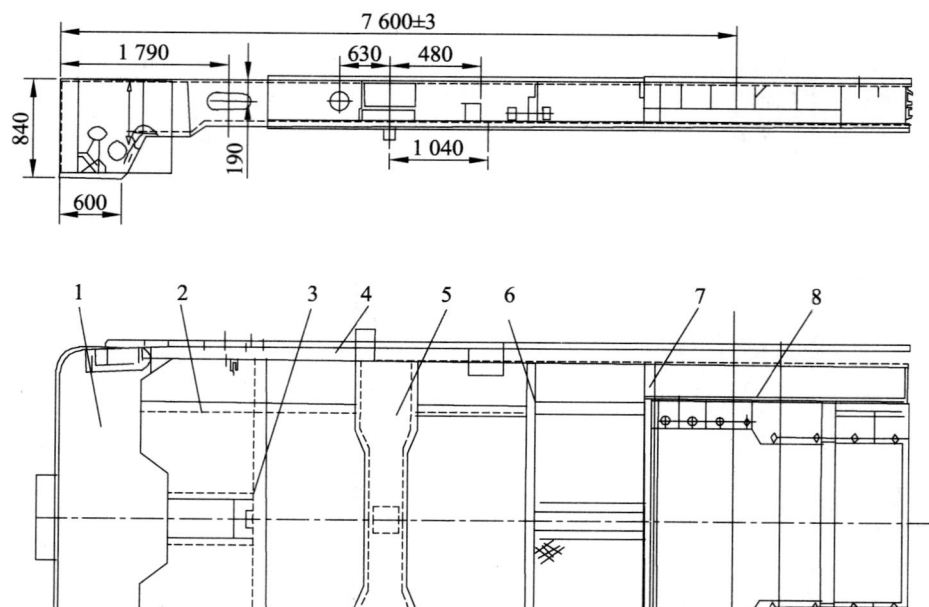

1—牵引梁；2—辅助纵梁；3—隔墙梁；4—侧梁；5—枕梁；6—横梁；
7—变压器横梁；8—变压器纵梁；9—横梁。

图 2-19　SS$_4$改型电力机车车体底架

1. 侧　　梁

侧梁位于底架两侧，是由 380 mm × 140 mm × 10 mm 压型槽钢和 420 mm × 10 mm 钢板焊成箱形结构的两根长大梁，其断面形式如图 2-20 所示。

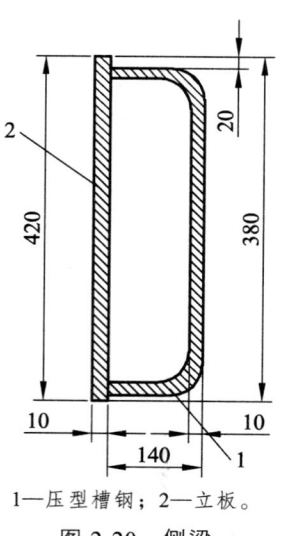

1—压型槽钢；2—立板。

图 2-20　侧梁

2. 枕梁

枕梁是传递垂直载荷的主要部件。枕梁断面为钢板焊接成的箱形结构。枕梁坐于转向架 4 个橡胶弹簧上，由于橡胶弹簧顶面高于两根枕梁下盖板 140 mm，且并列的两个橡胶弹簧支承面较宽，故将枕梁设计成底部挖空的藏入式结构，在宽度方向做成两端宽中间窄的变截面梁，其两端宽为 630 mm，中间宽为 430 mm，高为 260 mm，钢板厚度为 10 mm，其结构如图 2-21 所示。

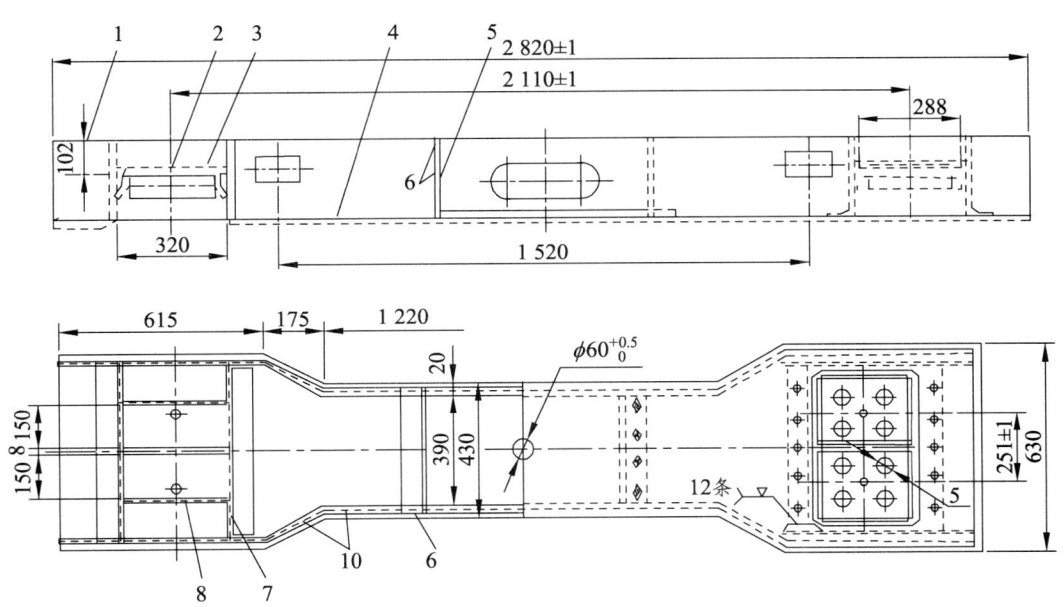

1—上盖板；2—旁承座板；3—旁承座；4—下盖板；5,7—弯板；6—立板；8—隔板。

图 2-21 枕梁

3. 牵引梁

牵引梁位于底架的两端，起传递牵引力、制动力和承受列车冲击力的作用，如图 2-22 所示。牵引梁呈 T 形，上部由钢板焊成空腹箱形梁，下部车钩箱悬于空腹梁下。

4. 纵横变压器梁

该梁用于支撑变压器的梁体，均采用 10 mm 厚的钢板压型槽钢，梁的尺寸为 240 mm × 140 mm × 10 mm，纵变压器梁上焊有变压器安装座板及加强筋板。

5. 隔墙梁和纵横辅助梁

隔墙梁为 8 mm 厚的钢板压型槽钢，尺寸为 200 mm × 140 mm × 8 mm。

纵横辅助梁起到加强底架稳定性的作用，主要用作台架、走廊及各室骨架、地板等处的连接件。纵横辅助梁均采用钢板压型槽钢。

（二）侧 墙

侧墙在车体两侧，作为整体承载式车体，是 $SS_{4改}$ 型机车车体的主要承载结构之一。

机车总体及走行部

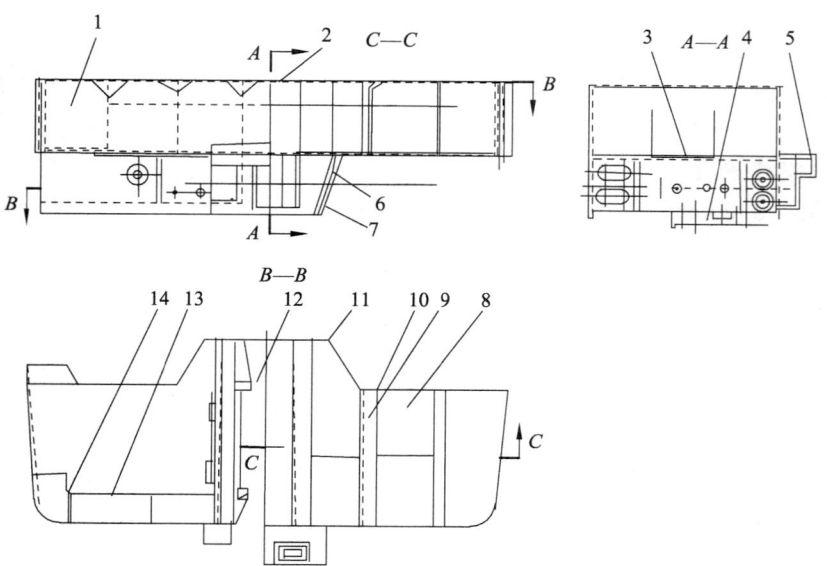

1—前端板；2—上盖板；3—限位板；4—拉杆座；5—冲击板；6，7—加强撑板；8—加强板；9—立板；10—后端板；11—后端板（左）；12—车钩箱组成；13—前下板；14—下前撑板。

图 2-22　牵引梁

SS$_{4改}$型机车侧墙采用传统框架结构，如图 2-23 所示。为减轻自重，侧墙立柱、横梁及外墙板均采用 3 mm 厚的 16Mn 钢板及压型体焊接而成。在侧墙中间部分设有侧墙进风口，用于安装侧墙百叶窗和滤尘器，侧墙上部开设 6 个采光用椭圆窗孔。

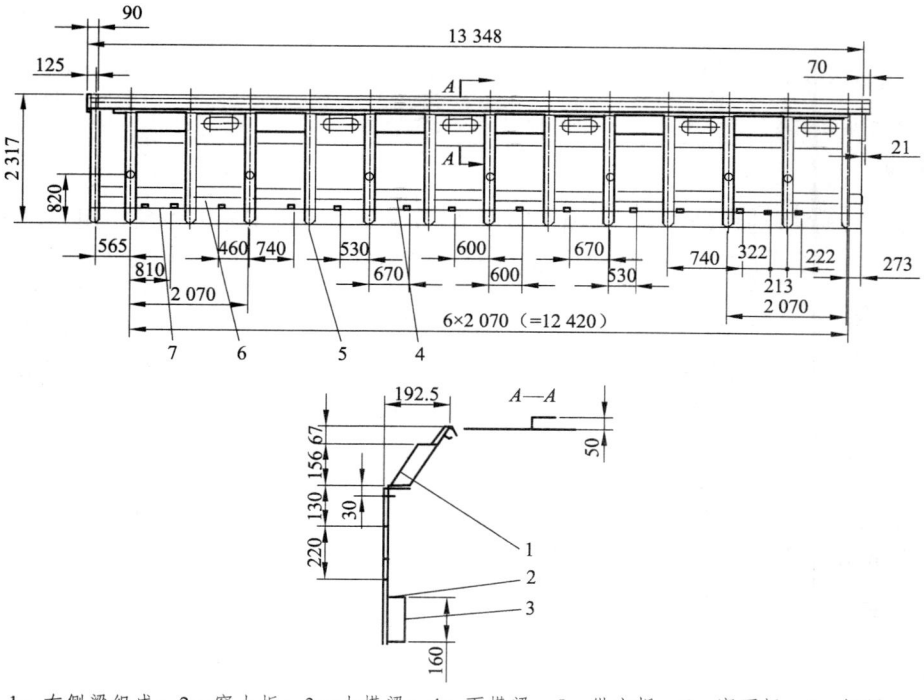

1—右侧梁组成；2—窗上板；3—上横梁；4—下横梁；5—纵立板；6—窗下板；7—板梁。

图 2-23　侧墙

（三）后端墙

如图 2-24 所示，后端墙支承在底架Ⅱ端牵引梁端部，两侧与两侧墙连接，角立柱插入侧墙内部，以便连接牢固。后端墙的端板、顶板与侧墙外板和顶板对接组焊，与车体其他部件共同组焊成整体承载结构。中间是后端门门框，两侧为钢板压型角立柱和 Z 形横梁组成的骨架，外侧铺上薄钢板。骨架和蒙皮均为厚度 3 mm 的 16Mn 钢板。

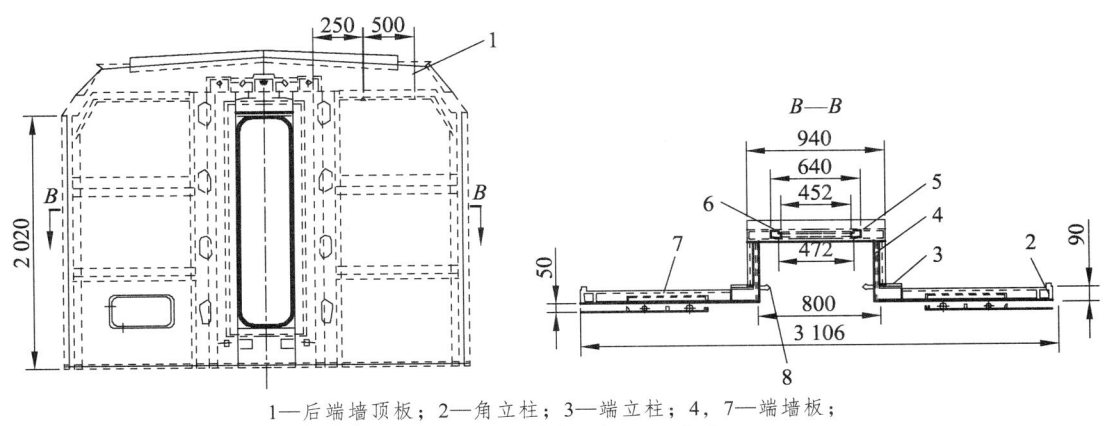

1—后端墙顶板；2—角立柱；3—端立柱；4，7—端墙板；
5—门立柱；6—走廊门框；8—扶手。

图 2-24 后端墙

（四）车顶盖

车顶盖由 4 个顶盖和 3 根活动横梁组成。4 个顶盖由前至后依次为第一高压室顶盖，变压器室顶盖，第二高压室顶盖，机械室顶盖。车顶盖上装有车顶电气设备，为了便于车内设备的拆装和预布线的需要，各车顶盖和活动横梁做成活动可拆式，并且各车顶盖都做成宽度较大的大顶盖，为了结构通用化，各车顶盖形状、尺寸和结构形式基本相同，如图 2-25 所示。

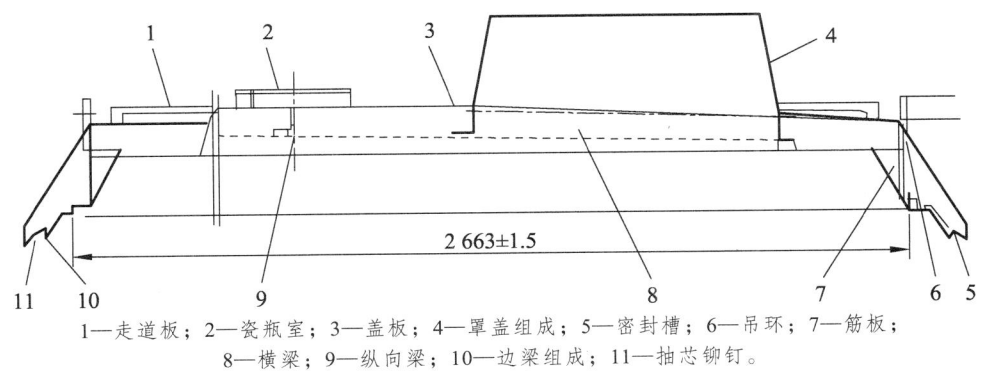

1—走道板；2—瓷瓶室；3—盖板；4—罩盖组成；5—密封槽；6—吊环；7—筋板；
8—横梁；9—纵向梁；10—边梁组成；11—抽芯铆钉。

图 2-25 顶盖

（五）司机室

由于司机室对外形、强度和安全性的特殊要求，$SS_{4改}$型机车司机室的骨架是在充分考虑了通用化、标准化和系列化的基础上，综合了 SS_3、SS_4、SS_5 和 8K 机车的优点设计而成的。

司机室外形制成多平面组成的菱形多面体,既美观又使风阻小。为减轻自重,司机室外墙板和骨架的主要梁柱全部采用 16Mn 钢板压制体。司机室两侧外蒙皮和顶盖蒙皮分别用 3 mm 和 2.5 mm 厚的钢板。司机室骨架如图 2-26 所示。

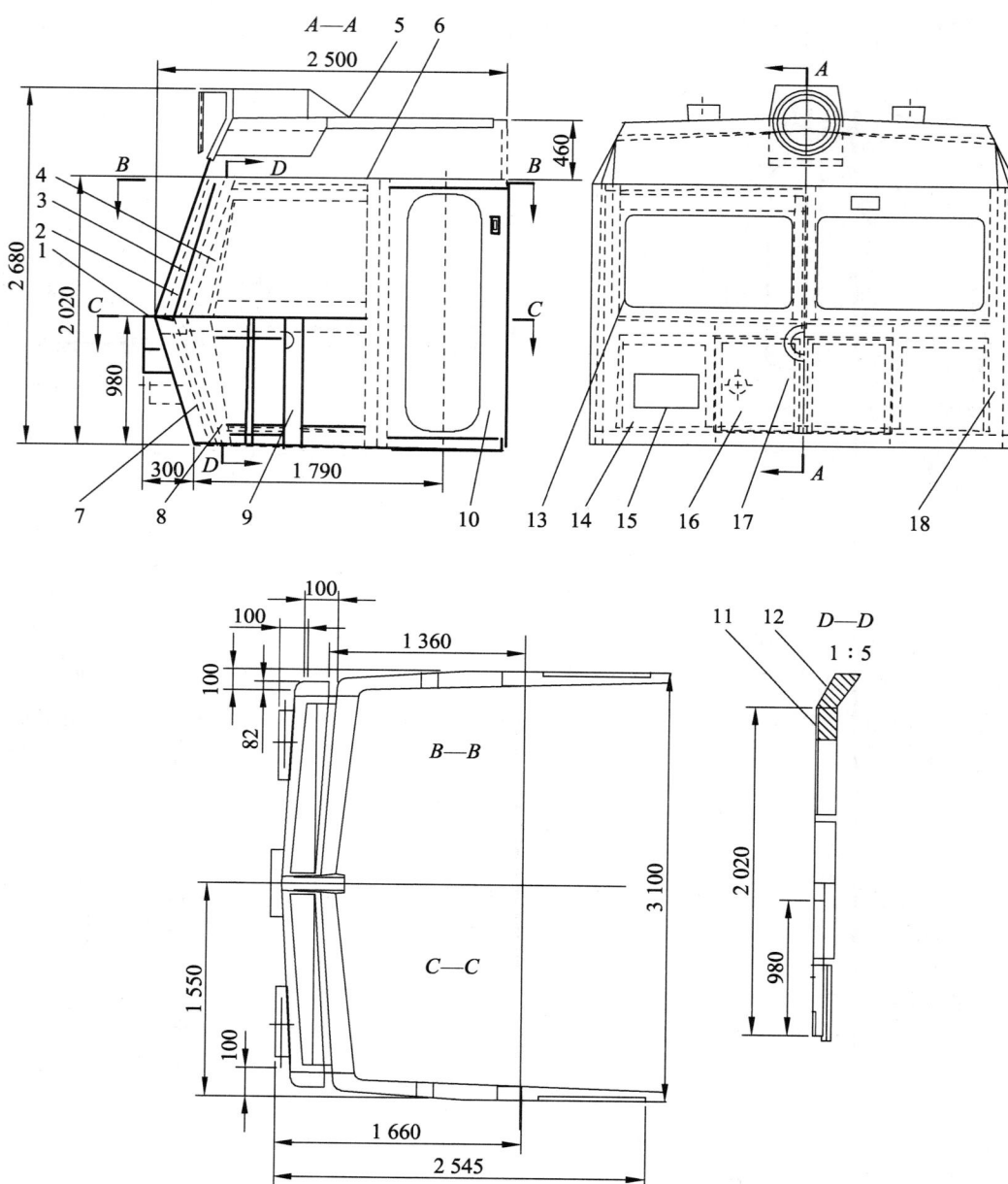

1—腰梁;2—上中立柱;3—上角立柱;4—前上立柱;5—司机室顶盖骨架组成;6—侧立柱;7—下中立柱;8—前下立柱;9—立柱;10—门口板;11—侧窗口板;12—防寒材料;13—前窗口板;14—前围板;15—标志灯体;16—中央围板;17—路徽安装座;18—下角立柱。

图 2-26 司机室骨架

（六）台　架

台架是为安装车内除变压器以外的其他电气和机械设备而设置的。

SS₄改型机车车体设有Ⅰ、Ⅱ端台架。台架面板和骨架全部采用16Mn钢板。为便于安装和连接各种电气和机械设备，在骨架内装有活动螺母，台架上设置通风机安装座和通风管道，骨架内设有电缆线槽。台架如图2-27所示。

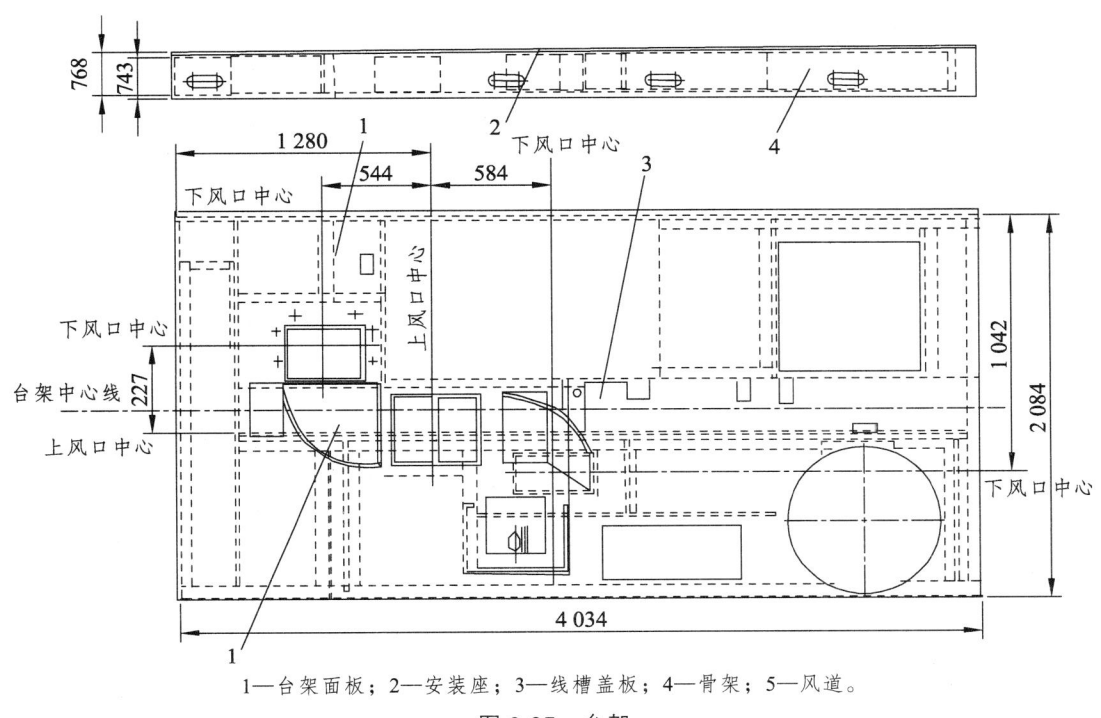

1—台架面板；2—安装座；3—线槽盖板；4—骨架；5—风道。

图2-27　台架

（七）排障器

排障器距轨面的高度为（110±10）mm，其主要作用是排除线路上的障碍物。在排障器主体下部装有可调节高度的小排障器。在排障器上设有脚踏板，可用于调车作业人员使用。

（八）其　他

司机室前端及两侧距轨面1 540 mm高度上设有前踏板，在司机室前窗和侧窗下侧的外壳上焊有扶手。沿车顶前端和两侧焊有雨檐，司机室入口门两侧装有上车扶手。

七、HXN₃B型内燃机车车体结构

（一）概　述

HXN₃B型内燃机车车体在HXN₃型机车车体技术平台上，充分借鉴DF₄DD及GKD1A等调车机车钢结构特点进行结构优化，根据底架静强度、车体模态分析、司机室隔振等相关计算，采用标准化、简统化、模块化的设计理念，满足交流传动调车机车的要求进行设计。为满足机车运用的要求，在安全、可靠的基础上力求创新，主要采取以下措施，力争做到机车车体结构的最优化：

（1）在结构设计阶段与国内知名院校合作进行车体底架静强度计算、车体（含司机室）模态分析计算及司机室隔振分析计算等，以进一步优化结构设计。

（2）车体底架钢结构静强度设计指标为纵向 3 000 kN 压缩载荷和纵向 2 500 kN 拉伸载荷而不发生永久性变形。

（3）车体设计按 EN15085 标准进行。

HXN$_{3B}$交流传动内燃调车机车车体采用底架承载外走廊单司机室结构，机车由前至后分别为辅助室、司机室、电气室、通风室、动力室、冷却室和制动室，如图 2-28 所示。司机室采用悬浮式减振结构，其减振原理与 HXN$_3$ 型机车司机室基本相同。机车周边布置走台板及登车和安全扶手。为安装及检修方便，各机械室顶盖均为可拆卸结构，制动部件室、辅发室和动力室侧墙也采用可拆式结构。机车燃油箱采用与底架一体的整体式结构，燃油箱总容量可以达到 8 000 L。其主要参数如表 2-1 所示。

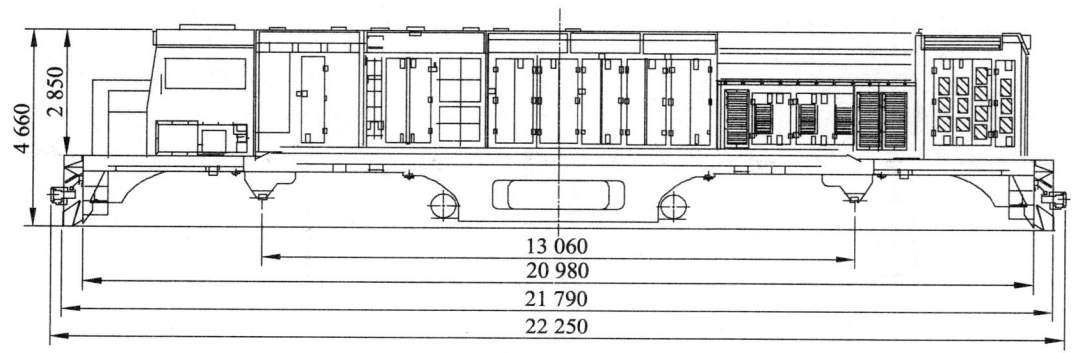

图 2-28　HXN$_{3B}$ 型内燃机车车体

表 2-1　HXN$_3$ 型内燃机车车体参数　　　　单位：mm

车体长度（两端板间）	20 980
车体长度（车钩连挂线）	22 250
车体底架长度	21 790
车体宽度	3 200
车体宽度（后视镜打开状态）	3 376
车体顶盖距轨面高度	4 660
车钩中心线距轨面高度	880±10

（二）司机室

该车采用单司机室，司机室的结构和设备布置充分考虑了人机工程和人性化设计理念，提供良好的人机界面、便利的操作空间、充分的瞭望条件，方便司机对机车的操纵。同时，司机室内具有的各种辅助设施，为司乘人员提供了安全、可靠、舒适的工作环境。

司机室钢结构主要由辅助室装配、左右侧墙、前后端墙、顶盖和地板梁装配组成，如图 2-29 和图 2-30 所示。

司机室后端突出部分定义为辅助室，主要由 3 mm 厚的蒙皮和梁组成。

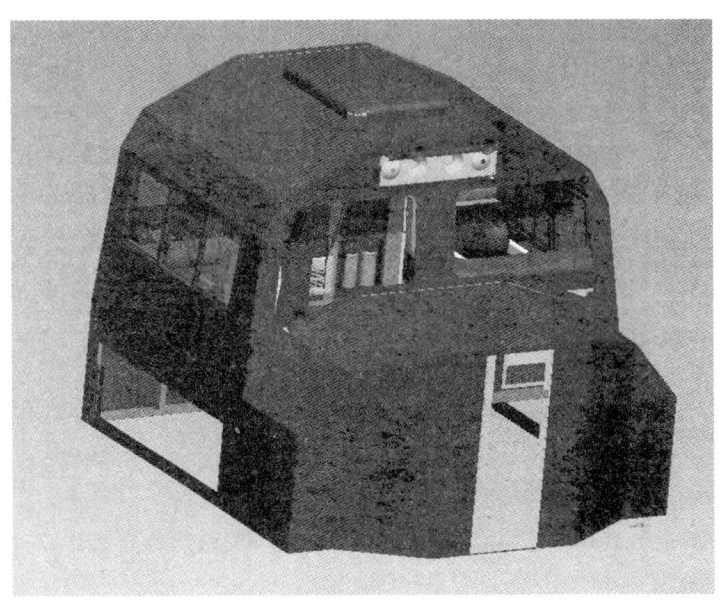

图 2-29　司机室

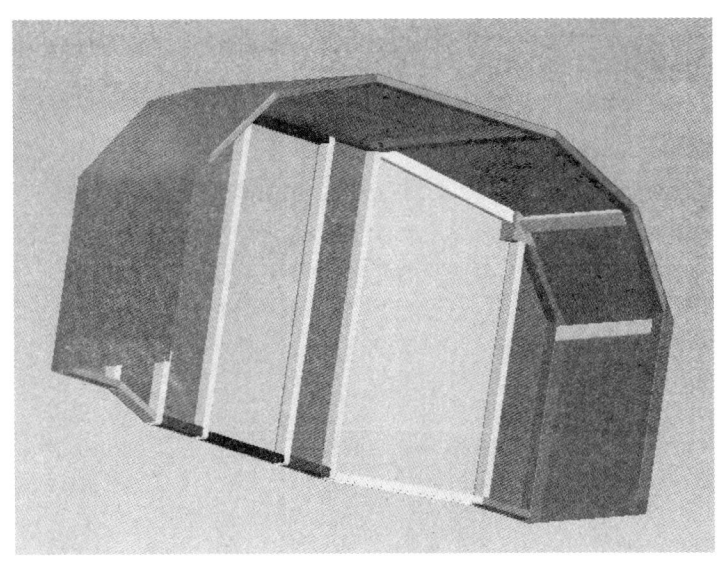

图 2-30　前脸

司机室侧墙主要由 3 mm 厚的蒙皮和梁组成，左、右侧墙的结构基本相同，如图 2-31 所示。

图 2-31 侧墙

司机室前墙由 3 mm 厚的蒙皮、槽钢梁及设备安装座组成；后墙则由 5 mm 厚的蒙皮、梁及设备安装座组成，如图 2-32 所示。

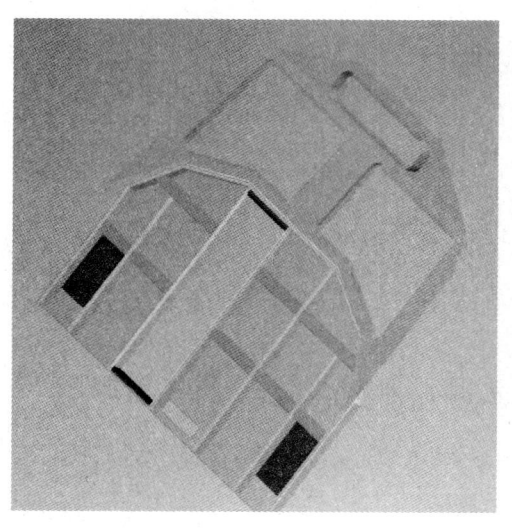 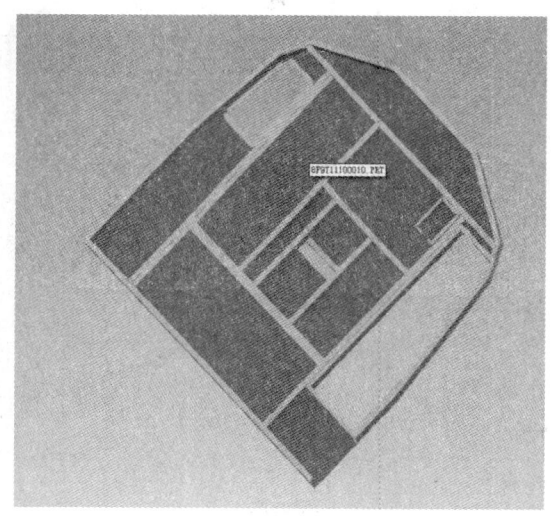

图 2-32 前墙（左）、后墙（右）

司机室顶盖由 3 mm 厚的蒙皮、槽钢梁及设备安装座组成，如图 2-33 所示。

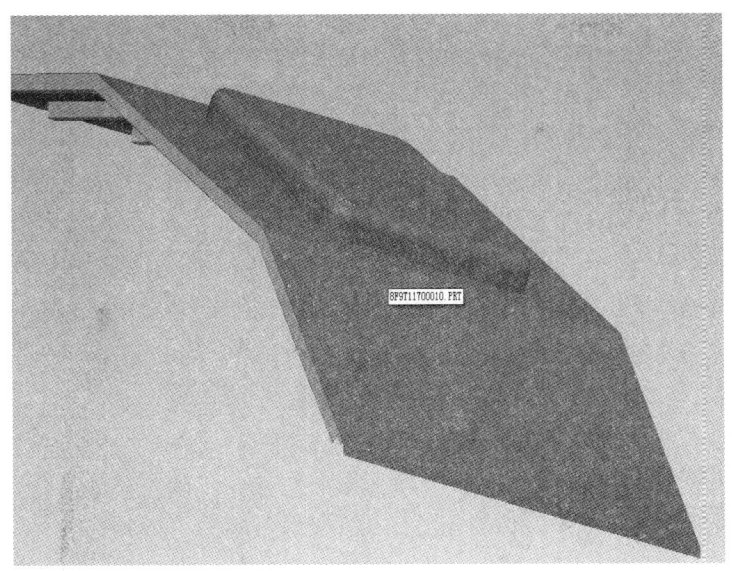

图 2-33 顶盖

司机室地板主要由槽钢、角钢和底板等组成，如图 2-34 所示。因为司机室的减振元件都布置在地板梁下方，所以该车司机室地板梁的设计着重考虑了强度问题。

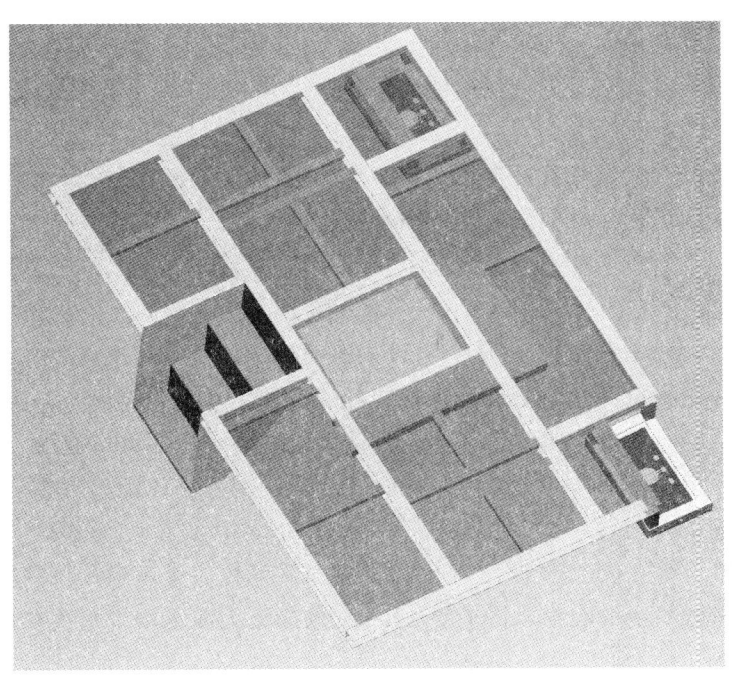

图 2-34 司机室地板

为减轻振动和噪声，司机室采用悬浮式整体独立结构。司机室与底架之间通过设置减振元件隔离来自柴油机等车上设备所产生的振动和噪声。减振元件及其参数的选取经过多体动力学隔振分析，减振元件的布置如图 2-35 所示。

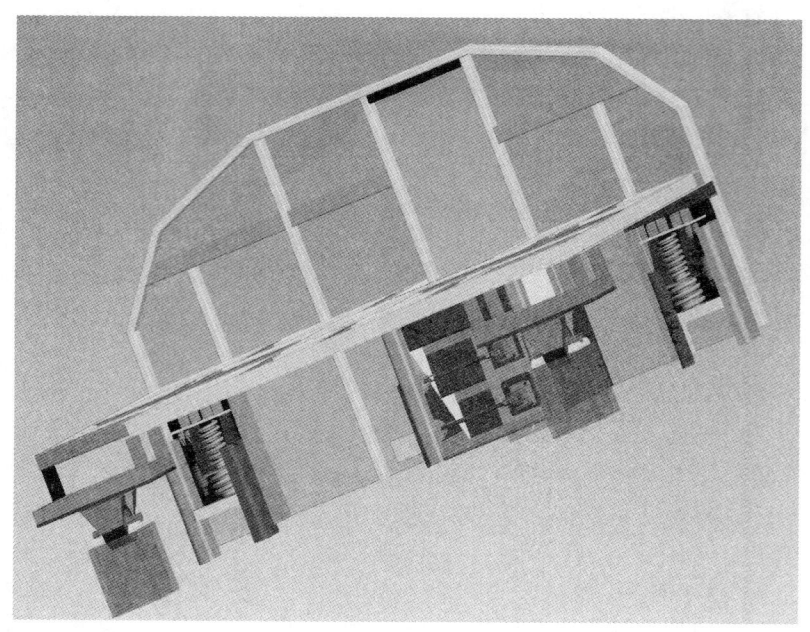

图 2-35 减振元件的布置

（三）车体材料

车体钢结构材料具有良好的使用性能，6 mm（含 6 mm）以下钢板采用冷轧钢板，6 mm 以上钢板采用热轧钢板。

材料主要应用范围：司机室减振元件支座、底架为 Q345E；司机室钢结构、机械间采用 Q235A；主要减振器安装座及车钩箱冲击座采用铸钢材料。

（四）车体强度

车体钢结构设计使用寿命为 30 年。设计中需考虑下列负荷情况：
（1）车体自身结构以及其上所装的各种装置的质量（垂直载荷）。
（2）带转向架的时候在车体起吊位置从车体两侧将整个车体进行起吊（整体起吊工况）。
（3）在另外一个转向架作为支撑点的同时，从另一侧起吊位置起吊包括一个转向架的整个车体（救援工况）。
（4）车体可以承受 3 000 kN 的压力或是 2 500 kN 的拉力（压缩、拉伸工况）。
（5）车体排障器的中央底部应能承受 140 kN 的静压力而不产生永久变形。

（五）底 架

底架主要由端部装配、中梁装配、旁承梁装配、柴油机座梁、油箱装配、边梁装配、底架盖板装配等几大部分组成，其中中梁装配为主要承载结构，同时中梁的鱼腹部分与燃油箱相连，以增加机车的载油量，如图 2-36 所示。

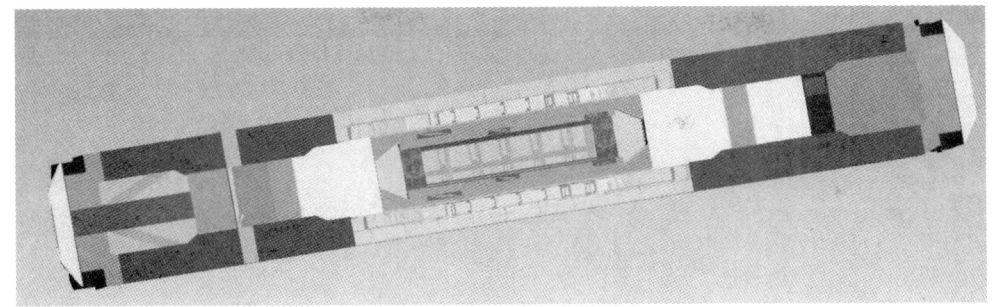

图 2-36 底架

端部主要由牵引梁、端板、斜撑、上下盖板以及筋板组成，根据应力分布情况，使用了 12～30 mm 厚度不等的板材，如图 2-37 所示。

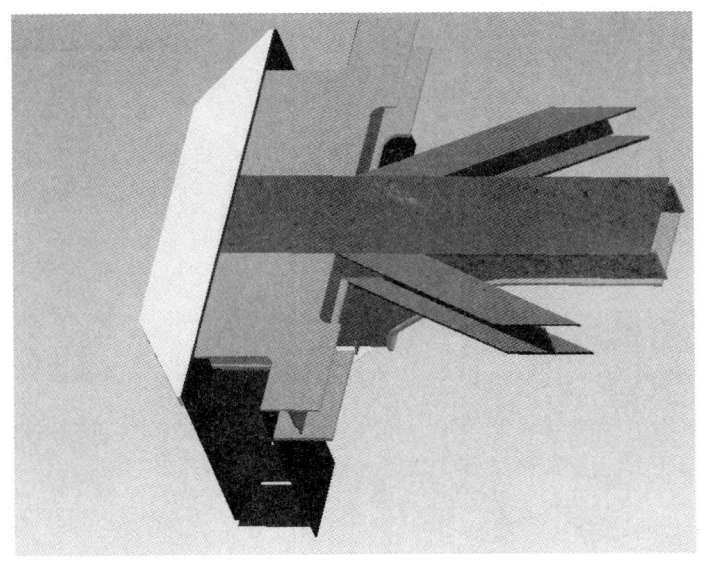

图 2-37 底架端部

中梁装配为底架的主要承载结构，由两根贯穿前后的箱形梁组成，中部有加高的鱼腹，同时鱼腹是油箱的一部分，如图 2-38 所示。

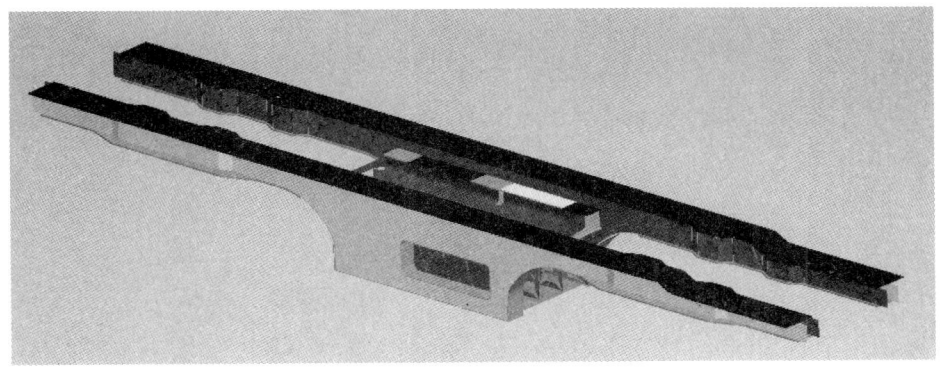

图 2-38 中梁装配

旁承梁装配如图 2-39 所示，由旁承座附近的四根横梁组成，每个横梁都是箱形梁结构。

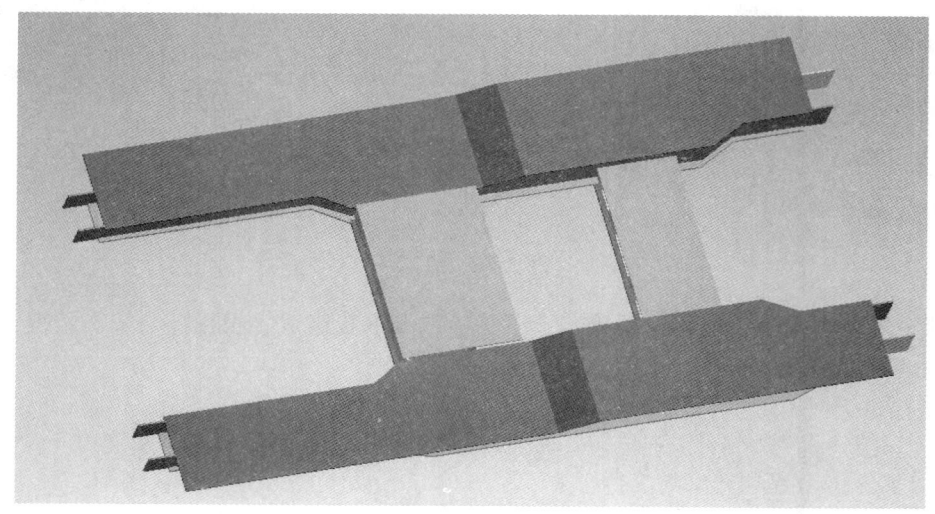

图 2-39　旁承梁装配

底架柴油机座梁、中间油箱隔板及中梁鱼腹共同组成了整体油箱，如图 2-40 所示。因为底架中部要承受柴油机、主发电机及油箱内油的重量，同时还要保证上方柴油机及主发电机安装面的平整度，所以对整体油箱部分的强度、刚性及抗振性等要求很高，在设计过程中，经过多次计算分析及工艺分析，对该部分结构进行了不断优化。

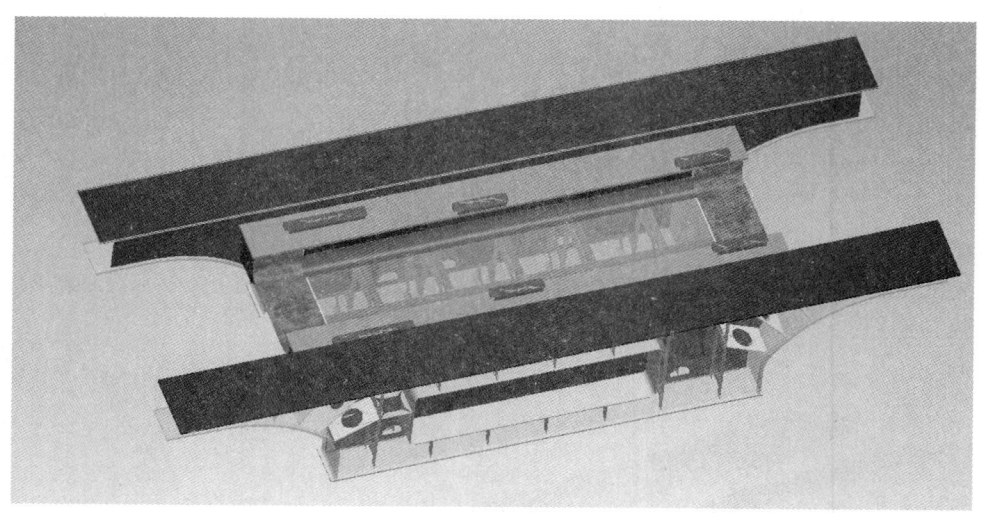

图 2-40　油箱

（六）机械间侧墙、隔墙及顶盖

机械间侧墙骨架由上弦梁、下弦梁、多根立柱及蒙皮组焊而成，如图 2-41 所示，其中梁的结构多采用压型梁，侧墙蒙皮采用 3 mm 厚的钢板。由于各机械室要求不同，其侧墙与隔墙间的连接方式分为焊接和螺栓连接两种方式。侧墙与顶盖及底架之间均采用螺栓连接。

图 2-41 侧墙骨架

各机械间均由隔墙分隔开来,以实现各自不同的功能,如图 2-42 所示。隔墙钢结构厚度为 80 mm,隔墙蒙皮为 3 mm 厚钢板,隔墙上梁的布置主要考虑各种设备的安装及开孔。隔墙周边安装有两道密封胶条,用来与侧墙及顶盖之间的密封。

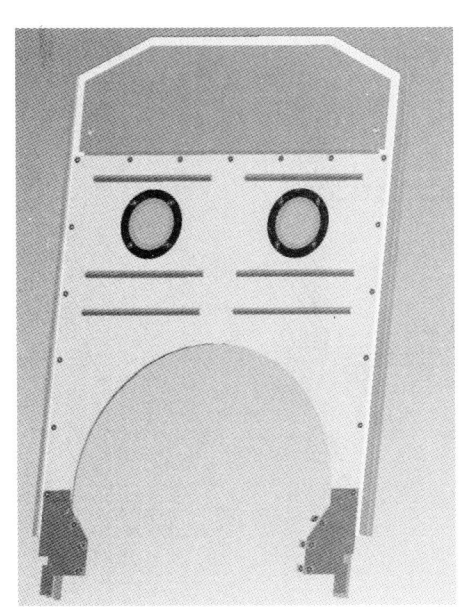 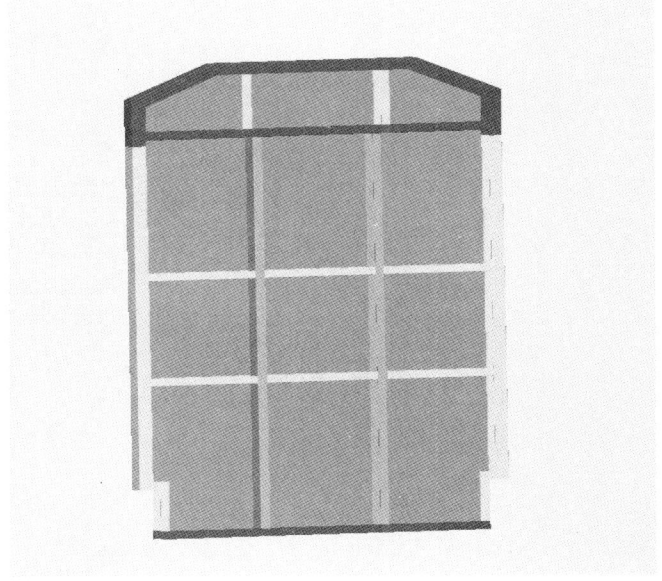

图 2-42 机械间隔墙

机械间顶盖结构形式借鉴大连机车公司出口印度机车顶盖方式,为双层蒙皮带通风腔结构,这种结构的顶盖具有隔热、通风及保温多种功能,且整体强度及刚性较大。每个顶盖上均有防滑梁和扶手,以确保车顶作业人员安全,如图 2-43 所示。

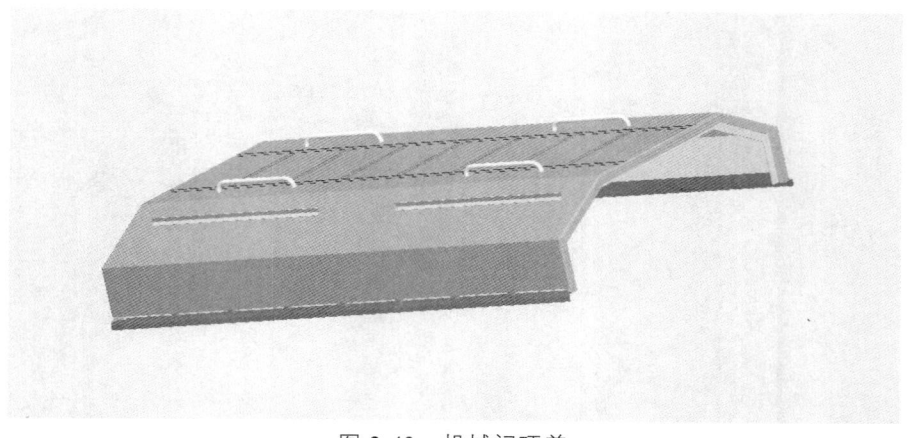

图 2-43　机械间顶盖

（七）钩缓装置

车钩及缓冲器的牵引能力应与车体强度相符合。

车钩型号：102 型机车车钩。车钩连接轮廓符合 TB/T 2950 标准要求，车钩结构形式与 TB/T 3044、TB/T 3046 标准规定的车钩兼容。

车钩装有上作用式手提杆。

缓冲器型号为 NC390，其静态容量为 41.2 kJ，最大阻抗力为 4 445 kN，如图 2-44 所示。

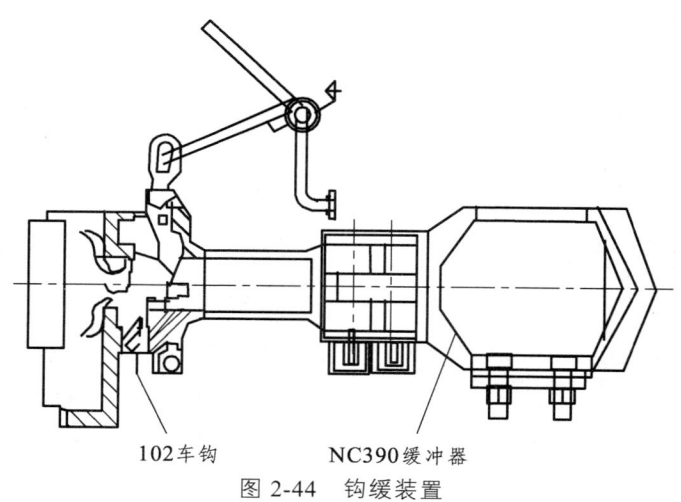

102车钩　　NC390缓冲器

图 2-44　钩缓装置

八、DF_{4B} 型内燃机车车体结构

DF_{4B} 型内燃机车车体为框架式侧壁承载车体（见图 2-45），由左、右侧壁，隔墙，车顶，前后司机室及底架组焊而成。车体钢结构的主要承载件采用 16Mn 钢，具有良好的可焊性，机械强度优于一般钢材，从而大大减轻了车体自身的重量。经过车体强度计算和静强度试验，证明车体能够承受 1 960 kN 的纵向静压力和上部载荷，具有较强的刚度和强度。

项目二 机车车体和设备布置

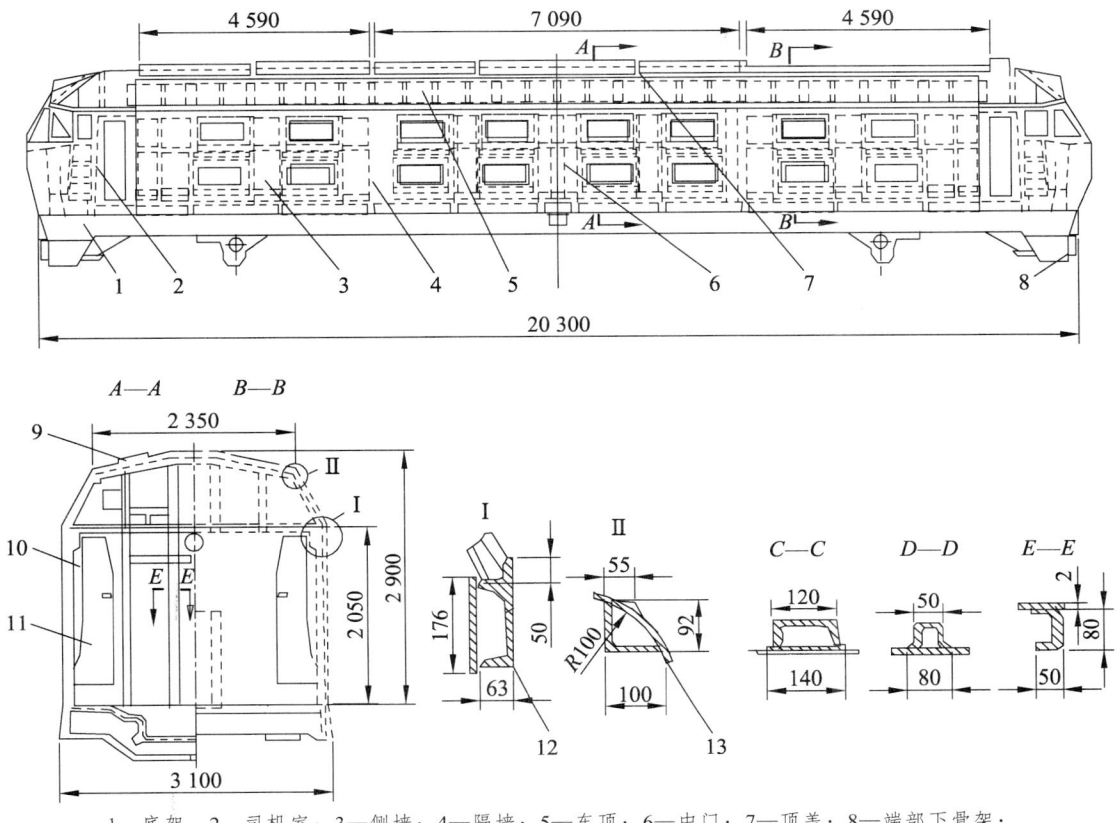

1—底架；2—司机室；3—侧墙；4—隔墙；5—车顶；6—中门；7—顶盖；8—端部下骨架；
9—通风窗；10—空气滤清器通道；11—隔墙门；12—上弦梁；13—上口梁。

图 2-45 DF$_{4B}$ 型内燃机车车体

（一）隔　墙

车体上部用 4 道隔墙将车体分隔为 5 个工作间，依次为 I 端司机室、电气室、动力室、冷却室和 II 端司机室。各隔墙两侧共设有 8 个隔门，沿车内两侧走廊可接近各设备。在冷却室和动力室隔墙上设有 2 个 160 mm 的孔，打开方盖，可供抽换凸轮轴。

（二）车　顶

车顶和两端司机室、左右侧壁及四道隔墙共同组焊在一起。为了装拆动力机组、电气设备和冷却装置等大型部件，在车顶的中部开设有贯通的宽为 2 350 mm 的开口。开口中间设有 3 根弯梁。开口上面装有 2 个电气室顶盖，顶盖四周用树脂胶黏结橡胶海绵密封，以防漏雨。顶盖用角钢组成边框，用槽钢形成肋梁，外敷 2.5 mm 厚的钢板。

在冷却室两侧上弦梁上，均焊有 5 个冷却器钢结构的安装座，通过安装座可将冷却器钢结构、散热器、静液压马达和冷却风扇等部件的重量均匀地传递给整个车体。

（三）司机室

司机室两端设有两个侧门，前部设有宽大的玻璃窗，瞭望方便。司机室的骨架采用角钢、扁钢制成，并焊在底架上，起部分承载作用。外表面则敷设 2.5 mm 厚的钢板。

（四）侧　壁

车体侧壁由上弦梁、立柱、横梁、辅助杆件和地板梁组焊而成。在电气室、动力室的左右侧壁上，各设有上、下两排窗口和中门。柴油机的空气滤清通道分别焊接在左右两个中门一侧。在冷却室的侧壁上，设有较大的开口，以便安装侧百叶窗。

（五）底　架

DF$_{4B}$ 型内燃机车车体底架由 2 根斜撑式牵引梁、4 根旁承梁、2 根柴油机横梁、2 根侧梁及底架盖板等组焊而成，如图 2-46 所示。

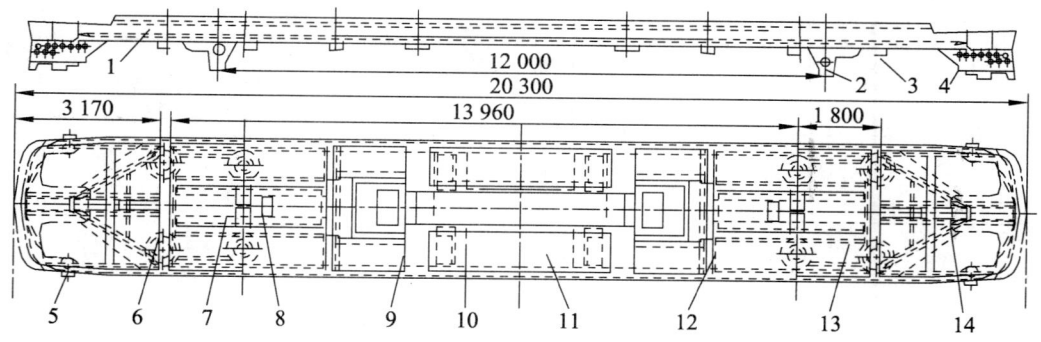

1—侧梁；2—牵引拉杆座；3—牵引电动机通风口；4—牵引缓冲座；5—救援装置；
6—上旁承座；7—旁承梁；8—排污槽；9—柴油机横梁；10—燃油箱吊座；
11—柴油机纵梁；12—横梁；13—风道梁；14—牵引梁。

图 2-46　DF$_{4B}$ 型内燃机车车体底架

底架侧梁为 360 mm × 10 mm × 8.5 mm 的槽钢与 10 mm 厚的 16Mn 钢板组焊成箱形结构。侧壁与端梁焊在一起，形成了底架的边框。在侧梁的前后下端面上，均焊有牵引杆座。机车纵向力通过牵引杆座传至侧梁，再传向整个车体，因此，侧梁是车体的主要承载体。

在每根旁承梁的下侧均焊有凹入的 2 个上旁承座，用来安装二系橡胶弹簧，这样既可以充分利用空间，又可避免机车高度的过量增加。

风道梁与旁承梁结合起来形成了牵引电动机的冷却风道。

柴油机安装梁为箱形结构，以便于安装柴油机。

相应于每道隔墙位置的底架处均设有横梁，4 道横梁加强了底架的横向刚度。

车体底架组焊后，在整个底架上敷设 6 mm 厚的钢板作为安装各种设备的基础，同时，也使车体下方得到密封，并加强了底架的刚度。

操作运用案例

实训二　铁道机车车体结构认知

1. 实训项目教师工作活页

实训项目教师工作活页　　　　　　　　NO：

实训项目	铁道机车车体结构认知		
学　时	2	班　级	
实训场所	铁道机车模拟驾驶实训室		
工具设备	铁道机车模拟控制台、多媒体设备课件、图片、计算机多媒体设备等		
教学目标	专业能力	（1）能说明电力机车总体结构； （2）能说明电力机车车体各功能单元名称； （3）能说明电力机车车体各功能单元之间的相互联系； （4）能领会机车的关键技术名称； （5）能领会机车车体相应的后序模块课程； （6）能说明HXD_1型机车的车体结构； （7）能说明HXD_3型机车的车体结构； （8）能说明HXN_{3B}型机车的车体结构； （9）能说明DF_{4B}型机车的车体结构	
	方法能力	（1）能综合运用专业知识，通过利用专业书籍、多媒体课件和图片资料获得帮助信息； （2）能根据实训项目学习任务确定实训方案，从中学会表达及展示活动过程和成果	
	社会能力	（1）能在实习训练活动中保持积极向上的学习态度； （2）能与小组成员和教师就学习中遇到的问题进行交流和沟通； （3）能与他人共享学习资源，具有较好的合作能力和团队协作精神	
教学评价	学生活动：① 以5～7人为单位小组开展实训活动，根据本组同学在实训过程中的能力表现及结果进行自评、组内互评；② 根据其他小组同学在成果展示活动中的表现及结果进行互评。 教师活动：① 教师组织学生开展评价活动和总结；② 对学生本实训项目单元成绩做出综合评价		
指导教师		教学时间	年　　月　　日

机车总体及走行部

2. 实训项目学生学习活页

实训项目学生学习活页　　　　　　NO：

实训二　铁道机车车体结构认知

　　　　班级：　　　　姓名：　　　　学号：　　　　时间：

一、实训目标
1. 专业能力目标
(1) 能说明电力机车总体结构；
(2) 能说明电力机车车体各功能单元名称；
(3) 能说明电力机车车体各功能单元之间的相互联系；
(4) 能领会机车的关键技术名称；
(5) 能领会机车车体相应的后序模块课程；
(6) 能说明 HXD_1 型机车的车体结构；
(7) 能说明 HXD_3 型机车的车体结构；
(8) 能说明 HXN_{3B} 型机车的车体结构；
(9) 能说明 DF_{4B} 型机车的车体结构。
2. 方法能力目标
(1) 能综合运用专业知识，通过利用专业书籍、多媒体课件和图片资料获得帮助信息；
(2) 能根据实训项目学习任务确定实训方案，从中学会表达及展示活动过程和成果。
3. 社会能力目标
(1) 能在实习训练活动中保持积极向上的学习态度；
(2) 能与小组成员和教师就学习中遇到的问题进行交流和沟通；
(3) 能与他人共享学习资源，具有较好的合作能力和团队协作精神。
二、知识总结
(1) 简述机车车体的功能。

(2) 叙述对机车车体的要求。

(3) 简述机车车体按不同用途的分类。

（4）简述机车车体按车载结构的分类。

（5）简述HXD_3型电力机车司机室的结构特点。

（6）简述HXD_1型电力机车司机室的结构特点。

（7）简述HXD_1型电力机车排障器的结构特点。

（8）简述HXN_{3B}型内燃机车司机室的结构特点。

（9）简述DF_{4B}型内燃机车司机室的结构特点。

三、操作运用
（1）在铁道机车模拟驾驶实训室控制台微机屏上对电力机车各部件所属进行指认。

（2）在铁道机车模拟驾驶实训室控制台微机屏上进行电力机车有关部件的切除隔离操作。

四、实训小结

五、成绩评定

1. 学生评价

评价等级	A（优）	B（良）	C（中）	D（及格）	E（不及格）
学生自评					
组内互评					
他组互评					

2. 教师评价

评价等级	A（优）	B（良）	C（中）	D（及格）	E（不及格）
专业能力					
方法能力					
社会能力					

3. 综合评价

评价等级	A（优）	B（良）	C（中）	D（及格）	E（不及格）
评价结果					

注：按照学生自评占10%、组内互评占10%、他组互评占20%、教师评价占60%的比例计分。其中，A为100分，B为85分，C为75分，D为60分，E为50分。

4. 评价量规

等级	行为表现描述
A	能圆满高效地完成实训任务的全部内容
B	能顺利完成实训任务的全部内容
C	能完成实训任务的全部内容，但需要一些帮助和指导
D	自己只能完成实训任务的部分内容，但在现场的指导下，已经能完成任务的全部内容
E	不能完成实训任务的全部内容

任务二　机车司机室设备布置

知识目标

（1）了解机车设备布置的原则。
（2）了解机车司机室设备的特点和组成。
（3）了解 HXD_3 型电力机车司机室设备布置。
（4）了解 HXD_1 型电力机车司机室设备布置。
（5）了解 $SS_{4改}$ 型电力机车司机室设备布置。
（6）了解 HXN_{3B} 型内燃机车司机室设备布置。
（7）了解 DF_{4B} 型内燃机车司机室设备布置。

能力目标

（1）掌握机车司机室的设备布置组成。
（2）熟知机车司机室各种设备开关的位置。

素质目标

（1）培养学生爱岗敬业、忠于职守、团结合作的精神。
（2）使学生具备从事机车运用和检修岗位所必需的基本知识和专业技能。

工具设备

多媒体设备课件、图片、示教板、计算机多媒体设备等。

教学环境

多媒体教室、铁道机车模拟驾驶实训室。

一、车体设备布置的原则

铁道机车上的设备众多，质量大小不一，有些设备因通高压电而危及人身安全。因此，为了保证运行中各种设备的可靠和安全，在设备布置时要充分利用有限的车体空间，既要考虑便于设备的检查、维修和拆装，又要使重量保持均衡，使设备布置合理，一般应兼顾以下原则：

（1）必须保证重量分配均匀。目的在于使机车轴重保持均衡，以利于牵引力的充分发挥。为此，在设备布置时要进行重量分配计算，根据各种设备的位置、轻重、机车车体和转向架的支承情况，计算出各设备的重量力臂，按力矩平衡原理进行计算，计算结果要保证各转向架载荷前后左右相等，各轴重在规定的偏差之内。如计算结果不符合要求，要对设备进行调整，重新计算。

（2）要充分满足设备的安装、拆卸、检查和检修的方便，特别是易损的设备要易于拆装。司机室设备布置要求作业范围合适、操纵方便、视线合理，易于观察各种仪器、仪表和信号灯指示。要有必要的隔热、隔声设施。各机器间的设备要便于检查、维修和保养，要注意设备布置的规律化，便于乘务员熟记各设备位置，对危及人身安全的电气设备，要有严格的安全联锁防护装置等。

（3）应注意节约导线、电缆和压缩空气、冷却空气管路。合理地布置电器线路的导线、电缆和空气管路，不仅可以节约大量材料、降低成本，还可使布置简洁、集中，便于查找故障，减少空间占用和减少风阻。

二、对机车司机室设备布置的要求

司机室的结构和设备布置按规范化司机室要求设计，按照人机工程学理论设计司机的座椅位置、腿部空间及司机的瞭望视野。主司机座椅尽量靠近司机室中间，保证司机两侧的视野范围。司机室大量采用降噪材料，保证司机室的噪声降到 75 dB 以下。司机室采用隔热材料进行防寒处理，采用空调和风扇等进行通风和防暑。司机室设置有冰箱、饮水机、微波炉、电水壶、灭火器等各种用品。

三、HXD_3 型电力机车司机室设备布置

1. 司机室的结构特点

由于司机室是车体承载纵向力的必经之路，再加上前窗上下、前窗左右、侧窗上下等某些特殊位置容易形成应力集中，所以，在这些部位布置有较强的封闭箱形梁，以满足承载的要求。蒙皮的接缝在梁上，蒙皮的分块根据制造工艺及外形设计来确定。HXD_3 型机车司机室蒙皮外形及板梁结构曲线如图 2-47 所示。

图 2-47　HXD_3 型机车司机室蒙皮外形及板梁结构曲线

司机室内部采用 PC 复合材料进行装修。前窗玻璃根据机车外形确定为一块柱面玻璃，直接黏结于司机室的钢结构上。司机室侧窗采用提拉式结构。司机室的各墙、顶棚、地板都添加防寒、隔音材料。司机室内的布局是按照国铁集团规范化司机室的要求进行布置的，包括司机室入口门的联动锁、添乘座椅、暖风机、电加热器、衣帽钩、冰箱、灭火器等。司机室门采用新型气密整体门，即门和门框作为一个整体，门框直接安装到司机室门洞口钢结构上。门为铝蜂窝材料，门框为铝合金材料，门和门框之间有一层充气密封条，其作用原理是：当门打开或未锁紧状态，充气离合开关关闭，密封条内没有空气，密封条与门框不接触，也就是没有密封，其好处是在开、关门时，密封条与门框不产生摩擦，不会磨损，起到保护密封条的作用，延长密封条的使用寿命和良好的密封性能；当门锁紧后，门与门框相对静止，充气离合开关打开，密封条内充气，实现密封。该车通过淋雨、隔音、降噪及防水、防尘密封性能等试验，各项指标均已达到先进水平。HXD_3 型机车司机室技术参数如下：

司机室总长	2 720 mm
司机室高	2 500 mm（含头灯为 2 623 mm）
司机室宽	310 mm
前端部伸出底架端部	300 mm

2. 司机室设备布置

HXD_3 型电力机车司机室内设有操纵台、八灯位机车信号显示器、司机座椅、端子柜、饮水机、紧急放风阀、灭火器、暖风机等设备。司机室顶部设有空调装置（冷热）、风扇、头灯、司机室照明等设备。司机室前窗采用电加热玻璃，窗外设有电动刮雨器，窗内设有电动遮阳帘，侧窗外设有机车后视镜。

在司机室后墙上设置有司机生活必需设备，这些设备在机车的运行中一般不参与机车的运行控制，只是更好地为司机提供服务。在后墙上设置有饮水机、暖风机、空调控制箱、灭火器等，此外，后墙上还装有一个紧急制动阀。

3. 操纵台

操纵台是机车人机交换设备。司机通过操纵台上各装置发出控制机车指令，完成机车牵引、制动等各项工作，通过操纵台上各个仪表、显示器等观测机车运用状态。操纵台设备布置如图 2-48 所示，在操纵台上设有 TCMS 显示器、ATP 显示器、压力组合模块、司机控制器、制动控制器、扳键开关组、制动装置显示器等设备。

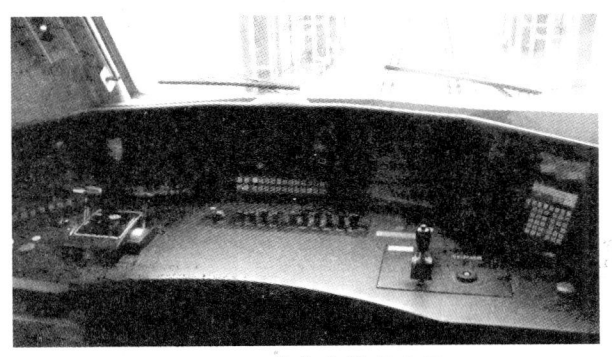

图 2-48 操作台设备布置

1）司机控制器

S640U-B 型司机控制器是 HXD$_3$ 型电力机车司机用来操纵机车运行的主令控制器，是利用控制电路的低压电器间接控制主电路的电气设备，用来控制机车的运用工况和行车速度。

该司机控制器的特点：结构紧凑、体积小、质量小、可靠性高、寿命长、维修少或免维修。触头为速动自净型、密封结构。司机控制器主手柄上设置有警惕按钮，并具有夜间挡位显示功能。

为了防止可能产生的误操作，司控器的主手柄与换向手柄之间设有机械联锁装置，具体联锁如下：

换向手柄在"0"位时，主手柄被锁在"0"位；

换向手柄在"前""后"位时，主手柄可离开"0"位转动至牵引区其他位，主手柄一旦离开"0"位，换向手柄被锁住；

主手柄在"0"位时，换向手柄能在"后""0""前"各位间转动。

2）多功能状态组合模块

多功能状态组合模块由双针速度表、网压/控制电压表、信号指示灯、紧急制动按钮和监控解锁按钮组成，可测量并显示机车运行的即时速度和运行区间的限制速度、机车网压/控制电压参数，还可显示机车设备的运行状态，如工作状态、故障状态等，如图 2-49 所示。

双针速度表规格为 160 km/h。网压/控制电压表规格为 AC 40 kV/DC 150 V（标记 AC 17.5 kV、31 kV/DC 110 V）。

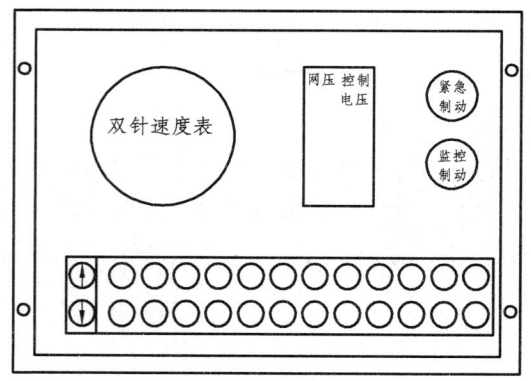 

（a）示意图　　　　　　　　　　　　（b）外形图

图 2-49　HXD$_3$ 型电力机车多功能状态组合模块

3）压力仪表语音箱组合模块

ZDY1 压力仪表语音箱组合模块由双针压力表（以下简称压力表）、语音箱组成，又称风表模块，安装于机车的操纵台上，是专门用来向司机显示列车运行参数及相关信息的重要装置，如图 2-50 所示。压力表主要用于测量总风缸、制动风缸和列车管的压力。压力表采用 LED 环形光源的内照明。

项目二 机车车体和设备布置

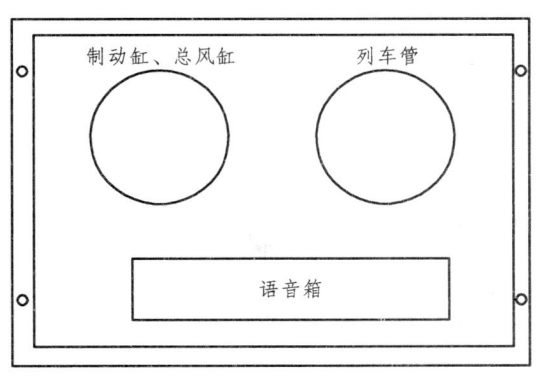
（a）示意图

（b）外形图

图 2-50　HXD₃型电力机车风表模块

4）脚　炉

脚炉是司机室的取暖设备之一，安装在司机室司机脚踏板下面。主司机脚踏板上装有脚踏开关，副司机脚踏板上不设开关。HXD₃型机车上用的脚炉型号为 DBIR-300D，220V，300W，其外形如图 2-51 所示。

图 2-51　HXD₃型电力机车脚炉

四、HXD₁型电力机车司机室设备布置

HXD₁型电力机车有两个司机室，单节机车设有一个司机室，两个司机室的布置基本相同。司机室及操纵台的设计考虑了人机工程学，既保证机车乘务人员有舒适的工作环境，又能清楚地瞭望信号和观察仪表、显示屏，且方便操作。司机室的设计适应单司机操作的要求。在司机室内布置有两个司机座椅供乘务人员使用，座椅具有前后调节、体重调节、角度旋转等功能。司机室的设备布置基本可以分为 7 个部分：操纵台、前墙设备布置、左侧墙设备布置、右侧墙设备布置、司机侧后墙柜、副司机侧后墙柜、顶棚设备布置，如图 2-52 所示。

机车总体及走行部

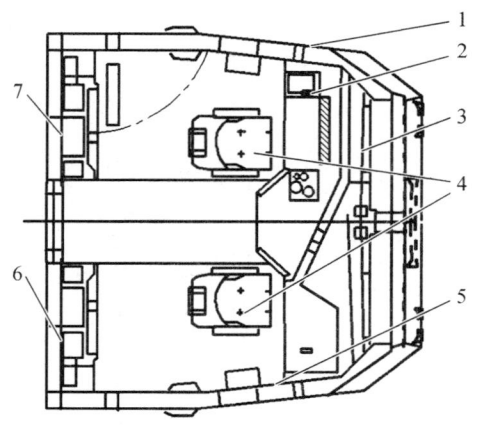

1—左侧墙设备布置；2—操纵台；3—前墙设备布置；4—司机座椅；
5—右侧墙设备布置；6—副司机侧后墙柜；7—司机侧后墙柜。

图 2-52　HXD_1 型电力机车司机室设备布置

　　司机操纵台的设计符合人机工程学原理，布置为左手控制空气制动，右手控制牵引和电制动，如图 2-53 所示。副司机侧设有高音风笛控制扳钮开关、巡检按钮、不间断供电插座和调车灯显插座，如图 2-54 所示。操纵台左柜内布置有刮雨器的水箱，操纵台中柜内布置有空调装置，操纵台右柜内布置了接口箱，接口箱内主要有紧凑型 I/O 和继电器等。

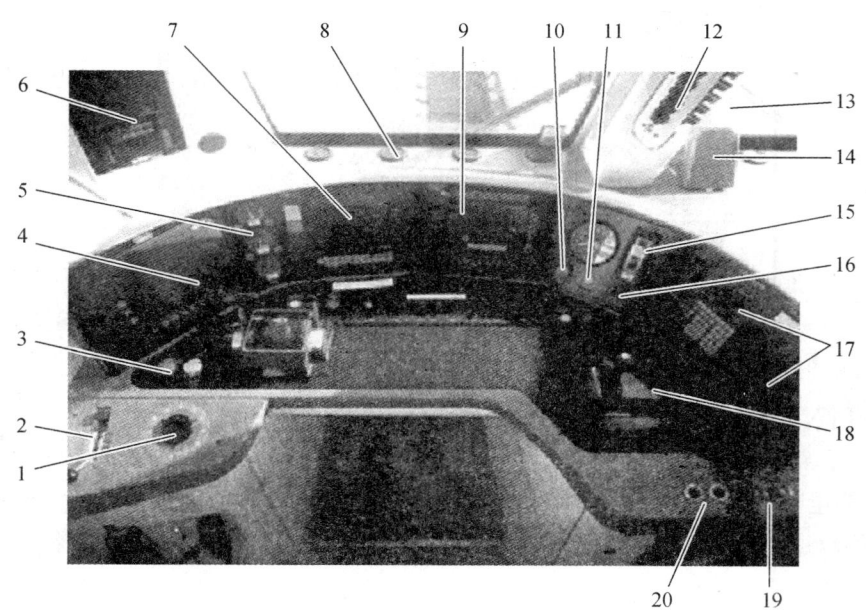

1—刮雨器水箱进水口；2—后备制动；3—操纵台制动区；4—制动显示屏；5—风压表；6—6A 显示屏（含语音箱）；7—监控显示屏；8—空调出风口；9—微机显示屏；10—紧急按钮（非自复位）；11—微机复位按钮（自复位）；12—八显灯；13—前窗玻璃；14—路况摄像头；15—网压表；16—以太网插座；17—综合通信装置（LCIR）显示屏和通话手柄；18—操纵台牵引/制动区；19—刮雨器控制面板；20—空调控制面板。

图 2-53　HXD_1 型电力机车司机操纵台

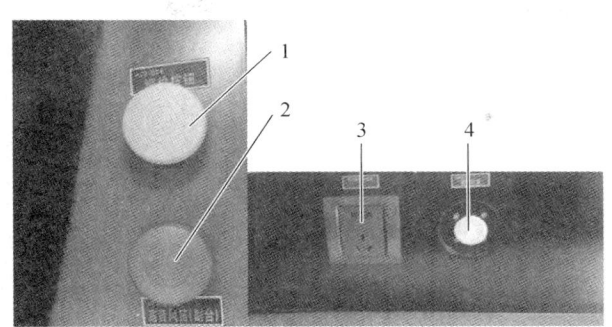

1—巡检按钮；2—高音风笛按钮（副台）；3—不间断供电插座；4—调车灯显插座。

图 2-54　HXD_1 型电力机车副司机侧操纵台设备布置

在前墙布置有遮阳帘、窗加热玻璃、刮雨器等设备。左侧墙布置有活动侧窗及司机室灯控制按钮。右侧墙布置有活动侧窗、司机室灯控制按钮、车长阀和 PC（微机）插座等。在司机室顶棚有两个司机室灯，司机室灯内有两个白炽灯和两个荧光灯管，可以实现强弱光照明功能。

五、$SS_{4改}$ 型电力机车司机室设备布置

1. 司机室的结构特点

$SS_{4改}$ 型电力机车司机室的设计以通用化、标准化和系列化为主，考虑到司机室的重要性和特殊性，设计时对司机室的外形、强度和安全等进行了认真研究，最终司机室是综合 SS_3、SS_4、SS_5 机车及法国 8K 机车的优点设计而成的。

司机室最大尺寸为 2 500 mm × 3 100 mm × 2 480 mm，司机室前端中部向前突出 300 mm，并在水平方向向两侧后掠 100 mm 为多平面组成的棱形多面体，司机室如图 2-55 所示。这样的设计既考虑了减少风阻和车型美观，也便于生产和制造。考虑到司机室的通用化，并尽可能减轻其重量，司机室外墙板和骨架的主要梁柱全部采用 16Mn 钢板压制件。根据《机车司机室特殊安全规则》（GB/T 6770—2020）中的规定："新车制造除在牵引缓冲器水平位置进行 2 000 kN 压缩试验外，还须在前窗下部腰梁处进行 300 kN 均布压力试验，司机室结构应保证不产生残余变形"。为此前部腰梁采用上下压型角板组成的封闭梁，前窗上下眉梁设计成 3 mm 厚钢板压制成型的空腹梁，与中间鼻梁和两侧角立柱构成空间框架。司机室顶盖及骨架由 2～3 mm 厚的钢板压制和组焊而成。顶盖前梁和侧梁具有较大封闭断面，保证司机室有较好的整体承载能力。整个司机室内墙（包括车顶、隔墙）全部采用非木结构。内墙板为厚 1.5 mm 的多孔铝板，骨架上焊有 2 mm 厚的钢板压成的安装梁，内墙板用抽芯铆钉固定于安装梁上。为了提高司机室的防寒隔音性能，不但司机室内墙、隔墙地板敷设防寒消音的超细玻璃棉毡，对具有较大封闭断面的立柱、横梁内部都填充了超细玻璃棉毡。司机室活动窗采用铝合金成型拉窗结构，吸取了日本 6K 机车密封结构的特点，采用偏心压紧装置对活动侧窗进行密封。司机室入口门及走廊门采用通用的钢板拉延成型的组合车门。

机车总体及走行部

图 2-55 SS$_4$改型电力机车司机室

2. 司机室设备布置

SS$_4$改型电力机车司机室左侧为主司机工作区域，设有主司机操纵台和调车控制器等。司机室右侧为学习司机工作区域，设置有学习司机操纵台和紧急放风阀。司机室的设备布置如图 2-56 所示。

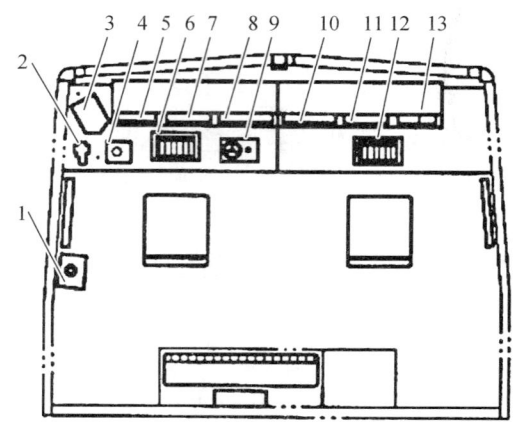

1—调车司机控制器；2—空气制动阀；3—速度表；4—电空制动控制器；5—主台气表；
6—主司机按键开关；7—主台电表；8—主台显示屏及开关；9—主司机控制器；
10—副台电表；11—副台显示屏；12—学习司机按键开关；13—副台开关。

图 2-56 司机室设备布置

（1）主司机操纵台。主司机操纵台设有司机控制器、按键开关器、电空制动控制器、空气制动阀、速度表、汽笛、记点灯等。操纵台正面设主台气表、主台电表和主台显示屏及开关。

（2）学习司机操纵台。学习司机操纵台设置按键开关盒和汽笛，操纵台的正面设置有副台电表、副台显示屏及开关。

（3）副台开关安装辅助压缩机控制开关按钮、紧急制动按钮、自动撒砂控制开关、空调开关、取暖开关和加热开关。

六、HXN$_{3B}$型内燃机车司机室设备布置

1. 司机室的结构特点

HXN$_{3B}$型内燃机车采用单司机室，其结构和设备布置充分考虑了人机工程和人性化设计

理念，提供良好的人机界面、便利的操作空间、充分的瞭望条件，方便司机对机车的操纵。同时，司机室内具有的各种辅助设施，为司乘人员提供了安全、可靠、舒适的工作环境，图 2-57 为 HXN$_{3B}$ 型内燃机车司机室外形。

图 2-57　HXN$_{3B}$ 型内燃机车司机室

HXN$_{3B}$ 型内燃机车司机室为悬浮式独立司机室，内部设备安装完毕后用螺栓安装在底架上。司机室钢结构（见图 2-58）由辅助室、左右侧墙、前后端墙、顶盖和地板梁组焊而成。前墙分别由 4 根槽钢梁组成前窗窗口，用来安装前窗玻璃，下端与辅助室组焊成一体。左右侧墙由侧窗框、横梁和蒙皮组成。后墙由槽钢梁和蒙皮组成，右侧由槽钢梁封闭组成长端入口门门框，左侧有槽钢梁组成的窗框。司机室顶盖部分中间向上凸起，为安装司机室风扇留出足够空间。

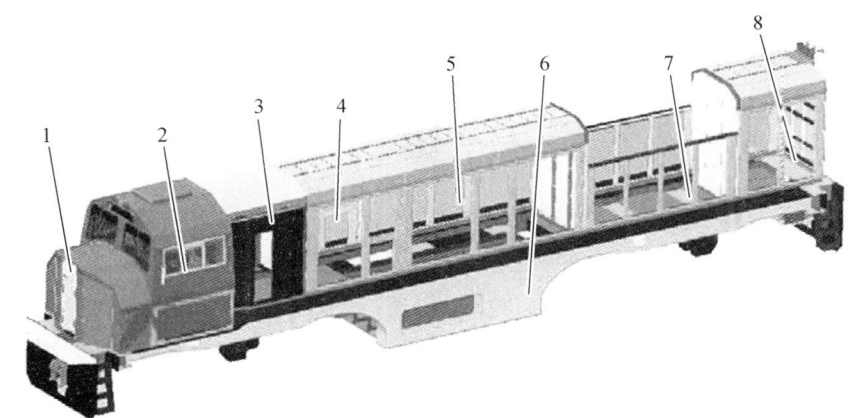

1—辅助室；2—司机室；3—电气室；4—通风室；5—动力室；6—底架；7—冷却室；8—制动室。

图 2-58　车体示意图

2. 司机室设备布置

HXN$_{3B}$ 型内燃机车司机室按照司机室技术规范的要求布置有前后入口门、侧拉窗、后视镜、侧墙暖风机、前端暖风机、脚炉、司机座椅、添乘座椅、微波炉、冰箱、灭火器、刮雨器、司机室风扇、衣帽钩等，如图 2-59 所示。空调机组布置在地板梁的下方，在操纵台及侧墙侧拉窗下方均设有出风口。

司机驾驶座椅总成如图 2-60 所示。添乘座椅如图 2-61 所示。添乘座椅供机车添乘人员使用，添乘座椅不使用时可自然翻起，节省司机室的空间。

机车总体及走行部

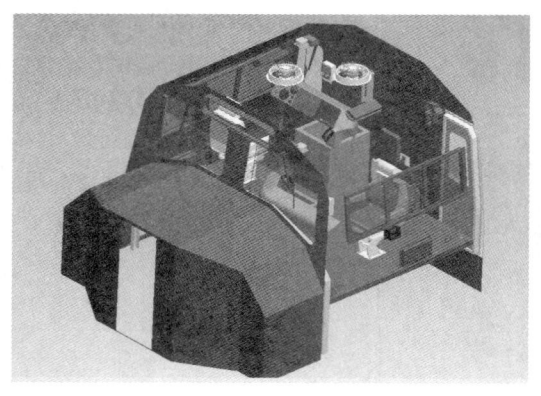

图 2-59　HXN$_{3B}$ 型机车司机室设备布置图

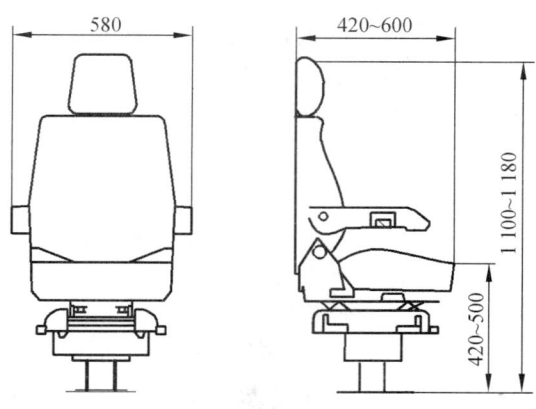

图 2-60　司机驾驶座椅总成示意图

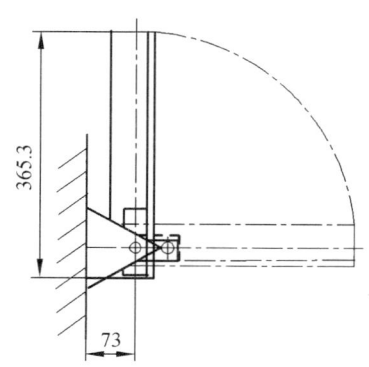

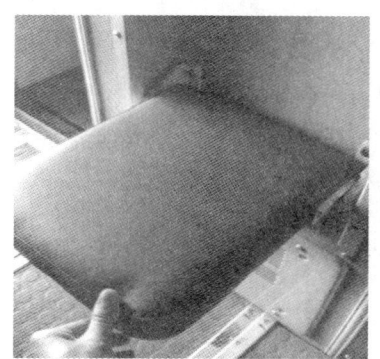

图 2-61　添乘座椅总成图

七、DF$_{4B}$ 型内燃机车司机室设备布置

DF$_{4B}$ 型内燃机车司机室内设操纵台（见图 2-62）。操纵台上布置有司机控制器、JZ-7 型空气制动机的自动制动阀和单独制动阀、一系列操纵按钮、各种仪表、信号显示装置和机车速度表等。司机室内设有保证行车安全的报警盒、信号灯、无线调度电话以及电动放风阀等。司机室内设正、副司机座椅，暖风机，电风扇，电炉，使司机室内无论冬夏均能保持适宜温度。司机室前方和侧向的玻璃窗视野宽广，便于瞭望。前方玻璃窗外侧设有风动刮雨器。侧窗可手动起落。司机室的后壁安装机车手制动装置的手柄。Ⅱ端司机室后壁上设有圆形玻璃窗，便于观察风扇工作状态。Ⅰ、Ⅱ端司机室的后壁、顶部、侧壁、前窗和地板等围护结构较为严密，司机室内平均噪声级为 83 dB（A）。为便于乘务人员和检修人员工作，除了司机室有侧门外，在动力室的两侧也设有侧门，各室间隔墙均设有内门。两端司机室具有同等操纵功能。Ⅰ端司机室后为电气室，Ⅱ端司机室后为冷却室。

图 2-62　DF$_{4B}$ 型内燃机车司机室

操作运用案例

实训三 HXD$_3$型电力机车司机室设备认知

1. 实训项目教师工作活页

实训项目教师工作活页　　　　　NO：

实训项目	\multicolumn{2}{c}{HXD$_3$型电力机车司机室设备认知}	
学　时	2	班　级	
实训场所	铁道机车模拟驾驶实训室		
工具设备	铁道机车模拟控制台、多媒体设备课件、图片、计算机多媒体设备等		
教学目标	专业能力	（1）能说明机车司机室的大致功能； （2）能说明机车司机室设备布置要求； （3）能说明HXD$_3$型电力机车司机室主台各开关名称及用途； （4）能说明HXD$_3$型电力机车司机室主台各仪表名称及用途； （5）能说明HXD$_3$型电力机车司机室主台各按钮名称及用途； （6）能说明HXD$_3$型电力机车司机室主台各手柄名称及用途； （7）能说明HXD$_3$型电力机车司机室副台各仪表名称及用途； （6）能说明HXD$_3$型电力机车司机室安全设备的名称； （7）能说明HXD$_3$型电力机车司机室安全设备的使用步骤； （8）能说明HXD$_3$型电力机车司机室各辅助设施的开关位置； （9）能说明HXD$_3$型电力机车司机室各座椅的转动操作	
	方法能力	（1）能综合运用专业知识，通过利用专业书籍、多媒体课件和图片资料获得帮助信息； （2）能根据实训项目学习任务确定实训方案，从中学会表达及展示活动过程和成果	
	社会能力	（1）能在实习训练活动中保持积极向上的学习态度； （2）能与小组成员和教师就学习中遇到的问题进行交流和沟通； （3）能与他人共享学习资源，具有较好的合作能力和团队协作精神	
教学评价	学生活动：① 以5～7人为单位小组开展实训活动，根据本组同学在实训过程中的能力表现及结果进行自评、组内互评；② 根据其他小组同学在成果展示活动中的表现及结果进行互评。 教师活动：① 教师组织学生开展评价活动和总结；② 对学生本实训项目单元成绩做出综合评价		
指导教师		教学时间	年　　月　　日

机车总体及走行部

2. 实训项目学生学习活页

实训项目学生学习活页　　　　　　　　　　NO：

实训三　HXD$_3$型电力机车司机室设备认知

班级：　　　　姓名：　　　　学号：　　　　时间：

一、实训目标

1. 专业能力目标

（1）能说明机车司机室的大致功能；

（2）能说明机车司机室设备布置要求；

（3）能说明 HXD$_3$ 型电力机车司机室主台各开关名称及用途；

（4）能说明 HXD$_3$ 型电力机车司机室主台各仪表名称及用途；

（5）能说明 HXD$_3$ 型电力机车司机室主台各按钮名称及用途；

（6）能说明 HXD$_3$ 型电力机车司机室主台各手柄名称及用途；

（7）能说明 HXD$_3$ 型电力机车司机室副台各仪表名称及用途；

（6）能说明 HXD$_3$ 型电力机车司机室安全设备的名称；

（7）能说明 HXD$_3$ 型电力机车司机室安全设备的使用步骤；

（8）能说明 HXD$_3$ 型电力机车司机室各辅助设施的开关位置；

（9）能说明 HXD$_3$ 型电力机车司机室各座椅的转动操作。

2. 方法能力目标

（1）能综合运用专业知识，通过利用专业书籍、多媒体课件和图片资料获得帮助信息；

（2）能根据实训项目学习任务确定实训方案，从中学会表达及展示活动过程和成果。

3. 社会能力目标

（1）能在实习训练活动中保持积极向上的学习态度；

（2）能与小组成员和教师就学习中遇到的问题进行交流和沟通；

（3）能与他人共享学习资源，具有较好的合作能力和团队协作精神。

二、知识总结

（1）简述机车司机室的功能。

（2）叙述对机车司机室车体设备布置的要求。

（3）简述 HXD$_3$ 型电力机车司机室的设备布置。

（4）简述 HXD$_1$ 型电力机车司机室的设备布置。

（5）简述 SS$_{4改}$ 型电力机车司机室的设备布置。

（6）简述 HXN$_{3B}$ 型内燃机车司机室的设备布置。

（7）简述 DF$_{4B}$ 型内燃机车司机室的设备布置。

三、操作运用
（1）在铁道机车模拟驾驶实训室主、副模拟控制台上对机车司机室各开关按钮进行指认。

（2）在铁道机车模拟驾驶实训室主、副模拟控制台上进行机车司机室各辅助设施开关的操作。

四、实训小结

五、成绩评定

1. 学生评价

评价等级	A（优）	B（良）	C（中）	D（及格）	E（不及格）
学生自评					
组内互评					
他组互评					

2. 教师评价

评价等级	A（优）	B（良）	C（中）	D（及格）	E（不及格）
专业能力					
方法能力					
社会能力					

3. 综合评价

评价等级	A（优）	B（良）	C（中）	D（及格）	E（不及格）
评价结果					

注：按照学生自评占10%、组内互评占10%、他组互评占20%、教师评价占60%的比例计分。其中，A为100分，B为85分，C为75分，D为60分，E为50分。

4. 评价量规

等级	行为表现描述
A	能圆满高效地完成实训任务的全部内容
B	能顺利完成实训任务的全部内容
C	能完成实训任务的全部内容，但需要一些帮助和指导
D	自己只能完成实训任务的部分内容，但在现场的指导下，已经能完成任务的全部内容
E	不能完成实训任务的全部内容

项目二　机车车体和设备布置

任务三　机车机械室设备布置

知识目标

（1）了解机车机械室设备布置的特点。
（2）了解机车各机械室的用途。
（3）熟悉 HXD_3 型电力机车机械室设备布置。
（4）了解 HXD_1 型电力机车机械室设备布置。
（5）了解 $SS_{4改}$ 型电力机车机械室设备布置。
（6）了解 HXN_{3B} 型内燃机车机械室设备布置。
（7）了解 DF_{4B} 型内燃机车机械室设备布置。

能力目标

（1）掌握机车机械室的功能和要求。
（2）熟悉几种铁道机车的机械室设备布置的特点和结构组成。

素质目标

（1）培养学生爱岗敬业、忠于职守、团结合作的精神。
（2）使学生具备从事机车运用和检修岗位所必需的基本知识和专业技能。

工具设备

多媒体设备课件、图片、示教板、计算机多媒体设备等。

教学环境

多媒体教室、铁道机车模拟驾驶实训室。

一、HXD_3 型电力机车机械室设备布置

HXD_3 型电力机车机械室分为Ⅰ端机械室、中央机械室和Ⅱ端机械室。

1. Ⅰ端机械室

Ⅰ端机械室紧邻Ⅰ端司机室，室内布置有牵引电机通风机组、更衣箱、卫生间、蓄电池充电装置、蓄电池柜滤波装置、微机及监控柜、控制电器柜、综合通信柜、辅助变压器等设备，具体如图2-63所示。设备布置以电气系统设备为主，各装置和机械设备按功能和电压等级进行分区集中布置。这种布置有利于布置特别高压、高压、低压、传送信号类等各种配线和减短各装置之间的连线，提高系统的可靠性，降低故障率。

2. 中央机械室

在Ⅰ端机械室和Ⅱ端机械室之间设有中央机械室，室内布置有主变流装置、复合冷却器及复合冷却器通风机组等设备，具体如图 2-63 所示。为了保证机车的质量分配，机车安装有两套完全一样的牵引变流器和两台用于冷却牵引变流器和主变压器的复合冷却器。中央机械室内设备按斜对称布置，为了保证牵引变流器冷却系统的可靠性，尽量减短冷却管路。在室内将牵引变流器和复合冷却器作为整体单元布置在机车中心位置，与复合冷却器和牵引变流器相连接的牵引控制系统也按左右配置。因牵引变流器的输入端子部位直接连接在主变压器的二次端子上，主变压器的二次端子的排列顺序和牵引变流装置的主回路端子的排列顺序一致，并且尽量缩短与复合冷却器的连接管路。主变压器的二次线圈侧的端子互相隔开，配置在主变压器的中央部位，即将主变压器的二次端子设置在牵引变流器端子正下方。

3. Ⅱ端机械室

Ⅱ端机械室紧邻Ⅱ端司机室，室内布置有牵引电机通风机组、空气压缩机、总风缸、辅助风缸、干燥器、制动屏柜等设备，具体如图 2-63 所示。设备布置以空气系统设备为主，这样布置有利于布管作业和尽量减短空气管路，尽量减少不必要的交叉配管，尽量组合成单元，以提高作业效率。

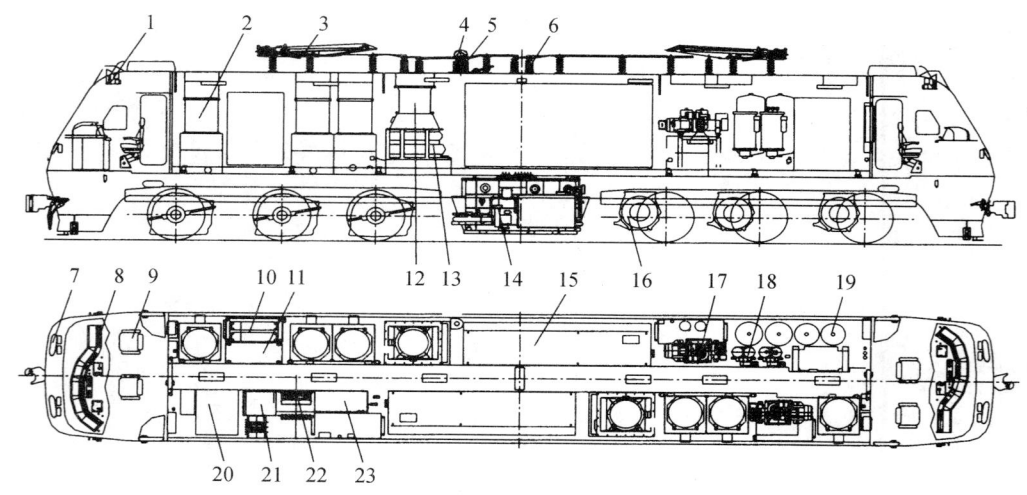

1—前照灯；2—牵引电机通风机组；3—受电弓；4—主断路器；5—高压电压互感器；6—高压隔离开关；7—标志灯；8—操纵台；9—司机室座椅；10—滤波柜；11—蓄电池充电器；12—复合冷却器通风机组；13—复合冷却器；14—主变压器；15—变流器；16—牵引电机；17—空气压缩机；18—空气干燥器；19—总风缸；20—卫生间；21—综合通信柜；22—微机及监控柜；23—控制电器柜。

图 2-63　HXD$_3$ 型电力机车机械室设备布置

二、HXD$_1$ 型电力机车机械室设备布置

HXD$_1$ 型电力机车机械间沿车内中间走廊两侧平行布置，采用导轨安装方式固定，两节车除生活设施和通信信号设备外，其余设备和布置相同，如图 2-64 所示。

项目二　机车车体和设备布置

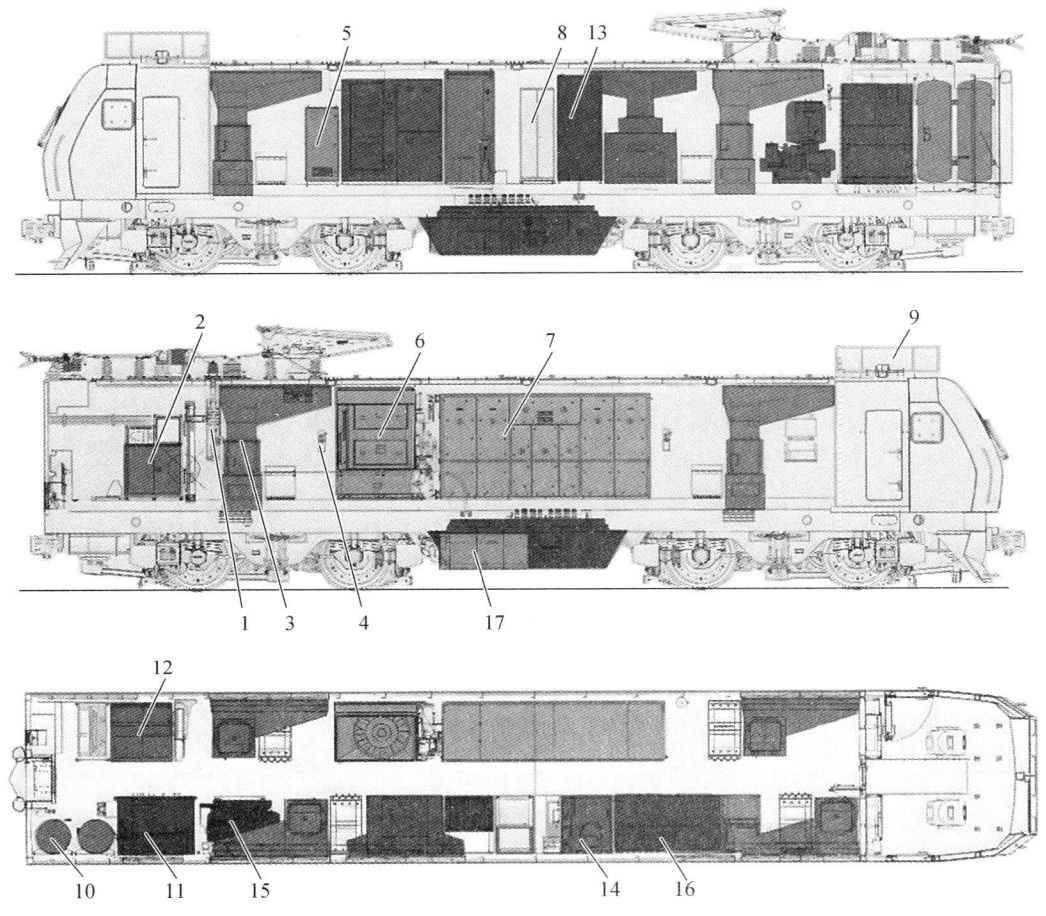

1—接地杆；2—工具柜；3—牵引风机；4—灭火器；5—6A系统柜；6—冷却塔；7—主变流器柜；
8—衣帽柜；9—空调；10—总风缸；11—制动柜；12—辅助变流器柜；13—第三方设备柜；
14—卫生间；15—压缩机及干燥器；16—低压电器柜；17—控制电源柜。

图 2-64　HXD$_1$ 型电力机车机械室设备布置

1. 主变流器

主变流器采用先进的水冷 IGBT 模块，含有两个相互独立的主传动变流系统和辅助变流系统。主变流器从主变压器次边取电，通过 4 个四象限斩波器（4QC）向两个独立的中间电压直流环节供电。主传动三相逆变系统由两个相同的 PWM 逆变器组成，每个 PWM 逆变器为同一转向架上的两台牵引电动机供电。辅助变流系统由两个相同的 PWM 逆变器组成，为机车的辅助设备（如通风机、压缩机等）供电。4QC 和 PWM 逆变器采用相同的模块，所以具有互换性。

2. 辅助变压器柜

辅助变压器柜含有辅助变压器，主变流器中辅助交流器模块的输出为其输入电源，经过辅助变压器进行电压调整后，为机车辅助系统所有负载提供三相电源。其冷却通风机除冷却辅助变压器外，还向机械间送风，以保持机械间微正压。

3. 牵引通风机组

牵引通风机由侧墙上的百叶窗吸风后，经过独立的风道，然后将冷却风吹向牵引电机，带走牵引电机工作时产生的热量。

4. 冷却塔

通过冷却塔通风机从车顶吸风，通过封闭的油回路冷却主变压器的油温，同时通过封闭的水回路冷却主变流器的水温。冷却塔上主要装有冷却塔通风机、油/水散热器、水泵、膨胀水箱、变压器副油箱等设备。

5. 低压柜

低压柜由两部分组成：一部分装有各种接触器、自动开关、微机系统的 SKS3 模块和继电器等，主要有辅助电路和控制电路的控制电器；另一部分由加热电阻、温度开关、三相变压器（3AC 440 V/3AC 230 V）、DC/AC 逆变器和电容组成，主要是在低温情况下进行加热，使用库内电源时需进行相关的匹配操作。

6. 卫生间

在 A 节机车的机械间装有用于司乘人员盥洗的整体卫生间。该卫生间由车上卫生间和车底的管道组成。车上卫生间是一个箱形壳体，卫生间装有坐便器、洗手台、水箱、镜子、加热器、真空泵和污物箱等设备。整体卫生间的管道为其提供水路、气路的接入和排放以及污物的排放。卫生间内的污物箱是用于收集和储存污物的装置，它的内部装有液位开关、温度传感器和加热器等设备。污物的排放可以利用地面转储车采用真空抽吸方式或直接重力排放来实现。

7. 蓄电池充电机

蓄电池充电机主要有两个功能：一是通过 AC/DC 整流，将机车辅助系统三相交流 440 V 电源变为直流 110 V 电源，为机车提供 110 V 电源，并为蓄电池组充电；二是将机车上的直流 110 V 电源变为直流 24 V 电源，为应急灯、仪表等设备提供电源。

8. 空气制动柜

空气制动柜集成了 CCB Ⅱ 制动机和空气管路系统相关部件以及 MVB（多功能车辆总线）网络的相关接口，为机车空气制动的核心组成部件，在其上部还装有机车辅助压缩机和安全钥匙箱（BSV）。

9. 信号柜

信号柜主要安装了机车的信号主机、LKJ2000 监控、TAX2 等机车安全装置等。

10. 衣帽柜

衣帽柜用来存放乘务员的衣帽和其他私人物品。

11. 工具柜

工具柜主要用来存放随车的工具和随车附件，在 B 节机车的工具柜上还装有微波炉和小冰箱。

三、SS$_{4改}$型电力机车机械室设备布置

1. 设备布置的特点

SS$_{4改}$型电力机车的设备布置具有下列特点:

(1) 除牵引电机外,所有的电气设备都布置在车体上,其中绝大部分布置在车体内,安全可靠,运行中便于检查。

(2) 机车为单节单端司机室,两节完全相同,单节机车共分5个室,依次为司机室、Ⅰ端电器室、变压器室、Ⅱ端电器室、辅助室。

(3) 继承了韶山系列电力机车的传统特点,采用双边走廊,分室斜对称布置。设备屏柜化、成套化,便于车下组装、车上吊装,结构紧凑,维修方便。

(4) 除轴流式通风机组外,其他设备为平面单层布置,设备拆装互不影响。

(5) 根据单端司机室的特点,将噪声较大的劈相机、主压缩机等辅助机组安装在远离司机室的Ⅱ端辅助室内,使司机室的噪声大大低于SS$_1$和SS$_3$型机车。

(6) 在布线和布管结构设计上,首次采用控制电路的预布线和机车管路的预布管机构新工艺。

(7) 平波电抗器采用油冷方式,且与主变压器共用油箱和油散热器风冷系统,提高了平波电抗器在冷却系统故障时的可靠性,是国产电力机车在总体布置上的一大进步。电力机车设备布置如图2-65所示。

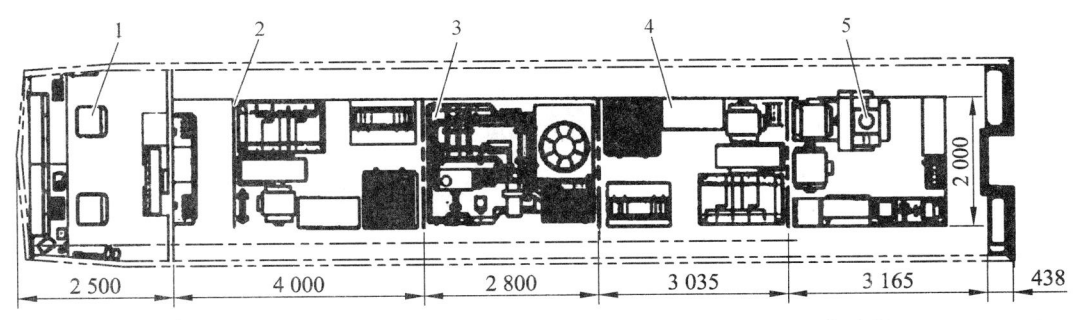

1—司机室;2—Ⅰ端电器室;3—变压器室;4—Ⅱ端电器室;5—辅助室。

图 2-65 SS$_{4改}$型电力机车设备布置总图

2. 机械间各室及设备布置

(1) Ⅰ端电器室设备布置。Ⅰ端电器室与司机室相邻。安装的主要设备包括一号端子柜、一号硅机组、PFC电容柜、一号高压柜、制动电阻柜、一号低压电器柜和牵引通风机组。其中,一号硅机组与PFC(功率因素校正)电容柜重叠放置,节省了机车空间。设备布置如图2-66所示。

(2) 变压器室设备布置。变压器室主要设备包括机车主变压器和PFC开关柜,机车保护、测量和控制用的3种交流电流互感器等。设备布置如图2-67所示。

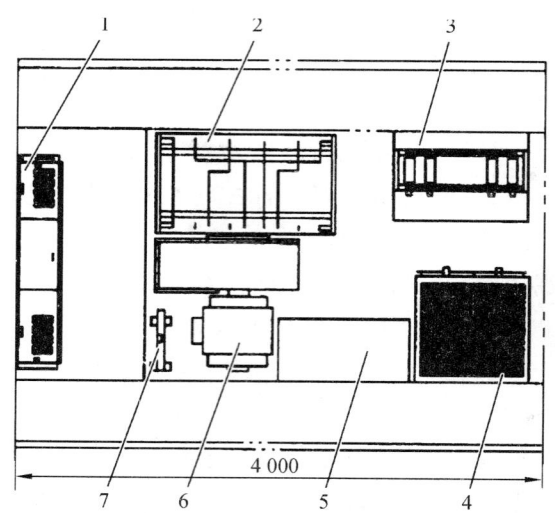

1——号端子柜；2——号硅机组（上）和PFC电容柜（下）；3——号高压电器柜；
4—制动电阻柜；5——号低压电器柜；6—牵引通风机组；7—复轨器。

图 2-66 Ⅰ端电器室

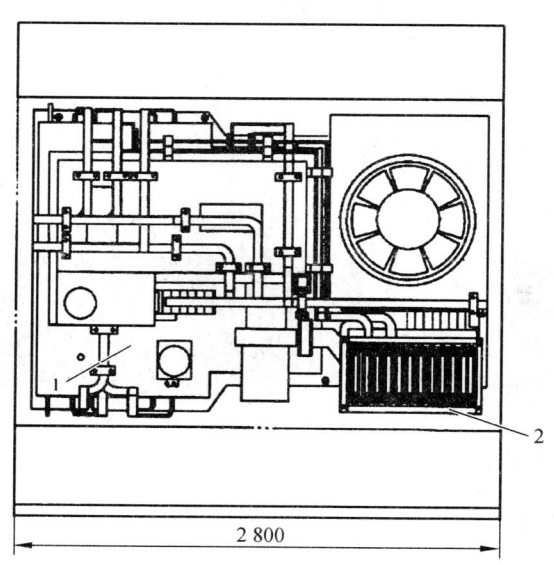

1—主变压器；2—PFC开关柜。

图 2-67 变压器室

（3）Ⅱ端电器室设备布置。Ⅱ端电器室布置的主要设备包括上车顶梯、二号硅机组、PFC电容柜、二号高压电器柜、制动电阻柜、二号低压电器柜和牵引通风机组。设备布置如图2-68 所示。

（4）辅助室设备布置。辅助室布置的主要设备包括电子电源柜、空气制动柜、劈相机、压缩机组、空气干燥器、启动电容柜、二号端子柜和综合柜，柜顶安装有轮滑润滑控制器和电阻制动记录仪。设备布置如图2-69 所示。

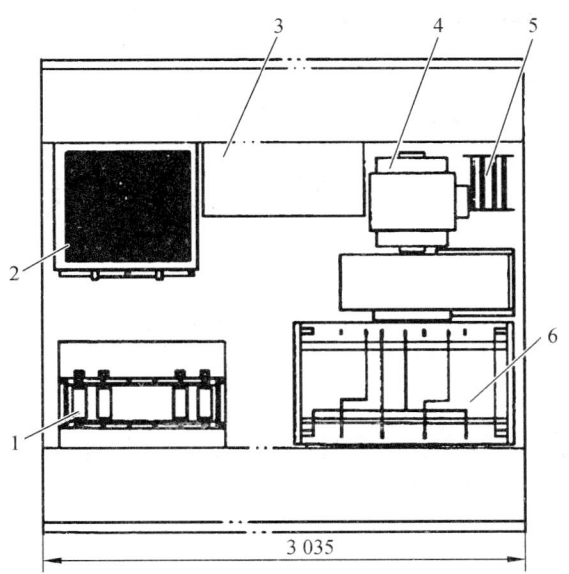

1—二号高压电器柜；2—制动电阻柜；3—二号低压电器柜；4—牵引通风机组；
5—上车顶梯；6—二号硅机组（上）和 PFC 电容柜（下）。

图 2-68　Ⅱ 端电器室

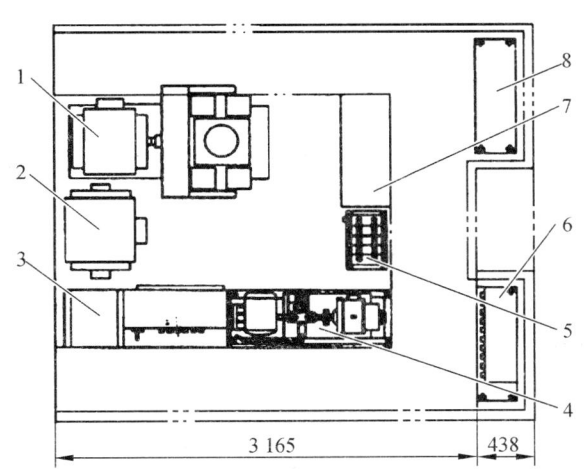

1—空气压缩机；2—劈相机；3—电子电源柜；4—空气管路柜；5—启动电容柜；
6—二号端子柜；7—空气干燥器；8—综合柜。

图 2-69　辅助室

四、HXN_{3B} 型内燃机车机械室设备布置

HXN_{3B} 型内燃机车车上部分由前至后分别为辅助室、司机室、电气室、通风室、动力室、冷却室和制动室，如图 2-58 所示。其中，冷却室钢结构侧墙与隔墙焊接形成框架结构，用螺栓紧固在底架上。制动室两端侧墙与隔墙以及内部电阻制动安装架焊接成一体，用螺栓与底架进行连接。剩下其他各室隔墙与侧墙采用螺栓连接，可供拆卸。

各室设备布置如图 2-70 所示。

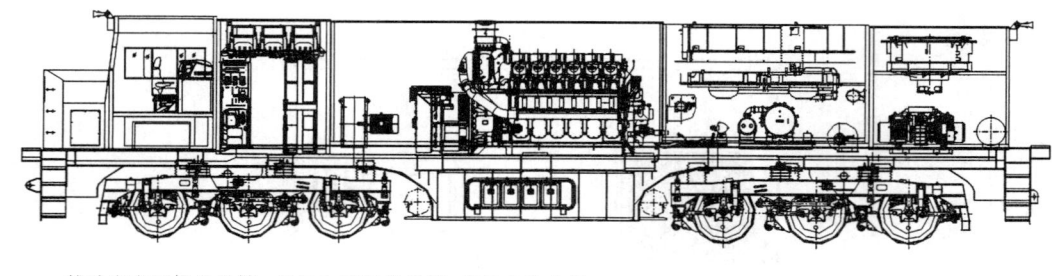

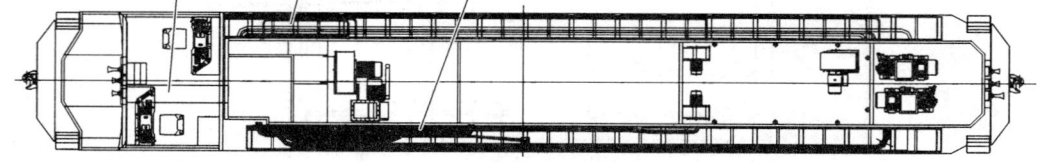

辅助室和司机室线槽　低压和控制线线槽　高压大线线槽

图 2-70　HXN$_{3B}$ 型内燃机车机械室设备布置图

1. 辅助室

辅助室安装有机车辅助系统，主要包括燃油、机油、冷却水、空气滤清通风 4 个子系统。

2. 电气室

电气室安装有接触器/断路器柜、监控及 6A 设备柜、电气间、高低压设备区、微机设备区以及相关布线。

3. 通风室

通风室的作用是为主电路设备通风冷却及除尘，分为除尘风机、前架通风机、后架通风机、主发通风机、动力室通风机 I、动力室通风机 II。

4. 动力室

动力室安装有 12 V280ZJ 型国产大功率柴油机 1 台，输出功率为 4 410 kW，主发电机 1 台，额定功率为 4 480 kW。

5. 制动室

制动室安装有 JZ-7 制动机系统柜、风源装置及相关管路等。机车制动系统采用传统 JZ-7 型制动机，并在此基础上进行了一些优化。当单独制动产生的制动缸压力高于 90 kPa 时，如使用电阻制动，则被缓解。任何紧急制动作用，机车均执行空气紧急制动，但同时保证机车电阻制动处于可随时投入状态。在电阻制动工况下，机车可以施加紧急制动。

6. 冷却室

机车冷却室安装有冷却风扇，左右两组散热器，每组由高温散热器和低温散热器连接组成。靠近动力室的为高温散热器，靠近制动室的为低温散热器。高温散热器和低温散热器的进出水口都为两个。散热器为管片式，管子与端板采用胀接方式。高低温水进口处安装有过滤网，防止冷却水对水室造成冲蚀。设膨胀水箱 1 个，为机车高温和低温水循环起补水的作用。膨胀水箱中间有 3 个隔板，将冷却水保持分离。膨胀水箱上安装有显示水位的液位仪、压力阀、补水管、放气管和溢水管路。

五、DF₄B 型内燃机车机械室设备布置

DF₄B 型内燃机车采用框架式侧壁承载车体，内走廊式。4 组内部隔墙将车体分为第 I 司机室、电气室、动力室、冷却室和第 II 司机室 5 个部分，如图 2-71 所示。为便于乘务人员和检修人员工作，除了司机室有侧门外，在动力室的两侧也设有侧门，各室间隔墙均设有内门。为便于装拆部件，电气室、动力室和冷却室的顶棚均有活动顶盖。车体结构中还设置了防寒、灭火、通风以及良好的采光和照明设施。

电气室内安装有制动电阻柜、电器柜、硅整流柜及工具箱。辅助传动机构的启动变速箱、启动发电机、励磁机、测速发电机和前转向架牵引电动机通风机相连，坐落在电气室后端。励磁流柜、电阻制动控制箱和直流变换器以及空气制动系统的分配阀、作用阀和空气制动与电阻制联锁的电磁阀等均设在电气室后隔墙上。电气室还设有通往车体顶部的人孔和梯子，在电线路区段，人孔盖应加锁，并在墙上刷有严禁攀登字样，以防在电气化区段发生触电伤亡事故。

动力室内主要安装柴油发电机组及为它工作服务的空气滤清器、燃油滤清器、燃油输泵、启动机油泵、冷却水系统的管路和阀类、膨胀水箱等。动力室的后部安装有预热锅加热控制柜、预热系统循环水泵、辅助机油泵等。动力室的侧墙上装有车体通风机，可以及时排出动力室内的烟气并散发热量。

冷却室内装有散热器组、冷却风扇、静液压马达等。散热器组下部安装有静液压变速箱、后转向架牵引电动机通风机、机油滤清器、机油热交换器、空气压缩机组等。

DF₄B 型内燃机车装用 16V240ZB 型柴油机。它为 V 形、四冲程、直接喷射式燃烧室。废气涡轮定压增压并经中间冷却的中速柴油机。采用铸焊组合机体、并列连杆、组合式锻铝活塞或薄壁球铁活塞、单体式喷油泵、转速功率联合调节器、45GP802-1A 型或 ZN290 型增压器等。柴油机有 16 个气缸，V 形夹角为 50°，气缸直径为 240 mm，活塞行程为 275 mm，标定转速为 1 000 r/min，最低空载稳定转速为 430 r/min，标定功率为 2 650 kW，最大运用功率为 2 430 kW，在标定功率下，燃油消耗率为 210 g/（kW·h）。

柴油发电机组的功率输出端经弹性法兰通过万向轴与启动变速箱连接。启动变速箱通过 4 个输出轴分别直接带动启动发电机和励磁电机，经皮带带动测压发电机，经绵纶细绳（俗称尼龙绳）带动前转向架牵引电机通风机。

DF₄B 型机车采用交-直流电传动装置，由柴油机驱动的主发电机是一台 TQFR-3000 型三相交流同步牵引发电机。发电机产生的三相交流电经硅整流柜三相桥式全波整流后，输送给 6 台并联的 ZQDR-410 型牵引电动机，再由牵引电动机通过传动齿轮驱动车轮旋转。从硅整流柜到牵引电动机之间，设有 6 个主接触器分别控制 6 台牵引电动机电流的通断。另外，还设有两个转换开关，用它转换牵引电动机励磁绕组电流的方向，从而改变牵引电动机的转向，控制机车的前进或后退。

主发电机的励磁机是一台 GQL-45 型感应子励磁机，它也是一台三相交流发电机，由柴油机通过启动变速箱带动，发出的交流电经励磁整流柜三相桥式全波整流后，给主发电机转子上励磁绕组励磁。励磁机的励磁是通过联合调节器的功率调整电阻器自动改变励磁测速发电机的励磁电流来控制的，使柴油机在规定的主发电机调压范围实现恒功率控制。

在主发电机最高恒功率电压限制下，为扩大机车的恒功率速度范围，对机车的牵引电动机进行两级磁场削弱，由一套过渡控制电子装置根据机车轮对的速度信号自动进行磁场削弱的转换。

机车总体及走行部

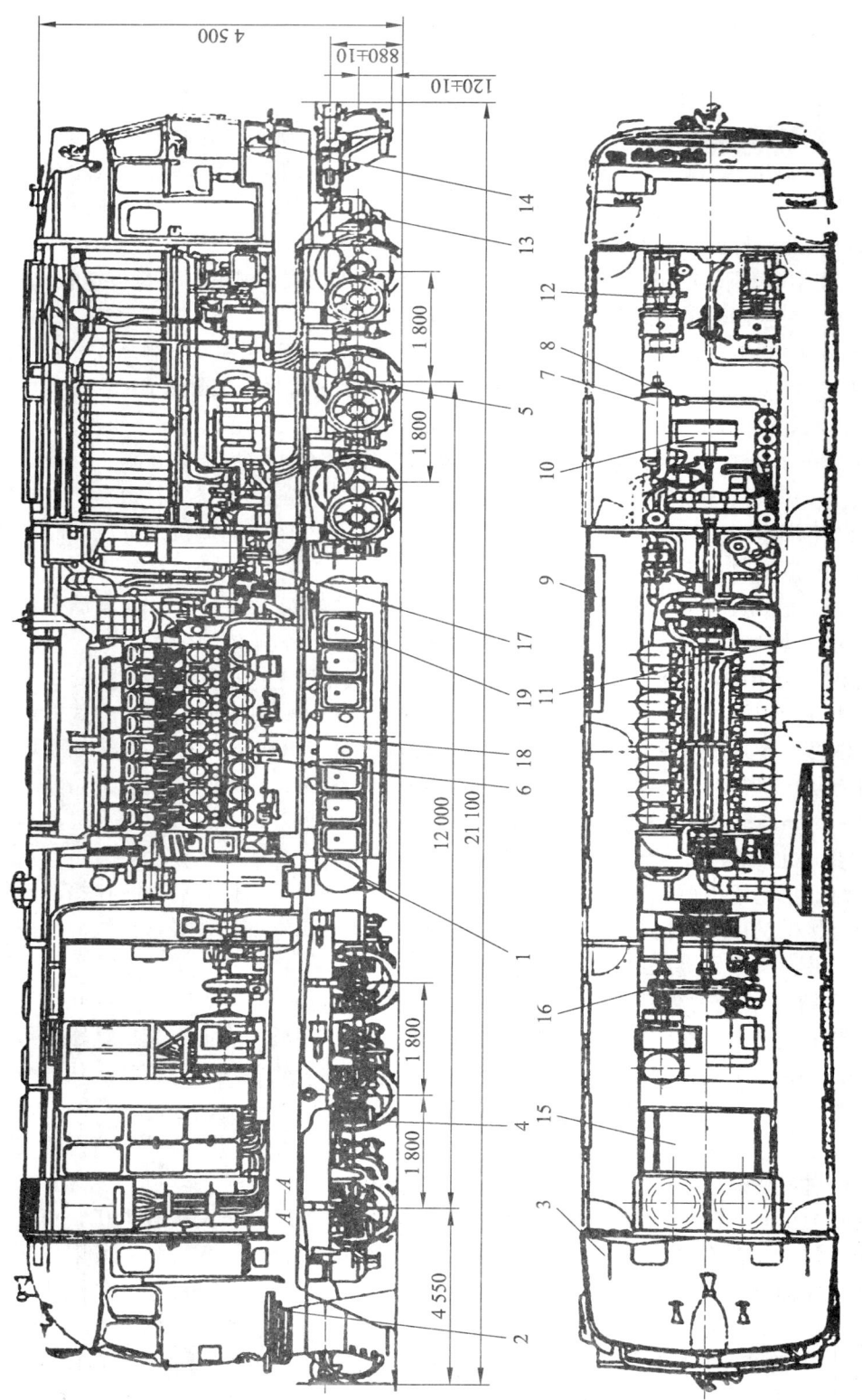

图 2-71 DF₄B 型内燃机车机械室总体布置

1—柴油发电机组；2—装饰带；3—车体；4—转向架；5—冷却装置；6—燃油系统；7—机油系统；8—冷却水系统；9—空气滤清器；10—通风机；11—测量仪表；12—空气制动系统；13—撒砂系统；14—自动控制系统；15—电气设备；16—传动机构；17—预热系统；18—防寒装置；19—蓄电池箱。

从 1989 年开始，DF_{4B} 型机车正式加装电阻制动装置，每台机车设有结构完全相同的制动电阻柜两个。在电阻制动工况，牵引电动机被改接成他励直流发电机工作，6 台牵引电动励磁绕组被串联在一起，由主发电机经硅整流柜及制动接触器给电动机励磁。电动机通过传动齿轮由轮对驱动，产生的电能输送到制动电阻上，把列车运行的动能最终转化成热能，使轮对产生制动力。电阻制动具有速度不同的两个动力峰值，一级到二级电阻制动的转换由电阻制动控制箱控制。制动电流也受控制箱调控，实现恒励磁电流控制、恒制动电流控制和高速限流控制。

具有电阻制动的机车还具有自负载试验功能。机车在静止状态通过操纵自负载开关使机车进入自负载工况，把柴油机功率通过主发电机消耗在制动电阻上，可以方便地检测柴油机各转速下的牵引功率。

柴油机采用电动机启动，96 V 蓄电池供电给 ZQF-80 型启动发电机，使之成为串励电动机带动柴油机启动。启动完毕后，启动发电机接成他励发电机工况，由柴油机带动它旋转，并通过电压调整器使其输出电压恒定在 110 V，用来向控制、辅助电路供电。

柴油机转速的控制是通过一套无级调速驱动器装置，根据司机控制器发出的指令控制联合调节器配速机构上的步进电机，实现对柴油机的无级调速控制。

DF_{4B} 型机车的燃油系统由燃油箱、燃油粗滤器、燃油输送泵、燃油预热器及阀门、管路组成。通过设在柴油机上的燃油精滤器，向柴油机各喷油泵供应足够数量的具有一定压力的清洁燃油。

机车的整个机油系统包括柴油机油底壳、机油泵、机油热交换器、机油滤清器、柴油机内部机油系统、机油离心精滤器、启动机油泵、油压继电器及仪表和阀类、管路等。以机油泵为动力迫使机油循环流动，经过滤清和冷却，向柴油机供给一定压力和温度的洁净机油。机油带出摩擦及部分燃烧的热量后经冷却流回柴油机油底壳。启动柴油机时，启动机油泵从油底壳吸油加压后送入机油主循环管路中，注入柴油机各摩擦表面润滑。柴油机工作时，占总循环机油量 5%～15% 的机油直接进入离心精滤器滤清后流回油底壳，以提高机油的清洁度。

机车的冷却水系统分高温（柴油机水系统）、低温（增压空气冷却器、机油热交换器）两个循环系统，主要部件有膨胀水箱、冷却水泵、空气冷却器、机油热交换器、散热器、静液压油热交换器及阀类、管路等。

56 组散热器（高温 24 组，低温 32 组）呈 V 形安装在冷却室的钢骨架上。钢架上部装有用静液压马达驱动的两台冷却风扇，两台风扇各自有一套独立的静液压系统。每个静液压系统内均设有带感温元件的温度控制阀，随着机车工况的变化控制风扇的开停和无级变速，实现油、水温度的自动控制。

机车的预热系统主要由预热锅炉、循环水泵、阀类及管路组成。预热锅炉为水管立式炉，由预热锅炉控制柜（手动控制）控制其工作过程，保证柴油机在规定的油、水温度下启动。

机车设有下列主要保护和显示装置，其作用及显示方式如下：

（1）油机超速保护——超速时停机。
（2）柴油机曲轴箱压力保护——超压时停机，信号灯显示。
（3）柴油机水温保护——超温时卸载，信号灯显示。
（4）柴油机机油压力保护——油压继电器动作时卸载或停机，操纵位信号灯显示。
（5）牵引电动机总电流过流保护——牵引电动机过流时卸载，信号灯显示。
（6）主电路接地保护——主电路接地时卸载，信号灯显示。
（7）机车空转显示——空转时继电器动作，信号灯显示。
（8）电阻制动过流保护——降低制动功率，信号灯显示。
（9）制动电阻失风保护——电阻制动停止，信号灯显示。

机车总体及走行部

操作运用案例

实训四　HXD$_3$型电力机车机械室设备认知

1. 实训项目教师工作活页

实训项目教师工作活页　　　　NO：

实训项目	HXD$_3$型电力机车机械室设备认知		
学　　时	2	班　级	
实训场所	铁道机车模拟驾驶实训室		
工具设备	铁道机车模拟控制台、多媒体设备课件、图片、计算机多媒体设备等		
教学目标	专业能力	（1）能说明机车机械室的大致功能； （2）能说明机车机械室设备布置要求； （3）能说明HXD$_3$型电力机车Ⅰ端机械室设备布置情况； （4）能说明HXD$_3$型电力机车中央机械室设备布置情况； （5）能说明HXD$_3$型电力机车Ⅱ端机械室设备布置情况； （6）能说明HXD$_3$型电力机车Ⅰ端机械室各设备装置的名称； （7）能说明HXD$_3$型电力机车中央机械室各设备装置的名称； （6）能说明HXD$_3$型电力机车Ⅱ端机械室各设备装置的名称； （7）能说明HXD$_3$型电力机车Ⅰ端机械室各设备装置的功能； （8）能说明HXD$_3$型电力机车中央机械室各设备装置的功能； （9）能说明HXD$_3$型电力机车Ⅱ端机械室各设备装置的功能； （10）能正确操作HXD$_3$型电力机车各机械室各开关、阀门	
	方法能力	（1）能综合运用专业知识，通过利用专业书籍、多媒体课件和图片资料获得帮助信息； （2）能根据实训项目学习任务确定实训方案，从中学会表达及展示活动过程和成果	
	社会能力	（1）能在实习训练活动中保持积极向上的学习态度； （2）能与小组成员和教师就学习中遇到的问题进行交流和沟通； （3）能与他人共享学习资源，具有较好的合作能力和团队协作精神	
教学评价	学生活动：① 以5~7人为单位小组开展实训活动，根据本组同学在实训过程中的能力表现及结果进行自评、组内互评；② 根据其他小组同学在成果展示活动中的表现及结果进行互评。 教师活动：① 教师组织学生开展评价活动和总结；② 对学生本实训项目单元成绩做出综合评价		
指导教师		教学时间	年　　月　　日

2. 实训项目学生学习活页

实训项目学生学习活页　　　　　　　　NO：

实训四　HXD$_3$ 型电力机车机械室设备认知

班级：　　　　姓名：　　　　学号：　　　　时间：

一、实训目标
1. 专业能力目标
（1）能说明机车机械室的大致功能；
（2）能说明机车机械室设备布置要求；
（3）能说明 HXD$_3$ 型电力机车Ⅰ端机械室设备布置情况；
（4）能说明 HXD$_3$ 型电力机车中央机械室设备布置情况；
（5）能说明 HXD$_3$ 型电力机车Ⅱ端机械室设备布置情况；
（6）能说明 HXD$_3$ 型电力机车Ⅰ端机械室各设备装置的名称；
（7）能说明 HXD$_3$ 型电力机车中央机械室各设备装置的名称；
（6）能说明 HXD$_3$ 型电力机车Ⅱ端机械室各设备装置的名称；
（7）能说明 HXD$_3$ 型电力机车Ⅰ端机械室各设备装置的功能；
（8）能说明 HXD$_3$ 型电力机车中央机械室各设备装置的功能；
（9）能说明 HXD$_3$ 型电力机车Ⅱ端机械室各设备装置的功能；
（10）能正确操作 HXD$_3$ 型电力机车各机械室各开关、阀门。
2. 方法能力目标
（1）能综合运用专业知识，通过利用专业书籍、多媒体课件和图片资料获得帮助信息；
（2）能根据实训项目学习任务确定实训方案，从中学会表达及展示活动过程和成果。
3. 社会能力目标
（1）能在实习训练活动中保持积极向上的学习态度；
（2）能与小组成员和教师就学习中遇到的问题进行交流和沟通；
（3）能与他人共享学习资源，具有较好的合作能力和团队协作精神。
二、知识总结
（1）简述 HXD$_3$ 型电力机车Ⅰ端机械室的设备布置。

（2）简述 HXD$_3$ 型电力机车中央机械室的设备布置。

（3）简述 HXD$_3$ 型电力机车Ⅱ端机械室的设备布置。

（4）简述HXD_1型电力机车主变流器的结构组成。

（5）简述HXD_1型电力机车冷却塔的组成及作用。

（6）简述$SS_{4改}$型电力机车Ⅱ端电器室设备布置。

（7）简述HXN_{3B}型内燃机车通风室的组成。

（8）简述DF_{4B}型内燃机车动力室的组成。

（9）简述DF_{4B}型内燃机车冷却室的组成。

三、操作运用
（1）在铁道机车模拟驾驶实训室主模拟控制台上对HXD_3型电力机车机械室各设备装置进行指认。

（2）在铁道机车模拟驾驶实训室控制台微机屏上进行HXD_3型电力机车机械室有关装置的切除隔离操作。

四、实训小结

五、成绩评定
1. 学生评价

评价等级	A（优）	B（良）	C（中）	D（及格）	E（不及格）
学生自评					
组内互评					
他组互评					

2. 教师评价

评价等级	A（优）	B（良）	C（中）	D（及格）	E（不及格）
专业能力					
方法能力					
社会能力					

3. 综合评价

评价等级	A（优）	B（良）	C（中）	D（及格）	E（不及格）
评价结果					

注：按照学生自评占10%、组内互评占10%、他组互评占20%、教师评价占60%的比例计分。其中，A为100分，B为85分，C为75分，D为60分，E为50分。

4. 评价量规

等　级	行为表现描述
A	能圆满高效地完成实训任务的全部内容
B	能顺利完成实训任务的全部内容
C	能完成实训任务的全部内容，但需要一些帮助和指导
D	自己只能完成实训任务的部分内容，但在现场的指导下，已经能完成任务的全部内容
E	不能完成实训任务的全部内容

任务四　机车车顶设备布置

知识目标

（1）了解机车车顶设备布置的特点。
（2）了解机车车顶各设备的用途。
（3）熟悉 HXD_3 型电力机车车顶设备布置。
（4）了解 HXD_1 型电力机车车顶设备布置。
（5）了解 $SS_{4改}$ 型电力机车车顶设备布置。
（6）了解 HXN_{3B} 型内燃机车车顶设备布置。
（7）了解 DF_{4B} 型内燃机车车顶设备布置。

能力目标

（1）掌握机车车顶设备的功能和要求。
（2）熟悉几种铁道机车的车顶设备布置的特点和结构组成。

素质目标

（1）培养学生爱岗敬业、忠于职守、团结合作的精神。
（2）使学生具备从事机车运用和检修岗位所必需的基本知识和专业技能。

工具设备

多媒体设备课件、图片、示教板、计算机多媒体设备等。

教学环境

多媒体教室、铁道机车模拟驾驶实训室。

一、HXD_3 型电力机车车顶设备布置

HXD_3 型电力机车车顶设计成大顶盖结构，有利于机车设备的安装。机车车顶由 3 个顶盖组成，车顶设备布置分为Ⅰ、Ⅱ端顶盖设备布置和中央顶盖设备布置。机车车顶设备布置如图 2-72 所示。

项目二 机车车体和设备布置

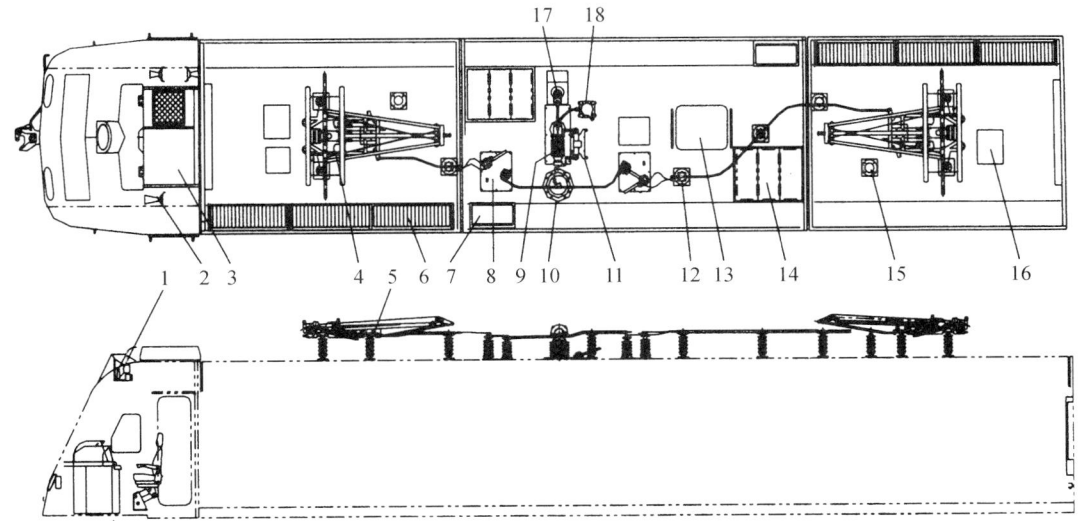

1—前照灯；2—风笛；3—空调；4—受电弓；5—受电弓绝缘子；6—牵引风道过滤器；7—辅助变流器风道过滤器；8—高压隔离开关；9—真空断路器；10—高压电压互感器；11—接地开关；12—支持绝缘子；13—车顶天窗；14—复合冷却器通风过滤器；15—绝缘子；16—车顶通风口；17—高压电缆；18—避雷器。

图 2-72 车顶设备布置

1. Ⅰ、Ⅱ端顶盖设备布置

Ⅰ端顶盖设备布置与Ⅱ端顶盖设备布置完全一样，顶盖上布置有受电弓和空气绝缘。两个顶盖的结构和安装尺寸也完全相同，但在Ⅰ端顶盖上开有卫生间通风口，因此两个顶盖不能互换安装。顶盖上设置有牵引电机冷却风进风口，顶盖通风道横向贯通顶盖，通风口开在风机相对侧，车体侧墙不设通风口，有利于提高车体强度。通风道与顶盖在车下整体焊装，利于提高机车组装的工作效率。顶盖设有与外界交换空气的换气孔，有利于夏季车内降温。

2. 中央顶盖设备布置

机车上的主要高压设备大部分都布置在中央顶盖上。中央顶盖上设有检修用天窗，由此车顶对高压电器件进行检修和维护作业。为确保安全，天窗与接地开关设置了钥匙联锁装置。中央顶盖上布置的高压电气设备有受电弓高压隔离开关、高压电压互感器、真空断路器开关、避雷器、高压电缆及连接母线等，同时设置有辅助变流器通风口和过滤网。

3. 车下与车端设备布置

主变压器悬挂在机车车下中部，以主变压器为中心对称布置了2台转向架。在转向架上配置有牵引电机等设备。另外，在车下还配置了机车用插座、辅助/控制电路外接电源、行灯座、机车电子标签、速度传感器等设备。车下与车端设备布置如图2-73所示。

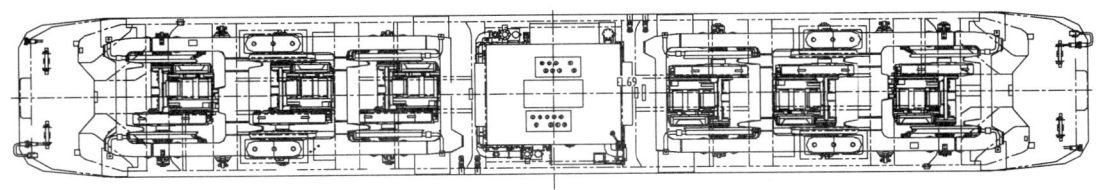

图 2-73 车下与车端设备布置

二、HXD₁型电力机车车顶设备布置

1. 车顶设备布置

HXD₁型机车的车顶设备包括高压户外电气设备和通信用的天线设备，高压户外电气设备既要满足机车电气性能的要求，又要有足够的高压绝缘性能和抵抗风、沙、雨、雪、低温等恶劣自然环境的侵害及雷电过电压袭击的能力。

车顶设备配置在司机室顶盖、顶盖1、顶盖2、顶盖3、顶盖4上，如图2-74所示。

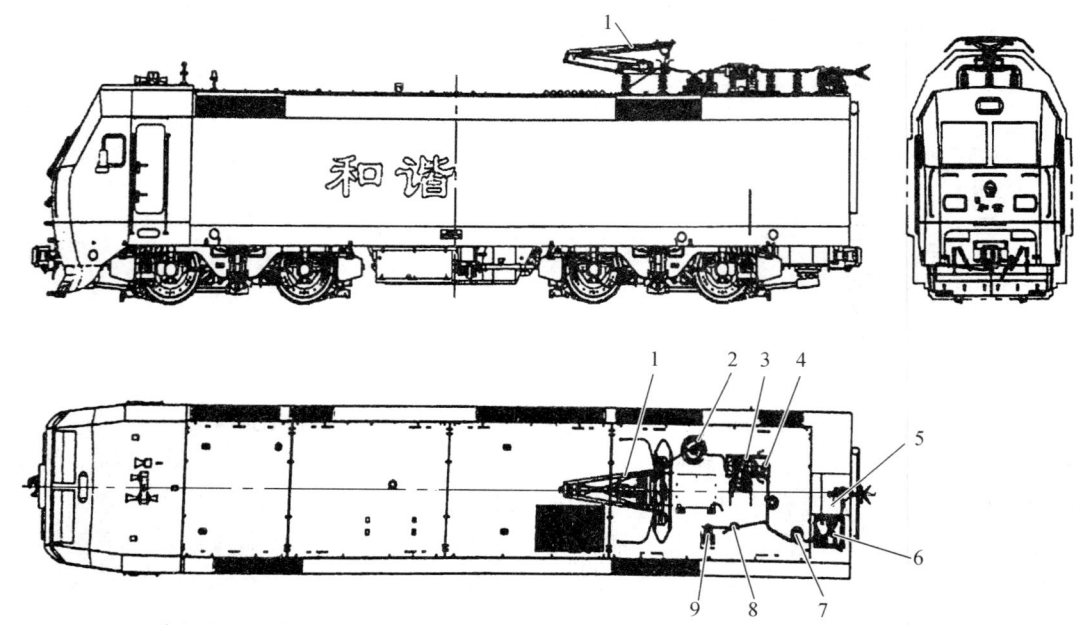

1—受电弓；2—高压电压互感器；3—高压接地开关；4—主断路器；5—高压连接器；
6—高压隔离开关；7—车顶母线绝缘子；8—避雷针；9—高压穿墙套管。

图2-74　HXD₁型电力机车车顶设备布置

车顶高压电器集中安装在靠后端的一块活动顶盖（顶盖4）和后端墙固定顶盖上，这些设备包括受电弓、主断路器、高压接地开关、高压电压互感器、避雷器、高压隔离开关、高压穿墙套管、高压连接器、母线及支持绝缘子。

在顶盖4上安装一台8WL0127-6YH69型受电弓、BVACN99型真空主断路、BTE25.04型高压接地开关、4MT9111型高压电压互感器、YHI0WT-42/105型金属氧化开关、LG2-400/25型高压连接器。

受电弓安装设计时要求受流滑板中心线与转向架旋转中心线尽量一致，以减小机车运行时受电弓滑板与接触网的偏离值，提高受电弓的受流可靠性。主断路器是机车电源的总开关，承担机车正常工作时电路的分、合闸作用，在机车的许多故障情况发生时，起保护性分闸作用。在主断路器和高压穿墙套管之间，装有过电压保护用氧化锌避雷器，可以对雷击过电压和操作过电压起保护作用。与主断路器相邻处装有一台高压穿墙套管，由它把机车从接触网受流的电流引入车内。在与其连接的高压电缆上装有原边电流互感器（此部件在机械间内），主要用来提供原边电流信号，同时为原边保护回路提供信号。高压隔离开关起高压隔离作用，

当某一节车的受电弓发生故障时，可通过相应高压隔离开关的动作来隔离故障受电弓；当受电弓到隔离开关前的高压设备故障时，也可以通过高压隔离开关进行相关的隔离操作。高压电压互感器主要提供网压信号，使司机在升弓后就能先观察到网压信号，同时也为机车的主变流器提供同步信号，使得主变流器能正常工作。该信号也连接电度表，使得司机能充分了解机车的能耗情况。

在顶盖 4 上还设有登车顶窗及车顶高压接地装置，乘务和检修人员确认接触网无电后，可经此上车顶进行检查和维修作业。为保证人身安全，车顶登顶窗设置安全电气联锁装置，打开登顶窗前接通车顶高压接地装置将 25 kV 电路接地，使得分布电容积聚的电荷放电以确保人身安全，同时受电弓控制回路被切断，无法升弓，避免误升弓操作发生的可能。通信用的天线设备分别安装在司机室顶和其他几块活动顶盖上，主要包括以下设备的天线：

（1）司机室顶盖上装有 400 kHz 和 450 MHz 两个机车对讲设备的天线。

（2）在 A 节车的顶盖 2 上装有 GSM-R 通信设备的两个 GSM-R 天线。

（3）在 B 节车的顶盖 2 上装有机车通信设备的 GSM-R、GPRS、GPS 和 450 MHz 共 4 个天线。

（4）在顶盖 3 上装有两个 800 MHz 无线数据传输设备的天线。

2．车下设备布置

车下设备布置如图 2-75 所示。

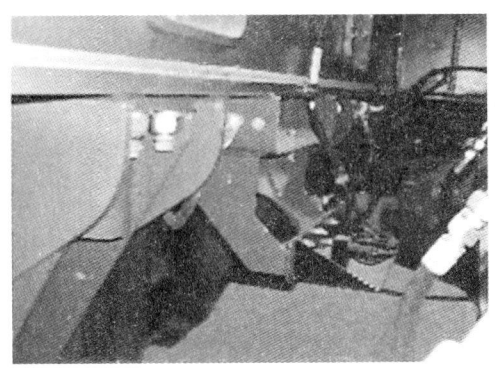
机车电子标签

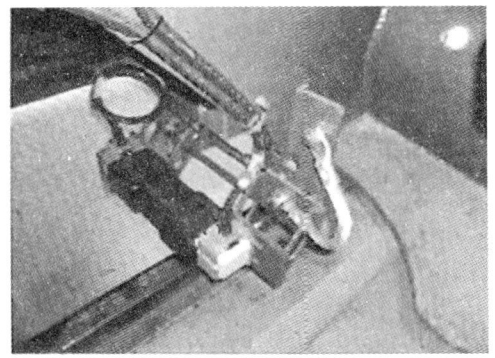
机车自动信号感应接收线圈

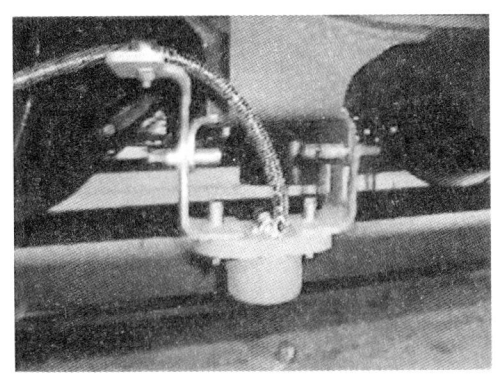
自动过分相设备地面感应接收线圈

辅助回路库用插座（AC 380 V）
控制回路库用插座（DC 110 V）

图 2-75　HXD$_1$ 型电力机车车下设备布置

（1）转向架：两台两轴转向架分别位于 1、2 和 3、4 位牵引通风机的下方，中心距为 9 000 mm。

（2）机车自动信号感应接收线圈（整车数量 4 个）：给信号安全系统提供地面信号，安装在车端排障器的后方，距轨面高度 150 mm，安装座可调，当轮缘磨耗后，可把接收线圈对轨面的距离调整到规定值，每端两个，附相应的接线盒。

（3）控制回路库用插座（整车数量 2 个）：当机车在车库内时，给蓄电池充电和给车内控制系统提供直流 110 V 电源。

（4）辅助回路库用插座（整车数量 4 个）：当机车在车库内时，给辅助回路各电气设备提供三相 380 V 电源，同时也是库内动车的电源插座。

（5）光电速度传感器（整车数量 4 个）：给监控系统提供机车速度信号，安装在 2、3、6、8 轴轴端，对称布置，附相应的数模转换盒。

（6）防滑速度传感器（整车数量 8 个）：给空电联合制动系统提供机车速度信号，安装在各轴轴端。

（7）自动过分相设备地面感应接收线圈（整车数量 4 个）：给自动过分相装置提供地面信号，安装在每个转向架一侧。

（8）机车电子标签（整车数量 2 个）：根据相关的运输要求向外发射机车电子表示信号，安装在底架下主变压器面向司机室的方向。

（9）蓄电池柜（整车数量 4 个）：安装在机车变压器两侧底架下面。蓄电池与机车上 110 V 蓄电池充电机配套使用，为机车提供直流 110 V 电源。

三、SS$_{4改}$型电力机车车顶设备布置

1. 车顶设备布置

SS$_{4改}$型电力机车车顶主要设备包括受电弓、主断路器、金属氧化物避雷器、高压电流互感器、高压电压互感器、高压连接器及车顶母线与支持瓷瓶等。车顶设备如图 2-76 所示。

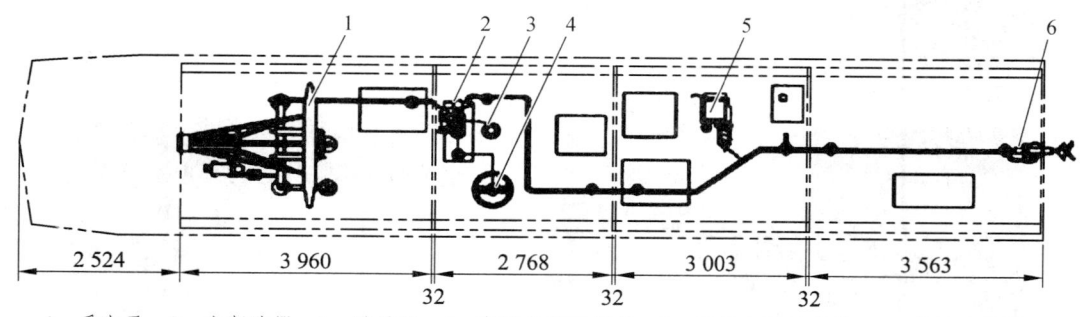

1—受电弓；2—主断路器；3—避雷器；4—高压电流互感器；5—高压电压互感器；6—高压连接器。

图 2-76 车顶设备

Ⅱ端电器室顶盖设有人孔天窗，天窗设有电气联锁装置，当打开天窗时，顶盖将与车顶母线的接地装置相连，使车顶上的高压设备全部接地，以保护机车乘务人员的安全，同时切断受电弓控制电路，使得无法升弓。只有当高压室、变压器室门都锁好，车顶门盖好后，保护电空阀才能得电，使门联锁阀气路动作，锁紧各门，受电弓方能升起。

车顶盖上还设有电阻制动的百叶窗出风口。司机室顶上设有 3 个风喇叭。

2. 车底设备布置

车底辅助设备包括主电路库用插座 2 个、辅助电路库用插座 1 个、控制电路库用插座 1 个、行灯插座 2 个、重联插座、自动信号装置的接收线圈、蓄电池柜、总风缸、接地棒、照明灯和标志灯等。

四、HXN_{3B} 型内燃机车车顶设备布置

HXN_{3B} 型内燃机车车顶没有电力机车的高压电气设备，车顶顶盖间装有 2 道密封胶条用作顶盖间的密封，机械间顶盖为双层蒙皮带通风腔结构，具有隔热、通风及保温多种功能，且整体强度、刚性较大。

每个顶盖上均有防滑梁和扶手，以确保车顶作业人员安全。

HXN_{3B} 型内燃机车下部的布置为两个结构相同的三轴转向架，两转向架中间是整体式燃油箱，燃油箱的两端是第二总风缸和柴油机启动风缸。燃油箱可用容积为 7 500 L，蓄电池箱嵌入整体燃油箱两侧并用螺栓连接。为考虑机车运行过程中的振动，可能导致蓄电池损坏之后渗漏强腐蚀液体，这种液体长时间堆积在蓄电池箱的底部，可以腐蚀蓄电池箱的母材以及底架燃油箱的母材，所以在设计过程中在蓄电池箱底部涂一层 1~5 mm 厚的沥青膏（蓄电池小车的导轨上免涂），这样可以防止腐蚀液体破坏母材，保证母材的强度。

由于蓄电池箱门的密封性较差，外界雨水容易渗入箱体内，所以在箱体底部开设排水圆孔，避免雨水长时间积聚在箱体内，腐蚀箱体。

综上所述，在机车设计研发过程中，底架与燃油箱采用整体焊接结构，蓄电池箱可以作为一个独立的箱体镶嵌在底架燃油箱的两侧，这样在保证燃油箱有效容积的情况下，可以减少蓄电池箱的空间占用率，使机车总体布置简洁、美观。

五、DF_{4B} 型内燃机车车顶设备布置

DF_{4B} 型内燃机车车顶也没有电力机车的高压电气设备，其车顶和两端司机室、左右侧壁及四道隔墙共同组焊在一起。为了装拆动力机组、电气设备和冷却装置等大型部件，在车顶的中部开设有贯通的宽为 2 350 mm 的开口，开口中间设有 3 根弯梁。开口上面装有两个电气室顶盖，顶盖四周用树脂胶黏结橡胶海绵密封，以防漏雨。顶盖用角钢组成边框，用槽钢形成肋梁，外敷 2.5 mm 厚的钢板。

在冷却室两侧上弦梁上，均焊有 5 个冷却器钢结构的安装座，通过安装座可将冷却器钢结构、散热器、静液压马达和冷却风扇等部件的重量均匀地传给整个车体。

机车两端装有车钩缓冲装置，用于机车和车辆的自动连接和分解，同时传递机车牵引力和承受来自车辆的冲击力。采用的二号缓冲器为全钢摩擦式。车钩原采用改进型的 13 号下作用式车钩，现改用下作用式标准内燃、电力机车车钩。

车架下部中央吊装有燃油箱，燃油箱两侧每侧有 6 个蓄电池箱，前后端装有总风缸。机车设有蓄电池外充电插座和预热锅炉外电源插座。

操作运用案例

实训五　HXD₃型电力机车车顶设备认知

1. 实训项目教师工作活页

实训项目教师工作活页　　　　　　　　　　　NO：

实训项目	HXD₃型电力机车车顶设备认知		
学　时	2	班　级	
实训场所	铁道机车模拟驾驶实训室		
工具设备	铁道机车模拟控制台、多媒体设备课件、图片、计算机多媒体设备等		
教学目标	专业能力	（1）能说明机车车顶设备的大致作用功能； （2）能说明机车车顶设备布置要求； （3）能说明HXD₃型电力机车Ⅰ端车顶设备布置情况； （4）能说明HXD₃型电力机车中央车顶设备布置情况； （5）能说明HXD₃型电力机车Ⅱ端车顶设备布置情况； （6）能说明HXD₃型电力机车Ⅰ端车顶各设备装置的名称； （7）能说明HXD₃型电力机车中央车顶各设备装置的名称； （6）能说明HXD₃型电力机车Ⅱ端车顶各设备装置的名称； （7）能说明HXD₃型电力机车Ⅰ端车顶各设备装置的功能； （8）能说明HXD₃型电力机车中央车顶各设备装置的功能； （9）能说明HXD₃型电力机车Ⅱ端车顶各设备装置的功能； （10）能正确进行HXD₃型电力机车登车顶的流程操作	
	方法能力	（1）能综合运用专业知识，通过利用专业书籍、多媒体课件和图片资料获得帮助信息； （2）能根据实训项目学习任务确定实训方案，从中学会表达及展示活动过程和成果	
	社会能力	（1）能在实习训练活动中保持积极向上的学习态度； （2）能与小组成员和教师就学习中遇到的问题进行交流和沟通； （3）能与他人共享学习资源，具有较好的合作能力和团队协作精神	
教学评价	学生活动：① 以5~7人为单位小组开展实训活动，根据本组同学在实训过程中的能力表现及结果进行自评、组内互评；② 根据其他小组同学在成果展示活动中的表现及结果进行互评。 教师活动：① 教师组织学生开展评价活动和总结；② 对学生本实训项目单元成绩做出综合评价		
指导教师		教学时间	年　　月　　日

2. 实训项目学生学习活页

实训项目学生学习活页　　　　　　　　　　NO：

实训五　HXD$_3$型电力机车车顶设备认知

班级：　　　　姓名：　　　　学号：　　　　时间：

一、实训目标
1. 专业能力目标
（1）能说明机车车顶设备的大致功能；
（2）能说明机车车顶设备布置要求；
（3）能说明HXD$_3$型电力机车Ⅰ端车顶设备布置情况；
（4）能说明HXD$_3$型电力机车中央车顶设备布置情况；
（5）能说明HXD$_3$型电力机车Ⅱ端车顶设备布置情况；
（6）能说明HXD$_3$型电力机车Ⅰ端车顶各设备装置的名称；
（7）能说明HXD$_3$型电力机车中央车顶各设备装置的名称；
（6）能说明HXD$_3$型电力机车Ⅱ端车顶各设备装置的名称；
（7）能说明HXD$_3$型电力机车Ⅰ端车顶各设备装置的功能；
（8）能说明HXD$_3$型电力机车中央车顶各设备装置的功能；
（9）能说明HXD$_3$型电力机车Ⅱ端车顶各设备装置的功能；
（10）能正确进行HXD$_3$型电力机车登车顶的流程操作。
2. 方法能力目标
（1）能综合运用专业知识，通过利用专业书籍、多媒体课件和图片资料获得帮助信息；
（2）能根据实训项目学习任务确定实训方案，从中学会表达及展示活动过程和成果。
3. 社会能力目标
（1）能在实习训练活动中保持积极向上的学习态度；
（2）能与小组成员和教师就学习中遇到的问题进行交流和沟通；
（3）能与他人共享学习资源，具有较好的合作能力和团队协作精神。
二、知识总结
（1）简述HXD$_3$型电力机车Ⅰ端车顶的设备布置。

（2）简述HXD$_3$型电力机车中央顶盖的设备布置。

（3）简述HXD$_3$型电力机车Ⅱ端车顶的设备布置。

（4）简述 HXD_1 型电力机车车顶设备布置。

（5）简述 HXD_1 型电力机车登车顶的具体操作流程。

（6）简述 $SS_{4改}$ 型电力机车车顶设备布置。

三、操作运用
（1）在铁道机车模拟驾驶实训室主模拟控制台上对 HXD_3 型电力机车各高压设备进行指认。

（2）在铁道机车模拟驾驶实训室控制台微机屏上进行 HXD_3 型电力机车高压隔离开关的切除隔离操作。

四、实训小结

五、成绩评定
1. 学生评价

评价等级	A（优）	B（良）	C（中）	D（及格）	E（不及格）
学生自评					
组内互评					
他组互评					

2. 教师评价

评价等级	A（优）	B（良）	C（中）	D（及格）	E（不及格）
专业能力					
方法能力					
社会能力					

3. 综合评价

评价等级	A（优）	B（良）	C（中）	D（及格）	E（不及格）
评价结果					

注：按照学生自评占10%、组内互评占10%、他组互评占20%、教师评价占60%的比例计分。其中，A为100分，B为85分，C为75分，D为60分，E为50分。

4. 评价量规

等级	行为表现描述
A	能圆满高效地完成实训任务的全部内容
B	能顺利完成实训任务的全部内容
C	能完成实训任务的全部内容，但需要一些帮助和指导
D	自己只能完成实训任务的部分内容，但在现场的指导下，已经能完成任务的全部内容
E	不能完成实训任务的全部内容

项目三 机车转向架

转向架是铁路机车的走行部分。它用来传递各种载荷,并利用轮轨间的黏着保证牵引力的产生。它对机车动力学性能、牵引性能和安全性能起着决定性的作用。转向架结构性能的好坏,直接影响机车的牵引能力、运行品质、轮轨的磨耗和列车的行车安全。随着电力机车向高速和大功率方向发展,对转向架的性能提出了新的要求,转向架的结构设计和工艺都有新的发展。

本项目主要阐述机车转向架的作用、分类、结构,HXD_3 型、HXD_1 型、HXN_{3B} 型、$SS_{4改}$ 型、DF_4 型机车转向架的特点,轮对,齿轮传动及电机悬挂装置,轴箱装置,一系及二系悬挂装置,基础制动装置等。

任务一 机车转向架认知

知识目标

(1)掌握机车转向架的作用。
(2)了解机车转向架的分类。
(3)掌握机车转向架的结构。
(4)掌握 HXD_3 型电力机车转向架的结构。
(5)掌握 HXD_1 型电力机车转向架的结构。
(6)熟悉 $SS_{4改}$ 型电力机车转向架的结构。
(7)了解 HXN_{3B} 型内燃机车转向架的结构。
(8)了解 DF_{4B} 型内燃机车转向架的结构。

能力目标

(1)掌握机车转向架的功能、要求和分类方式。
(2)熟悉几种铁道机车转向架的结构特点和结构组成。

素质目标

(1)培养学生爱岗敬业、忠于职守、团结合作的精神。
(2)使学生具备从事机车运用和检修岗位所必需的基本知识和专业技能。

工具设备

多媒体课件、图片、示教板、计算机多媒体设备等。

教学环境

多媒体教室、铁道机车模拟驾驶实训室。

一、机车转向架的作用、组成和主要技术要求

（一）机车转向架的作用

现代机车的走行部基本上都采用转向架的形式。转向架的作用如下：

（1）承受车架以上各部分的重量，包括车体、动力装置和辅助装置等。

（2）保证必要的黏着，并把轮轨接触处产生的轮周牵引力传递给车架、车钩，牵引列车。

（3）缓和线路不平顺对机车的冲击，并保证机车具有较好的运行平稳性和稳定性。

（4）保证机车顺利通过曲线。

（5）产生必要的制动力，以便使机车在规定的制动距离内停车。

（二）机车转向架的组成

机车转向架由下列主要部分组成。

（1）构架：转向架的骨架，承受和传递垂向力及水平力。

（2）弹簧装置：用来保证一定的轴重分配，缓和线路不平顺对机车的冲击并保证机车在垂向的运行平稳性。

（3）车架与转向架的连接装置：用以传递车体与转向架间的垂向力及水平力（包括纵向力，如牵引力或制动力；横向力，如通过曲线时的车体的离心力等），使转向架在机车通过曲线时能相对于车体回转。在较高速度的机车上，车体与转向架间还设置横动装置，使车体在水平面内成为相对于转向架的簧上质量，以提高机车在水平方向的运行平稳性。

（4）轮对和轴箱：轮对直接向钢轨传递机车重量，通过轮轨间的黏着产生牵引力或制动力，并通过轮对的回转实现机车在钢轨上的运行；轴箱是联系构架和轮对的活动关节，它除了保证轮对进行回转运动外，还能使轮对适应线路等条件，相对于构架上下、左右和前后活动。

（5）驱动机构：将机车动力装置的功率最后传递给轮对。电传动内燃机车和电力机车的驱动机构，由减速齿轮箱组成；液力传动内燃机车的驱动机构，由万向轴、车轴齿轮箱等组成；高速机车的驱动机构，由齿轮箱、空心轴及六连杆机构组成。

（6）基础制动装置：由制动缸传来的力，经杠杆系统增大若干倍后传给闸瓦，使其压紧车轮，对机车进行制动。

（三）机车转向架的主要技术要求

根据现代机车的发展趋势，转向架应具有的技术要求如下：

（1）保证最佳的黏着条件，轴重转移尽量小，以满足提高客、货运机车牵引力的要求（一般要求黏着重量利用率不低于90%）。

（2）良好的动力学性能。在直线或曲线区段运行时，具有良好的动力学性能，尽可能减小对线路的作用力和减少轨道及车轮的应力与磨耗。对客、货运机车的簧下重量应有不同的要求，客运机车每轴簧下重量应不大于30 kN，高速机车的簧下重量应小些；货运机车每轴簧下重量不大于40~50 kN。干线机车应采用二系悬挂装置，并增大弹簧装置的静挠度，以适应高速运行的需要。一系悬挂只用于调车机车。

（3）自重轻，工艺简易。转向架构架在满足强度和刚度要求的前提下，尽可能减轻自重，制造工艺简易，各梁之间不允许用螺栓连接。

（4）良好的可接近性。要求转向架各部分具有良好的可接近性，在保证运用可靠的前提下，结构简单，采用无磨耗及不需维修的结构形式，以减少维修工作量及延长两次维修间的走行里程。

（5）零部件材质统一。设计转向架时，要求各零部件结构和材质尽可能统一化。

（四）机车轴重、单轴功率和结构速度

1. 轴　重

机车在静止水平状态下，每个轮对作用在钢轨上的质量，称为轴重。轴重越大，机车每根轴所能发挥的黏着牵引力也越大。然而轴重越大，机车运行中对线路的影响和破坏性也越大。同样质量的机车，轴数多则轴重小，轴数少则轴重大；线路质量好，运行速度低，轴重可以加大；反之，线路质量差，运行速度高，轴重必须减小。我国电力机车，轴重大多数在23 t以下（$SS_{4改}$型电力机车轴重为23 t，HXD_3型电力机车轴重无配重为23 t，加配重为25 t）。

2. 单轴功率

机车每根轮轴所能发挥的功率称为单轴功率。

单轴功率反映了机车牵引电动机和转向架的制造水平。在相同轴重下，单轴功率越大，机车所能达到的运行速度越高。单轴功率应根据运行速度和牵引力的设计要求而定。我国电力机车单轴功率在不断提高，$SS_{4改}$型电力机车单轴功率为800 kW，SS_9型电力机车单轴功率为900 kW，HXD_3型电力机车单轴功率为1 200 kW。

3. 结构速度

转向架在结构上所允许的机车最大运行速度称为机车的结构速度。结构速度也是反映机车和转向架设计制造水平的重要参数。在高速下运行的机车，必须保证运行的平稳性和各零部件的正常使用寿命，这就对转向架的结构工艺提出了更高的要求。

二、机车转向架分类

机车转向架的形式很多，一般可按下列几种方法分类：

（一）按轴数分类

机车转向架按轴数进行分类，有两轴转向架 B_0-B_0（其中 B 表示两轴，0 表示每根轴上一个电动机，-表示转向架相连）、三轴转向架 C_0-C_0（C 表示三轴）和四轴转向架。例如北京型内燃机车、SS_5 型机车为两轴转向架，客运电力机车、DF_4 型内燃机车为三轴转向架。为适应重载运输，国内外均在研究单节大功率的八轴内燃机车，即转向架为四轴。八轴单节内燃机车转向架的形式，以电传动内燃机车为例，理论上可分为 D_0-D_0、$B_0-B_0-B_0-B_0$ 和 $B_0+B_0-B_0+B_0$ 三类。

D_0-D_0 为转向架的四根动轴都固装在同一转向架构架内。由于其全轴距长，曲线通过性能差，现在世界各国都已很少采用。

$B_0-B_0-B_0-B_0$ 为机车走行部由四台两轴转向架组成。这种结构虽然简单，但由于机车通过曲线时，各转向架有受力不均的缺点，因此也很少采用。

$B_0+B_0-B_0+B_0$ 由两台两轴转向架组合成一台四轴转向架。该转向架是由两台两轴转向架用中间构架连接而成；中间构架由两根铸造的纵梁和一根横梁焊接而成。机车垂直载荷通过二系悬挂装置、摩擦旁承传至中间构架，中间构架侧梁的两端设有垂直摆杆及活动关节支座，用以传递垂直载荷给两个转向架，中间构架横梁中部设有球形中心销活动关节支座，以传递水平力。

（二）按机车速度分类

机车转向架按机车的速度进行分类，有高速转向架，速度在 200 km/h 以上；普通转向架，速度在 120 km/h 上下。

（三）按弹簧装置形式分类

机车转向架按弹簧装置的形式进行分类，有一系和二系悬挂转向架之分，前者适用于低速机车，如调车机车，后者适用于中高速机车。转向架构架与轴箱之间的悬挂称为一系悬挂；转向架构架与车体底架之间的悬挂称为二系悬挂。速度低的机车仅设一系悬挂。干线电力机车，尤其是高速机车，都采用既有一系悬挂，又有二系悬挂的两系悬挂方式。两系悬挂机车总的垂向刚度小而挠度大，动力性能好。

（四）按轴箱定位形式分类

机车转向架按轴箱定位形式进行分类，可分为有导框定位转向架和无导框定位转向架。有导框定位是一种比较陈旧的定位方式，质量大，磨耗严重，我国除东风型内燃机车的转向架采用有导框定位外，其他机车都采用无导框式转向架。

（五）按电机悬挂方式分类

机车转向架按电机悬挂方式分类可分为轴悬式（抱轴式半悬挂）、架悬式（全悬挂）和体悬式（全悬挂）三大类。轴悬式电机悬挂，电机一部分支承在车轴上，一部分悬挂在转向架构架上，适用于速度较低的机车，DF_4、DF_7、SS_1、SS_3、SS_4、SS_6 型电力机车采用此种悬挂方式。架悬式电机悬挂，电机全部支承在转向架构架上，电机重量全部置于簧上，但传动装置比较复杂。体悬式电机悬挂是指牵引电动机大部分或全部支承在车体底架上的悬挂方式。

（六）按车体与转向架的连接装置形式分类

机车转向架按车体与转向架的连接装置形式分类，可分为有心盘转向架和无心盘转向架两种。

三、机车转向架的构架

转向架构架是受力复杂、联系众多的部件，它的结构形状、受力状态与转向架总体布置有关。为了保证构架运用后不发生裂纹、安全可靠，它不但必须具有足够的强度和刚度，还要质量小、结构紧凑，同时有好的转向架总体布置。在设计构架时，应考虑避开上下盖板横向焊缝重叠，并把焊缝置于低应力区。同时，构架焊后必须进行整体退火和整体加工，以消除焊接内应力和保证构架精度。

转向架构架是转向架的骨架，用以连接转向架各组成部分和传递各方向的力，并用来保持车轴在转向架内的位置（如车轴互相平行并垂直于构架纵线轴），一般由左、右两侧一个或几个横梁组成。

侧梁不仅向轮对传递垂向力、纵向力和横向力，还用来设定轮对的位置。横梁用来保证构架在水平面内的刚度，保持各轴的平行及承托牵引电机；两端的横梁又称为端梁。具有端梁的呈矩形的构架，称为封闭式构架；只有一个或两个相邻的中部横梁而没有端梁的构架，称为开口式或 H 形构架。中部横梁通常用来安装心盘旁承，以传递机车上部结构的重量和吊挂一部分基础制动装置。有的还在两横梁之上焊接一纵向牵引梁，以便在其上安装心盘。端梁用来保证构架的水平刚度，有时仅用来吊挂一部分基础制动装置。

（一）转向架构架设计原则

（1）构架是转向架的一个重要部分，是转向架其他零部件的安装基础。因此，设计时必须全面考虑构架与各有关零部件的相互位置等问题。

（2）构架各梁应尽可能设计成等强度梁，以保证能获得最大强度和最小自重。近代大功率高速机车，为减轻轴荷重而对减轻构架的自重提出了更高的要求。

（3）构架各梁的布置应尽可能对称，以简化设计和施工。如对称布置有困难，也要尽可能减少不相同零件的数量。

（4）各梁本身以及由各梁组成构架时，必须注意减小应力集中。因此，各梁相交处的过渡要平缓、圆滑，切口处要相应补强。

（5）除了保证强度外，构架还要有足够的刚度。因为刚度不足时，会造成载荷分布不均匀或使各梁本身产生自振等问题。

（6）采用电焊结构时必须注意施工方便，具有足够的焊缝尺寸；焊缝应布置在应力较小处，并满足一般焊接结构的要求。焊缝还应便于检查和修理。焊接后应消除内应力。

（7）在构架上需考虑设有机车出轨后使机车复位的支承部位。

（二）现代机车转向架构架的形式

现代机车转向架构架有铸造和焊接两种形式。铸钢构架在铅垂和水平内抗弯、抗扭强度和刚度都较大，机械加工量小，材料利用率高，可按受力大小设计铸件的形状；但它对铸造工艺要求较高，对壁厚大于 20 mm 的构架，需要专用机床加工，质量大，造价高。焊接构架各梁采用钢板压型件焊接成构架，质量小，材料省，有足够的强度和刚度。我国内燃机车及电力机车大部分采用焊接构架。

四、HXD_3 型电力机车的转向架认知

HXD_3 型大功率交流传动货运电力机车转向架为无心盘、无导框、独立弹性悬挂的三轴转向架。电机采用滚动抱轴式半悬挂。它是为了适应我国铁路运输的需要而采取技术引进与日本东芝公司合作设计的新型转向架。该机车采用前、后两个结构相同的转向架作为它的走行部，设计中，通过动力学计算分析和结构参数优化，合理配置转向架的一、二系悬挂参数和阻尼，使机车达到良好的动力学性能。转向架如图 3-1 和图 3-2 所示，其主要组成包括构架、轮对装配、一系悬挂（轴箱）装配、电动机悬挂装置、基础制动装置、二系悬挂（支承）装配、牵引装置、转向架配管和转向架附件等。

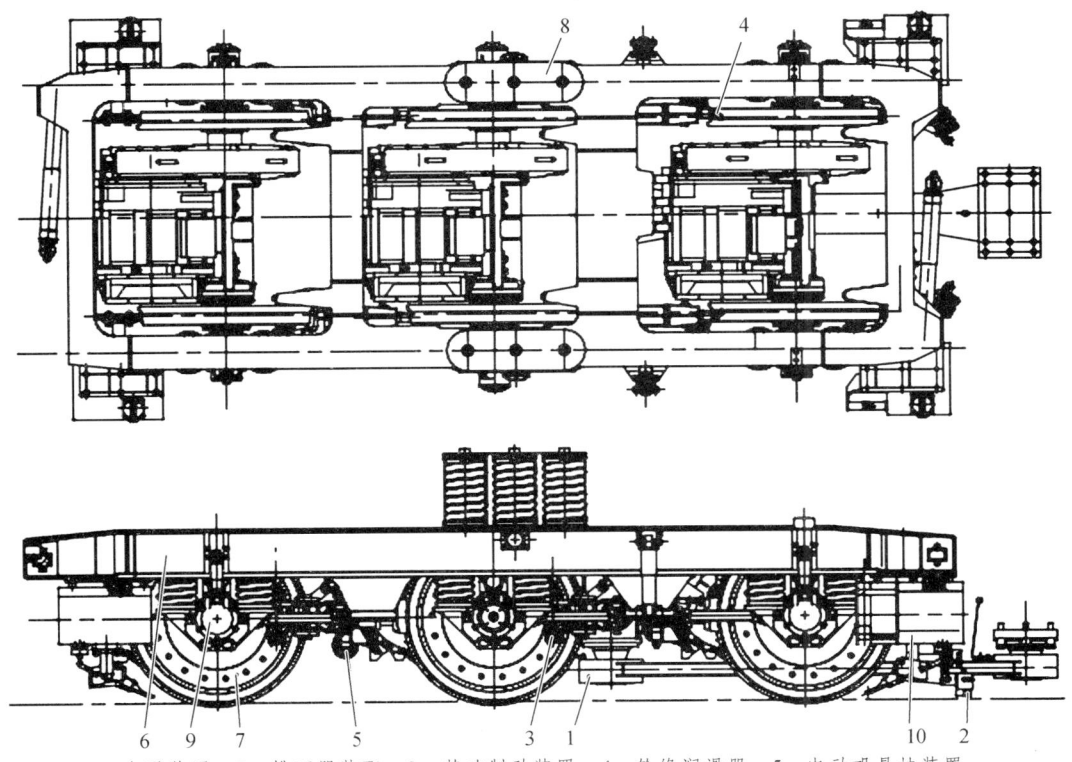

1—牵引装置；2—排石器装配；3—基础制动装置；4—轮缘润滑器；5—电动机悬挂装置；
6—构架装配；7—轮对装配；8—二系支承组成；9—一系悬挂系统；10—砂箱装配。

图 3-1 转向架外形图

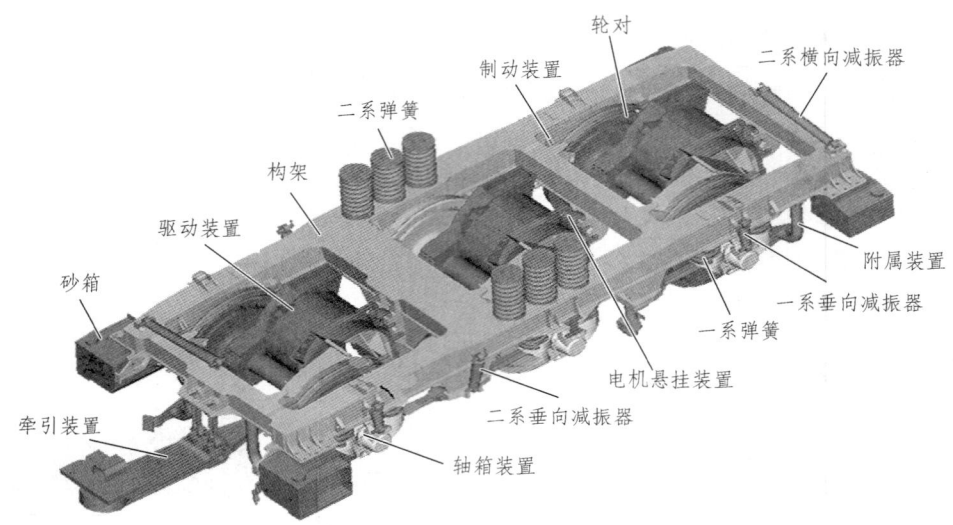

图 3-2 HXD₃ 型电力机车转向架三维示意图

（一）转向架主要结构特点

为使机车获得良好的动力学性能，保证机车运行的安全可靠，作为重载货运牵引的电力机车，在满足各项基本性能要求的前提下，转向架结构设计时，着重考虑机车黏着重量的利用率。该转向架具有如下结构特点：

（1）牵引电机采用内顺布置。这种布置可使机车在牵引工况获得较小的轴重转移。为此现在大多数机车转向架均采用牵引电机内顺布置。

（2）低位推挽式单牵引杆结构。加以合理的悬挂参数选择，使机车轴重转移减小，满足机车牵引要求。

（3）构架刚度和强度高，侧架与端梁、横梁连接处采用圆弧连接的结构形式，降低连接处的应力集中。

（4）二系悬挂高圆弹簧组每侧一组，由三个弹簧组成，这种布置使弹簧接近回转中心，可减小弹簧的回转位移，降低弹簧的剪切应力。

（5）一系弹簧采用单圈、小静挠度值，使一、二系弹簧参数搭配趋于合理。

（6）基础制动采用轮盘制动，使轮对受力形式较踏面制动更加合理。

（7）驱动装置采用滚动抱轴式半悬挂结构。抱轴箱体采用高强度、高冲击韧性的球墨铸铁材料，与 U 形管式抱轴箱相比，装配结构更加简单，适用性强。

HXD₃ 型机车转向架主要结构技术参数见表 3-1。

表 3-1 HXD₃ 型机车转向架主要结构技术参数

总长/mm	7 468
总宽/mm	3 110
构架上平面距轨面高度/mm	1 290
高圆弹簧组上平面距轨面的自由高/mm	1 846
高圆弹簧组横向中心距/mm	2 050

续表

轨距/mm	1 435
轴距/mm	2 250 + 2 000
车轮直径/mm	新轮：1 250 半磨耗：1 200 到限轮径：1 150
轮对内侧距/mm	1 353
踏面宽度/mm	140
传动齿轮中心距/mm	565
轴式	C_0-C_0
轴重/t	23
加压铁后轴重/t	25
构造速度/（km/h）	120
转向架总重/t	30.193
每轴簧下重量/t	5.3
牵引点距轨面高度/mm	240
通过最小几何曲线半径/m	125（机车速度<5 km/h）
牵引齿轮传动比	101/21 = 4.809 5
齿轮模数	9
螺旋角	8
悬挂装置总静挠度（23 t 轴重）/mm	153.66
一系悬挂装置静挠度/mm	43.5 + 5.6（弹簧 + 橡胶减振垫）
二系悬挂装置静挠度/mm	90.3 + 1.43×2（弹簧 + 橡胶减振垫）
悬挂装置总静挠度（25 t 轴重）/mm	174.58
转向架相对车体横动量/mm	自由横动量：+20 弹性横动量：±5
构架相对轴箱横动量/mm	±10
轮对相对轴箱横动量/mm	0～15
基础制动方式	轮装式盘形制动
制动倍率	3.23（1、6轴） 2（2、3、4、5轴）
机车空气制动率（23 t）	25.38%
停放制动	满足 30‰坡道停车要求

（二）HXD$_3$型机车转向架构架

构架由左右对称布置的两个侧梁、前端梁、后端梁、牵引横梁、横梁和各种附加支座等组成。构架组焊后，成为完全封闭的框架式"目"字形箱型结构，如图 3-3 所示。

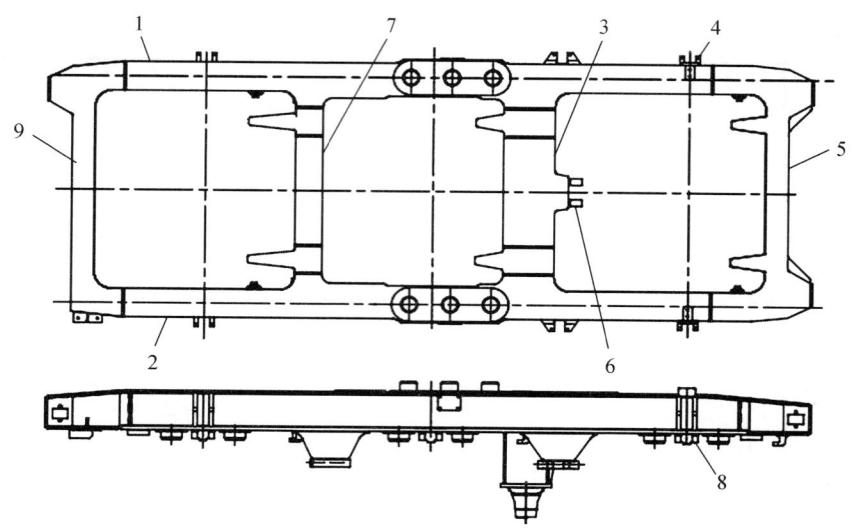

1—左侧梁；2—右侧梁；3—牵引横梁；4—减振器座；5—前端梁；
6—电机吊杆座；7—横梁；8—轴箱止挡；9—后端梁。

图 3-3 转向架构架

为了保证构架在机车正常运用中具有足够的强度、刚度和疲劳寿命，设计中有必要对构架进行有限元结构强度分析和模态分析，并且通过试验来验证设计和计算的正确性。为满足相关试验标准的要求，HXD_3 型机车转向架构架按照 TB/T 2368 进行了静强度和 1 000 万次抗疲劳强度试验。

为了满足重载货运牵引性能的要求，降低整车的质心，同时满足轴重要求，考虑电力机车车体上部质量较轻，适当增加了一系悬挂以上的质量。在构架设计时，为保证构架有足够的强度和刚度，侧架、横梁的下盖板采用了 30 mm 厚的钢板。各梁受力部分的内腔均设有 10 mm 厚的筋板。

牵引横梁承受较大的扭矩，横梁内设有筋板，并用钢管串联，以增加牵引梁的刚度和强度。侧架与端梁、横梁采用圆弧连接的结构形式，以降低连接处的应力集中。为了增加侧架与端梁、横梁的连接强度，连接处的上下盖板交错，并且在横梁受力较大的四个连接处，采用双面焊。为实现整体起吊功能，在侧架内和轴线相交处还设有断面为 H 形的筋板结构，以保证吊装时此处的强度。端梁连接处下盖板用排障器座板和砂箱座板补强。侧架上下盖板与各梁焊接处的边均加工焊接坡口，确保焊接质量。构架作为组焊件，在整体组焊后，整个构架进行回火处理。该构架采用整体加热方式，以消除焊接过程中产生的焊接应力。

为了方便检修，在构架的前后端梁各有两个水平基准，这些基准作为机车检修时的测量依据。

（三）HXD_3 型机车转向架构架的维护保养

（1）日常运用和检修时应加强对构架的检查，尤其是检查电机吊座、减振器座焊缝和各横梁、侧梁连接处焊缝。

（2）构架不允许随意动用电焊，若需要电焊一定要就近搭接地线，同时注意保护好其他零部件。

（3）构架产生裂纹，允许焊修；在焊修前应在裂纹末端钻一个不小于 6 mm 的止裂孔，然后沿裂纹开坡口，根除裂纹后才能进行焊修。焊修后应采取措施消除焊接应力，经焊修部位应经常观察，并做好记录。

五、HXD_1 型机车转向架

（一）HXD_1 型机车转向架的特点

HXD_1 型机车转向架采用成熟而比较先进的技术，如轮盘制动、滚动抱轴承传动、二系高挠钢弹簧、单轴箱拉杆轮对定位、整体免维护轴箱轴承、砂箱加热等，这些先进技术的采用，保证了机车在重载牵引条件下以较高的速度运行。

HXD_1 型电力机车转向架主要由轮对、传动装置轴箱、构架、悬挂装置、牵引装置、撒砂装置、轮缘润滑装置、弹性止挡、整体起吊、空气管路以及辅助装置组成。动力学计算表明，23 t 和 25 t 轴重 HXD_1 型机车理论上的准线性和非线性临界速度大于 200 km/h；机车的平稳性要视实际线路的情况而定，25 t 轴重机车的车体平稳性优于 23 t 轴重；机车可以安全地通过大、中、小半径困难条件的曲线，具有良好的曲线通过性能；机车的黏着利用率为 91.86%。HXD_1 型机车转向架主要技术参数见表 3-2。

表 3-2　HXD_1 型机车转向架主要技术参数

轴重/t	25
转向架质量/kg	20 060
电机质量/kg	2 450
单轴簧下质量/kg	4 572.5
簧间质量（除电机装配外一系簧上、二系簧下所有质量）/kg	4 698.5
牵引电机悬挂方式	抱轴悬挂
轴距/mm	2 800
轨距/mm	1 435
转向架中心距/mm	8 900
轮对左右轴箱中心线间距/mm	2 080
二系支承点横向间距/mm	2 080
牵引方式	中间斜拉杆推挽式
电机功率/kW	1 225
牵引点距轨面高度/mm	240
最大启动牵引力（每轴）/kN	95
传动方式	交流电机，滚动抱轴
齿轮传动比	106/17

续表

轮径/mm	新轮：1 250
	平磨耗：1 200
	全磨耗：1 150
最大运用速度/（km/h）	120
一系悬挂方式	钢弹簧+单轴箱拉杆+垂向减振器
一系弹簧静挠度/mm	38
二系悬挂方式	钢弹簧+单轴箱拉杆+水平减振器
二系弹簧静挠度/mm	103
基础制动方式	轮盘制动单元（带蓄能）
限界	满足 GB 146.1—2020
轴箱横向自由间隙/mm	0.2～0.5
一系横向止挡间隙/mm	10
一系垂向止挡间隙/mm	25
二系横向止挡自由间隙/mm	35
二系垂向止挡间隙/mm	30
二系横向止挡弹性间隙/mm	5

（二）HXD_1型机车转向架构架

HXD_1型机车转向架构架为 H 形构架，由侧梁、牵引梁、前端梁和后端梁组成，除个别安装座以外，结构基本上是对称的，如图 3-4 所示。该构架焊接后构架变形小，残余应力分布均匀，因此机加工后不需要退火；构架采用等强度设计，构架的各个零部件的应力水平比较低，且应力变化趋势平稳；安装座结构简单。

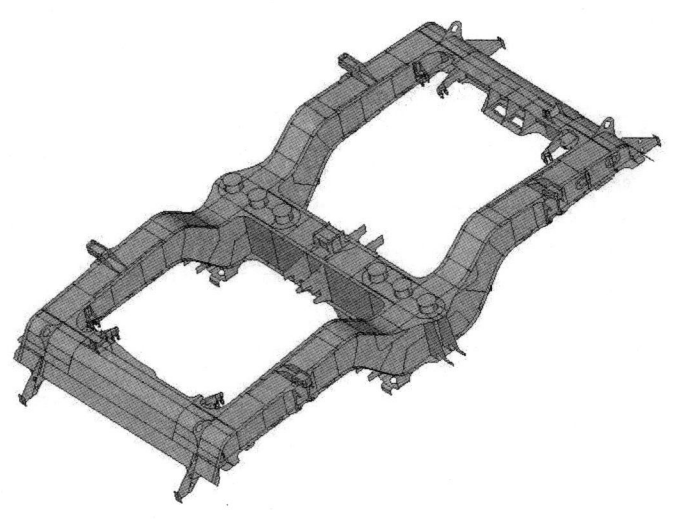

图 3-4　HXD_1型机车转向架构架结构

HXD$_1$型机车转向架构架本体材料采用16MnDR钢板,焊接采用DIN6700标准,优先选用对接焊缝、单边V形焊缝和K形焊缝,尽可能不用不开坡口的角焊缝;使焊缝位于低应力区,避免焊缝位于同一截面上;不同板厚的焊接,在厚板对接处设置斜坡,使两板厚度一致;对接焊缝预留间隙,以便焊透;对接焊缝的余高尽量小。疲劳计算和强度试验表明,HXD$_1$型机车转向架构架满足UIC615-4规定的要求。

六、SS$_{4改}$型电力机车转向架

SS$_{4改}$型电力机车的轴列式为2(B$_0$-B$_0$)。

(一)SS$_{4改}$型电力机车转向架主要特点

(1)一系悬挂采用轴箱螺旋钢弹簧与弹性拉杆定位的独立悬挂结构,并配置垂向油压减振器;二系悬挂采用全旁承橡胶堆加横向油压减振器和摩擦减振器的简单悬挂结构。
(2)牵引力、制动力传递为斜拉杆低位牵引方式。
(3)轴箱轴承均采用能承受轴向力和径向力的圆柱滚子轴承。
(4)牵引电机悬挂方式为刚性半悬挂。
(5)构架受力状态和结构合理,工艺性好。
(6)基础制动采用单边高磨合合成闸瓦。

(二)SS$_{4改}$型电力机车转向架构架

SS$_{4改}$型电力机车转向架构架由两根侧梁、一根前端梁、一根后端梁、一根牵引梁和各种附加支座等组成,各梁焊装后,构架成"日"字形结构,如图3-5所示。

1. 侧 梁

SS$_{4改}$型电力机车侧梁是钢板焊接箱形封闭截面,分左右各一根,形状为倒"凸"形梁,梁体上焊装有弹簧座、圆弹簧拉杆座、拉杆座、定位块、吊座和端板等零部件。

2. 前后端梁

前端梁上有端梁体和牵引装置三角形撑杆固定上支座,端梁体为无缝钢管,支座为普通铸钢件。后端梁采用一根无缝钢管,无其他部件。

3. 牵引梁

SS$_{4改}$型电力机车牵引梁为蝶形箱式梁体。它由上下盖板、定位销、防落框、电机悬挂吊座、筋板、隔板、立板和套等焊接而成。

4. 附属部件

附属部件包括旁承座、各种减振器座(横向液压减振器座、纵向摩擦减振器座和垂向液压减振器座)和接地台。各座材料均为低碳钢或普通铸钢。

另外,在每台转向架构架左侧梁立板处组装有铭牌一块,上方是制造厂家,下方是编号和制造年月日。

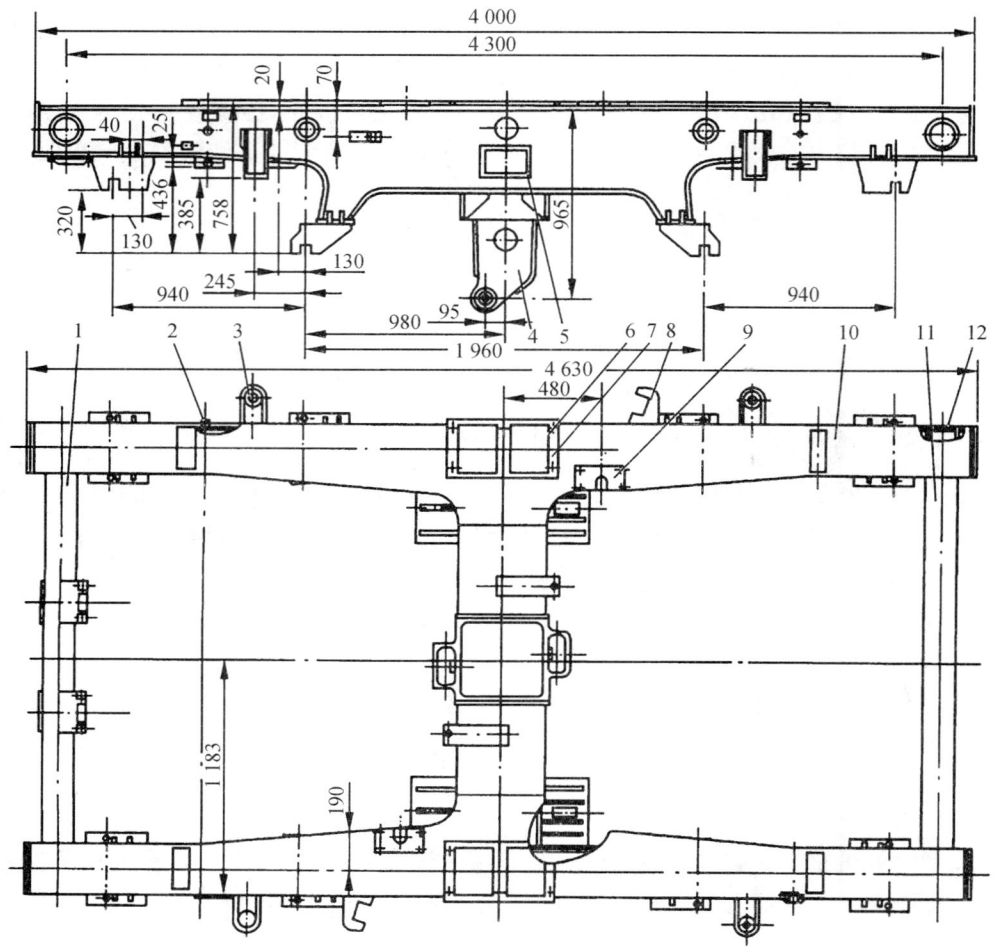

1—前端梁；2—接地台；3—减振器上座；4—牵引梁装配；5—铭牌；6—螺钉；7—旁承座；8—减振器座；9—横向油压减振器座；10—侧梁装配；11—后端梁；12—端盖。

图 3-5 SS$_4$改型电力机车构架

5. 砂箱装置

为了提高机车的黏着系数，防止轮对空转和踏面擦伤，可给车轮踏面相对应的钢轨轨面撒砂。SS$_4$改型电力机车在每台转向架前后左右 4 个角处设置了 4 个砂箱装置，每个砂箱容积为 100 L，每台转向架砂箱的总容积为 400 L。

七、HXN$_{3B}$型内燃机车转向架

（一）HXN$_{3B}$型调车内燃机车转向架概述

HXN$_{3B}$型内燃机车 C$_0$-C$_0$ 转向架主要由构架、轴箱装配、轴箱拉杆、轮对齿轮抱轴箱装配、牵引电机安装、电机吊杆及进风道安装、牵引杆装配、二系悬挂装配、基础制动装置、轮缘润滑装置、配管装配、附件、速度传感器、6A 传感器等组成，如图 3-6 所示。

项目三　机车转向架

图 3-6　HXN_{3B} 型内燃机车转向架

（1）构架为"目"字形、箱形梁焊接结构。前端下沉式前端梁为扫石器撒砂支座等提供了支撑基础，缩短悬臂长度，减小机车运用中的振动，避免疲劳裂纹等问题出现。

（2）驱动系统（包括轮对抱轴箱齿轮、牵引电机安装）在 HXN_3 型机车的基础上进行开发设计，针对调车设计要求，对车轮、车轴、齿轮及齿轮箱进行全新设计，抱轴箱、牵引电机及相关密封件借用 HXN_3 的成熟设计方案。

（3）轴箱装配及轴向拉杆主要零部件借用 HXN_3 机车的成熟设计，一系双圈弹簧根据调车设计要求重新进行了计算，优化了参数，降低了弹簧的应力幅值。轴向轴承采用自密封、自润滑、免维护的圆锥滚子轴承。

（4）二系悬挂零部件借用 HXN_3 机车设计方案，优化了二系橡胶旁承的设计，保证了车体的承载和运用要求，安全可靠。

（5）基础制动方式为踏面制动，制动单元借用 HXN_3 机车设计方案。

（6）牵引杆装配、牵引电机吊杆及进风道均借用 HXN_3 机车设计方案，经过试验及运用，均成熟可靠。

（7）轮缘润滑采用油脂式润滑替代碳棒干式润滑。

（8）配管整体采用快装接头形式，便于安装、拆卸、维护。

（9）根据设计要求，加装了 6A 监控系统。

（二）HXN_{3B} 型调车内燃机车构架

1. 主要技术要求

构架是转向架各部件的安装基础，通过它将轴箱拉杆和一系悬挂与传动装置相连，传递车体垂直载荷和承受从轮对上传来的作用力，如图 3-7 所示。构架由两个侧架、三个横梁和一个前端梁及各种附加支座组成，如图 3-8 所示。主要的支撑梁均为箱形焊接结构。前端梁为垂向弯梁，一方面为车体缓冲器提供足够的空间，另一方面可以为安装扫石器撒砂支架提供安装基座。

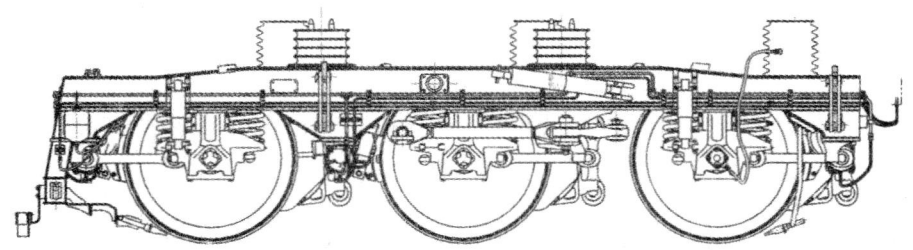

图 3-7　构架安装位置图

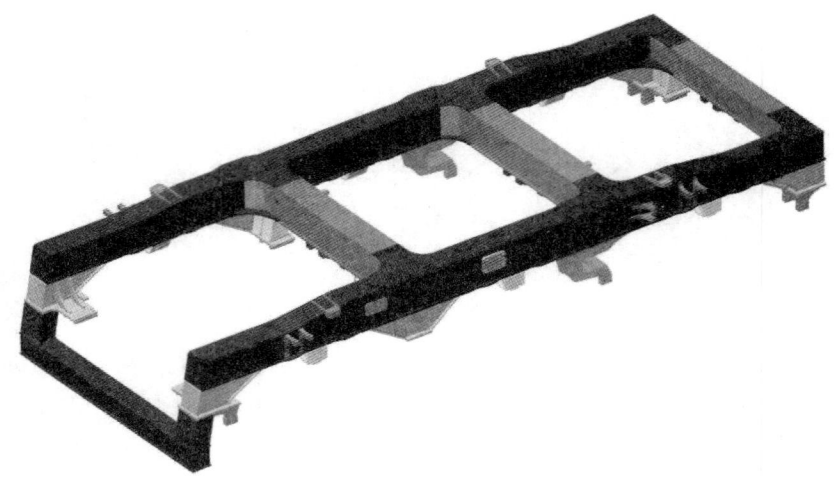

图 3-8　HXN$_{3B}$ 型调车内燃机车构架

2. 构架主要技术参数

构架主梁材质　　　Q345E
铸件材质　　　　　DL99003-2011
构架外形尺寸　　　6 125 mm × 2 608 mm × 1 058 mm
构架质量　　　　　3.23 t

（三）HXN$_{3B}$ 型调车内燃机车转向架的受力及传递

转向架在运行中主要承受三种力：纵向力、横向力和垂向力。

纵向力主要是机车的牵引力和制动力，其传递途径为：钢轨和车轮相互作用产生→车轴→轴箱→轴箱拉杆→构架→牵引杆→车体。

横向力主要是通过曲线时的离心力和横向振动引起的附加力。

横向力传递途径为：车体→横向和摇头止挡→构架→轴箱止挡→轴箱→轴承→车轴→车轮→钢轨。

垂向力是机车自身的重力和机车运行时的垂向振动引起的附加载荷，其传递途径为：车体→二系橡胶弹簧→构架→轴箱弹簧→轴箱体→轴承→车轴→车轮→钢轨。

这三种力是转向架设计和日常维修及故障查找的依据和指导性线索。

（四）HXN$_{3B}$ 型调车内燃机车构架的检修及维护

构架作为一个关键部件，经历了严格的试验和检测，保证了日常免于维护，仅仅在日常辅修时进行常规检测。

外观检查构架各梁、轴箱拉杆座、油压减振器座、制动座、制动器吊座、电机悬挂座及吊座，无变形、裂纹、硬伤。构架的硬伤及局部变形无法消除者须做记录，必要时须局部探伤并按构架图检查相关尺寸。

大修和中修进行焊缝的探伤检测，在检修时按照每个构架的基准进行检测。对电机吊杆的安装座进行检查,如果有碰伤,应修正平整;对螺纹用通止规进行检查,如果发现有异常,允许用钢丝螺套进行修复。

(五)HXN$_{3B}$型调车内燃机车转向架运用的注意事项

(1)转向架作为影响行车安全的重要部件,在检修和运用中应注意水和电。
(2)严禁用高压水枪直接冲洗转向架,特别是对着轴箱、滚动抱轴箱冲洗。
(3)严禁在构架和车体上随意动用电焊,如果确实需要焊接零件,一定要就近搭接地线。

八、DF$_{4B}$型内燃机车转向架

DF$_{4B}$型机车是交直流电传动干线内燃机车,分客运和货运两种,除牵引齿轮传动比不同外,两者结构完全相同,具有牵引性能好、油耗低、使用可靠、维修方便等特点。

(一)DF$_{4B}$型内燃机车转向架综述

转向架的作用除了转向以外,主要用来传递力,这些力按立体坐标的三个方向分为垂向力、纵向力和横向力。

货运机车牵引吨位大,应有足够的牵引力、减少轴重转移、提高黏着重量利用率,防止空转。DF$_{4B}$型内燃机车转向架由构架、轴箱、轮对、牵引杆装置、弹簧悬挂装置、旁承装置、电动机悬挂装置以及基础制动装置等部件组成,在其设计上应同时满足客运和货运牵引的要求,如图3-9所示。

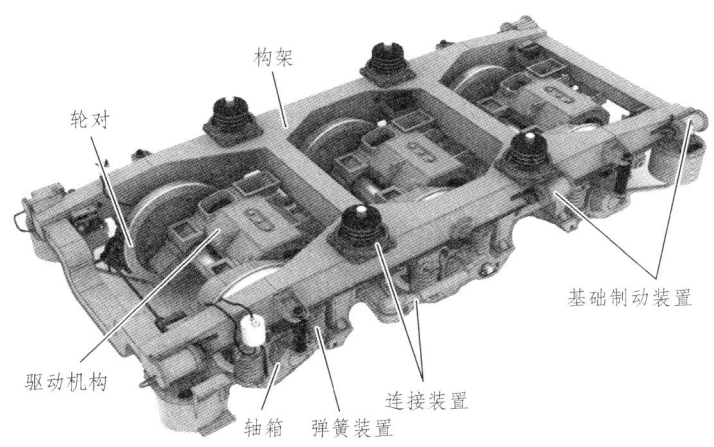

图3-9 DF$_{4B}$型机车转向架

作为货运机车转向架,采用牵引电动机顺置排列措施和低位牵引杆装置;为保证机车垂向动力学性能,采用两系弹簧悬挂系统。此外,转向架上设置四个弹性橡胶堆旁承,其纵向间距较大,在牵引工况下,转向架构架倾斜程度小,可提高黏着质量的利用率。

客运机车运行速度高,要求有良好的运行平稳性和稳定性。DF$_{4B}$型内燃机车转向架作为

客运机车转向架，采用两系弹簧悬挂系统、二系橡胶堆弹簧（即旁承）、一系轴箱圆弹簧。为衰减垂向振动，在转向架两端轴箱与构架间设置液压减振器，对机车的浮沉振动、侧滚和转向架的点头振动均能起到阻尼作用。此外，转向架上设置四个旁承装置，它所产生的摩擦力矩可有效抑制机车直线运行过程中的蛇行运动；在曲线运行过程中，也不致产生过大的侧压力。

DF_{4B} 型内燃机车转向架采用轴箱拉杆定位，除使轴箱与构架间的间隙得以消除外，还可对轮对施加纵向和横向约束，保证机车以较大的波长蛇行，促进了转向架的稳定。由于机车采用独立制动系统，所以每个车轮有一组独立的基础制动单元；每个单元的制动杠杆的三个支点都在同一制动座上。转向架四角装有砂箱。

（二）DF_{4B} 型内燃机车转向架构架

DF_{4B} 型内燃机车转向架的构架由侧梁、横梁、端梁、旁承座、上下轴箱拉杆座、拐臂座和牵引电动机吊挂座等部分组成。转向架构架是转向架的主体，是连接转向架各组成部分的骨架，不仅承受机车上部结构的重量，还承受和传递机车在运行中产生的经常变化的动载荷，因此，构架是一个受力复杂的部件，所以要求构架具有足够的强度和刚度。

内燃机车转向架的构架结构取决于车轮直径、轴箱定位方式、弹簧悬挂装置和车体支承形式等因素，一般采用钢板组焊成箱形截面的全焊接结构，由左右侧梁和几个横梁组成。

DF_{4B} 型机车转向架的构架由对称的 2 根侧梁、2 根横梁与前、后端梁焊接成"目"字形封闭结构，这种结构具有质量小、材料经济、强度大及刚性好的优点。侧梁是传递牵引力、制动力和横向力的主要承担者，对其强度和刚度要求较高。它采用 14 mm 厚的顶板和底板，以及 10 mm 厚的 2 块立板焊接成箱形结构。侧梁的截面中部高两端低，使侧梁和车体底架间有一定空间，便于观察和进入车体底部进行检修作业。构架横梁的作用是悬挂牵引电动机，并增大构架的水平刚度。由于它只将牵引电动机部分重量传给侧梁，受力小，故用钢板焊成较小截面的箱形结构。牵引电动机吊挂座焊在横梁的中部。为避开车钩缓冲器，前端梁制成凹形，仅起连接侧梁、增大构架刚度的作用。后端梁的作用与横梁相同。这样，3 台牵引电动机分别悬挂在 2 根横梁和后端梁上，实现牵引电动机在转向架内的顺置排列。构架各梁的主要受力部位和连接处内腔均焊有 8 mm 厚的斜筋板或垂直筋板以增强其刚度，侧梁内侧与各梁的连接处焊有补强板。侧梁、横梁和端梁都在组焊后进行加工，并在加工前进行整体高温回火，以消除焊接过程中产生的内应力，防止在加工和使用中变形。

4 个旁承座焊在左右侧梁的上盖板上，牵引杆的拐臂座焊在侧梁下盖板和第 1 轴轴箱的下拉杆座柱上。上下轴箱拉杆座焊在侧梁下盖板上。3 个弹簧座焊在侧梁下盖板上，紧靠在 3 个下拉杆座柱旁，另外 3 个弹簧座与上拉杆座连成一体，旁承座、弹簧座、上下拉杆座和拐臂座都布置在侧梁纵向中心线上，这就使横梁和端梁基本上不产生各种附加弯曲应力，侧梁本身受力状态也得到很大改善。左右侧梁两端下盖板上焊有 4 个砂箱座。侧梁中部外侧立板上焊有 2 个侧挡座，各车轴中心线处的侧梁下盖板上焊有轴箱止挡，正常位置时，轴箱止挡与轴箱上的挡块在轴向有 8 mm 的间隙，也就是轴箱相对于构架可以向外侧移动 8 mm。一般情况下轴箱与止挡不接触，只有当轴箱拉杆内橡胶套破损或通过的曲线半径小于 300 m 时，某些轴箱才与止挡接触，所以轴箱止挡是一种安全设施。

任务二 轮对、齿轮传动及电机悬挂装置

知识目标

（1）掌握机车轮对、齿轮传动及电机悬挂装置的作用。
（2）掌握机车齿轮传动装置的结构。
（3）掌握机车电机悬挂方式的分类。
（4）掌握 HXD_3 型电力机车轮对、齿轮传动及电机悬挂装置的结构。
（5）掌握 HXD_1 型电力机车轮对、齿轮传动及电机悬挂装置的结构。
（6）熟悉 $SS_{4改}$ 型电力机车轮对、齿轮传动及电机悬挂装置的结构。
（7）了解 HXN_{3B} 型内燃机车轮对、齿轮传动及电机悬挂装置的结构。
（8）了解 DF_{4B} 型内燃机车轮对、齿轮传动及电机悬挂装置的结构。

能力目标

（1）掌握机车轮对、齿轮传动及电机悬挂装置的作用及分类。
（2）熟悉几种铁道机车轮对、齿轮传动及电机悬挂装置的结构组成。

素质目标

（1）培养学生爱岗敬业、忠于职守、团结合作的精神。
（2）使学生具备从事机车运用和检修岗位所必需的基本知识和专业技能。

工具设备

多媒体课件、图片、示教板、计算机多媒体设备等。

教学环境

多媒体教室、铁道机车模拟驾驶实训室。

一、轮对、齿轮传动及电机悬挂装置的认知

车轮和车轴的组件，称为轮对。电力机车的轮对，一般还包括传动大齿轮。轮对是机车走行部分中最重要的部件之一。机车的全部静载荷都通过轮对传给钢轨；牵引电动机的转矩经过轮对作用于钢轨，产生牵引力，通过轮对的滚动使机车牵引列车前进。

（一）轮对的作用与要求

当轮对沿着钢轨运动，在通过钢轨接头、道岔、辙叉及线路的各种不平顺处时，刚性地承受了全部垂直方向和水平方向的冲击。另外，组成轮对的各部件在组装时，要产生很大的组装应力。

静载荷、动作用力、组装应力共同作用在轮对上，使得轮对工作时的受力既复杂又严重。另外，由于轮对是簧下质量，为了减轻它对线路的作用力，还应该尽可能减轻它本身的质量，这一点对高速机车尤为重要。因此，对于轮对的制造、维护应给以特别重视，正确选择轮对部件的材料，保证轮对的正确形状和良好状态，这些都是机车安全运行的必要条件。作用可以总结如下：

（1）机车全部重量通过轮对支承在钢轨上；
（2）通过轮对与钢轨的黏着产生牵引力或制动力；
（3）通过轮对滚动使机车前进；
（4）当车轮行经钢轨接头、道岔等线路不平顺处时，轮对直接承受全部垂向和侧向的冲击。

要求如下：

（1）应有足够的强度，以保证在容许的最高速度和最大载荷下安全运行；
（2）应在强度足够和保证一定使用寿命的前提下，使其重量最小，并具有一定弹性，以减小轮轨之间的相互作用力；
（3）应具备阻力小和耐磨性好的优点，这样可以只需要较少的牵引力并能提高使用寿命；
（4）应能适应车辆直线运行，同时又能顺利通过曲线，还应具备必要的抵抗脱轨的安全性。

（二）齿轮传动

1. 分 类

齿轮传动可分为单侧齿轮传动和双侧齿轮传动。单侧齿轮传动又叫单边齿轮传动，双侧齿轮传动又叫双边齿轮传动，如图3-10所示。

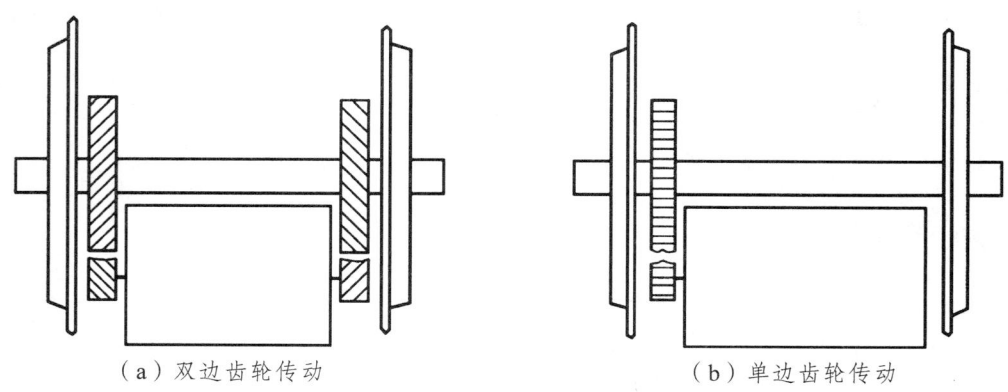

（a）双边齿轮传动　　　　　　　（b）单边齿轮传动

图3-10　齿轮传动示意图

单侧齿轮传动的优点是牵引电动机的轴向尺寸可以加大，结构也较简单，制造成本低；缺点是传动时轮对受到偏于一侧的驱动力，左右车轮的受力不同。双侧齿轮传动的优点是传动时轮对受力均衡，左右车轮同时受到相同的驱动力，有利于提高运行质量；缺点是牵引电动机的轴向尺寸受到限制，结构复杂，制造成本增加。

齿轮传动根据齿轮种类可分为斜齿圆柱齿轮传动和直齿圆柱齿轮传动。单侧齿轮传动，一般用直齿轮，不用斜齿轮；双侧齿轮传动，一般用斜齿轮，不用直齿轮，而且双侧齿轮的齿斜方向要相反。这是因为直齿轮在啮合传动时，其啮合力仅仅作用在齿轮的切向，不存在轴向的分力；斜齿轮在啮合传动时，其啮合力垂直于齿斜方向，不仅有切向分力，而且有轴向分力。

单侧齿轮传动如果采用斜齿轮，其轴向力将可能引起轮对贴靠一侧钢轨运行；双侧齿轮传动如果用直齿轮，在轮对组装时必须保证双侧大齿轮齿形对应的精确度，否则必然引起双侧齿轮不能同时进入啮合，或双侧齿轮啮合力不等的问题。采用斜齿轮，而且双侧齿斜方向相反，则轴向力也相反，齿轮安装的误差，可由轴向力差值引起的轮对微小横动来得到纠正，这就保证了双侧齿轮传递转矩的均匀性。

2. 传动比

传动比是从动齿轮齿数与主动齿轮齿数之比。由于牵引电动机转速高，轮对的转速低，所以电力机车上都是减速齿轮传动。减速齿轮传动，既可保持牵引电动机在高效率的转速范围内工作，又可以加大轮对的转矩，使机车在适宜的运行速度下充分发挥牵引力。在选择齿轮的齿数和传动比时，必须力求轮齿的工作能均匀协调。在电力机车上，齿轮圆周作用力是经常变化不定的，而且主、从动齿轮轮齿材质不同，表面硬化程度不同，因此，所选择的传动比的数值应当尽可能是个无理数，即无限不循环小数，或者是无限循环的有理数。这样，一个齿轮上的每个轮齿将有机会同另一个齿轮上所有的轮齿啮合，以使轮齿得以均匀磨损。例如，$SS_{4改}$型电车机车齿轮传动比为 88/21，HXD_3 型电力机车齿轮传动比为 101/21。

（三）电机悬挂

牵引电动机在机车上的安装方式称为电机悬挂。电机悬挂方式尽量以减小动作用力对电机和线路的破坏为宗旨。牵引电动机的悬挂方式大致可分为轴悬式、架悬式、体悬式三大类。轴悬式又称为半悬挂式，可分为刚性轴悬式和弹性轴悬式两类。架悬式和体悬挂又称为全悬挂式。

1. 刚性轴悬式电机悬挂

牵引电动机的一端经抱轴瓦或滚动轴承刚性地支承在车轴的抱轴颈上，叫作抱轴端；另一端弹性地悬挂在转向架构架横梁上，叫作悬挂端，如图 3-11 所示。

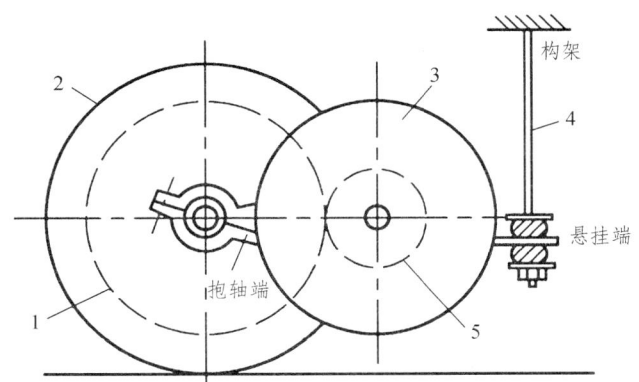

1—从动齿轮；2—车轮；3—牵引电机；4—电机吊杆；5—主动齿轮。

图 3-11 刚性轴悬式电机悬挂示意图

这种悬挂方式结构简单，检修容易，拆装方便（在不起吊机车车体的情况下，牵引电动机可以在落轮坑内卸下），工作可靠，制造容易，成本低廉，广泛用于国内外电力机车上。

其缺点：一是簧下质量大（约牵引电动机一半的质量），轮轨动载荷大；二是来自线路的冲击，直接传至牵引电动机，电动机垂向加速度大，影响其工作可靠性及使用寿命，这一点在高速机车上表现尤其严重。通常认为，机车最大运用速度超过 140~160 km/h，就应该采用牵引电动机全悬挂方式。

随着机车速度的提高，刚性轴悬式电机悬挂方式，车轮垂向加速度及冲击增大，牵引齿轮副及牵引电动机工作条件更为恶化，为改善这种情况，可采取两种措施：滚动抱轴承及弹性大齿轮。滚动抱轴承与滑动轴承相比，轴承的径向间隙小，改善了牵引齿轮的啮合条件，延长了齿轮的使用寿命，提高了轴承的工作可靠性，减小了维修工作量和维修成本。SS_7 型电力机车采用滚动轴承，把牵引大齿轮改为弹性大齿轮，可以缓和来自线路的冲击，改善牵引齿轮副的接触状况，减小牵引齿轮的磨耗，降低牵引电动机的故障率。其缺点是：结构复杂，制造成本高，橡胶弹性元件有一定使用期限，必须定期检查更换。

2. 架悬式电机悬挂

架悬式牵引电动机全部悬在转向架构架上，如图 3-12 所示。因此牵引电动机全部质量属于簧上质量，这就大大减小了簧下质量，适应了高速运行的需要。同时，因线路不平顺和冲击所引起的轮对垂向和横向加速度，不会直接传到牵引电动机和牵引齿轮副，电机和齿轮副的工作条件大为改善，故障率减少，工作寿命延长。

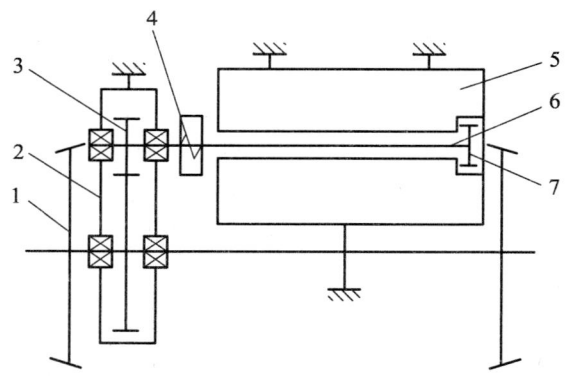

1—轮对；2—齿轮箱；3—小齿轮；4—弹性联轴器；5—牵引电动机；6—扭轴；7—齿形联结器。

图 3-12 架悬式电机悬挂

架悬式悬挂的技术难题，是如何可靠地解决齿轮传动的啮合问题。因为牵引电动机布置在转向架构架上，它的振动规律和轮对的振动规律不一致，而大齿轮又必须装在轮轴上，保证齿轮啮合的可靠性比较困难。

3. 牵引电动机体悬挂

体悬式牵引电动机全部或大部悬挂在车体上，如图 3-13 所示。当高速机车的最大运行速度超过 200~250 km/h 时，为了进一步改善机车的动力学性能，通常把牵引电动机悬挂在车体的底部，使其成为二系弹簧以上的重量。转向架的质量、转动惯量就大为减小，更容易保持转向架高速时的蛇行稳定性，对减轻轮轨的垂向及横向动载荷也有所帮助。牵引电动机体悬式，驱动机构必须适应车体与转向架之间的相对运动以及转向架与轮对之间的相对运动。万向节联轴器就是用来适应车体与轮对之间的相对运动的，包括垂向、横向及回转方向的相对位移。此传递扭矩的万向轴必须制成长度能伸缩，以适应车体与轮对间较大的相对运动。

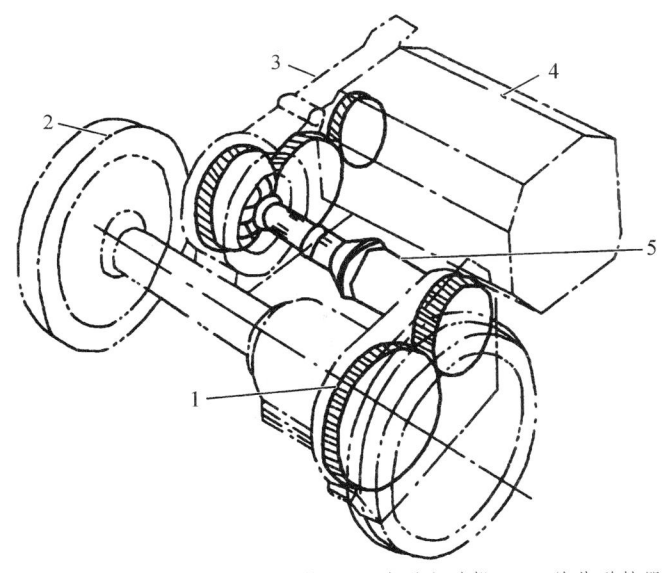

1—齿轮箱；2—动轮；3—齿轮箱；4—牵引电动机；5—关节联轴器。

图 3-13 体悬式电机悬挂

二、HXD_3 型电力机车轮对、齿轮传动及电机悬挂装置

（一）HXD_3 型电力机车轮对及齿轮传动装置

HXD_3 型电力机车轮对由车轴、车轮装配、驱动装置组成，如图 3-14 所示。车轮组装采用注油压装方式将车轮组装到车轴的轮座上；车轮拆卸时仍通过轮毂上的高压油孔注油退下。从动齿轮直接套在车轴上，滚动抱轴箱装配在车轮压装前组装到车轴上，并调整好轴承油隙，如图 3-15 所示。

图 3-14 HXD_3 型电力机车轮对

图 3-15　HXD₃ 型电力机车齿轮传动及电机悬挂装置

　　HXD₃ 型电力机车的驱动装置主要包括滚动抱轴箱装配、齿轮箱、主从动齿轮等部分。滚动抱轴箱装配由两组圆锥滚子轴承、迷宫盖、滚动抱轴箱体等组成。滚动抱轴箱体由于受力复杂，受振动冲击载荷较大，所以必须保证它具有足够的强度、刚度和抗冲击韧性，并具有合理的结构形式，避免应力集中和裂纹的产生。

　　HXD₃ 型电力机车驱动装置的主要技术参数如表 3-3 所示。

表 3-3　HXD₃ 型电力机车驱动装置的主要技术参数

最大输入转速/(r/min)	2 665
最大启动扭矩/N·m	12 127
最大制动扭矩/N·m	10 000
短路时齿轮箱最大输入扭矩/N·m（每年最多发生 2 次）	48 508
电机持续功率/kW	1 250
机车速度/(km/h)	120
每年运行里程/km	150 000
大端抱轴承型号	M249747-M249710
小端抱轴承型号	M349547-M349510
抱轴箱长度/mm	938
直径/mm	282
抱轴箱体材料	EN-GJS-500-7U
轴承计算平均速度/(km/h)	80

牵引齿轮是机车的主要组成部分,大齿轮由合金钢锻压成型后整体加工而成,机车的齿轮箱分上箱体、下箱体和小齿轮拆卸压盖,这几部分都为球墨铸铁整体铸造加工而成,材料为 EN-GJS-500-7U。为了保证机车安全运用和快速救援,齿轮箱设有小齿轮拆卸装置。当电机发生故障机车无法正常运行时,可以通过小齿轮拆卸压盖用手动油压泵把小齿轮拆卸下来,从而保证机车可以正常运行回机务段。

(二)HXD$_3$型电力机车电机悬挂装置

电动机悬挂方式为滚动抱轴式半悬挂,如图 3-16 所示。牵引电机一端通过滚动抱轴箱装配支承在车轴上,另一端通过一根两端带橡胶关节的吊杆弹性悬挂在构架的横梁和后端梁上。电动机悬挂装置的吊杆一方面承受牵引电机的静载荷,另一方面承受牵引电机工作时产生的反力,同时在牵引电机工作过程中,它可以随电机纵向和横向自由摆动,并且橡胶关节可以衰减牵引电机传给构架的振动。

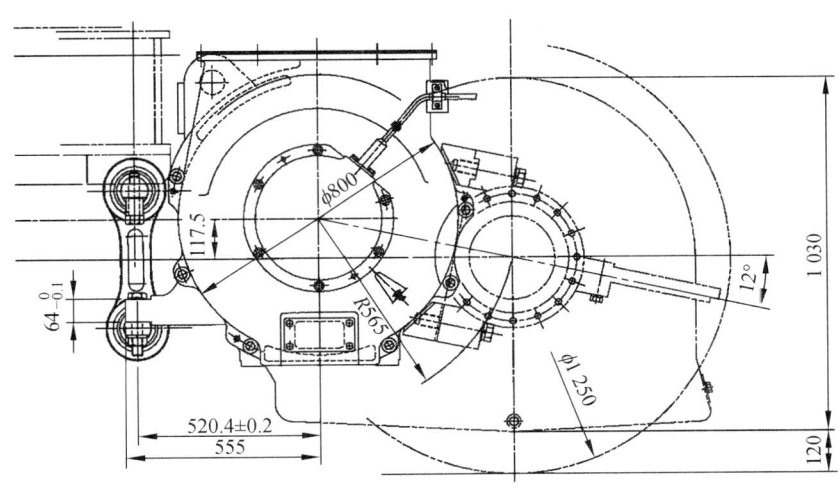

图 3-16 HXD$_3$型电力机车牵引电机悬挂示意图

电动机悬挂装置由牵引电机、吊杆和连接螺栓等组成。在检修机车时应当注意电机吊杆螺栓的紧固力矩,一定要按规定的力矩紧固。运用中也要经常检查该螺栓是否有松缓现象。

电机吊杆是两端都带有橡胶关节的 42CrMo 锻钢零件。

三、HXD$_1$型电力机车轮对、齿轮传动及电机悬挂装置

(一)HXD$_1$型机车转向架驱动装置

HXD$_1$型机车转向架的传动装置与我国 SS$_{4改}$型货运直流传动电力机车结构基本相同,均采用抱轴驱动,主要由电机、抱轴箱、传动齿轮箱等组成,如图 3-17 所示。

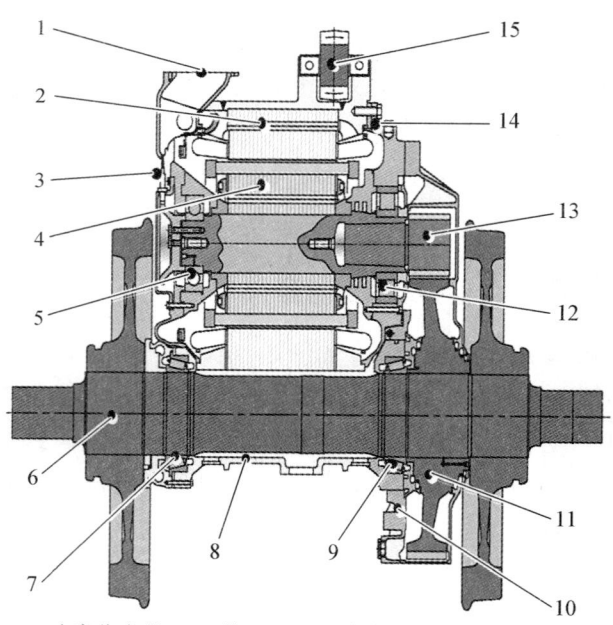

1—进风口；2—定子；3—速度传感器；4—转子；5—电机轴承；6—车轴；7, 9—抱轴承；8—抱轴箱；10—齿轮箱；11—大齿轮；12—电机轴承；13—小齿轮；14—出风口；15—电机悬挂。

图 3-17　HXD$_1$ 型机车的传动装置结构

HXD$_1$ 型电力机车牵引齿轮传递功率大（电机功率可达 1 225 kW），齿轮线速度高（最大可达 26 m/s）。因此齿轮为高速重载传动，并能抵御瞬时 5~6 倍的冲击载荷。其主要参数如下：

螺旋角	4°
传动比	6.235（106/17）
齿轮模数	9
齿轮材料	18CrNiMo7-6（EN10084）
大小齿轮中心距	555 mm
轮齿质量（精度）等级（根据 DIN3990）	六级

齿轮接触和弯曲强度按《渐开线圆柱齿轮承载能力计算方法》（GB/T 3480—1997）和 ISO-6336-1~6336-3：1993 标准进行三种工况下的强度验算。齿轮胶合强度按《渐开线圆柱齿轮胶合承载能力计算方法》（GB 6413—86）标准进行三种工况下的强度验算。经验算齿轮接触强度和弯曲强度的安全系数达到较高可靠度要求（通常用于航空齿轮），即 $S_{Fmin} \geqslant 1.6$，$S_{Hmin} \geqslant 1.25~1.30$；胶合强度的安全系数达到高可靠性要求，即 $S_{Bmin} \geqslant 2~2.5$。

为进一步提高 HXD$_1$ 型机车牵引齿轮的传动质量和可靠性，降低初始啮合时的动载荷、减小偏载、降低噪声，在设计时必须实施啮合修形方案，实施啮合修形以抵消齿轮加工误差、安装误差以及轮齿变形造成的不利因素，改善齿轮的承载能力，降低噪声，减轻啮合开始时的冲击和滑动速度，有利于润滑油膜的形成，从而提高齿轮轮齿的抗胶合能力和耐磨性。轮齿的齿向修形是齿轮在工作状态下齿向均匀接触以减小载荷集中（偏载）的一个有效途径。HXD$_1$ 型机车牵引齿轮的啮合修形分别实施为主动齿轮的齿廓修形和齿向修形、从动齿轮的齿廓修形，如图 3-18 和图 3-19 所示。

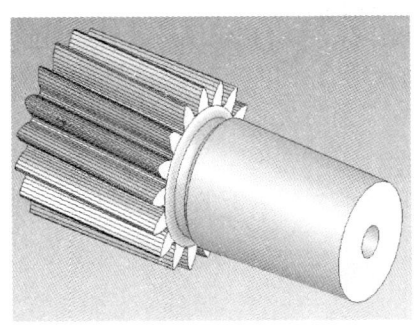
图 3-18 HXD₁ 型机车的小齿轮结构

图 3-19 HXD₁ 型机车从动齿轮结构

由于小齿轮的结构强度限制，其与电机轴的配合采用了内锥式的独特结构，锥度为 1∶20，压入量为 4.4 mm。

（二）HXD₁ 型机车齿轮箱

HXD₁ 型机车齿轮箱采用独特的密封结构，车轮侧的迷宫密封与箱体做成一体，电机侧的迷宫密封采用球墨铸件。其结构既保证齿轮箱的密封，又保证齿轮润滑油不进入抱轴箱；箱体两边的迷宫密封均设置了合理的回油孔，实现了润滑油的合理回流和电机传动端轴承的油润滑。齿轮及电机传动端轴承润滑采用 SHC80W-140 润滑油润滑；滚动抱轴承采用 SHC220 合成润滑脂润滑。

为防止齿轮润滑油溅入抱轴箱轴承，靠电机侧（内侧）齿轮毂设计为与齿轮箱侧密封环成多重迷宫动密封，并带有两层台阶甩油环槽，齿轮箱侧密封环设计有长臂回油通道，可以使飞溅的润滑油回流到齿轮箱内，通道底部可以沉淀油泥，油泥可从底部螺堵处去除；车轮侧（外侧）齿轮毂设计为四层台阶甩油环槽结构，与齿轮箱迷宫式台阶领圈形成相应的动密封，齿轮箱的领圈下部凹槽处也设计有回油通道，通道底部可以沉淀油泥，油泥可从底部螺堵处去除。这种借助齿轮箱与齿轮（毂）本身的合理设计动密封技术，结构极为紧凑，设计理念非常先进，减少了零部件的数量，并使驱动单元系统润滑具有非常好的密封效果，基本可以保证机车运行一个中修期不会有漏油情况。

HXD₁ 型机车齿轮箱体采用铝合金材料，其牌号为符合欧洲标准 EN1706 的 AL-SI7MGWA 铸造铝合金，铝合金的采用大大减轻了传动装置的重量。

（三）HXD₁ 型机车抱轴箱

HXD₁ 型机车抱轴箱主要由抱轴箱体、圆锥滚子轴承以及轴承间隙调整垫、非传动端密封环及轴领等组成，是驱动单元的一个关键部件，也是牵引电机抱轴式悬挂驱动的悬挂点所在。抱轴箱轴承采用的圆锥滚子轴承具有陶瓷绝缘性能，它能够防止轴承产生电腐蚀，确保轴承的安全运用，延长轴承的维护使用周期，从而提高轮对驱动系统的可靠性。抱轴承采用高性能合成润滑脂润滑。圆锥滚子轴承在最终装配状态时，抱轴箱具有 51～178 μm 的横动量，以保证整个驱动系统具有一定的横动量，可适应较小的横向运动。

HXD₁ 型机车抱轴箱为球墨铸铁，材料满足 EN1563 标准 GGG40.3；铸件的外部质量满足 DIN1690-S2 质量等级，不允许有裂纹，铸件内部质量满足 DIN1690-RV3 质量等级。

牵引电机与抱轴箱合口面由圆柱销定位,并通过 8 个 M30 螺栓刚性连接。为便于拆卸,抱轴箱设计有工艺螺栓孔结构。齿轮箱大端的电机侧分别通过 2 个支点与电机及抱轴箱连接,使齿轮箱的固定成为超静定结构,连接方式为双螺纹(套筒式)无级间隙调节机构,这种设计可以根据齿轮箱实际安装间隙来进行调节,不需使用等级调整垫圈,可以做到间隙无级调节,以弥补齿轮箱的加工及安装误差,从而实现齿轮箱的无应力安装,改善齿轮箱的受力状态,是一种较先进的抱轴式齿轮箱安装方式。

四、$SS_{4改}$型电力机车轮对、齿轮传动及电机悬挂装置

(一)$SS_{4改}$型电力机车轮对的组成

轮对一般由车轴、车轮和传动大齿轮组成。如图 3-20 和图 3-21 所示为 $SS_{4改}$ 型电力机车轮对,由 1 根车轴、左右 2 个轮心、2 个轮箍及 2 个大齿轮组成。轮对各部件之间都采用过盈配合,用热套装、冷压装或注油压装的方式紧紧地装在一起。大齿轮和轮心、轮心和车轴的组装,由于直径较小,压装时形变较小,一般采用直接冷压装或者注油压装的方法;而轮箍和轮心的组装,由于直径大,一般采用把轮箍加热后套装在轮心上、冷却后自然收缩抱紧的热套装方法。过盈配合的过盈量,是决定组装后配合压力大小是否合适的关键。过盈量太小,则组装配合压力不足,容易造成松缓甚至脱落,发生重大事故;过盈量太大,则组装后配合压力太大,部件会因内应力过大而发生崩裂。过盈量大小是否合适,还可由冷压装时的压装吨位或热套装时的加热温度或注油压装时的油压大小来反映。冷压装时的压装吨位过大、热套装时的加热温度过高或注油压装时的油压太大,就说明过盈量太大;反之,就说明过盈量太小。所以,各部件加工时的过盈量、组装时的压装力、加热温度、油压大小,都有严格的要求。一般过盈量为配合直径的 1‰~1.5‰。

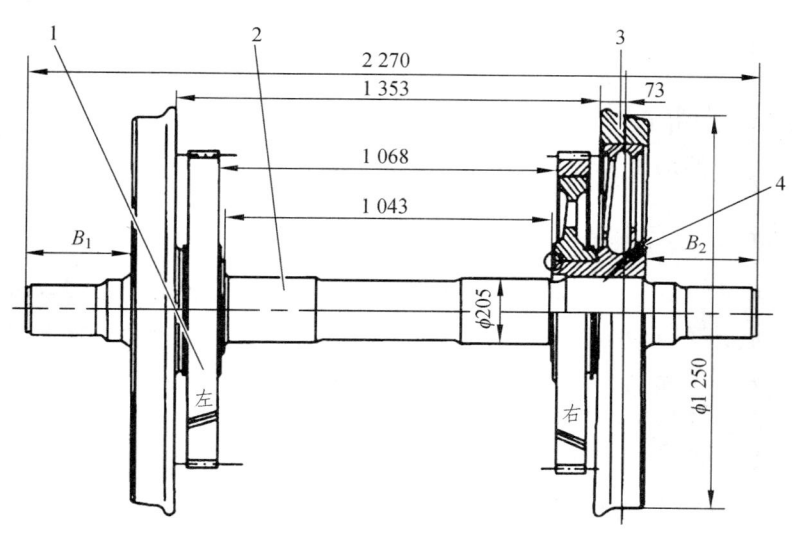

1—大齿轮;2—车轴;3—车轮;4—油堵。

图 3-20 $SS_{4改}$型电力机车轮对示意图

项目三 机车转向架

图 3-21 SS$_{4改}$型电力机车轮对实物图

1. 轮　心

轮心是车轮的主体，它的外周装设轮箍，中心安设车轴。轮心外观如图 3-22 所示。

图 3-22 轮心

轮心上和车轴压装的部分，称为轮毂；轮心上和轮箍套装的部分，称为轮辋；轮毂和轮辋之间的部分，称为轮辐。根据轮辐部分形式的不同，轮心可以分为辐板式轮心、辐条式轮心和箱式轮心等几种。辐板式轮心具有质量小、弹性好等优点，但强度较差；辐条式轮心质量大，铸造时内应力大，运用中易发生辐条断裂；箱式轮心采用薄壁中空夹层的结构形式，其质量小、强度大，还具有一定的弹性，可以适当减轻动作用力的危害，是目前大功率电力机车普遍采用的形式。根据轮心上是否压装传动大齿轮，轮心又可分为长毂轮心和短毂轮心两种。在长毂轮心的轮毂部分压装传动大齿轮，这种组装方法可以减小车轴应力，避免压装时擦伤车轴，但轮对的质量必然有所增加。

2. 轮　箍

轮箍由轮箍钢轧制而成。轮箍的外形是一个带凸缘的圆环，它是与钢轨直接接触的部分，由轮缘和踏面组成。外表面与钢轨顶面接触的部分，称为踏面；与钢轨内侧面（轨肩）接触的凸缘部分，称为轮缘。轮缘起着导向和防止脱轨的重要作用。轮箍的外形和尺寸，各国不尽一致，各有其标准，如图 3-23 所示。

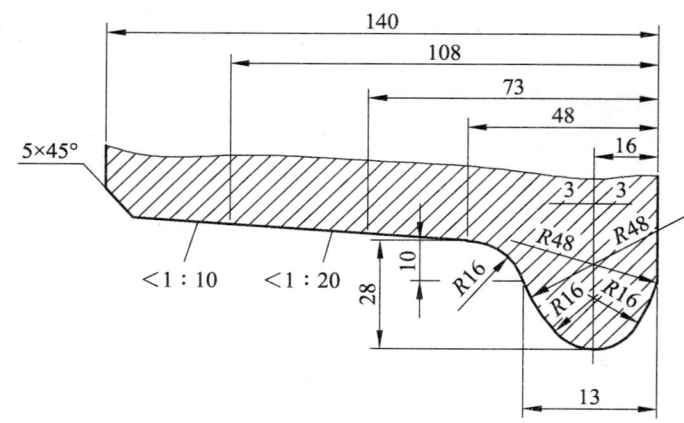

图 3-23　SS$_{4改}$型电力机车轮对轮箍示意图

3. 车　轴

车轴用 JZ 车轴钢锻制而成，分为轴颈、防尘座、轮座、抱轴颈和中间轴身部分，加工后，其圆弧部分表面均通过滚压强化处理，如图 3-24 所示。

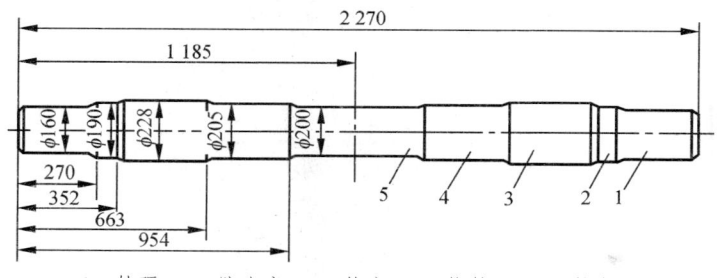

1—轴颈；2—防尘座；3—轮座；4—抱轴颈；5—轴身。

图 3-24　SS$_{4改}$型电力机车车轴示意图

（二）SS$_{4改}$型电力机车齿轮传动装置

SS$_{4改}$型电力机车齿轮传动装置采用双边刚性斜齿轮传动，包括大齿轮、小齿轮和齿轮箱。小齿轮安装在牵引电动机电枢轴两端。电机轴和小齿轮内孔通过过盈配合连接在一起。拆卸小齿轮时，将专用油泵油嘴旋入电机轴端面带有大倒角的螺孔内，并用螺栓加挡板挡住小齿轮，以免小齿轮脱开时碰伤或产生伤人事故，然后压动油泵便可把小齿轮自动地退下来。

大齿轮由齿圈和齿轮心组合而成，齿圈和齿轮心为过盈配合，大齿轮与轮心轮毂组装为过盈配合。为了对齿轮进行润滑以及防止尘土、砂石等污物对齿轮的侵袭，将大小齿轮密闭在齿轮箱内。

齿轮箱由上箱和下箱组成。箱体均为低碳钢焊接结构，为了使齿轮副在工作时箱体内压力和外部大气压力相平衡，在齿轮箱上箱盖板上焊装手把形状的两个气管，同时该件还可用于吊装齿轮箱体。在下箱底部和内侧部安装有螺堵和验油阀，旋开下部放油螺堵可放油；验油阀上部设置可以开启的密封性能良好的阀盖，打开阀盖可观察油位和加注润滑油。

(三) SS₄改型电力机车电机悬挂

SS₄改型电力机车牵引电动机为抱轴式半悬挂(刚性轴悬式)。一端通过抱轴承刚性地支承在轴上,另一端靠电机悬挂装置吊在构架牵引梁电机悬挂座上。

电机悬挂装置一方面能承受电机静载荷,另一方面承受电机工作时产生的动载荷,同时在电机工作过程中,它可随电机纵向和横向自由摆动,并可缓和电机与构架间的振动。电机悬挂装置主要由防落板、销、吊杆、垫板、吊座、橡胶垫、螺母等零件组成。

抱轴箱通过左右两个抱轴承刚性地支承在车轴两端的抱轴颈上,抱轴承及润滑装置的结构如图 3-25 所示。

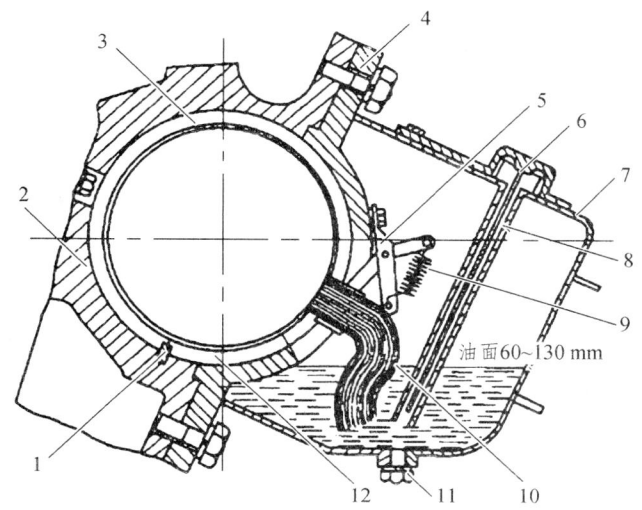

1—键;2—电机体;3—上瓦;4—下瓦体;5—集油器;6—油尺;7—油箱;8—加油管;
9—弹簧;10—毛刷;11—排油堵;12—下瓦。

图 3-25　SS₄改型电力机车抱轴承及其润滑装置示意图

抱轴承为剖分式,采用滑动轴承,每个半瓦由铜瓦背和巴氏合金组成。在每副抱轴承下轴瓦及油箱底座开有方孔,集油器毛刷上的毛线可以穿过方孔压在抱轴颈上,以便对轴承进行润滑。油箱内储存有润滑油,油箱盖上有油尺,用它检查存油量的多少。润滑油靠毛细管作用被毛线吸上去,润滑轴颈表面。为了保证毛线贴靠车轴轴颈,装设了集油器,利用杠杆机构将其压紧。润滑油在润滑轴颈后,仍然流回油室内。在油箱底部设有排油堵,可定期排出污油,更换新油。为了保证瓦面有一定量的油膜,不至于产生热轴或烧损巴氏合金,保证齿轮的正常啮合,轴瓦与车轴轴颈间隙要求在 0.25～0.4 mm。随着机车运行,轴瓦逐渐磨耗,间隙也越来越大,当轴瓦间隙 >1 mm 时,必须重新挂合金或换瓦。

五、HXN₃B型内燃机车轮对、齿轮传动及电机悬挂装置

HXN₃B型内燃机车轮对、齿轮传动及电机悬挂装置如图 3-26 所示。

图 3-26　HXN$_{3B}$ 型内燃机车轮对、齿轮传动及电机悬挂装置

（一）HXN$_{3B}$ 型内燃机车轮对

（1）车轮设计：

车轮为分体车轮，轮径 1 250 mm。

车轮轮心材料为 ZG310-570。

轮箍材料为 LG61，符合 TB/T 1882—2001 和 TB/T 2015—2001 标准。

车轮踏面 JM3 型，符合 TB/T 449—2003 标准。

（2）车轴设计：

材料为 F 级，符合 AARM101 标准（与 TB 2945 LZ50 钢车轴等同）。

轮座直径 234 mm。

齿轮座直径 235 mm。

轴身直径 203 mm。

轴颈的设计与 AARK 级轴承相匹配。

（3）车轮维护保养要求：

① 在运用中，检查车轮状态，踏面无剥离，轮缘无裂纹。

② 检查车轮踏面磨耗状态，轮缘垂直磨耗高度不超过 18 mm，轮缘厚度在距踏面滚动圆向上 10 mm 处测量不小于 23 mm。踏面擦伤深度不大于 0.7 mm；踏面磨耗深度不大于 7 mm。当磨耗达到限度时，车轮踏面应重新镟轮。加工后，确保车轮内侧距为 $1352.5_{-1}^{+0.5}$ mm，车轮端面对车轴中心线的跳动不大于 0.5 mm，同一轴上两车轮滚动圆直径之差不大于 1 mm，同一转向架不大于 4 mm。踏面轮廓应用样板检查，踏面与样板间的间隙，沿滚动圆表面允差 0.5 mm，沿轮缘高度允差 1 mm，沿轮缘厚度允差 0.5 mm，检查时样板应紧贴车轮内侧面。

③ 当车轮滚动圆直径达到 ϕ1 150 mm 时，必须报废。

（二）牵引电机安装

牵引电机安装主要由电机主动齿轮装配、齿轮箱及其他附属零件组成，它们都安装在轮对齿轮抱轴箱装配上，组成一套完整的驱动装置。

1. 主要技术参数

机车最高运用速度　　100 km/h
中心距　　　　　　　515 mm
传动方式　　　　　　单边斜齿一级传动
传动比　　　　　　　5.687 5
齿数　　　　　　　　91/16
电机悬挂方式　　　　抱轴承式半悬挂
驱动装置质量　　　　3 633 kg

2. 主要零部件结构和功能

1）齿轮箱及主动齿轮

齿轮箱安装在牵引电动机的支承臂上，因而变成牵引电机装配的一个集成部件。齿轮箱应符合 TJ/JW 064—2015《交流传动机车焊接齿轮箱体暂行技术条件》的要求。

齿轮箱由两个紧密配合带有密封结构的上、下箱体组成，用来提供一个完整的封闭不漏油的密闭空间。齿轮箱里的油用来润滑主动齿轮、从动齿轮和牵引电动机主动齿轮端转子支撑轴承。

在齿轮箱的内侧面有一个加油盖，注入与加油口边缘相平的润滑油来维持合适的油位。通过油位观察窗可以看出齿轮油油量，判断是否需要更换齿轮油。齿轮箱结构如图 3-27 所示。

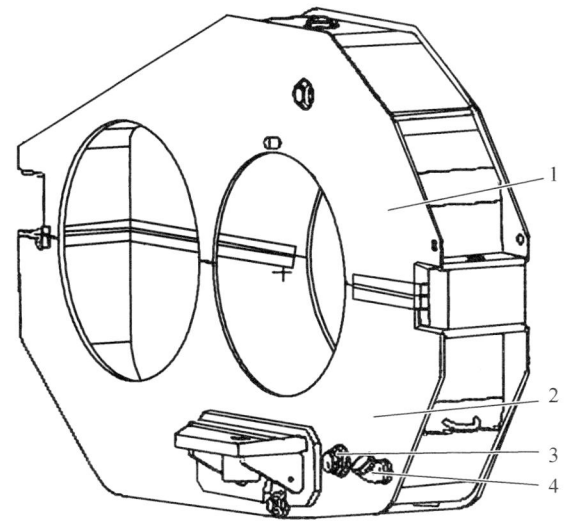

1—上箱体；2—下箱体；3—油位观察窗；4—加油口。

图 3-27　齿轮箱结构示意图

当齿轮箱从牵引电动机/车轴-轮对装配中拆除时，齿轮箱应该彻底清理干净并且旧的密封圈和/或密封材料应完全拆除并丢弃。在密封圈和所有分箱面处应将灰尘、密封剂或任何其他外部材料清理干净。

主动齿轮材料采用牌号 43B17 的材料。该材料用于齿轮，经过热处理后，轮齿表面硬度高，耐磨性好，心部也有较好的韧性，具有较强的抵御机车运行中产生冲击振动的能力。其外形如图 3-28 所示，主要参数如下：

齿数　　　　　　16
螺旋角　　　　　7°
压力角　　　　　22.5°
旋向　　　　　　右

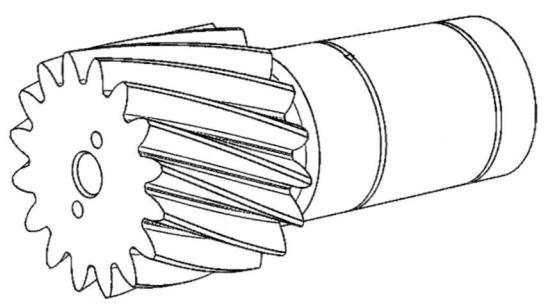

图 3-28　主动齿轮外形图

2）牵引电机

牵引电机外形如图 3-29 所示。

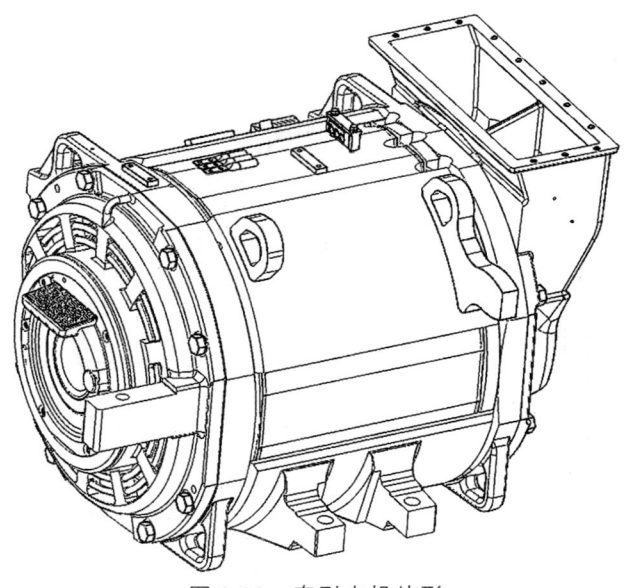

图 3-29　牵引电机外形

（三）轮对齿轮抱轴箱装配主要技术参数

最高运行速度　　　　　　　100 km/h
最大允许轴重　　　　　　　25 t
车轮直径，新造/磨耗到限　　ϕ1 250 mm/ϕ1 150 mm
轨距　　　　　　　　　　　1 435 mm
轮对内侧距　　　　　　　　$1353_{-1}^{+0.5}$ mm
同轴上车轮直径偏差　　　　≤0.5 mm

轮对齿轮抱轴箱主要由车轮、车轴、滚动抱轴箱、从动齿轮等组成，如图 3-30 所示。车轮采用分体轮设计，由轮心、轮箍、扣环组成，车轮外侧面涂有迟缓标记。轮对组装符合《机车轮对组装技术条件》（TB/T 1463—2006）的有关规定。每个转向架有三组轮对齿轮抱轴箱装配。

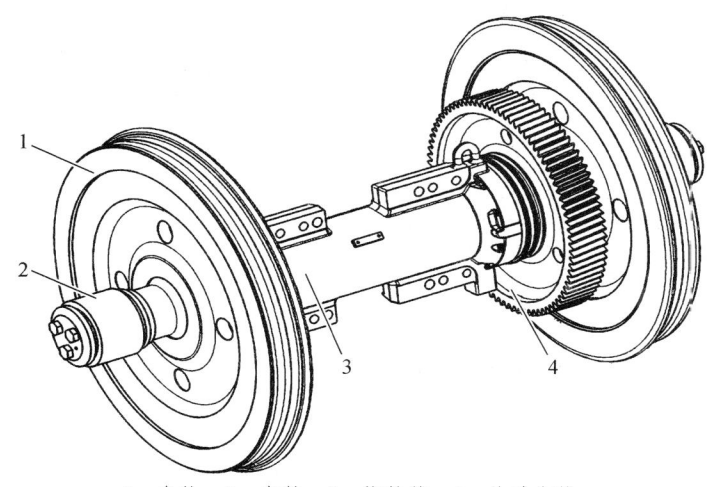

1—车轮；2—车轴；3—抱轴箱；4—从动齿轮。

图 3-30　轮对齿轮抱轴箱总装示意图

1. 主要零部件结构功能

1）车　轮

车轮采用分体式车轮，轮径 ϕ1 250 mm，磨耗到限直径 ϕ1 150 mm。

轮箍材料为 LG61，符合《交流传动机车车轮暂行技术条件》（TJ/JW 038—2014）的有关规定。

轮心材料为 ZG310-570，轮心设有注油孔和油沟，用于车轮的注油退卸。

2）车　轴

车轴材料符合《交流传动机车车轴暂行技术条件》（TJ/JW 037—2014）和《铁路运用-轮对和转向-动车车轴设计方法》（EN13104）的要求。车轴为实心车轴，结构如图 3-31 所示。

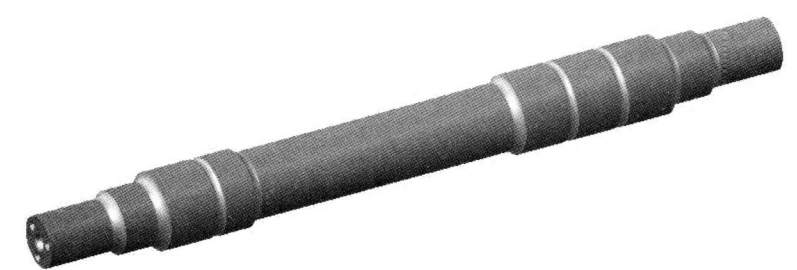

图 3-31　车轴结构示意图

3）抱轴箱

抱轴箱材料为 ZG230-450，结构如图 3-32 所示。

图 3-32　抱轴箱结构示意图

4）从动齿轮

从动齿轮材料采用牌号 8822H 的材料。该材料用于齿轮，经过热处理后，轮齿表面硬度高，耐磨性好，心部也有较好的韧性，具有较强的抵御机车运行中产生冲击振动的能力。其外形如图 3-33 所示，主要参数如下：

齿数	91
螺旋角	7°
压力角	22.5°
旋向	左

2. 抱轴箱轴承补脂

（1）补脂周期及补脂量：每 2 年或 50 万千米（先到为准），非驱动端抱轴承补脂量为 227 g，驱动端抱轴承补脂量为 312 g。

（2）抱轴箱轴承补脂方法及步骤。

① 清洁油杯头部及周围区域；拆下非驱动端滚动抱轴承注脂油杯上的螺堵帽，用油枪注入 227 g 润滑脂，清洁油嘴周围溢出的油脂并扣上螺堵帽。

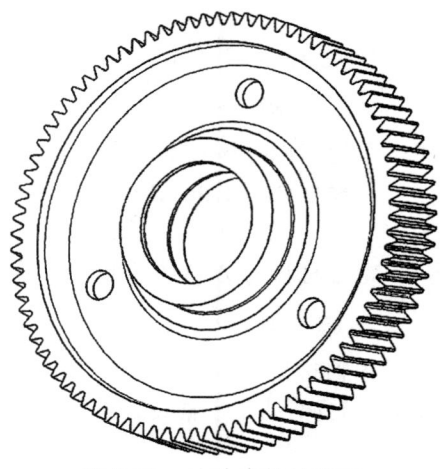

图 3-33　从动齿轮外形图

② 拆下驱动端滚动抱轴承注脂油杯上的螺堵帽，用油枪注入 312 g 润滑脂，清洁油嘴周围溢出的油脂并扣上螺堵帽。

注：推荐在机车顶轮检测时进行抱轴承补脂，使轮对缓慢旋转，在此过程中对每个轴承进行补脂，此补脂方法更为均匀可靠。

3. 齿轮箱维护保养

（1）每月检测一次齿轮箱油位，检测是否泄漏。正常齿轮箱油位应为打开齿轮箱注油口盖时，可以看见润滑油面；若泄漏，应密切关注该齿轮箱油位，并立即通知主机厂分析原因以待处理。

（2）每运行 10 万千米或半年（先到为准）更换一次齿轮箱润滑油。
（3）齿轮润滑油添加量为 10 L。
注：具有下列情况之一时，在机车第一次行驶一个月或 1 万千米后，更换齿轮箱润滑油。
（1）针对新组装的齿轮箱；
（2）安装新齿轮后；
（3）轮对齿轮抱轴箱拆卸并重新组装后。
放油、加油过程中的注意事项：
（1）旋开磁性泄油堵，检查油堵上的残留物，油堵上油泥为正常残留，如有大量金属片或块，则应打开齿轮箱进行检查；
（2）必须有足够的时间将尽可能多的油排放出去。

六、DF$_{4B}$ 型内燃机车轮对、齿轮传动及电机悬挂装置

（一）轮　对

轮对的作用主要是机车全部重量通过轮对支承在钢轨上，通过轮对与钢轨的黏着产生牵引力或制动力，此外，当车轮行经轨缝、道岔等线路不平顺处时，轮对直接承受全部垂向和侧向冲击力。轮对主要由车轴、轮心及轮箍组成，如图 3-34 所示。

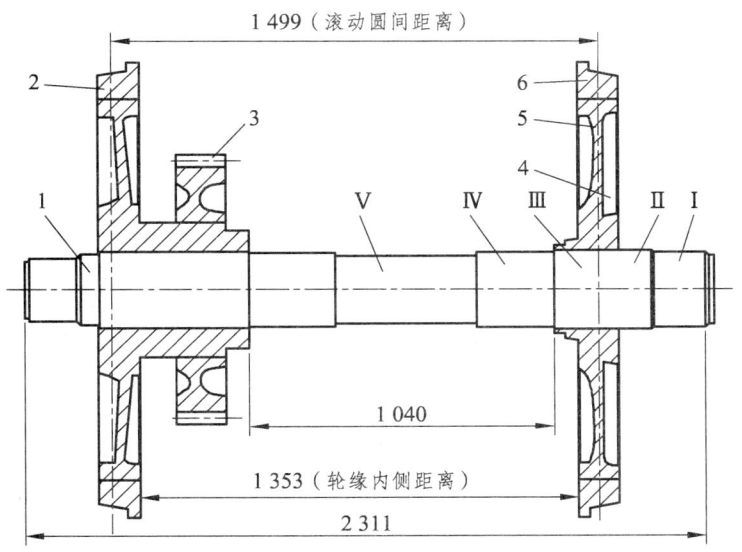

1—车轴；2—长毂轮心；3—从动齿轮；4—螺堵；5—短毂轮心；6—轮箍；
Ⅰ—轴颈；Ⅱ—防尘座；Ⅲ—轮座；Ⅳ—抱轴颈；Ⅴ—轴身。
图 3-34　内燃机车轮对

轮毂热套在轮心上，车轴压装在轮心内，都会在轮对内部引起组装应力，因此，轮对承受着很大的静载荷、动载荷和组装应力，要求它有足够的强度。另一方面，由于轮对是簧下质量，为了减轻它对线路的动载荷，还要求尽可能减轻它的质量，这对于高速机车尤为重要，为了保证运行安全，应适当选择轮对部件材料，以确保轮对状态良好。

1. 车　　轴

车轴各部分因受力和用途不同，沿长度方向的直径也不相等，分为轴颈、轮座及轴身等部分。轴颈是轮对与轴箱的连接部分，轮座是压装轮心的部分，牵引电动机用抱轴承支承在抱轴颈上。

车轴在机车运行中，承受较大的复杂载荷，如机车自重和附加动载荷，由牵引电动机经从动齿轮传给轮对的扭矩，牵引力的弯曲作用，通过曲线时的侧压力，牵引电动机抱轴轴颈载荷等。由于上述力都是交变载荷，所以多数车轴的折损均由疲劳引起。实践证明，车轴的断裂都发生在轴颈的圆肩部分、轮座的外缘部分、车轴的中央部分 3 个区域。所以在结构及工艺上应力求减少应力集中，以改善车轴的受力情况。车轴采用碳素钢锻制而成。车轴轮座外缘、各轴肩及轴身中央等处容易出现疲劳裂纹，检修时必须探伤检查。

2. 轮　　心

轮心分为轮毂、轮辋和轮辐三部分。轮毂分为长毂轮心和短毂轮心两种，长毂轮心上加装牵引从动齿轮（俗称大齿轮）。轮辐（辐板）是轮毂与轮辋的连接部分。轮辐稍向外倾（呈锥形），使车轮在垂直方向有一定的弹性，以减轻机车运行时轮轨间的冲击。轮辐上设有 2 个对称的工艺孔，便于轮心加工和轮心、轮对的吊装。轮心要求较高的强度和韧性，为获得紧密的金相组织，常用离心法铸造。

3. 轮　　箍

轮箍采用 0.6% ~ 0.7% 的硅锭钢锻制而成，轮箍加热至 200 ~ 300 ℃，经热处理后套装在轮辋上（俗称红套）。配合过盈量应严加控制，不能过紧或过松。过紧会引起轮箍断裂，过松容易造成轮箍弛缓。DF_{4B} 型机车轮箍配合过盈量在 1.25 ~ 1.35 mm。套装好的轮箍和轮心应在接合处用黄色油漆涂防缓标记——径向线，以备运用中检查轮箍是否松动。

轮箍内缘做成高为 3.5 mm 的轮箍挡，用以在组装时定位。组装时，轮箍挡应与轮辋密贴，严格限制缝隙的大小和长度。

我国干线内燃机车车轮直径规定为 1 050 mm，左右两轮缘内侧距离为 1 353 mm，此尺寸保证了轮缘与钢轨有一定间隙。在轮对安装时必须严格检查尺寸，以使机车在直线上能稳定安全地运行。为了使轮对在钢轨上平稳运行，顺利通过曲线和道岔，降低踏面和轮缘的磨耗，延长使用寿命，对轮缘和踏面的外形尺寸有统一的规定。在加工后应使用样板进行检查。为确保机车运行安全，轮箍磨耗到规定限度时需进行镟修。按照《铁路技术管理规程》规定，轮缘的垂直磨耗应不超过 18 mm，轮箍踏面磨耗深度不超过 7 mm，轮箍踏面擦伤深度不超过 0.7 mm，轮箍厚度最小不能低于 38 mm，同轴左右轮箍直径之差不得大于 0.5 mm，同一转向架轮箍直径之差不得大于 10 mm。

（二）牵引电动机悬挂装置

电传动内燃机车的驱动装置是一种减速装置，用高转速、小转矩的牵引电动机驱动低转速、大阻力矩的机车动轴。DF_{4B} 型内燃机车采用轴悬式驱动装置，单侧齿轮传动，由抱轴承、悬挂装置和传动齿轮三部分组成，此种结构形式可以适用于最大速度不超过 120 km/h 的机车，以使结构简单、拆装方便、易于制造和检修。

1. 抱轴承

为方便安装，牵引电动机抱轴承制成剖分式（称为抱轴瓦），轴承盖也是抱轴瓦的润滑油盒，用 4 个螺栓紧固在电机机体上，将抱轴瓦压紧。在下瓦中部 45°角处开有孔口，通过毛线垫将油盒中的机油吸在抱轴颈与轴瓦上进行润滑。毛线垫一端固定在轴承盖内刷架框上，另一端借助弹簧和压板压在车轴上。为防止轴瓦端面漏油，在瓦肩上设有两道毛毡密封圈。为了保证轴颈有良好的润滑状态，除毛线要浸在润滑油里外，还需保持一定的油位。因此在轴承盖的内侧面，设有一个油杯，并装有油尺以备检查。在运用中油位要保持一定的高度，油位过高（超出下轴瓦的轴颈面）会出现抱轴瓦漏油；油位过低，润滑得不到保证，易导致轴瓦碾片和烧损。在运用中，抱轴瓦温度在瓦内侧端面及轴颈处不超过 80 ℃。应经常检查是否有黑油挤出。若有挤出，需用塞尺检查有否碾片，若有碾片，需及时处理。更换新的纯羊毛线纺织的毛线垫前，需先放在 40～50 ℃的润滑油箱内浸泡 24 h 以上，然后装机使用。

2. 牵引电动机悬挂装置

牵引电动机采用橡胶悬挂装置，由橡胶座、垫片、吊杆及心轴等组成，如图 3-35 所示。牵引电动机的轴悬式悬挂结构的特点：电动机的一端通过滑动轴承（即抱轴瓦）直接支承在动轴上；另一端通过吊杆装置悬吊在转向架构架的横梁或后端梁的电机吊座上。牵引电动机的抱轴轴承为剖分式轴承。轴承盖也是抱轴瓦的润滑油箱，油箱内需保持一定的油位，在轴承盖内侧设有油杯，并装有油尺，以检查油位。运用中，此油位应保持一定高度。如油位过高，而超过下轴瓦的轴颈面，将出现漏油现象；油位过低，则润滑不良，易产生轴瓦碾片或烧损故障。

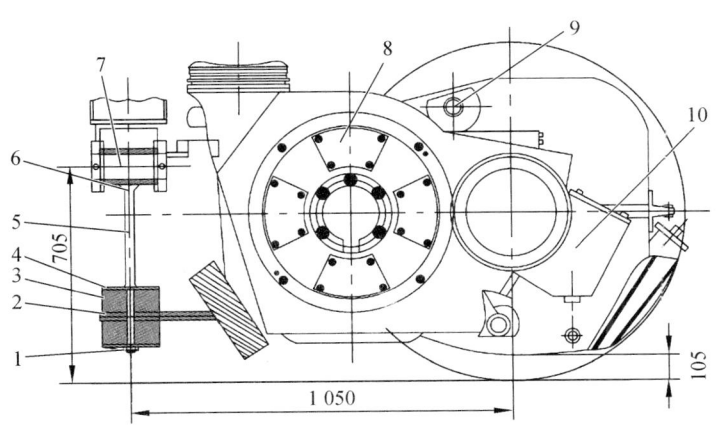

1—螺母；2—吊杆；3—橡胶座；4—垫板；5,6—吊杆；7—心轴；
8—牵引电动机；9—螺栓；10—抱轴轴承座。

图 3-35 牵引电机悬挂装置

电机悬挂上部采用与轴箱拉杆相同的橡胶关节结构。两个螺栓将心轴紧固在构架的电机悬挂座上。吊杆下端通过垫板、橡胶座、吊杆座与电机相连。垫板、吊杆座与橡胶座接触表面均制成蝶形，以防止橡胶座在受压缩时产生径向蠕变。为防止悬挂装置吊杆折断造成电动机掉落，在吊杆座上设有安全托，安全托与电动机托座间留有（50±5）mm 的间隙，作为电动机的跳动量。在运用中，如果发现橡胶鼓开较大或鼓包，说明橡胶老化，强度和弹性变差，应立即进行更换（尤其是下部橡胶座失效较多）。

3. 传动齿轮及齿轮箱

传动齿轮的作用是将牵引电动机产生的扭矩传递给轮对。在内燃机车上，传动齿轮一般采用单侧直齿轮。主动轮热套在牵引电动机上，从动齿轮热套在长毂轮心上。由于主动齿轮受模数的限制，不能很小，从动齿轮受下部限界的限制，又不能很大。因此传动比一般都小于 5，如 DF_{4B} 型货运机车为 4.5，客运机车为 3.75。在检修时，为了保持齿轮具有较好的啮合状态，以提高齿轮的使用寿命，必须保持原配对齿轮继续使用，为此在更换轮对或更换电机时，将主动齿轮换在替用的电机上，并与原轮对的从动齿轮啮合使用。

齿轮箱是钢板组焊成的箱形结构，通过安装座固定在牵引电机上。上下箱体以轴线为分箱面，在分箱面处通过螺栓连接成一体。在齿轮箱的两侧面各有一个拉紧螺栓，使分箱面的油封密贴并增加齿轮箱的刚度。为了防止齿轮箱漏油，在上箱体的分箱面上焊有密封板。齿轮箱内储有约 5 kg 的齿轮油，第一次使用后如机械杂质超过 0.15%，需更换。

任务三　轴箱装置

知识目标

（1）掌握机车轴箱的作用与结构。
（2）掌握机车轴箱的定位方式。
（3）掌握 HXD_3 型电力机的车轴箱结构和定位方式。
（4）掌握 HXD_1 型电力机的车轴箱结构和定位方式。
（5）熟悉 $SS_{4改}$ 型电力机的车轴箱结构和定位方式。
（6）了解 HXN_{3B} 型内燃机车的轴箱结构和定位方式。
（7）了解 DF_{4B} 型内燃机车的轴箱结构和定位方式。

能力目标

（1）能说明轴箱的作用和结构。
（2）熟悉几种铁道机车的轴箱结构特点和定位方式。

素质目标

（1）培养学生爱岗敬业、忠于职守、团结合作的精神。
（2）使学生具备从事机车运用和检修岗位所必需的基本知识和专业技能。

工具设备

多媒体设备课件、图片、示教板、计算机多媒体设备等。

教学环境

多媒体教室、铁道机车总体与走行部实训室。

一、轴箱的功能

轴箱组装是机车转向架最重要的部分之一，安装在车轴两端轴颈上，连接轮对和转向架构架。其作用是把车体重量和载荷传递给轮对，润滑轴颈，减少摩擦，降低运行阻力，并将来自轮对的牵引力、制动力、横向力等传递至转向架构架，它是连接构架与轮对的活动关节。同时，通过轴承将车轮的滚动转化为车体的平动，并为转向架轴端设备（如接地装置、速度传感器及轴温报警装置等）提供安装接口。

二、轴箱装置组成

滚动轴承轴箱装置通常由轴箱体、前后轴箱盖、滚动轴承、密封装置及其他零件组成。所用滚动轴承有圆柱、圆锥和球面滚动轴承三种，其中球面滚动轴承承受轴向载荷较好，但要求尺寸较大，不利于减轻簧下质量，且制造成本较高，检修不便，因而近年来采用较少。中国铁路在客车上采用圆柱式或圆锥式滚动轴承轴箱装置，在内燃机车和电力机车上也主要采用这种轴箱装置，如图 3-36 所示。在客车上，轴向力靠轴承内外圈上的挡边承受，而在机车上轴承一般不带挡边，轴向力靠装在轴端的滚珠轴承承受。

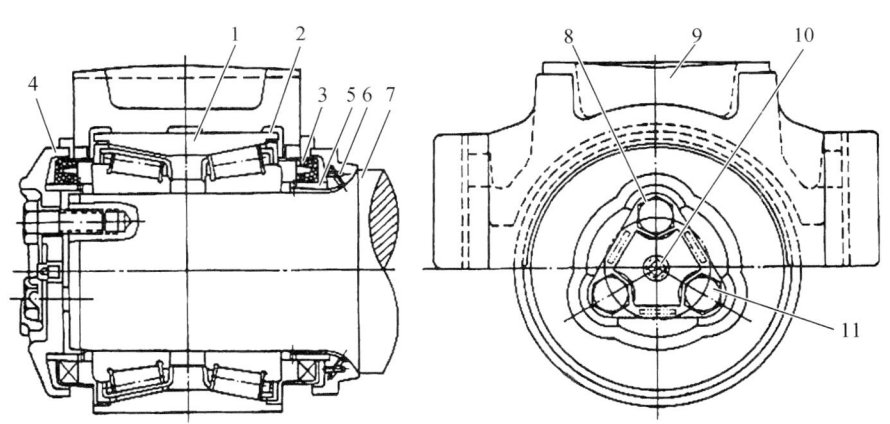

1—97726 轴承；2—密封罩；3、5—密封圈；4—前盖；6—后挡；7—车轴；
8—防松片；9—承载鞍；10—螺堵；11—螺栓。

图 3-36　密封式圆锥滚动轴承轴箱装置

三、轴箱定位方式

轴箱与转向架构架的连接方式称为轴箱定位，它的结构与性能对机车运行品质有很大影响。由于轴箱位置决定了轮对的位置，所以轴箱定位起到了固定轴距和限制轮对活动范围的作用。对轴箱定位的要求：① 应保证轴箱能相对转向架构架在机车运行中做垂向跳动，使弹簧装置充分发挥缓和冲击的作用；② 在机车通过曲线时，轴箱应当能够相对于转向架构架做小量的横动，有利于机车通过几何曲线；③ 在机车纵向有较大的刚度，保证牵引力和制动力的传递。由上可知，轴箱定位，是要保证轴箱按运行的需要进行恰当的位移，在不同的方向，位移的数值有不同的要求。

常见的定位方式有无导框定位和有导框定位，导框定位曾经是机车、客货车辆轴箱定位的唯一方式，现在仍在一些机车，尤其是车辆上大量使用。随着橡胶工业的发展和转向架技术的进步，取消了转向架上的轴箱导框，出现了无导框轴箱定位。无导框定位分八字形橡胶堆式定位和轴箱拉杆定位。

（一）有导框轴箱定位

在构架侧梁下面设轴箱导框，在轴箱体前后两侧设导槽，轴箱上的导槽与构架上的导框配合滑动，组成导框定位。轴箱在导框内要沿导框上下移动，也能在导框与导槽间隙允许的范围内适当摆动，使轮对有一定的横动量。为了加固轴箱导框，并防止轴箱脱出，在导框下面，安装轴箱托板。为了便于检修，在构架导框与轴箱导槽的摩擦面上，装设耐磨的衬板，并且经常加注润滑油，磨耗到限的衬板，应及时更换，如图3-37所示。

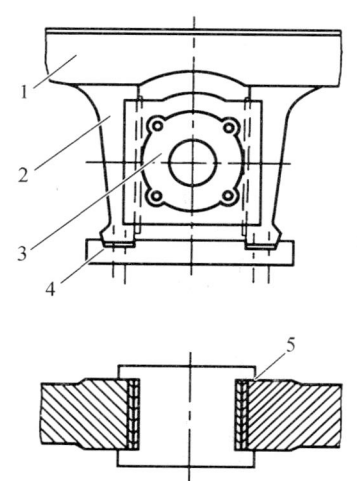

1—构架侧梁；2—轴箱导框；3—轴箱；4—托板；5—衬板。

图3-37 有导框轴箱定位

导框定位方式的缺点：摩擦面磨耗严重，增加了检修工作量和检修成本；运用中需经常加注油润滑，维护保养难度大；横向位移无弹性，不利于降低轮轨之间的动作用力，动力曲线通过性能不好。

（二）八字形橡胶堆式轴箱定位

八字形橡胶堆式轴箱定位，也称人字形橡胶弹簧轴箱定位。这种轴箱定位方式，在每轴箱体前后两侧各装一个金属橡胶夹层弹簧，一端与构架固结，另一端与轴箱体固结，既能支承上部重量，起轴箱弹簧作用，又可弹性地传递纵向力和横向力，使轴箱相对构架有较大上下方位的位移，而它的纵、横向有适宜的刚度，以实现良好的弹性定位，如图3-38所示。其优点是质量小，结构简单，能吸收音频振动，运行中无噪声，不存在磨耗等。缺点是性能不够稳定、受温度影响大、制造工艺复杂。

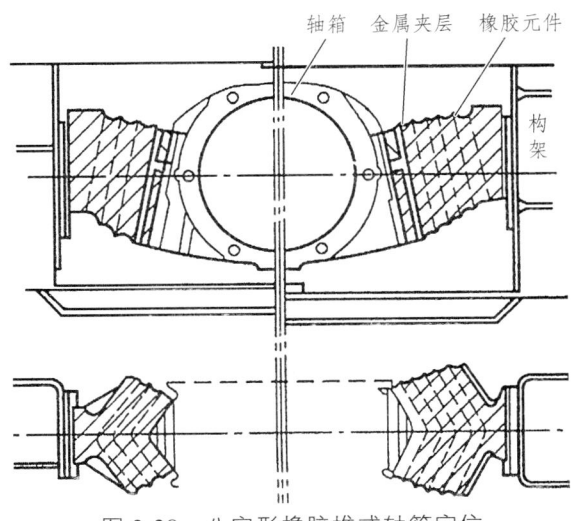

图 3-38 八字形橡胶堆式轴箱定位

（三）拉杆式轴箱定位

拉杆式轴箱定位是目前各国认为比较先进可靠的、采用较普遍的一种无导框轴箱定位方式，它最早由法国阿尔斯通公司设计制造，所以又称为阿尔斯通式轴箱定位。

在轴箱体的前后两侧，伸出高低不同的两个轴箱耳，各连接一根轴箱拉杆，通过轴箱拉杆，将轴箱与转向架侧梁下焊接的轴箱拉杆座连接起来，如图3-39所示。轴箱拉杆两端装有橡胶套，销子两端有橡胶垫。为满足轴箱垂向位移的需要，两根轴箱拉杆设计成高低不同的

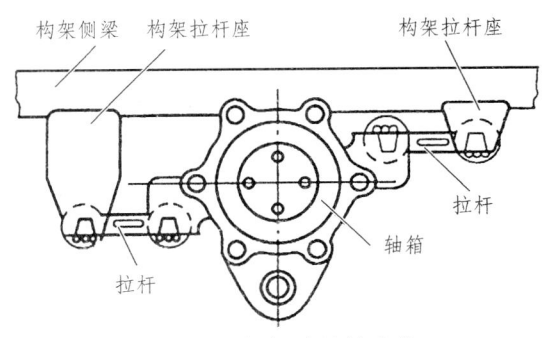

图 3-39 拉杆式轴箱定位

位置，这种结构称为双扭动式拉杆结构。因为拉杆在纵向上刚度很大，伸缩较小，如果将两根拉杆处于同一高度，轴箱垂向位移势必因拉杆长度不能变化而受到极大的限制。把两根拉杆安排成一高一低，就可以在拉杆长度不变的条件下，允许轴箱上下跳动。轴箱在垂向位移时还伴随一定角度的转动，不过这种转动是完全无碍的。

其优点是无磨耗件，不需要润滑，减少了保养工作量；有一定的横向刚度，轮对不能自由横动，有利于改善蛇行运动，轮缘磨耗较小；轴箱与构架的弹性连接具有缓和冲击与隔音作用；橡胶件起到了降低动作用力，提高运行平稳性的作用，运行中没有噪声。缺点是由于拉杆的约束，使一系弹簧悬挂的刚度有所增加。

机车总体及走行部

四、HXD₃型机车轴箱装置

(一) 轴　箱

一系悬挂系统由六套四种轴箱装配组成，如图 3-40 所示，四种轴箱的结构基本相同。不同的是：轴箱（一）装有接地装置和垂向减振器；轴箱（二）装有接地装置；轴箱（三）装有垂向减振器；轴箱（四）装有速度传感器。轴箱采用单拉杆与转向架的构架弹性相连，把机车簧上部分的重量传递给轮对，同时将来自轮对的牵引力、制动力、横向力等传递到构架上。

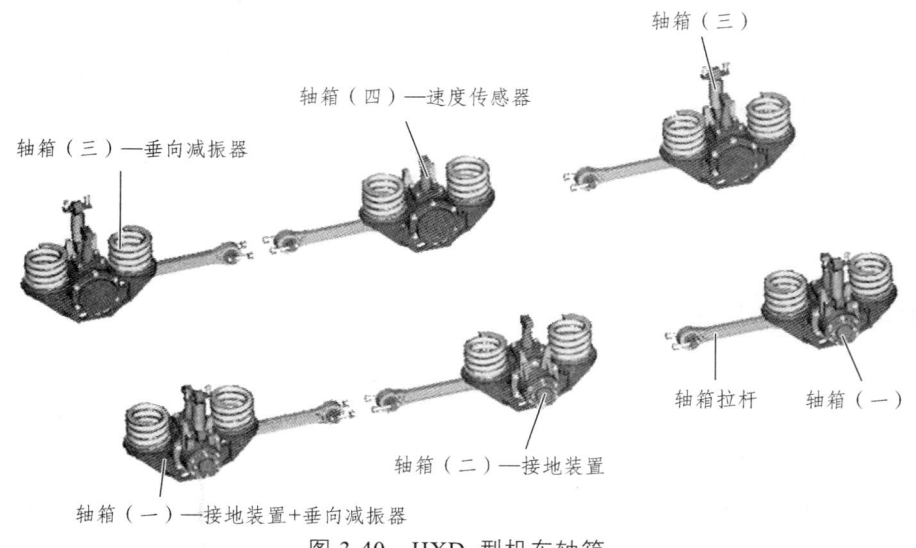

图 3-40　HXD₃型机车轴箱

HXD₃型机车轴箱采用独立悬挂，轴箱相对构架的上、下和横向移动，靠弹簧、橡胶元件的弹性变形来获得。轴箱定位采用拉杆式定位轴箱的结构，主要由前后端盖、轴箱体、吊钩、轴承单元、压盖、接地装置、速度传感器、轴箱拉杆、一系弹簧和橡胶减振垫等组成。如图 3-41 所示为轴箱装配结构图。

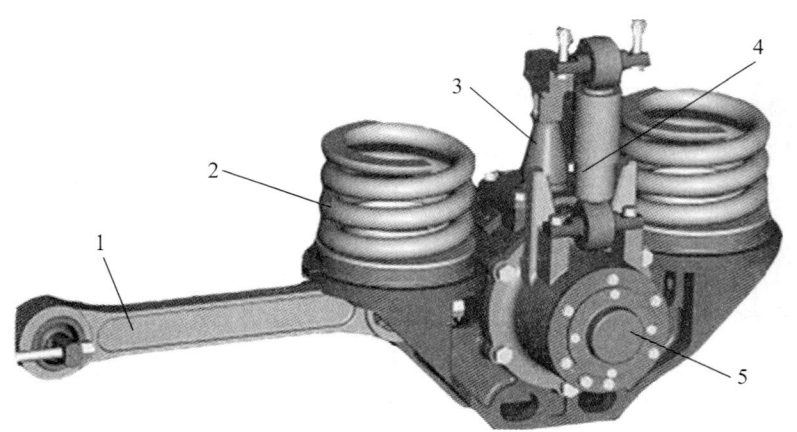

1—轴箱拉杆；2—轴箱弹簧；3—吊钩；4—垂向减振器；5—轴箱。

图 3-41　轴箱装配结构图

（二）轴箱轴承

轴箱轴承采用 FAG 公司生产的轴承单元，这种轴承单元在制造厂已经填充了润滑脂，并且整体密封。在组装时采用专用压装设备将轴承整体压装到车轴上，不需解体。轴承的免维护周期可达 100 万千米，排除了由于轴承组装、润滑和清洁度等问题影响轴承的正常使用寿命。考虑到机车在线路上的运行状态，两个端轴和中间轴分别采用两种游隙的轴承，组装后两个端轴的轴承游隙为 ±（0.3~0.6）mm，中间轴的轴承游隙为 ±15 mm。

当机车运行到一定里程或是由于其他原因机车必须进行检修时，需落车将构架和轮对解体，对轴承进行旋转检查，观察轴承是否存在卡滞、异音，轴承游隙是否有明显的变化，运行过程中是否出现过热或温度报警，润滑剂是否严重泄漏，密封件是否破损，轴承外圈是否出现裂纹等异常现象。若没有上述异常现象，轴承不必从车轴上拆下。否则需由有关部门确定轴承是否必须从车轴上拆下并采取进一步的处理方法和措施。

若由于其他原因轴承必须从车轴上拆下，轴承则需送到专用的轴承安装车间进行解体、清洗、检查和必要的修复。

五、HXD_1 型机车轴箱装置

HXD_1 型机车轴箱采用的是整体式圆锥滚动轴承，型号为 SKF1639479-03，它便于控制轴箱横动量和保证轴承油脂不泄漏，实现 120 万千米免维护；轴箱安装有接地装置、速度传感器、防滑速度传感器，如图 3-42、图 3-43 所示。

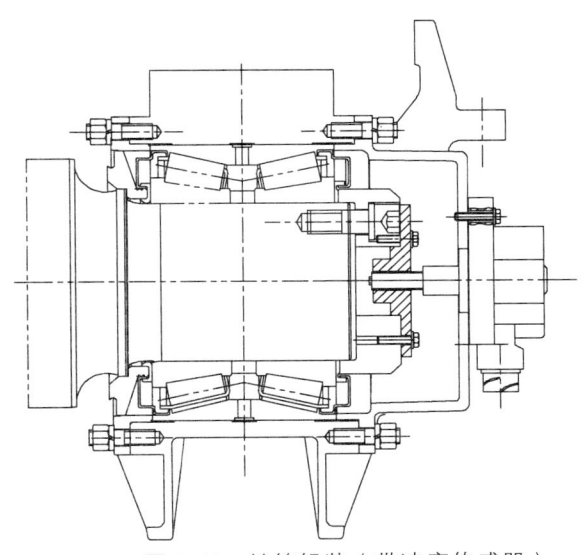

图 3-42　轴箱组装（带速度传感器）

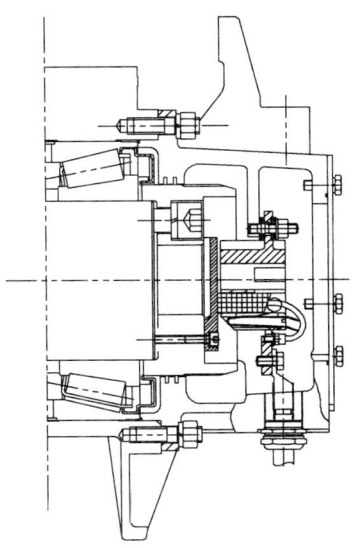

图 3-43　轴箱组装（带接地装置）

轴箱采用单侧轴箱拉杆定位，如图 3-44 所示；轴箱拉杆两端采用球形橡胶关节，由于橡胶关节径向刚度大，回转刚度小，因而使轴箱纵向具有较大的定位刚度，并可使轴箱相对构架能自由沉浮及绕本身轴线回转。该种结构的特点是：结构简单，且可实现一系纵向、横向弹性参数相对独立。

图 3-44　HXD₁ 型机车轴箱

六、SS₄改型机车轴箱装置

（一）轴箱拉杆

SS₄改型电力机车轴箱采用独立悬挂、弹性定位拉杆式结构。轴箱拉杆由连杆体、长拉杆、短拉杆、橡胶圈、端盖、橡胶端垫组成，如图 3-45 所示。

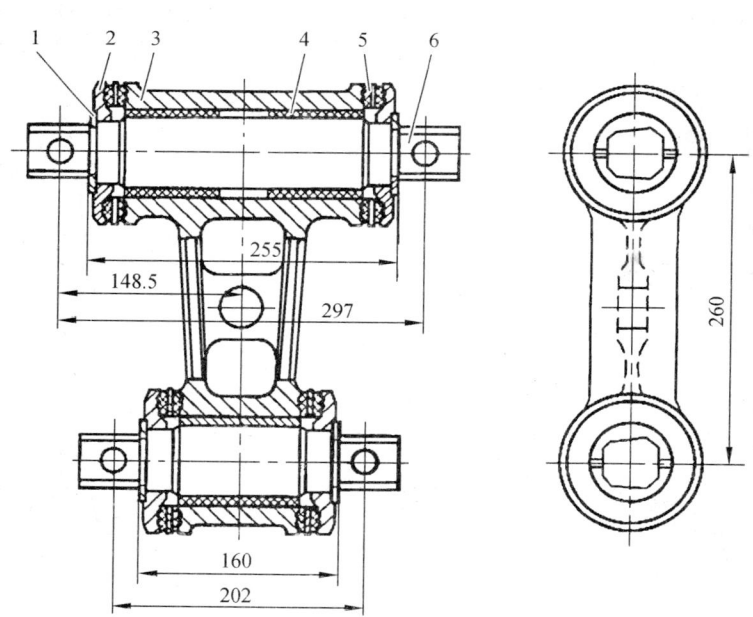

1—止块；2—端盖；3—连杆体；4—橡胶圈；5—橡胶端垫；6—拉杆。

图 3-45　SS₄改型电力机车轴箱拉杆

连杆体为 ZG230-450 铸钢件，成双筒形，中间连接部分呈工字形，两筒中心距为 260 mm。长短拉杆为 45 号锻钢。拉杆中间为圆柱形，两端成八字形，八字形凸面与轴箱体和构架拉杆座凹八字形面相配合，并用螺栓紧固。橡胶圈为橡胶元件，长拉杆两个，短拉杆一个。为增加橡胶端垫的刚度和强度，在其中部加装 2 mm 厚的钢板金属夹层。端盖用半圆卡环固定。

（二）轴箱组装

SS$_{4改}$型电力机车轴箱主要由前盖、后盖、轴箱体、短圆柱滚子轴承、密封环、接地棒、轴圈和挡板等组成，如图 3-46 所示。

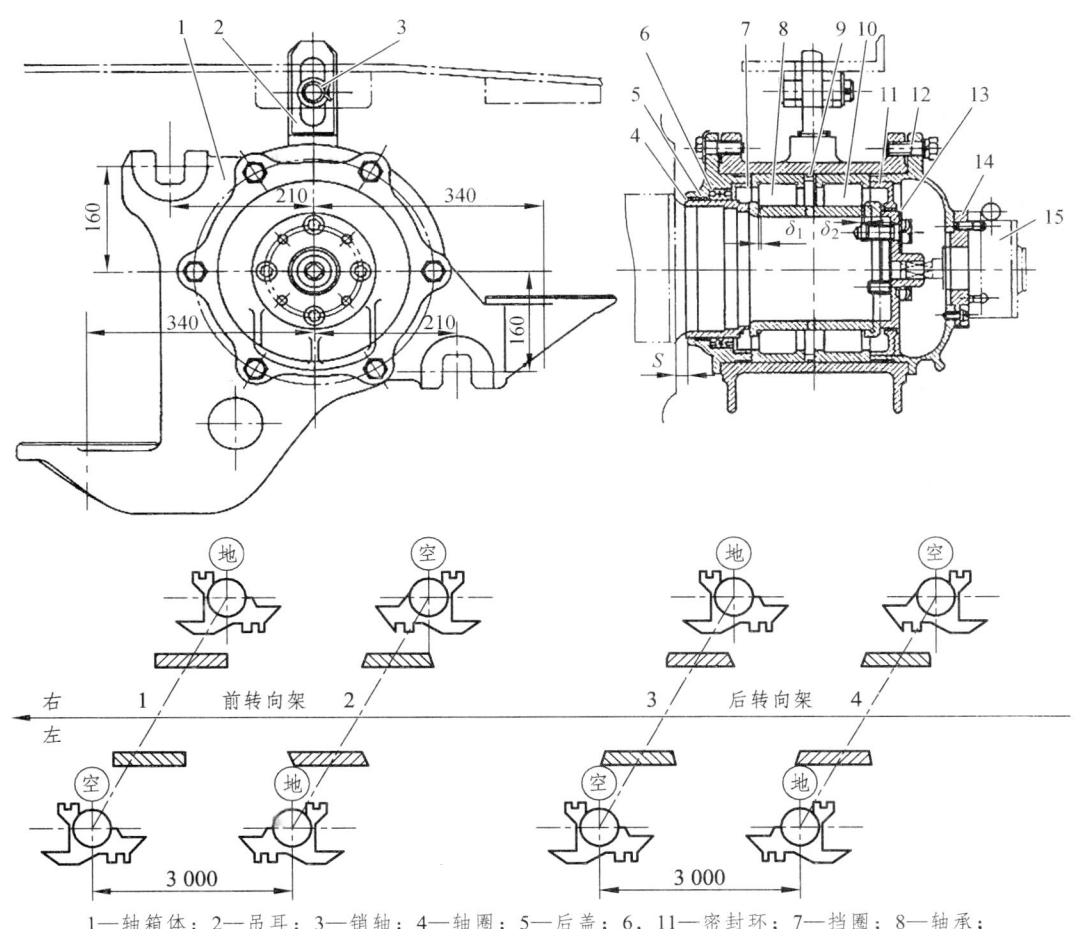

1—轴箱体；2—吊耳；3—销轴；4—轴圈；5—后盖；6，11—密封环；7—挡圈；8—轴承；9—隔环；10—轴承；12—前盖；13—挡板；14—外盖；15—防空转传感器。

图 3-46　SS$_{4改}$型电力机车轴箱组装

（1）前、后盖。前、后盖均为 ZG230-450 铸钢件，它用螺栓与轴箱体连接在一起。其突缘紧压短圆柱滚子轴承外圈，以防轴承外圈左右移动，也起到了传递轴向力、防尘和保护轴箱内部零件的作用。

（2）轴箱体。轴箱体为 ZG230-450 铸钢件，中间呈圆筒形，内孔与轴承外圈为动配合。左上方和右下方设有八字形切口，与轴箱拉杆相连接。两边还伸出弹簧座，一系弹簧就坐落在该弹簧座上。

（3）轴承。为了改善构架受力状态，SS$_{4改}$型电力机车轴箱轴承在同一轮对上采用左右轴箱能同时承受轴向力和径向力的单列向心短圆柱滚子轴承。每组轴箱采用两种轴承，其内侧采用 552732QTK 轴承，外侧采用 752732QTK 轴承，组装后轴箱单边横动量为 0.75 mm。在组装轴箱前，应清洗轴颈、轴承和轴箱配件。轴圈加热温度在 200 ℃ 以下。轴承内圈加热温度在 150 ℃ 以下。轴承内应加相当于轴承至总容量 1/3～1/2 的三号锂基脂。

（4）密封环。为了防止油污、水和灰尘进入轴箱内，在轴箱后盖与挡圈之间装设有两个橡胶密封环，其外形尺寸为 $\phi 210\ mm \times \phi 245\ mm \times 18\ mm$。

（5）接地棒和接地电刷。每根车轴的一个轴箱内设置有一套接地棒和接地电刷装置，以防止轴箱滚动轴承电蚀，改善机车的导电性能。

（6）挡板。挡板有两种：一种是与接地棒相连接的圆孔挡板；另一种是方孔挡板。方孔与测速传感器和防空转防滑传感器的方轴相配合，形成车轴与传感器的连接装置。

（7）吊耳。当车体起吊或转向起吊时，为防止一系减振器超出行程而破坏。在轴箱与构架之间设置了吊耳。其限位为 30 mm，起到了转向架整体起吊和保护一系减振器的作用。

七、HXN$_{3B}$ 型机车轴箱装置

（一）轴箱拉杆

轴箱采用单侧轴箱拉杆定位，轴箱拉杆长度为 660 mm，轴箱拉杆两端采用球形橡胶关节，和轴箱弹簧一起实现轴箱定位。其结构如图 3-47 所示。

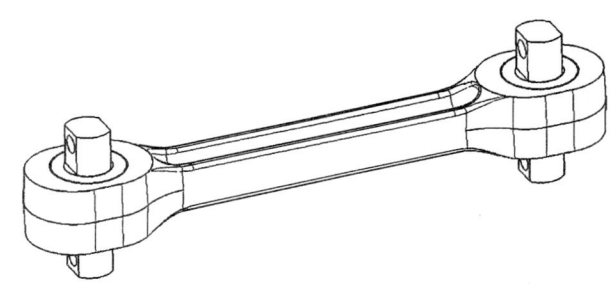

图 3-47　轴箱拉杆装配示意图

轴箱拉杆橡胶关节是由橡胶经一定工艺硫化在钢制芯轴上，其性能指标如下：

径向刚度　　　　　$75 \times (1 \pm 15\%)$ kN/mm

最大偏转角　　　　3°

最大扭转角　　　　7.5°

（二）轴箱构成

1. 轴箱装配

轴箱装配与转向架的构架弹性相连，把机车簧上部分的重量传递给轮对，同时将来自轮对的牵引力、制动力、横向力等传递到构架上。轴箱采用独立悬挂，轴箱相对构架的上、下和横向移动，靠轴箱弹簧、橡胶元件的弹性变形来获得。

轴箱是一个剖分式的结构，由上、下两部分组成，前盖、横向止挡与上箱体集成在一起，轴箱体提供轴承安装界面，传递垂向和纵向载荷。轴箱底盖起到起吊轮对和加强轴箱装配强度的作用，如图 3-48 所示。

项目三　机车转向架

图 3-48　轴箱装配图

2. 横向止挡

横向止挡是一个具有适当刚度的黏接橡胶垫，它和尼龙垫形成了接触面，传递轴箱至构架的横向力，如图 3-49 所示。横向止挡和尼龙垫之间留有 2 mm 的名义间隙。横向止挡安装在轴箱体前板上，检查、拆下、更换都不需要落轮。

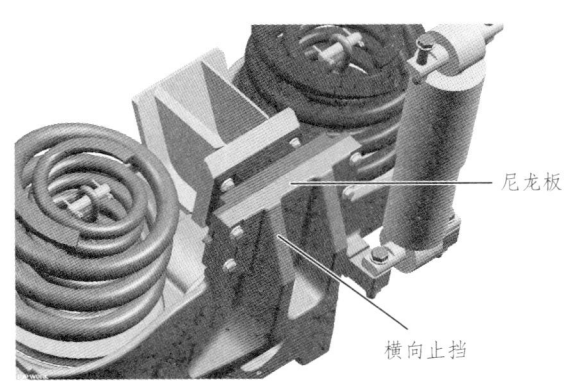

图 3-49　横向止挡

3. 垂向止挡和自锁机构

垂向止挡由轴箱体的上面和轴箱止挡座下面配合形成，两个面都是加工面。自锁机构安装在弹簧内部，主要由链条组成。链条的长度余量为 75 mm。

八、DF_{4B} 型机车轴箱装置

（一）轴　箱

DF_{4B} 型机车采用拉杆定位式滚动轴承轴箱。这种无导框式滚动轴承轴箱适用于大功率、

高速内燃机车。轴箱通过上下轴箱拉杆与构架相连接。一系弹簧的支座和轴箱体铸成一体，简化了结构。轴箱拉杆两端都配有橡胶衬套和橡胶垫，通过橡胶元件的弹性变形使轴箱相对于构架在垂向和横向获得弹性移动量。轴箱与构架间没有摩擦面，不存在磨耗，无须润滑。轮对不能自由横动，有利于改善蛇行运动。依靠橡胶元件的径向、轴向及扭转的变形能实现各个方向的良好缓冲作用。

轴箱由轴箱体、前后端盖、滚动轴承、缓冲支承及轴箱拉杆等组成，如图 3-50 所示。由圆弹簧传来的垂直力经过轴箱体顶部传至滚动轴承和车轴；由车轴传来的牵引力和制动力，经过滚动轴承和箱体传至轴向拉杆和构架。

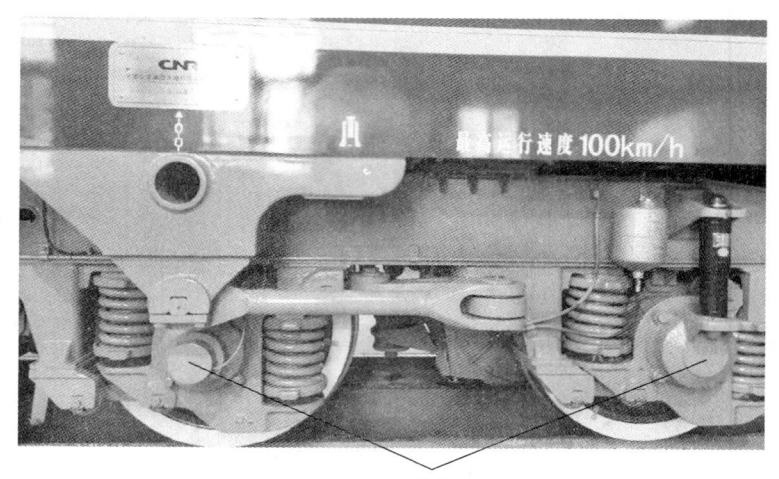

轴箱

图 3-50　DF_{4B} 型电力机车轴箱

轴箱体两侧带有 2 个拉杆座和 2 个弹簧座，拉杆座采用梯形槽，上、下拉杆梯形槽位于轴箱中心线斜对称位置上，其目的在于当轴箱受牵引力和制动力作用时，使轴箱均保持平衡状态，拉杆梯形槽也较容易保证与拉杆心轴良好配合，使连接螺栓不致承受剪切力，加工时易达到配合尺寸。轴箱顶部设有轴箱止挡，用以限制轴箱最大横动量不超过 8 mm。

DF_{4B} 型内燃机车采用新型轴承，其中，第一、三轴左右轴箱内各装设一套 552732QT 和 752732QT 滚柱轴承，中间轴左右轴箱内各装设一套 552732QT 和 652732QT 滚柱轴承。这种新型轴承既可承受径向力，又可承受轴向力，而且是由同轴上左右轴箱内各一个轴承承受轴向力。

轮对与轴箱间的自由横动量，由 552732QT 轴承的滚柱与内套轴肩斜挡边或 752732QT 轴承的滚柱与斜挡圈之间的 3 mm 间隙决定的。中间轴的 652732QT 轴承没有斜挡圈，因此中间轮对每个轴箱 2 套轴承只有 1 套承受轴向力。中间轴轮对与轴箱间的自由横动为 10 mm，这是由中间轴的轴承结构决定的。中间轮对给予较大的自由横动量，可使它在通过曲线时贴靠外轨，减轻第一轮对的轮缘力，减少轮缘磨耗。但过大的自由横动量，将使机车在直线上高速运行时，转向架蛇行运动更加剧烈。

新型轴承是采用大铆钉冷墩三分离式结构，即内圈、外圈和保持架（含滚子）可以分离。保持架采用双兜孔结构，很容易从外圈中取出，从而使内、外圈可以分别进行探伤检查，并可对保持架中的滚子逐一进行检查。

轴箱后盖与端盖是通过隔环将两套轴承外圈压紧，并固紧在轴箱体内。轴承内圈热套在车轴的轴颈上，选配过盈量为 0.04~0.065 mm。

为了使第一、三轴上的 752732QT 轴承的斜挡圈能牢固地压紧在轴承内圈端面上，用 3 个 M24 螺栓把压盖紧固在车轴端面上。这 3 个螺栓规定用扭力扳手拧紧，拧紧力矩为 290~300 N·m，然后用 2 mm 钢丝锁紧。

早期轴箱轴承 972832QT 严禁与后期轴箱轴承 552732QT、652732QT、752732QT 混装于同一台机车上。轴箱轴承采用 Z3 号锂基润滑脂，加注时应将滚柱与保持架缝隙、两套轴承之间的空间全部填满油脂，两套轴承的外侧面涂上适量油脂。

前端盖结构分为两种，第一、三轴有油压减振器座，第二轴无减振器座。但第二轴一端安装机车速度传感器。轴箱后端盖带有迷宫，与防尘盖共同形成迷宫式油封，其间填以软油脂，以防尘土侵入轴箱。前后端盖均用 4 个 M22 螺栓紧固在轴箱体上。

（二）轴箱拉杆

轴箱拉杆由拉杆体、长短心轴、橡胶圈、橡胶垫和端盖等组成。心轴两端制成梯形截面，靠 M20 的螺栓紧固在轴箱和构架上的拉杆座梯形槽里，梯形槽斜度为 1∶10。紧固后心轴与梯形槽底面的间隙应在 1~4 mm 内，以保证拉杆多次拆检后，斜面仍能很好接触，并不致使螺栓承受剪切力。

拉杆体一端大一端小，大端孔内装两个橡胶圈，用长心轴与构架拉杆座连接，小端孔内装一个橡胶圈，用短心轴与轴箱拉杆座连接。为避免橡胶圈在压装和工作时滑动，所以拉杆孔内加工得较粗糙。橡胶垫被端盖压装在拉杆体两端侧面，端盖和心轴又用卡环做径向固定，这样由橡胶圈和橡胶垫构成了拉杆两端的橡胶关节。由于橡胶元件的变形，保证了轴箱可相对于构架在各方向的位移，同时橡胶元件对变形有一定的扭转刚度和横向刚度，扭转刚度对轴箱上下跳动有缓冲作用，横向刚度有限制轴箱横动量的作用。为增加橡胶垫刚度，在硫化处理时中间黏合一块厚 1.5 mm 的钢板，组装时用端盖将其压在拉杆体上，用卡环卡住，橡胶垫压缩挠度为 2 mm。为使橡胶垫受压时不产生径向蠕变，在端盖和拉杆体孔上，均加工了两道环形槽，使橡胶垫受压后嵌入环形槽内，以限制其径向滑动。

> 操作运用案例

实训六　铁道机车转向架轴箱认知

1. 实训项目教师工作活页

<table>
<tr><td colspan="4">实训项目教师工作活页　　　　　　　　NO：</td></tr>
<tr><td>实训项目</td><td colspan="3">铁道机车转向架轴箱结构认知</td></tr>
<tr><td>学　时</td><td>2</td><td>班　级</td><td></td></tr>
<tr><td>实训场所</td><td colspan="3">机车总体与走行部实训室</td></tr>
<tr><td>工具设备</td><td colspan="3">机车总体与走行部实训台、多媒体设备课件、图片、计算机多媒体设备等</td></tr>
<tr><td rowspan="3">教学目标</td><td>专业能力</td><td colspan="2">（1）能说明机车转向架轴箱的功能；
（2）能说明机车转向架轴箱的结构组成；
（3）能说明机车转向架轴箱定位方式；
（4）能说明 HXD_1 型机车轴箱结构及定位方式；
（5）能说明 HXD_3 型机车轴箱结构及定位方式；
（6）能说明 $SS_{4改}$ 型机车轴箱结构及定位方式；
（7）能说明 HXN_{3B} 型机车轴箱结构及定位方式；
（8）能说明 DF_{4B} 型机车轴箱结构及定位方式</td></tr>
<tr><td>方法能力</td><td colspan="2">（1）能综合运用专业知识，通过利用专业书籍、多媒体课件和图片资料获得帮助信息；
（2）能根据实训项目学习任务确定实训方案，从中学会表达及展示活动过程和成果</td></tr>
<tr><td>社会能力</td><td colspan="2">（1）能在实习训练活动中保持积极向上的学习态度；
（2）能与小组成员和教师就学习中遇到的问题进行交流和沟通；
（3）能与他人共享学习资源，具有较好的合作能力和团队协作精神</td></tr>
<tr><td>教学评价</td><td colspan="3">学生活动：① 以 5~7 人为单位小组开展实训活动，根据本组同学在实训过程中的能力表现及结果进行自评、组内互评；② 根据其他小组同学在成果展示活动中的表现及结果进行互评。
教师活动：① 教师组织学生开展评价活动和总结；② 对学生本实训项目单元成绩做出综合评价</td></tr>
<tr><td>指导教师</td><td></td><td>教学时间</td><td>年　　月　　日</td></tr>
</table>

2. 实训项目学生学习活页

实训项目学生学习活页　　　　　　　　　　　　　　　　NO：

实训六　铁道机车转向架轴箱认知

班级：　　　　姓名：　　　　学号：　　　　时间：

一、实训目标
1. 专业能力目标
（1）能说明机车转向架轴箱的功能；
（2）能说明机车转向架轴箱的结构组成；
（3）能说明机车转向架轴箱定位方式；
（4）能说明 HXD_1 型机车轴箱结构及定位方式；
（5）能说明 HXD_3 型机车轴箱结构及定位方式；
（6）能说明 $SS_{4改}$ 型机车轴箱结构及定位方式；
（7）能说明 HXN_{3B} 型机车轴箱结构及定位方式；
（8）能说明 DF_{4B} 型机车轴箱结构及定位方式。
2. 方法能力目标
（1）能综合运用专业知识，通过利用专业书籍、多媒体课件和图片资料获得帮助信息；
（2）能根据实训项目学习任务确定实训方案，从中学会表达及展示活动过程和成果。
3. 社会能力目标
（1）能在实习训练活动中保持积极向上的学习态度；
（2）能与小组成员和教师就学习中遇到的问题进行交流和沟通；
（3）能与他人共享学习资源，具有较好的合作能力和团队协作精神。
二、知识总结
（1）简述机车转向架轴箱的功能。

（2）叙述机车转向架轴箱的组成。

（3）简述机车转向架轴箱的定位方式。

（4）简述 HXD_3 型电力机车轴箱结构及定位方式。

（5）简述 HXD_1 型电力机车轴箱结构及定位方式。

（6）简述 $SS_{4改}$ 型电力机车轴箱结构及定位方式。

（7）简述 HXN_{3B} 型机车轴箱结构及定位方式。

（8）简述 DF_{4B} 型内燃机车轴箱结构及定位方式。

三、操作运用
（1）在机车总体与走行部实训室实训设备上对电力机车转向架轴箱部件进行指认。

（2）在机车总体与走行部实训台上进行轴箱轴承日常保养维护实训。

四、实训小结

五、成绩评定
1. 学生评价

评价等级	A（优）	B（良）	C（中）	D（及格）	E（不及格）
学生自评					
组内互评					
他组互评					

2. 教师评价

评价等级	A（优）	B（良）	C（中）	D（及格）	E（不及格）
专业能力					
方法能力					
社会能力					

3. 综合评价

评价等级	A（优）	B（良）	C（中）	D（及格）	E（不及格）
评价结果					

注：按照学生自评占10%、组内互评占10%、他组互评占20%、教师评价占60%的比例计分。其中，A为100分，B为85分，C为75分，D为60分，E为50分。

4. 评价量规

等级	行为表现描述
A	能圆满高效地完成实训任务的全部内容
B	能顺利完成实训任务的全部内容
C	能完成实训任务的全部内容，但需要一些帮助和指导
D	自己只能完成实训任务的部分内容，但在现场的指导下，已经能完成任务的全部内容
E	不能完成实训任务的全部内容

任务四　一系、二系悬挂装置

知识目标

（1）掌握机车一系、二系悬挂的作用。
（2）掌握机车一系、二系悬挂的组成。
（3）掌握 HXD_3 型电力机车一系、二系悬挂的作用及组成。
（4）掌握 HXD_1 型电力机车一系、二系悬挂的作用及组成。
（5）熟悉 $SS_{4改}$ 型电力机车一系、二系悬挂的作用及组成。
（6）了解 HXN_{3B} 型内燃机车一系、二系悬挂的作用及组成。
（7）了解 DF_{4B} 型内燃机车一系、二系悬挂的作用及组成。

能力目标

（1）能说明一系、二系悬挂的作用和组成。
（2）熟悉几种铁道机车的一系、二系悬挂的作用和组成。

素质目标

（1）培养学生爱岗敬业、忠于职守、团结合作的精神。
（2）使学生具备从事机车运用和检修岗位所必需的基本知识和专业技能。

工具设备

多媒体设备课件、图片、示教板、计算机多媒体设备等。

教学环境

多媒体教室、铁道机车总体与走行部实训室。

一、一系、二系悬挂的功能

机车在运行时，由于线路不平顺、钢轨接缝以及轮对踏面磨耗不均匀等诸多因素的影响，轮对均会受到来自线路的冲击，激起机车振动。如果构架与轴箱直接连接，则轮对所受的冲击就会直接通过轴箱传至构架、车体，使构架受力恶化引起裂纹、变形和走行部各种紧固件松动，降低车体内各种电气设备的工作可靠性。同时，刚性冲击对线路也具有极大的破坏作用。为缓和钢轨对机车的冲击振动、改善簧上零部件的工作条件和乘务人员的舒适度，现代电力机车都采用两系悬挂装置，在转向架构架与轴箱之间设计了由螺旋圆弹簧和油压减振器组成的一系悬挂装置（又称轴箱悬挂装置），能提供各向刚度和阻尼，在实现转向架牵引与制动功能的同时，能将构架以上的垂向载荷均匀分配到各个轮对上，使轴重保持均衡；在转向架构架与车体之间设置了弹性连接装置,称为二系悬挂装置(又称车体支承装置),通过该装置把车体以上的重量弹性地、均匀地分配到构架上,并通过它传递各种附加力。

一系悬挂,又称主悬挂,由螺旋圆弹簧和油压减振器组成;二系悬挂,又称次悬挂,主要由二系螺旋高圆弹簧或橡胶弹簧、各向油压减振器以及橡胶减振垫等部件组成。其中二系高圆弹簧对机车车体及转向架的各项动力学性能起关键作用,是关系到机车运行品质和安全的重要部件。纵向抗蛇行油压减振器是影响机车横向动力学性能的重要部件,起着抑制机车蛇行运动的作用。当机车通过曲线时,它可在车体与转向架之间产生相对位移,使机车顺利通过曲线;当机车通过曲线后,又可使转向架与车体之间的位置复原,并通过它传递各种附加力。二系悬挂装置还包括二系横向止挡和二系垂向止挡,前者用来限制转向架与车体的横向运动,后者用来限制转向架与车体的垂向运动。

二、弹性悬挂装置组成

(一) 弹 簧

1. 橡胶弹簧

在二系悬挂中,橡胶堆旁承应用很广,如图 3-51 所示。橡胶弹簧受载时的弹性变形,既有压缩变形,也有剪切变形。但不论在何种情况下,橡胶弹簧不宜受拉伸作用。橡胶元件在变形时,内部产生内摩擦,形成阻尼,起到明显的缓冲和衰减振动的作用。

橡胶弹簧的优点:有良好的减振性能,吸收高频振动的能力强;灵敏性好;质量小;形体小;不会突然折损,运行中无须经常检查。

橡胶弹簧的缺点:橡胶的强度较小;制造工艺复杂;性能误差大;性能受温度的影响大,橡胶弹簧的刚度随温度变化,高温时易老化,低温时易变脆。

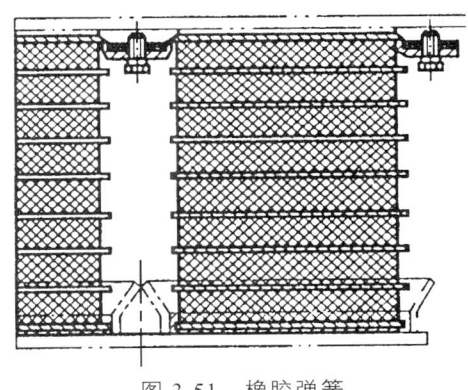

图 3-51 橡胶弹簧

2. 空气弹簧

空气弹簧一般用于车辆悬挂装置上,如图 3-52 所示。

图 3-52 空气弹簧

空气弹簧悬挂系统主要由空气弹簧、附加空气室、高度控制阀、差压阀及滤尘器等组成，如图 3-53 所示。

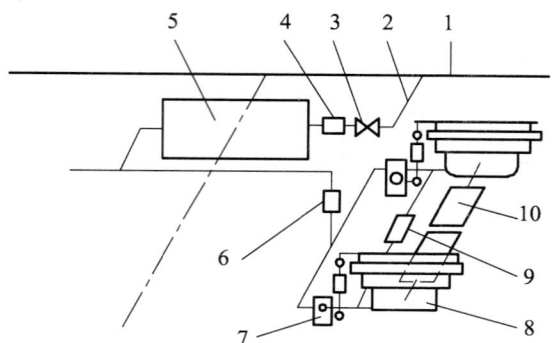

1—列车主风管；2—支管；3—截断塞门；4—止回阀；5—储风缸；6—连接软管；
7—高度控制阀；8—空气弹簧；9—差压阀；10—附加空气室。

图 3-53 空气弹簧悬挂系统装置

正常载荷，车体与转向架距离在规定范围，气囊保压，维持车体高度不变；载重加大到一定程度，车体与转向架距离减小，高度控制阀导通主风管道空气弹簧气囊通路，气囊充气，直至车体升高到标准位置；载重减少到一定程度时，车体与转向架距离增大，高度控制阀导通空气弹簧气囊与大气的通路，气囊排气，直至车体降低到标准位置。

空气弹簧的主要优点：

① 空气弹簧能够大幅度提高车辆悬挂系统静挠度以降低车体的振动频率。与钢弹簧相比，空气弹簧具有非线性特性，可以根据车辆振动性能的需要，设计成具有比较理想的弹性特性曲线。在平衡位置振动幅度较小时（正常运行时的振幅），刚度较低，若位移过大，刚度显著增加，以限制车体的振幅。

② 空气弹簧的刚度随载荷而改变，从而保持空、重车时车体的振动频率几乎相等，使空车和重车状态的运行平稳性一致。

③ 空气弹簧用高度控制阀控制时，可使车体在不同静载荷下，保持车辆地板面距钢轨面的高度基本不变，这一性能应用在地铁和轻轨上则可保持车辆的地板面与站台面的高度相协调。

④ 同一空气弹簧可以同时承受三维方向的载荷。利用空气弹簧的横向弹性特性，可以代替传统的转向架摇动台装置，从而简化结构，减轻自重。

⑤ 在空气弹簧本体和附加空气室之间装设有适宜的节流孔，可以代替垂直安装的液压减振器。

缺点是由于它的附件（如高度控制阀、差压阀）较多，成本较高，并且增加了维护与检修的工作量。

3. 圆弹簧

圆弹簧又名螺旋弹簧，由弹簧钢条加热卷绕而成，其外形有圆柱形、圆锥形等各种形状，如图 3-54 所示。机车上应用的一般都是圆柱形弹簧。为了增大弹簧的刚度，常常将不同外径的圆弹簧套在一起，组成实质上是并联的双圈或三圈弹簧组，各弹簧挠度、强度相同，内外两圆弹簧的旋向相反，防止因振动使小弹簧嵌入大弹簧中。

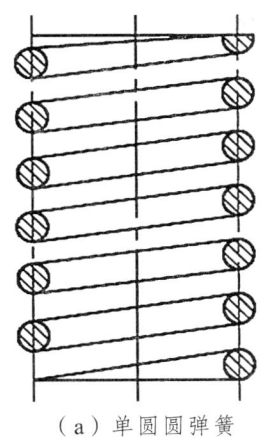 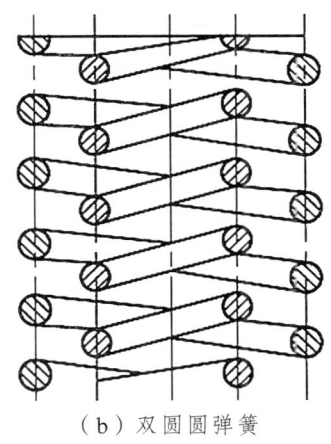

（a）单圆圆弹簧　　　　　　（b）双圆圆弹簧

图 3-54　圆弹簧

圆弹簧的优点是：结构简单；质量小；形体小；制造修理比较容易，成本低；工作灵敏性好；静挠度一般较大。

圆弹簧的缺点是：几乎无吸振能力，振动衰减慢。

（二）油压减振器

油压减振器是机车一系悬挂、二系悬挂装置上的重要减振构件，是靠拉伸、压缩活塞杆往返运动形成液压阻尼力达到减振的目的，具有良好的减振阻尼效应和柔性的减振效果，是提高机车高速运行的平稳性、舒适性、安全性的关键部件。

油压减振器是一个液压系统，在减振器拉伸和压缩时，液压油通过节流阀产生阻尼力，将机车振动冲击的机械能通过黏滞阻尼形式转变为热量并散发掉，从而达到衰减振动的目的。其原理如图 3-55 所示。

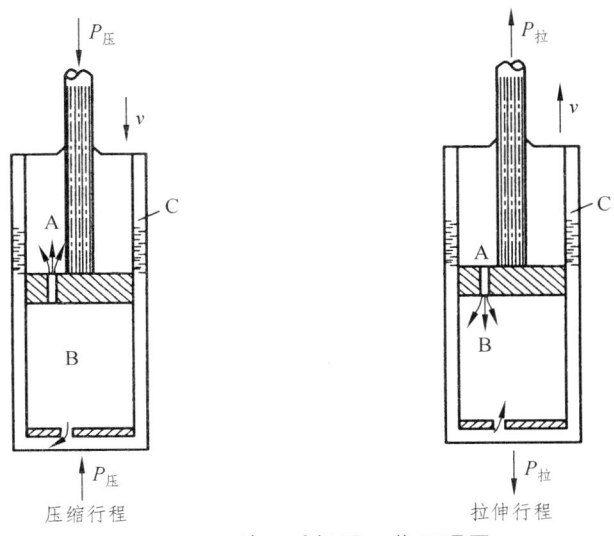

图 3-55　油压减振器工作原理图

油压减振器实质上是一个密封的充满油液的油缸。油缸内有一活塞，把油缸分为 A、B 上下两个腔，活塞上有小孔称为节流孔。油缸外套有一储油筒，储油筒与油缸 B 腔有进油孔相通，将活塞和储油筒分别固定在产生相对位移的两部件上（如构架和轴箱上，构架和车体底架上），两部件产生相对运动时，活塞和油缸产生相对位移。

当活塞上移（拉伸行程）时，A腔容积缩小，B腔容积加大。由于油缸是密封的，所以A腔油压升高，B腔油压降低，A腔的油通过活塞节流孔流入B腔，油压得以均衡，当油液流过细小的节流孔时，必然因黏滞产生阻尼。

当活塞下移时（压缩行程），情况与上述相反，油液由B腔经节流孔流入A腔，产生阻尼。由于活塞杆占据了一定的A腔容积，活塞杆上下移动时，A腔和B腔容积的变化必然不一致；活塞杆上移动时，B腔容积增大的数值大于A腔容积减小的数值；活塞下移时，A腔容积增大的数值小于B腔容积减小的数值。这样减振器的正常工作必然受到影响。为了保证减振器的正常工作，在减振器的油缸外，增设一个储油筒C腔，在油缸底部设一进油孔，活塞上移时，A腔的油流入B腔，C腔也经进油孔流向B腔补充一定数量的油，活塞下移时经B腔的油流入A腔，也有一部分油液经进油孔流回C腔。

由上可知，不论活塞上移（拉伸行程）还是下移（压缩行程），油液都要经节流孔和进油孔流动，其流动阻尼大小决定了减振器的减振性能。其性能特点如下：

（1）活塞运动速度：速度越大，阻力越大；速度越小，阻力越小。当振动频率高、振幅大，即振动强时，活塞速度大，阻力也大。反之，振动弱时，阻力也小。

（2）节流孔大小：孔径越大，阻力越小；孔径越小，阻力越大。活塞中部装有心阀，可以通过人为调整改变节流孔大小，来调整减振器的阻尼值。

（3）油液黏度：油的黏度越大，阻力越大；油的黏度越小，阻力越小。选用黏度合适的油液，对减振器的性能有重要意义，通常采用混合油（变压器油和透平油各占50%）或仪表油。

三、HXD_3型机车一系、二系悬挂

HXD_3型机车一系悬挂设置在轴箱和构架之间，由一系弹簧组（螺旋钢圆弹簧、一系橡胶垫、一系调整垫）、一系垂向油压减振器组成，用于缓和钢轨对机车的冲击振动，改善簧上零部件的工作条件和乘务人员的舒适度，如图3-56所示。

图3-56 HXD_3型机车一系悬挂

二系悬挂系统又称支承装置。本车的支承装置由高圆弹簧、二系垂向减振器和横向布置的抗蛇行减振器组成。每个转向架上有两组高圆弹簧（每组三个），布置在左右侧架中央部分，两个垂向减振器和两个抗蛇行减振器的布置等如图3-57所示。

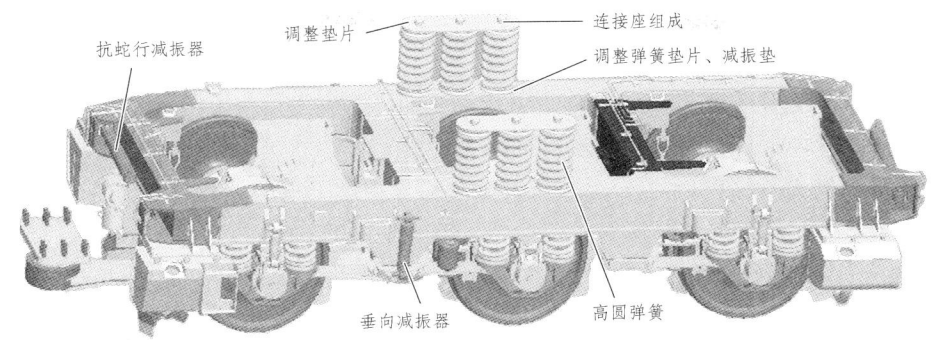

图 3-57　HXD₃型机车二系悬挂

高圆弹簧支承着机车上部结构重量，并通过它实现车体上部的垂向静载荷、动载荷及横向载荷向转向架的传递。当机车通过曲线时，可在车体与转向架之间产生相对位移，使机车顺利通过曲线；当机车通过曲线后，可使转向架与车体之间快速恢复原来的平衡位置。垂向和抗蛇行减振器的设置可以使机车获得良好的运行品质。二系横向抗蛇行减振器结构如图3-58所示。其组成为：在缸筒（1）内往复运动的活塞连杆（3）、活塞（2）以及与活塞连杆（3）焊接在一起的上部安装，导油管（4），螺纹连接防尘罩（5），焊有底盖的外筒（6），有回油阀的底阀（7），拉伸和压缩阻尼调整阀（8），导向器（9），压盖（10），油封（11），储油缸密封（12），支承垫片（13）以及上下安装连接。

二系垂向减振器基本结构及工作原理与一系垂向减振器相同。

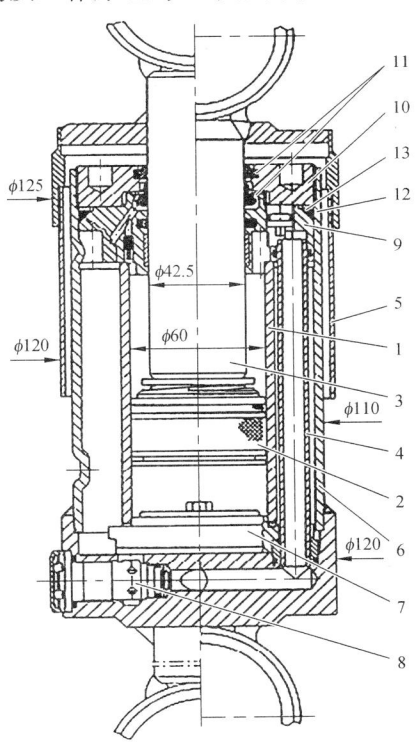

1—缸筒；2—活塞；3—活塞连杆；4—导油管；5—防尘罩；6—外筒；7—底阀；8—阻尼调整阀；9—导向器；10—压盖；11—油封；12—储油缸密封；13—支承垫片。

图 3-58　横向抗蛇行减振器

四、HXD$_1$型机车一系、二系悬挂

HXD$_1$型机车转向架一系悬挂结构借鉴了高速动力转向架的悬挂结构，由钢圆弹簧、垂向减振器组成。该种结构的特点是：结构简单，且可实现一系纵向、横向弹性参数相对独立，并且一系纵向刚度大，横向刚度小，有利于提高临界速度，保持驱动系统稳定，提高黏着利用率及改善曲线通过性能。钢弹簧设计满足 EN13906-1，材料满足 EN10089，制造满足 UIC822V 以及 DIN2096。一系悬挂装置参数见表 3-4。

表 3-4 一系悬挂参数

项　目	参　数		
一系弹簧加橡胶垫的纵向刚度/(MN/m)	2.415		
一系弹簧加橡胶垫的横向刚度/(MN/m)	2.415		
一系弹簧加橡胶垫的垂向刚度/(MN/m)	1.455		
轴箱拉杆长度/m	0.442		
轴箱拉杆橡胶关节的纵向刚度/(MN/m)	72		
轴箱拉杆橡胶关节的扭转刚度/(N·m/°)	33		
轴箱拉杆橡胶关节的偏转刚度/(N·m/°)	35		
一系横向止挡间隙/mm	10		
一系垂向止挡间隙/mm	25		
一系垂向减振器阻尼	速度/(m/s)	0.1	0.3	0.7
	拉伸阻尼力/N	4 250	10 000	18 000
	压缩阻尼力/N	4 450	10 000	16 000

HXD$_1$型机车转向架二系悬挂装置采用高挠钢弹簧、橡胶垫、垂向减振器、端部水平减振器组成，并设置了垂向和横向止挡。钢弹簧设计满足 EN13906-1，材料满足 EN10089，制造满足 UIC822V 以及 DIN2096。动力学计算表明：二系弹簧采用横向布置，可减小弹簧的最大变形量，改善弹簧的受力状态；二系横向减振器布置在构架端梁，可以降低轮轴横向力。二系悬挂装置参数见表 3-5。

表 3-5 二系悬挂参数

项　目	参　数				
二系弹簧纵向刚度/(MN/mm)	0.226 5				
一系弹簧横向刚度/(MN/m)	0.226 5				
二系弹簧垂向刚度/(MN/m)	0.557				
二系横向止挡自由间隙/mm	35				
二系横向止挡弹性间隙/mm	5				
二系垂向止挡间隙/mm	30				
二系垂向减振器阻尼	速度/(m/s)	0.1	0.3		
	拉伸阻尼力/N	9 340	20 000		
	压缩阻尼力/N	8 500	23 000		
二系水平减振器阻尼	速度/(m/s)	0.025	0.05	0.075	0.1	0.3
	拉伸阻尼力/N	1 540	3 850	4 960	5 820	11 310
	压缩阻尼力/N	1 820	3 440	4 880	6 200	11 650

五、$SS_{4改}$型机车一系、二系悬挂

$SS_{4改}$型电力机车每台转向架有 4 组完全相同的一系悬挂装置。每个悬挂装置由两组完全相同的弹簧组、上下压盖及一个上座和一个垂向液压减振器等组成。$SS_{4改}$型电力机车轴箱悬挂装置如图 3-59 所示。

图 3-59 $SS_{4改}$型机车一系悬挂

$SS_{4改}$型电力机车二系悬挂装置包括橡胶弹簧、横向油压减振器、垂向油压减振器。橡胶弹簧由 1 块端板、7 块隔板橡胶硫化成整体组成,利用弹性元件受附加载荷时产生弹性变形,将振动冲击能量转化为元件变形的位能,然后将位能释放出来,形成元件及簧上部分的振动,在振动过程中,冲击能量转化为热量散发掉,使振动加速度和动作用力大大降低,如图 3-60 所示。

图 3-60 $SS_{4改}$型机车橡胶弹簧

六、HXN$_{3B}$型机车一系、二系悬挂

（一）一系悬挂

一系悬挂装配安装在转向架轮对与构架之间，每台转向架有六组一系悬挂装配，采用独立轴箱弹簧悬挂结构。每个轴箱有两组螺旋弹簧承载，在每组弹簧的下方有橡胶减振垫。轴箱单侧各安装一个具有三向刚度要求的轴箱拉杆定位装置（轴箱拉杆装配），机车运行时，轴箱拉杆用来传递牵引力、制动力。此外，在端轴轴箱装配处安装有一个垂向减振器。一系悬挂装配如图 3-61 所示。

1—垂向减振器；2—轴箱体；3—轴箱拉杆；4—橡胶减振垫；5—双圈弹簧。

图 3-61　HXN$_{3B}$型机车一系悬挂装置示意图

1. 垂向减振器

一系垂向减振器外形如图 3-62 所示，其性能指标如下：

公称载荷	6 000×（1±15%）N
公称速度	0.1 m/s
减振器衬套径向刚度	30×（1±20%）kN/mm

2. 双圈弹簧

双圈弹簧的各项性能指标如下：

自由高度	366 mm
在标准载荷（整车质量 150 t）下的高度	241 mm
轴向刚度	392.3×（1±10%）N/mm
横向刚度	335.28 N/mm

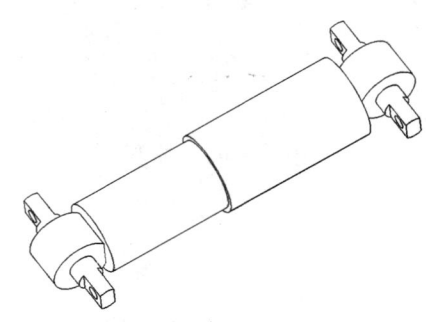

图 3-62　HXN$_{3B}$型机车一系垂向减振器示意图

（二）二系悬挂

二系悬挂装置承担车体与转向架间垂向和横向的静负荷和动负荷，缓和车体和转向架之间的冲击，衰减振动和隔离噪声。每个转向架有一组二系悬挂装配。二系悬挂装置采用橡胶弹簧结构方式，构架装有二系横向减振器和抗蛇行减振器，结构如图3-63所示。

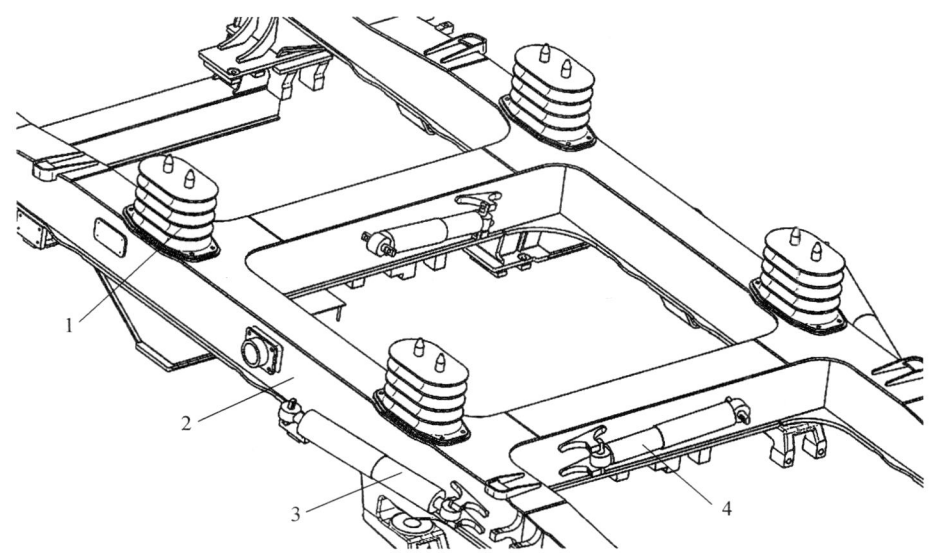

1—二系橡胶弹簧；2—侧挡；3—抗蛇行减振器；4—横向减振器。

图 3-63　HXN_{3B}型机车二系悬挂装配示意图

1. 二系橡胶弹簧

二系橡胶弹簧外形如图3-64所示，二系橡胶堆是用螺栓连接到构架，用两个圆销连接到车体上。其性能指标如下：

根据轴重分配计算，二系橡胶弹簧距二轴轴心向前偏移165 mm。

四个橡胶堆的纵向距离为1 800 mm，横向距离为2 100 mm。

橡胶堆的垂向刚度为6.5 kN/mm，静挠度为20 mm，横向刚度为200 N/mm。

工作高度为258 mm ± 3 mm。

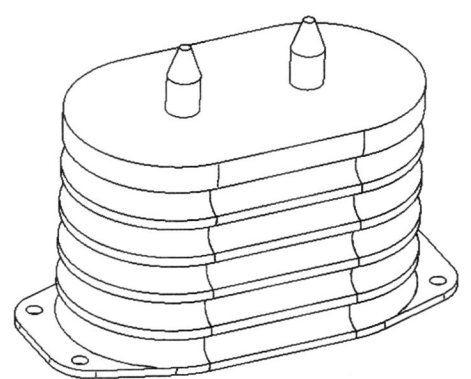

图 3-64　HXN_{3B}型机车二系橡胶旁承示意图

2. 横向减振器

横向减振器安装在中间轴横梁上，外形如图 3-65 所示，其性能指标如下：

拉伸行程	32 mm
压缩行程	40 mm
公称载荷	10 000 N
公称速度	0.1 m/s
减振器衬套径向刚度	≥28 kN/mm

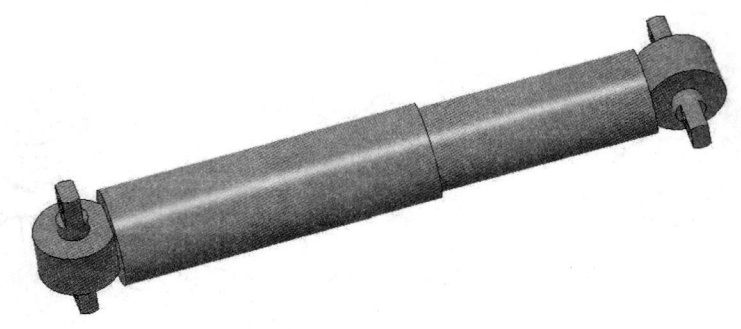

图 3-65　HXN$_{3B}$ 型机车横向减振器示意图

3. 抗蛇行减振器

抗蛇行减振器安装在侧架上，与车体相连接，结构如图 3-66 所示，其性能指标如下：

公称载荷	16 500 N
公称速度	0.04 m/s
拉伸行程	32 mm
压缩行程	40 mm
减振器衬套径向刚度	≥50 kN/mm

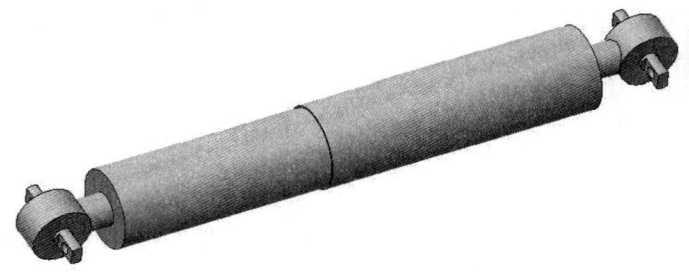

图 3-66　HXN$_{3B}$ 型机车抗蛇行减振器示意图

4. 侧　挡

二系侧挡通过螺栓安装在构架侧立面上，如图 3-67 所示，技术参数如下：

自由高度	69 mm
压并高度	54 mm

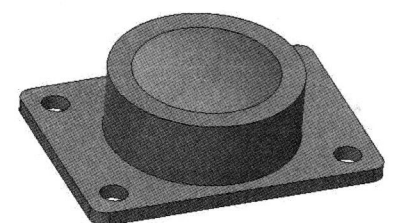

图 3-67 HXN₃B 机车侧挡示意图

5. 二系悬挂装置日常维护保养要求

（1）每日检查二系橡胶旁承，检查油压减振器的密封性；检查油压减振器的橡胶关节有无老化、裂损。

（2）每日检查各紧固件的紧固性。

七、DF_{4B} 型机车一系、二系悬挂

DF_{4B} 型机车一系弹簧悬挂由圆弹簧、油压减振器和橡胶垫组成，静挠度为 123 mm。二系弹簧悬挂采用橡胶弹簧，静挠度为 16 mm。采用一系挠度大、二系挠度小的布置方式，可减小机车的轴重转移，提高机车在高速运行时的平稳性。二系悬挂采用橡胶弹簧可有效吸收机车运行时的高频振动。

轴箱两组圆弹簧均由内、中、外 3 圈圆弹簧组成，各圈弹簧旋向左右相间布置，由弹簧座上的定位凸台定位，互不接触。上下弹簧座的圆柱销分别插入轴箱体和构架弹簧座的定位孔内，以使弹簧定位。轴箱弹簧技术参数如表 3-6 所示。

表 3-6 轴箱弹簧技术参数

参　数	外簧	中簧	内簧
簧条直径/mm	32	22	13
弹簧指数	6.3	6.1	6.2
旋向	左	右	左
总圈数	7	9.75	15.25
有效圈数	5.5	8.25	13.75
刚度/（kg/mm）	22.79	11.54	4.06
材料	55Si2Mn	55Si2Mn	55SiMn
弹簧外径/mm	235	157	99
自由高/mm	388^{+6}_{-3}	388^{+6}_{-3}	388^{+6}_{-3}
全压缩高/mm	206.5	203.5	208
工作高/mm	268^{+6}_{-3}	268^{+6}_{-3}	268^{+6}_{-3}

弹簧组装前在油压机上预压缩至超过弹簧工作高度 20~30 mm，再用专门预紧拉环借助上下弹簧座上的耳环将弹簧拉紧，落车后取下拉环。架车检查时，必须先装上拉环再进行架车，以免造成轴箱拉杆橡胶关节的损坏。

为使各轮受力均匀，用垫片进行调整，使每组弹簧在工作载荷上的高度为（268±2）mm。在轴箱与下弹簧座间串联一个橡胶垫，以衰减和吸收来自簧下轮对的高频振动，橡胶垫上下表面各有一块 2 mm 厚的钢板，与橡胶制成一体。

每台转向架上部有 4 组二系弹簧悬挂装置，每组采用 4 个橡胶弹簧，分别套在 4 个球头杆上。

DF_{4B} 型机车每台转向架两端轴的左右各有 1 台液压减振器与一系弹簧并联，每台机车共装有 8 台 SFK1 型液压减振器，用以衰减机车的垂向振动，如图 3-68 所示。SFK1 型液压减振器主要由活塞部、进油阀部、缸端密封部及连接部组成。

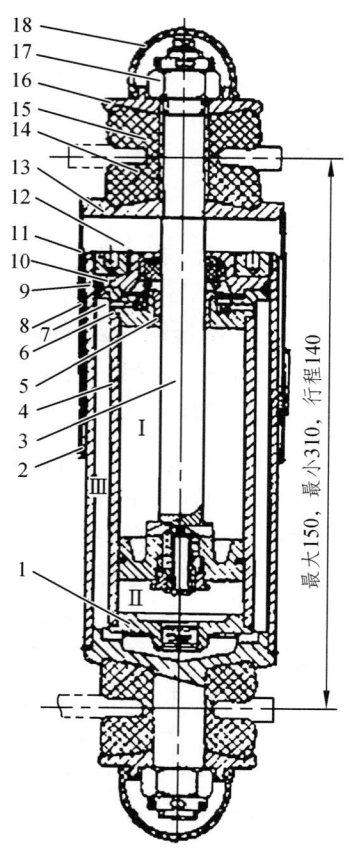

1—进油阀；2—储油缸；3—活塞部；4—缸筒；5—导向套；6—密封弹簧；7—托垫；8—缸端；
9—油封圈；10—密封盖；11—螺盖；12—密封圈；13—防尘罩；14—套；15—胶垫；
16—压盖；17—螺母；18—防锈帽；Ⅰ，Ⅱ，Ⅲ—油腔。

图 3-68　SFK1 型液压减振器

活塞部主要由活塞、心阀、心阀弹簧、阀座和套阀等组成。心阀两侧开有节流孔，组装后节流孔下部露出套阀部分称为初始节流孔。减振器的工作阻力主要取决于初始节流的大小。为调整减振器的阻力大小，在阀座顶部、心阀顶部和心阀弹簧顶部 A、B 和 C 处，设有 0.2 mm 的调整垫片。进油阀部位于缸筒的下端，在进油阀体上装有阀瓣、进油阀弹簧和锁环。

液压减振器是利用工作油通过心阀上的节流孔时产生黏滞阻力，把动能变为热能，以衰减机车簧上部分的振动。而工作油通过心阀的流向则取决于与转向架、轴箱相连的减振器上、下连接部相对的运动方向，即减振器活塞在缸筒内的往复运动方向。

操作运用案例

实训七 铁道机车一系、二系悬挂装置认知

1. 实训项目教师工作活页

实训项目教师工作活页　　　　　　　　　　NO：

实训项目	铁道机车一系、二系悬挂装置认知		
学　　时	2	班　　级	
实训场所	机车总体与走行部实训室		
工具设备	机车总体与走行部实训台、多媒体设备课件、图片、计算机多媒体设备等		
教学目标	专业能力	（1）能说明机车一系悬挂的作用和组成； （2）能说明机车二系悬挂的作用和组成； （3）能说明 HXD_1 型机车一系、二系悬挂的作用和组成； （4）能说明 HXD_3 型机车一系、二系悬挂的作用和组成； （5）能说明 $SS_{4改}$ 型机车一系、二系悬挂的作用和组成； （6）能说明 HXN_{3B} 型机车一系、二系悬挂的作用和组成； （7）能说明 DF_{4B} 型机车一系、二系悬挂的作用和组成		
	方法能力	（1）能综合运用专业知识，通过利用专业书籍、多媒体课件和图片资料获得帮助信息； （2）能根据实训项目学习任务确定实训方案，从中学会表达及展示活动过程和成果		
	社会能力	（1）能在实习训练活动中保持积极向上的学习态度； （2）能与小组成员和教师就学习中遇到的问题进行交流和沟通； （3）能与他人共享学习资源，具有较好的合作能力和团队协作精神		
教学评价	学生活动：① 以5~7人为单位小组开展实训活动，根据本组同学在实训过程中的能力表现及结果进行自评、组内互评；② 根据其他小组同学在成果展示活动中的表现及结果进行互评。 教师活动：① 教师组织学生开展评价活动和总结；② 对学生本实训项目单元成绩做出综合评价		
指导教师		教学时间	年　　月　　日

2. 实训项目学生学习活页

实训项目学生学习活页　　　　　NO:

实训七　铁道机车一系、二系悬挂装置认知

班级：　　　　姓名：　　　　学号：　　　　时间：

一、实训目标
1. 专业能力目标
（1）能说明机车一系悬挂的作用和组成；
（2）能说明机车二系悬挂的作用和组成；
（3）能说明 HXD_1 型机车一系、二系悬挂的作用和组成；
（4）能说明 HXD_3 型机车一系、二系悬挂的作用和组成；
（5）能说明 $SS_{4改}$ 型机车一系、二系悬挂的作用和组成；
（6）能说明 HXN_{3B} 型机车一系、二系悬挂的作用和组成；
（7）能说明 DF_{4B} 型机车一系、二系悬挂的作用和组成。
2. 方法能力目标
（1）能综合运用专业知识，通过利用专业书籍、多媒体课件和图片资料获得帮助信息；
（2）能根据实训项目学习任务确定实训方案，从中学会表达及展示活动过程和成果。
3. 社会能力目标
（1）能在实习训练活动中保持积极向上的学习态度；
（2）能与小组成员和教师就学习中遇到的问题进行交流和沟通；
（3）能与他人共享学习资源，具有较好的合作能力和团队协作精神。

二、知识总结
（1）简述机车一系、二系悬挂的功能。

（2）叙述机车一系悬挂的组成。

（3）叙述机车二系悬挂的组成。

（4）简述 HXD_3 型电力机车一系、二系悬挂的作用和组成。

（5）简述 HXD_1 型电力机车一系、二系悬挂的作用和组成。

（6）简述 $SS_{4改}$ 型电力机车一系、二系悬挂的作用和组成。

（7）简述 HXN_{3B} 型机车一系、二系悬挂的作用和组成。

（8）简述 DF_{4B} 型内燃机车一系、二系悬挂的作用和组成。

三、操作运用
（1）在机车总体与走行部实训室实训设备上对电力机车一系、二系悬挂部件进行指认。

（2）在机车总体与走行部实训台上进行一系、二系悬挂日常保养维护实训。

四、实训小结

五、成绩评定
1. 学生评价

评价等级	A（优）	B（良）	C（中）	D（及格）	E（不及格）
学生自评					
组内互评					
他组互评					

2. 教师评价

评价等级	A（优）	B（良）	C（中）	D（及格）	E（不及格）
专业能力					
方法能力					
社会能力					

3. 综合评价

评价等级	A（优）	B（良）	C（中）	D（及格）	E（不及格）
评价结果					

注：按照学生自评占10%、组内互评占10%、他组互评占20%、教师评价占60%的比例计分。其中，A为100分，B为85分，C为75分，D为60分，E为50分。

4. 评价量规

等级	行为表现描述
A	能圆满高效地完成实训任务的全部内容
B	能顺利完成实训任务的全部内容
C	能完成实训任务的全部内容，但需要一些帮助和指导
D	自己只能完成实训任务的部分内容，但在现场的指导下，已经能完成任务的全部内容
E	不能完成实训任务的全部内容

任务五　基础制动装置

知识目标

（1）掌握机车基础制动装置的构造。
（2）掌握机车基础制动装置的工作原理。
（3）掌握 HXD_3 型电力机车基础制动装置的构造和工作原理。
（4）掌握 HXD_1 型电力机车基础制动装置的构造和工作原理。
（5）熟悉 $SS_{4改}$ 型电力机车基础制动装置的构造和工作原理。
（6）了解 HXN_{3B} 型内燃机车基础制动装置的构造和工作原理。
（7）了解 DF_{4B} 型内燃机车基础制动装置的构造和工作原理。

能力目标

（1）能说明机车基础制动装置的构造和工作原理。
（2）熟悉几种铁道机车基础制动装置的构造和工作原理。

素质目标

（1）培养学生爱岗敬业、忠于职守、团结合作的精神。
（2）使学生具备从事机车运用和检修岗位所必需的基本知识和专业技能。

工具设备

多媒体设备课件、图片、示教板、计算机多媒体设备等。

教学环境

多媒体教室、机车制动实训室。

一、基础制动装置介绍

基础制动装置的任务如下：
（1）传递制动原力（也叫制动缸活塞杆的推力）至各闸瓦；
（2）将制动原力放大一定倍数；
（3）保证各闸瓦有较一致的制动力；
（4）与手制动机或停车制动装置配合产生停车制动作用。
基础制动装置分为闸瓦制动和盘形制动两大类。盘形制动（摩擦式圆盘制动）是在车轴上或在车轮辐板侧面装上制动盘，一般为铸铁圆盘，用制动夹钳使合成材料制成的两个闸片紧压制动盘侧面，通过摩擦产生制动力，把列车动能转变为热能消散于大气。盘形制动属于黏着制动。闸瓦制动基础制动装置由制动缸、活塞、推杆、闸瓦及其间一系列传动部分所组成。它的作用是把制动原力放大若干倍后均匀地传递到各个闸瓦，使之压紧车轮产生制动作用。

轮盘制动和踏面（闸瓦）制动同属于摩擦制动方式，但轮盘制动相对于踏面制动有如下优点：

（1）传统的踏面（闸瓦）制动方式大部分热能由车轮和闸瓦来承担。随着机车速度的提高和载重的增大，车轮的制动热负荷也相应增加。轮盘制动代替了闸瓦对车轮踏面的摩擦，增大了摩擦接触面积，改善了热负荷传递条件，也减少了车轮的磨耗，延长了车轮的使用寿命，改善了运行品质，保证了行车安全。

（2）在轮盘制动装置中，作为摩擦副的制动盘和闸片的材质及结构，可根据制动的要求进行多种方案的选择，可以获得较高的摩擦系数，并且比较稳定，受速度的影响小。因此可以减小制动压力，制动缸及杠杆的尺寸都可以缩小，减小了制动装置的质量。

（3）轮盘制动装置的散热性能比较好，摩擦系数稳定，能得到较恒定的制动力。它的热容量允许采用较高的制动率，可以在更高的速度下制动，获得较高的减速度，从而也就缩短了制动距离。

（4）轮盘制动装置结构紧凑，制动效率高，便于装拆和维护。

停车制动装置是机车车辆在无压缩空气时，用以代替空气制动机的作用，带动基础制动装置，使闸瓦压紧车轮的一种制动装置。停车制动装置一般包括手制动机和蓄能制动器（弹簧止轮器）。手制动机靠人力操纵并产生制动原力，而蓄能制动器则是靠蓄能弹簧产生制动原力。

二、基础制动装置的组成

基础制动装置由制动缸、制动传动装置、闸瓦装置及闸瓦间隙调整装置组成。

制动缸俗称闸缸，是产生制动原力的部件，它受制动缸空气压力的变化来控制制动缸动作。制动缸的种类很多，但其构造基本相同，主要由缸体、活塞、活塞杆及缓解弹簧等组成。

制动传动装置应用杠杆原理，将制动缸产生的制动原力放大一定的倍数后均衡地传递给各个闸瓦。

闸瓦装置用于安装闸瓦，并调整闸瓦与车轮踏面间的工作角度。闸瓦装置包括闸瓦、闸瓦托、闸瓦钎及闸瓦定位装置等。

闸瓦间隙调整装置用于自动调整闸瓦与车轮踏面之间的间隙，使闸瓦间隙保持在规定的范围内，以确保制动作用的可靠性。

三、基础制动原理

基础制动装置的作用原理（见图 3-69）如下：当施行制动时，压缩空气由总风缸进入制动缸，推动活塞压缩缓解弹簧，使横杆 AB 以 C 点为支点逆时针旋转。因为 $AC:CB=3.3$，所以 B 点的作用力为 A 点作用力的 3.3 倍。通过叉杆 BD，将作用力传到竖杆 DF 上，使 DF 以 E 点为支点逆时针旋转。因为 $DF:EF=3.72$，所以在 F 点处作用力又增大 3.72 倍。最后通过闸瓦间隙自动调节器 FG，把 F 点的力通过闸瓦压到车轮上，从而产生制动作用。活塞推力经过杠杆系统得到放大，放大倍数为 $(AC:CB)\times(DF:EF)=3.3\times3.72=12.3$，这个倍数被称为制动倍率。

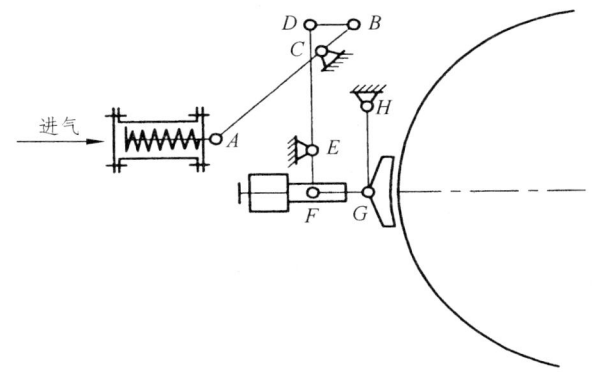

AB—横杆；BD—叉杆；DF—竖杆；FG—闸瓦间隙自动调节器；GH—吊杆。

图 3-69 基础制动装置作用原理

四、基础制动装置的分类

基础制动装置分为单侧制动和双侧制动两种。单侧制动仅在车轮的一侧对车轮施加制动力；双侧制动在车轮的两侧同时对车轮施加制动力。

单侧制动装置结构简单，质量较小，检查和维修方便，它的缺点是制动时车轴上有附加弯矩作用，增大了车轴应力。此外，闸瓦单位面积压力大，发热严重，导致摩擦系数下降，加快了闸瓦磨耗。

双侧制动装置在制动时车轴上没有附加弯矩，闸瓦单位面积压力小，所以摩擦系数高，闸瓦寿命长，但它的结构复杂，检查和维修困难。

五、HXD_3 型机车基础制动装置

基础制动装置是对运行中的机车执行减速和停车的一种装置。本车采用的是轮盘式制动，每个车轮安装一套独立的单元制动器，每个转向架还装有两套带有弹簧停车储能制动的单元制动器，安装在第一、六轴车轮上，如图 3-70 所示。当机车制动时，制动单元得到压缩空气，通过制动缸鞲鞴推动夹钳和闸片，压力作用到安装在车轮辐板上的摩擦盘上，使闸片与摩擦盘产生摩擦，消耗功率，将动能转变为热能散发掉，从而使机车达到减速或停车的目的。

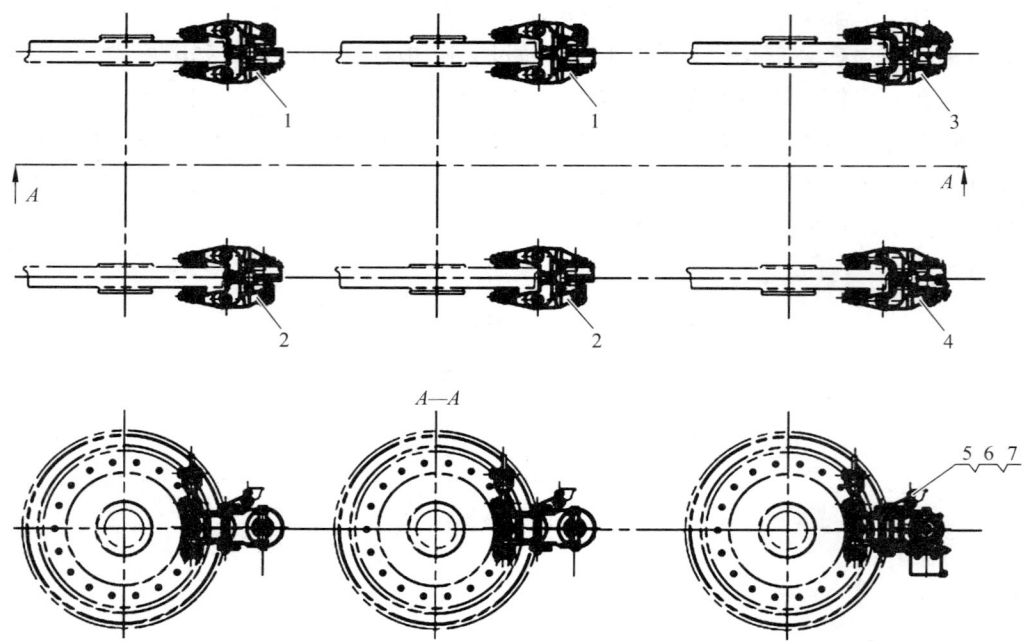

1—制动单元（右）；2—制动单元（左）；3—制动单元（弹簧停车左）；4—制动单元（弹簧停车右）；
5—螺栓 M16×70；6—螺母 M16；7—弹簧垫圈。

图 3-70 单元制动装置

轮盘制动装置包括单元制动缸（常用单元制动缸和带停放单元制动缸）、制动盘、闸片及夹钳组成，如图 3-71、图 3-72 所示。

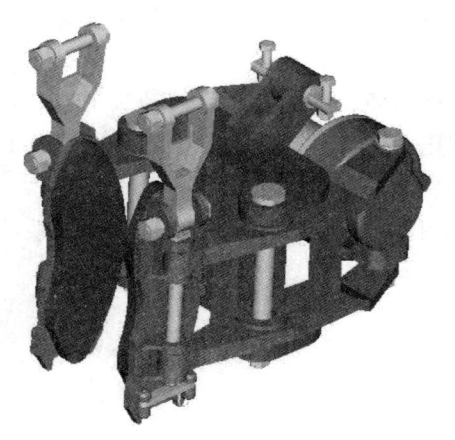

图 3-71 盘式制动单元

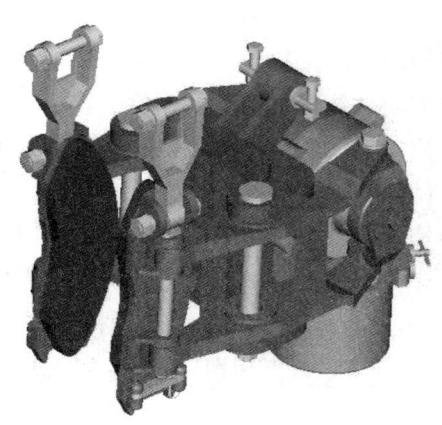

图 3-72 带停放单元盘式制动单元

常用制动单元是由制动缸作用部与闸片间隙调整器组成的一个独立的制动单元结构。闸片间隙调整器可以使闸片和制动盘磨耗过大后使盘片间隙得到自动调整，使间隙始终保持在正常的数值范围内。

带停放单元的制动单元是由常用单元制动作用部与弹簧停放作用部组成的一个独立制动

单元。当用于正常制动时,弹簧停放缸得到压缩空气,弹簧停放缸缓解,然后缸内气压一直保持在 420~450 kPa。其常用制动缸作用与不带停放单元制动缸相同。

当用于停车制动时,弹簧停放制动缸排气,弹簧停放缸实施制动。通过停放弹簧的弹力带动楔块拉杆机构,带动常用制动缸的活塞部分,推动夹钳,使闸片抱紧制动盘,实现停车制动或坡道停车制动。停车制动或坡道停车制动后,拉动手动缓解拉柄,可对弹簧停放缸进行手动缓解。

制动盘材料采用高强度合金铸铁。结构为带散热筋的环状结构。通过均布的 6 个 $\phi 25$ 圆键和 18 个 M12 的 10.9 级高强度螺栓、全金属锁紧螺母安装在机车车轮辐板上。制动盘抗热温度不小于 400 ℃;闸片为合成材料,采用标准的燕尾插装式安装在闸片托上。制动盘与闸片的平均摩擦系数为 0.35。

六、HXD_1 型机车基础制动装置

(一)基础制动装置的主要参数

紧急制动距离:

轴重为 23 t 时,≤800 m;

轴重为 25 t 时,≤900 m。

制动率 40.5%。

制动空走时间≤6 s。

停车制动 30‰坡道能制停。

制动率 16%。

滑移安全系数 1.4。

制动盘尺寸为 740 mm×1 090 mm,厚度 24 mm。

制动盘最大不平衡量 16 g·m。

制动倍率 2.41。

闸片厚度 21 mm。

(二)基础制动装置的结构

HXD_1 型机车轮装制动盘的结构及安装方式如图 3-73 和图 3-74 所示,轮装制动盘采用铸钢整体结构,在制动盘靠轮辐一侧设计有散热筋。每两个轮盘为一组,用 18 个 M12 螺栓、膨胀套及防松螺母和 6 个定位键安装在车轮轮辐两侧,每个螺栓的预紧力矩为 60 N·m,在 18 个 M12 螺栓达到预紧力矩后,两个制动盘的摩擦面基本上呈平行状态,其端面轴向跳动量不大于 0.5 mm。

单元制动器由单元制动缸和夹钳机构组成。其安装结构如图 3-73 所示。

HXD_1 型机车每个轮对有两套轮盘制动装置(见图 3-74),其中一个带有蓄能制动装置。

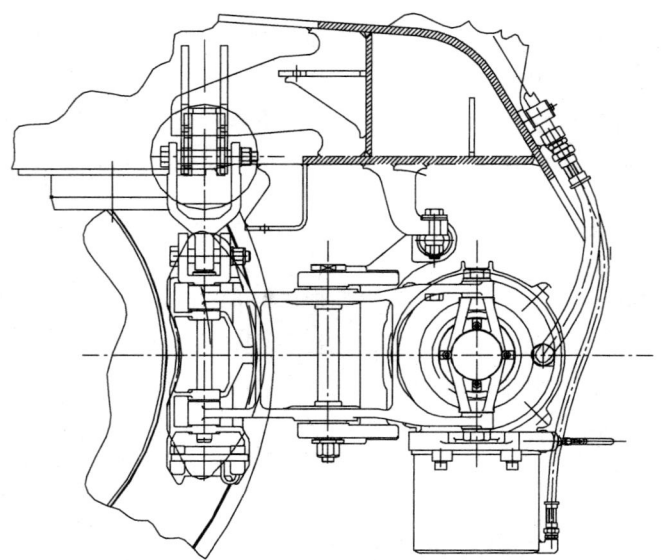

图 3-73 HXD$_1$ 型机车单元制动器安装结构

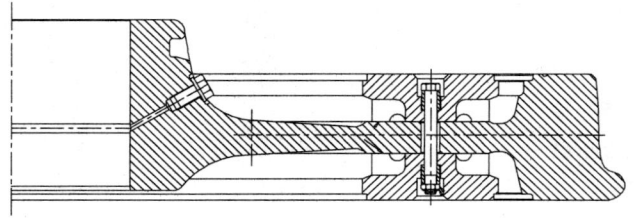

图 3-74 HXD$_1$ 型机车轮盘结构

七、SS$_{4改}$型机车基础制动装置

（一）基础制动装置的组成

SS$_{4改}$型电力机车的基础制动装置均采用独立箱式单元制动器,它是以制动器箱体为基础,将制动缸、制动传动装置和闸瓦间隙调整装置安装于箱体内部,闸瓦装置安装于箱体外侧的一种基础制动装置,因而又称为单缸制动器,如图 3-75 所示。该制动装置主要由制动缸、杠杆传动系统、闸瓦间隙自动调整器和闸瓦装置组成。

1. 箱　体

箱体 2 为钢板电焊结构,将制动各单元件分别安装于箱体内外。箱体内安装制动杠杆 14 和闸瓦间隙自动调整器；箱体外安装制动缸 11、闸瓦托 20 及闸瓦 22。

2. 制动缸

制动缸为产生制动原力的部分,它采用活塞式结构,其上安装有制动缸管,为压力空气进出制动缸的管路。缸内装有带橡皮碗的活塞及活塞杆,活塞与箱体之间装有圆锥缓解弹簧 15,活塞杆的一端连在制动杠杆的下端。

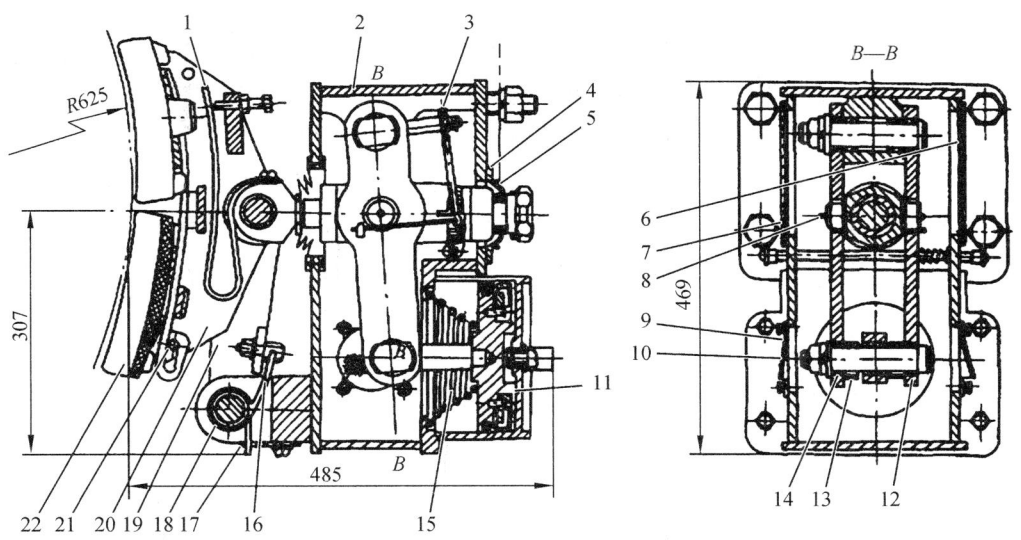

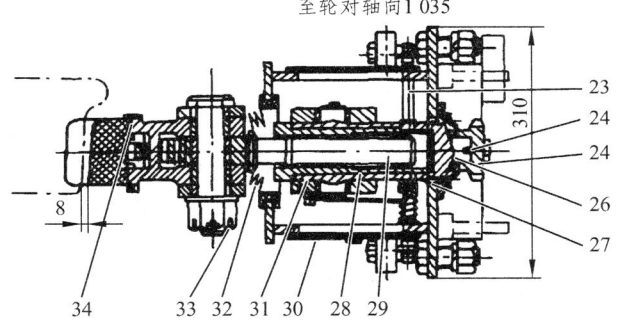

1—闸瓦定位弹簧；2—箱体；3—棘钩；4—压环；5—密封套；6—门组装（左）；7—门组装（右）；
8—油杯；9—护罩；10—滤尘网；11—制动缸；12、14—杠杆；13—隔套；15—圆锥弹簧；
16—扭簧卡；17—扭簧止板；18—扭转弹簧；19—闸瓦托杆；20—闸瓦托；21—闸瓦钎；
22—闸瓦；23—脱钩杆；24—开口销；25—手轮；26—螺盖；27—棘轮；28—传动螺杆；
29—传动螺母；30—滑套；31—条簧；32—密封罩；33—螺母；34—闸瓦钎圆销。

图 3-75 $SS_{4改}$ 型机车单元制动器

3. 制动杠杆

制动杠杆用于传递、放大制动缸产生的制动原力。制动杠杆为两片，用销子吊装在箱体内上方的支点座上。杠杆中部孔吊装闸瓦间隙自动调整器。在外片制动杠杆的上端侧面焊装一个关节肘销，吊装棘钩。在外片制动杠杆上卡着的条簧将棘钩紧压在闸瓦间隙自动调整器的棘轮齿槽内，此条簧为Γ形。

4. 闸瓦装置

闸瓦装置是基础制动装置中的最后一部分，它主要由闸瓦 22、闸瓦托 20、闸瓦托杆 19 等组成。闸瓦托杆下端通过销装在箱体下方的支点座上，上端安装闸瓦托，并与传动螺杆 28 相连。闸瓦托上装两块闸瓦，以闸瓦钎 21 串定。

5. 闸瓦间隙自动调整器

闸瓦间隙自动调整器是为使闸瓦与车轮踏面保持一定间隙而设的。SS系列电力机车除SS$_7$、SS$_9$型外，均采用单向自动式闸瓦间隙调整器，即自动减小过大的闸瓦间隙，而增大闸瓦间隙则需人工调整。它吊装在制动杠杆上部，两端伸出箱体孔部分设密封装置，防止灰尘进入箱体内。伸出箱体一端是调整手轮，另一端是传动螺杆，连在闸瓦托与闸瓦托杆上。

闸瓦间隙自动调整器由传动螺杆 28 与传动螺母 29（左旋螺纹结合）、滑套 30、棘轮 27、棘钩 3 及调整手轮 25 等组成。传动螺母套装在滑套中可转动，传动螺母尾部露出滑套部分有右旋螺纹，其上拧装棘轮与调整手轮。滑套上有两耳轴销，是为吊装在制动杠杆之间而设的。

箱体上部有脱钩机构，主要由脱钩杠杆 23 及棘钩 3 组成。撬起脱钩杠杆的长臂，压迫脱钩销可使棘钩绕关节肘销转动离开棘轮齿槽，以便反向旋转调整手轮使闸瓦离开车轮踏面进行闸瓦更换。

（二）工作原理

当制动缸充气时，活塞带动活塞杆左移（活塞同时压缩圆锥缓解弹簧），推动制动杠杆下端并以螺销为支点向左摆动，制动杠杆带动与它相连的滑套，使传动螺母与传动螺杆推动闸瓦托，使闸瓦压在车轮踏面上实现制动作用。当制动缸排气时，活塞和活塞杆在缓解弹簧的推动下，使上述各传动零件做反方向运动，闸瓦即离开踏面而缓解。

八、HXN$_{3B}$型机车基础制动装置

HXN$_{3B}$型机车基础制动装置采用单侧踏面单元制动器，每轮一套单侧单闸瓦制动装置，采用高磨合成闸瓦，带有闸瓦间隙自动调整器，具有弹簧停放功能，弹簧停车制动安装在每个转向架的一轴、三轴，弹簧停车制动保证机车在 30‰ 坡道上停车，如图 3-76 和图 3-77 所示。

图 3-76 踏面制动单元示意图

图 3-77 弹簧停车制动单元示意图

1. 常用制动单元部件

（1）制动缸和活塞。

（2）为适应闸瓦和车轮踏面磨损提供自动调整的间隙调整机构。

（3）一次制动后，用于自动补偿磨耗而增大间隙的独立作用的间隙调整器。

（4）在闸瓦更换以后，用于复位的六角头复位机构。

（5）既用于常用制动又用于弹簧停车制动的制动单元（装有弹簧作用器）。

当应用弹簧停车制动时，弹簧力通过锥形连接器、螺母、心轴作用在制动单元制动缸内的活塞上。弹簧作用器还装有手动缓解，用于在没有压缩空气的情况下缓解车轮上弹簧停车制动。为缓解制动，操作者须通过把手拔出推杆。

闸瓦采用高磨合成闸瓦（见图 3-78），符合《机车用高摩合成闸瓦》（AAR RP-599）及《机车用合成闸瓦》（TB/T 3196—2008），主要性能参数如下：

（1）静摩擦系数　　　　　$\geqslant 0.38$

（2）磨耗量　　　　　　　$\leqslant 1.0 \ cm^3/MJ$

（3）允许闸瓦温度　　　　最高 500 ℃、持续 300 ℃

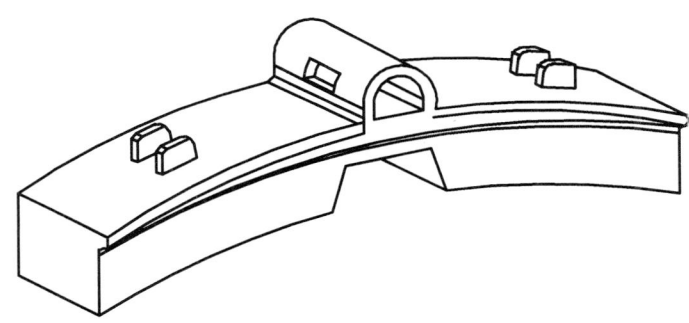

图 3-78　合成闸瓦外形图

2. 日常维护保养

（1）每日检查闸瓦是否有裂纹；检查螺纹连接件的紧固性。

（2）每半年检查闸瓦的磨损情况。

注意：施行停放制动后，拉动手动缓解拉手，应能完全缓解。

九、DF_{4B} 型机车基础制动装置

DF_{4B} 型内燃机车采用单侧单闸瓦、带闸瓦间隙自动调节器的制动装置，每个车轮有一套独立的制动装置，如图 3-79 所示。它由制动缸、横杆、闸瓦间隙自动调节器、竖杆、吊杆、闸瓦托和闸瓦等组成。

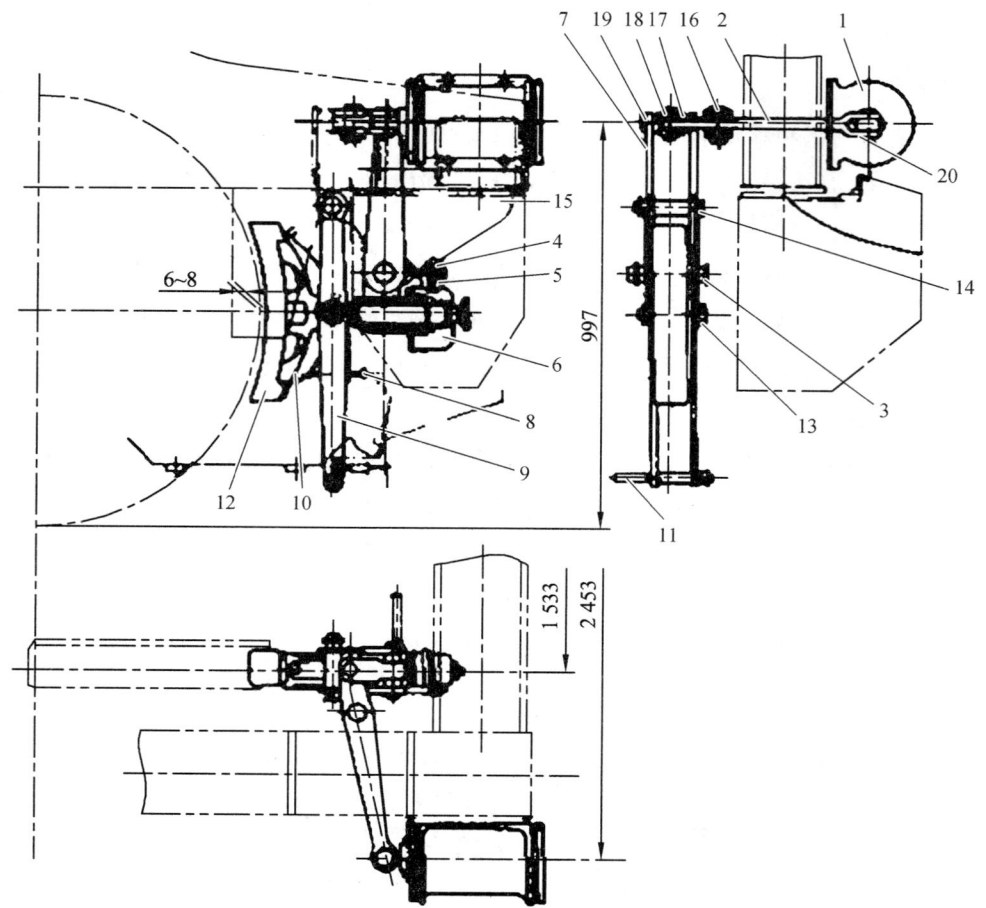

1—制动缸；2—横杆；3—销；4—摆杆；5—连杆；6—闸瓦间隙调节器；7—竖杆；
8—调整螺栓；9—吊杆；10—闸瓦托；11—拉杆；12—闸瓦；
13，14，16，18，19，20—销；15—支座；17—叉杆

图 3-79　DF_{4B} 型机车基础制动装置

每台转向架上有 6 个制动缸，各用 4 个 M6 螺栓紧固在构架上的制动缸座上。

闸瓦间隙的调整有人工调整和自动调整两种。装新闸瓦时需人工调整到 6～8 mm 的间隙，以后便可利用闸瓦间隙自动调节器自动调整，直到闸瓦磨耗到限为止。

闸瓦与车轮踏面上下间隙不均匀时，可调节螺母来压缩（或放松）弹簧，使间隙均匀。运用中要保持制动装置各杆件系统及销子连接处动作灵活，缓解时，各制动缸活塞杆应恢复到零位。运用中如发现闸瓦间隙过小，或制动缸活塞杆行程过大，要检查各销、套磨损后间隙是否过大，必要时应进行更换和修理。

运用中如发现缓解不良或因某种原因卡住，使闸瓦间隙过小，为保证行车安全，可用木楔等物在构架椭圆孔处将活塞杆塞住，使其不能制动，待回段后再进行处理。

在特殊线路（如长大坡道）上，为确保下坡道安全，用闸瓦间隙自动调节器上的手轮将闸瓦间隙调小到 6 mm 左右（相应的活塞杆行程为 74～100 mm）后，再行下坡。独立作用式基础制动装置的优点是：结构简单，质量小，运用和检修方便，特别是构架下部空间大，给闸瓦的更换和调整带来方便，但这种装置需配置较多的制动缸。

操作运用案例

实训八　铁道机车基础制动装置认知

1. 实训项目教师工作活页

实训项目教师工作活页　　　　　　　　　　　　　　NO：

实训项目	铁道机车基础制动装置认知		
学　时	2	班　级	
实训场所	机车总体与走行部实训室		
工具设备	机车总体与走行部实训台、多媒体设备课件、图片、计算机多媒体设备等		
教学目标	专业能力	（1）能说明机车基础制动装置的构成； （2）能说明机车基础制动装置的工作原理； （3）能说明 HXD_1 型机车基础制动装置的构成和工作原理； （4）能说明 HXD_3 型机车基础制动装置的构成和工作原理； （5）能说明 $SS_{4改}$ 型机车基础制动装置的构成和工作原理； （6）能说明 HXN_{3B} 型机车基础制动装置的构成和工作原理； （7）能说明 DF_{4B} 型机车基础制动装置的构成和工作原理	
	方法能力	（1）能综合运用专业知识，通过利用专业书籍、多媒体课件和图片资料获得帮助信息； （2）能根据实训项目学习任务确定实训方案，从中学会表达及展示活动过程和成果	
	社会能力	（1）能在实习训练活动中保持积极向上的学习态度； （2）能与小组成员和教师就学习中遇到的问题进行交流和沟通； （3）能与他人共享学习资源，具有较好的合作能力和团队协作精神	
教学评价	学生活动：① 以5～7人为单位小组开展实训活动，根据本组同学在实训过程中的能力表现及结果进行自评、组内互评；② 根据其他小组同学在成果展示活动中的表现及结果进行互评。 教师活动：① 教师组织学生开展评价活动和总结；② 对学生本实训项目单元成绩做出综合评价		
指导教师		教学时间	年　　月　　日

2. 实训项目学生学习活页

实训项目学生学习活页　　　　　　　　　　　　NO：

实训项目八　铁道机车基础制动装置认知

班级：　　　　姓名：　　　　学号：　　　　时间：

一、实训目标

1. 专业能力目标

（1）能说明机车基础制动装置的构成；

（2）能说明机车基础制动装置的工作原理；

（3）能说明HXD_1型机车基础制动装置的构成和工作原理；

（4）能说明HXD_3型机车基础制动装置的构成和工作原理；

（5）能说明$SS_{4改}$型机车基础制动装置的构成和工作原理；

（6）能说明HXN_{3B}型机车基础制动装置的构成和工作原理；

（7）能说明DF_{4B}型机车基础制动装置的构成和工作原理。

2. 方法能力目标

（1）能综合运用专业知识，通过利用专业书籍、多媒体课件和图片资料获得帮助信息；

（2）能根据实训项目学习任务确定实训方案，从中学会表达及展示活动过程和成果。

3. 社会能力目标

（1）能在实习训练活动中保持积极向上的学习态度；

（2）能与小组成员和教师就学习中遇到的问题进行交流和沟通；

（3）能与他人共享学习资源，具有较好的合作能力和团队协作精神。

二、知识总结

（1）简述机车基础制动装置的构成。

（2）简述机车基础制动装置的动作原理。

（3）简述机车基础制动装置的分类。

（4）简述HXD_3型电力机车基础制动装置的构成和工作原理。

（5）简述HXD_1型电力机车基础制动装置的构成和工作原理。

（6）简述$SS_{4改}$型电力机车基础制动装置的构成和工作原理。

（7）简述HXN_{3B}型机车基础制动装置的构成和工作原理。

（8）简述DF_{4B}型内燃机车基础制动装置的构成和工作原理。

三、操作运用
（1）在机车制动实训室实训设备上对电力机车基础制动装置进行认知。

（2）在机车制动实训台上进行制动动作试验。

四、实训小结

五、成绩评定

1. 学生评价

评价等级	A（优）	B（良）	C（中）	D（及格）	E（不及格）
学生自评					
组内互评					
他组互评					

2. 教师评价

评价等级	A（优）	B（良）	C（中）	D（及格）	E（不及格）
专业能力					
方法能力					
社会能力					

3. 综合评价

评价等级	A（优）	B（良）	C（中）	D（及格）	E（不及格）
评价结果					

注：按照学生自评占10%、组内互评占10%、他组互评占20%、教师评价占60%的比例计分。其中，A为100分，B为85分，C为75分，D为60分，E为50分。

4. 评价量规

等级	行为表现描述
A	能圆满高效地完成实训任务的全部内容
B	能顺利完成实训任务的全部内容
C	能完成实训任务的全部内容，但需要一些帮助和指导
D	自己只能完成实训任务的部分内容，但在现场的指导下，已经能完成任务的全部内容
E	不能完成实训任务的全部内容

项目四　车钩缓冲装置

车钩缓冲装置，包括车钩及缓冲器。铁道机车上还设有车钩复原装置。它们都安装在车体底架两端的牵引梁内，共同实现机车与机车或机车与车辆或车辆与车辆之间的连挂，传递牵引力、制动力以及吸收连挂和运行时产生的纵向冲击振动。

车钩缓冲装置构造和性能的好坏，在很大程度上影响列车运行的平稳性，如有严重的缺陷，甚至会引起重大的行车事故。

任务一　车钩的作用和结构

知识目标

（1）了解车钩的作用和分类。
（2）掌握车钩的结构组成。
（3）熟悉车钩三态和摘挂作业要求。

能力目标

（1）了解车钩的作用和种类。
（2）掌握车钩的结构。
（3）熟悉车钩三态和摘挂作业。

素质目标

（1）培养学生爱岗敬业、忠于职守、团结合作的精神。
（2）使学生具备从事机车运用和检修岗位所必需的基本知识和专业技能。

工具设备

多媒体设备课件、图片、示教板、计算机多媒体设备等。

教学环境

多媒体教室、铁道机车模拟驾驶实训室。

一、车钩的分类和要求

1. 车钩的作用和分类

车钩是机车牵引缓冲装置的主要部件之一，起连挂车列或其他机车、传递牵引力和制动力的作用。

车钩的种类很多，但其基本类型有两种：非刚性车钩和刚性车钩。

非刚性车钩指传统车钩，它允许两个相连接的车钩钩体在垂直方向上有相对位移。当两个车钩的纵轴线存在高度差时，两个车钩呈阶梯形状，并且各自保持水平位置。非刚性车钩较普遍地应用于一般铁路机车车辆。

刚性车钩也称密接式车钩，其电气与风管连接器通常与车钩组合成一复合部件，构成全车低压电气系统及空气系统的通路。它不允许两连挂车钩在连接处存在垂向相对位移，如果在机车车辆连挂之前两车钩的纵向轴线高度已有偏差，那么在连挂后，两车钩的轴线处在同一条直线上并呈倾斜状态。刚性车钩运行平稳，磨耗小，但结构复杂，强度低，且较难实现两车钩纵向中心线高度偏差较大的机车车辆之间的连挂，主要应用于动车组和城轨车辆。

根据车钩的开启方式，可以将车钩分为上作用式及下作用式两种。由设在钩头上部提升机构开启的称为上作用式；由设在钩头下部推顶机构开启的称为下作用式。按照车钩连接的操作方式还可分为非自动车钩和自动车钩。非自动车钩是由人工操作来完成机车车辆的连挂，而自动车钩则通过相关机构具有自动连挂的性能。

车钩的型号常用数字来表示。我国铁路规定的标准车钩，就有 1 号、2 号、10 号、13 号、13A 型、15 号等多种。国内各型电力机车主要采用下作用式 13 号、13A 型（E 级钢）自动车钩和 13B 型（E 级钢）自动车钩。$SS_{4改}$ 型、SS_3 型电力机车和 DF_{4B} 内燃机车均采用下作用式 13 号自动车钩，HXD_3 型电力机车采用下作用式 13A 型（E 级钢）自动车钩，HXD_1 型电力机车采用下作用式 13B 型（E 级钢）自动车钩，FXD_1 型电力机车采用 10 号密接式机械车钩。

2. 对车钩的要求

无论哪种型号的车钩，都必须满足下列要求：
（1）有足够的强度；
（2）容易辨识其连接状态，以免误认而造成列车分离事故；
（3）不能因运行振动而造成自动解锁脱钩；
（4）不能因各部件稍有磨耗而影响其作用和挂钩作业的安全；
（5）结构简单，操作方便，拆装容易，运用保养成本低。

二、车钩的结构

（一）下作用式 13 号自动车钩

DF_{4B} 型内燃机车初期采用"改进下作用式 3 号车钩"，自 1990 年以后生产的 DF_{4B} 型机车改用符合《内燃、电力机车车钩（下作用式）》（TB/T 1595—1996）标准的车钩，此型车钩为原铁道部部颁通用件,车钩的结构和尺寸与货车 13 号下作用式车钩相同,只在其钩体尾部制成圆弧形,可适应钩头在水平方向左右摆动。下作用式 13 号车钩由钩体、钩舌、钩舌销、钩锁、钩舌推铁和下锁销装配等部件组成,各零件形状如图 4-1 所示。

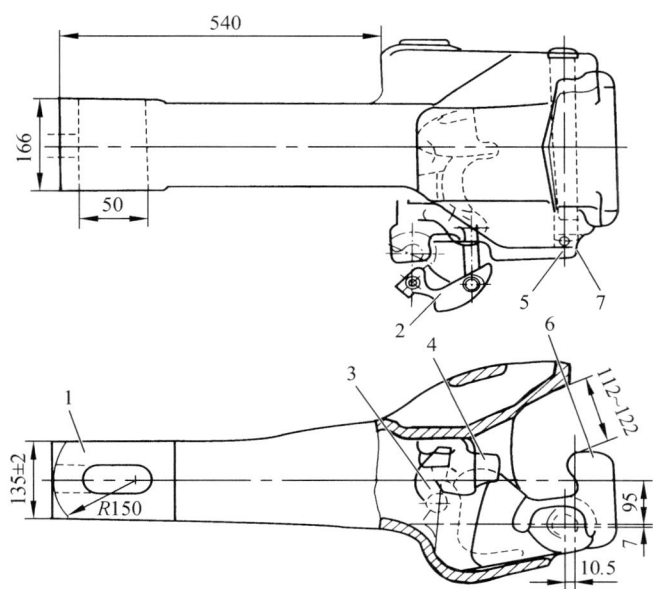

1—钩体;2—下锁销装配;3—钩舌推铁;4—钩锁铁;5—销;6—钩舌;7—钩舌销。

图 4-1　内燃、电力机车车钩(下作用式)

1. 钩　体

钩体由铸钢铸成,是车钩的主体件,按部位可分为钩头、钩身、钩尾三部分。整个钩体像下半张开的拳头。

(1) 钩头:其前部空腔用来安装其他车钩零件。钩头结构如图 4-2 所示。

① 钩腕:可容纳对方钩舌。

② 钩耳:分上、下钩耳,安装固定钩舌用。

③ 钩锁腔:钩头中空部,容纳并安装钩锁、钩舌推铁等零件。其结构如图 4-3 所示。

(2) 钩身:铸成中空断面结构。

(3) 钩尾:分叉并设销孔,用来连接车钩尾框,在尾框内设缓冲器。

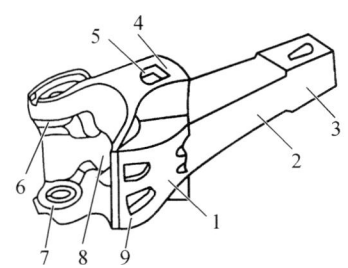

1—钩腕;2—钩锁腔;3—下钩耳及孔;4—上钩耳及孔;5—上锁销孔;6—钩肩。

图 4-2　13 号车钩钩头

机车总体及走行部

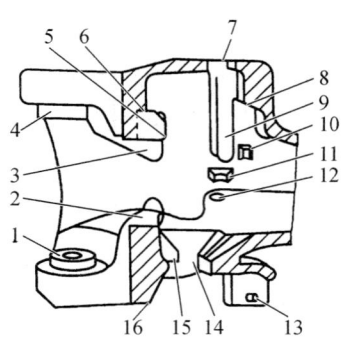

1—下护销突缘；2—下牵引突缘；3—上牵引突缘；4—上护销突缘；5—导向挡；6—全开作用台；7—上锁销孔；8—上防跳（脱）台；9—钩锁导向壁；10—钩锁后部定位挡；11—钩舌推铁挡块；12—钩舌推铁轴孔；13—下锁销转轴；14—下锁销孔；15—下防跳（脱）台；16—二次防跳（脱）台。

图 4-3　13 号车钩钩锁腔内部结构

2. 钩　舌

钩舌是一个形状复杂的铸钢件，按部位可分为钩舌和钩舌尾部。钩舌是挽钩部分，钩舌尾部是锁钩、开钩的控制部分，并且是车钩承受拉压载荷的部分。

在钩舌转轴处，设一垂向销孔，通过钩舌销把钩舌装在钩头上，并可以适当转动，呈张开或闭拢状态。张开时可以进行挂钩，闭拢并锁住后即为连挂好以后的状态。

3. 钩舌销

钩舌销是锻钢制成的圆形长销。它穿在钩头及钩舌的销孔内，把钩舌装在钩头上，并保证钩舌可以绕其适当转动。

钩舌销顶部有凸边，可以防止掉落；下部有开口销孔，以穿入开口销，避免钩舌跳出脱落。

4. 钩　锁

钩锁是一个形状复杂的铸钢件，它有相当大的自重，安放在钩头空腔内，处于钩舌尾部适当位置。当钩舌转到闭拢位置时，钩舌尾部和钩头空腔内壁之间转出一个空间，钩锁因自重落下，卡住钩舌尾部，使钩舌不能张开，即成锁钩状态。

在钩锁的下端尾部，有一销孔，用来连接下锁销；在钩锁的上部，还设有一个短梁，这是为了上作用式车钩连接提锁零件用的，如图 4-4 所示。

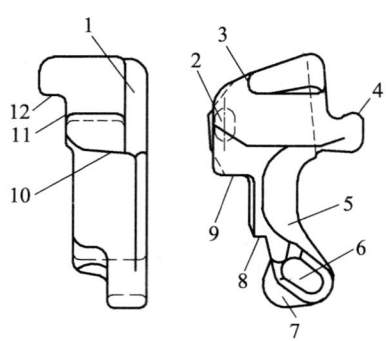

1—前导向面；2—上锁销杆转轴；3—后导向面；4—全开回转支点；5—锁腿；6—下锁销轴孔；7—后踢足面；8—开锁坐锁面；9—后坐锁面；10—前坐锁面；11—锁面；12—侧坐锁面。

图 4-4　13 号车钩钩锁

5. 钩舌推铁

钩舌推铁是一个弯曲形状的铸钢件,平置于钩头空腔内,处于钩舌尾部的后面,下部有一短圆销作为转轴。当钩锁被提起时,钩锁推动钩舌推铁的一端,使它绕轴转动一定角度,其另一端则拨动钩舌尾部,使钩舌张开成为全开状态。在挂钩后,钩舌尾部又将它转回原位,如图 4-5 所示。

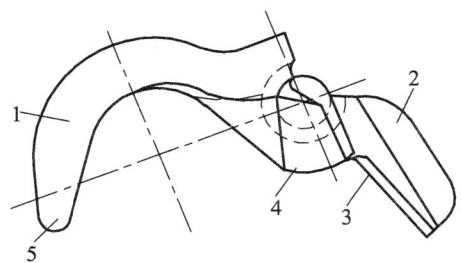

1—钩舌推铁腿;2—锁座;3—踢足推动面;4—踢足导向面;5—推铁踢足。

图 4-5 13 号车钩钩舌推铁

6. 下锁销

下锁销由下锁销轴、下锁销体和下锁销钩组成,为下作用式车钩顶起钩锁用,如图 4-6 中的 5,6,7 所示,用沉头铆钉活动连接。下锁销钩以转轴孔和钩头下锁销钩转轴连接,另一端和下锁销体相连;下锁销体另一端和下锁销相连,其上有二次防脱(跳)尖端,中部有回转挡和钩提杆止挡;下锁销另一端由下锁销轴和钩锁轴的下锁销孔相连,下锁销钩装配如图 4-7 所示。

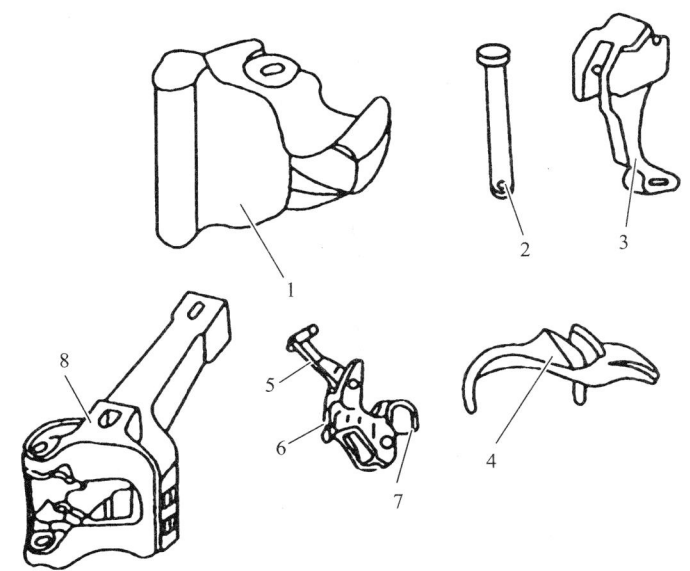

1—钩舌;2—钩舌销;3—钩锁;4—钩舌推铁;5—下锁销轴(下作用式);
6—下锁销体(下作用式);7—下锁销钩(下作用式);8—钩体。

图 4-6 13 号车钩零件

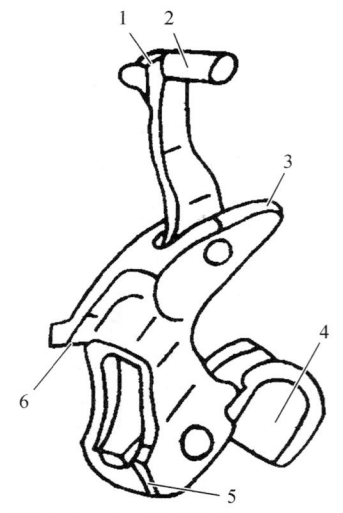

1—下锁销防跳（脱）台；2—下锁销轴；3—二次防跳（脱）台；
4—转轴孔；5—回转挡；6—车钩提杆止挡。

图 4-7　13 号车钩下锁销装配

（二）下作用式 13A（或 13B）型（E 级钢）车钩

为适应我国铁道运输高速重载的发展，大功率 HXD$_3$ 型和 HXD$_1$ 型电力机车采用 E 级钢 13A/13B 型下作用车钩。

下作用式 13A 型车钩与 13 号车钩结构原理基本相同。其主要区别在于 13A 型车钩采用 E 级钢和小间隙钩舌，并在钩体下方增加钩深磨耗板，13A 型车钩的连挂间隙为 11.5 mm，比普通的 13 号车钩连挂间隙 19.5 mm 减小了 8 mm，可有效降低列车的纵向冲击力，改善列车的动力学性能。

E 级钢车钩采用 AG25MNCRNIMO 铸造，主要部件的最小破坏载荷：钩舌为 3 430 kN；钩体为 4 005 kN；钩尾框为 4 005 kN。冲击性能：A_{KV}（-400 ℃）不低于 27 J。

HXD$_1$ 型电力机车 E 级钢车钩及 13B 型钩尾框，车钩装置由车钩钩体、钩锁、钩锁推铁、钩舌推铁、钩尾框、钩舌、钩尾销、钩尾销螺栓等组成，如图 4-8 所示。车钩通过钩尾销与钩尾框连成一体，在钩尾框内安装有从板和 QKX100 型缓冲器。车钩钩肩距牵引梁前端冲击座不小于 90 mm。钩身装入牵引梁车钩箱内以保持钩体位置正确。车钩尾部设有扁销孔，以便通过扁销与钩尾框连接。

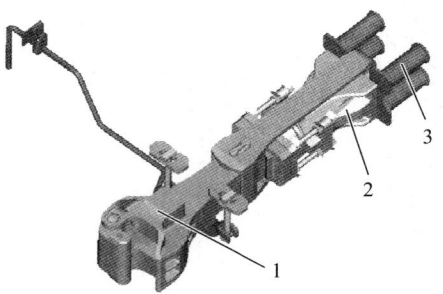

1—车钩；2—缓冲器；3—变形吸能元件。

图 4-8　电力机车 13B 型自动车钩

(三) 105型车钩缓冲装置

FXD₁型电力机车采用105型车钩缓冲装置,这是能自动连接两列列车的钩缓装置,它能自动连接两列列车的电、气和机械连接。它由10型机械车钩、电气连接器、风管连接器、缓冲器、安装吊挂装置、连接卡环组成。车钩基本的技术参数:车钩长度为1 360 mm;抗拉强度≥1 000 kN;抗压强度≥1 500 kN;缓冲器行程≤73 mm;缓冲器容量≥40 kJ;最大水平转角≥±25°;最大垂直转角≥±6°。

三、车钩三态和摘挂作业

(一) 车钩三态

车钩的各种零件组装为完整的车钩。各零件处于不同的位置时,具有不同的作用,从而使车钩具有闭锁、开锁、全开三种作用,俗称为车钩的三态作用。所谓自动车钩,就是具有自动连挂性能,具有三态作用的车钩。

1. 闭锁位置

闭锁位置是车钩连挂好以后的状态。如图4-9所示,此时钩舌尾部转入钩锁腔内,钩锁以自重落下,其后锁面和侧坐锁面分别坐在钩舌推铁的锁座和钩舌尾部侧面的钩锁承台上,卡在钩舌尾部侧面及钩锁腔侧壁面之间,拦住钩舌不能张开。当钩锁以自重落下后,下锁销沿钩锁腿部的下锁销轴孔下滑,使下锁销的防跳台处于下锁销孔中防跳台下方,起防跳作用。同时,二次防跳尖端卡在下锁销孔的前沿二次防跳台下,再次限制钩锁的跳动。

2. 开锁位置

开锁位置是一种闭而不锁的状态。如图4-10所示,此时钩舌虽未张开,但钩锁已被人为操纵顶起一定高度,解除了对钩舌的锁闭。操作时,适当用力扳动车钩提杆,推动下锁销轴沿钩锁腿部的下锁销轴孔斜向上滑动,脱离防跳位置;另外,下锁销从下锁销孔顶起钩锁,使之上移,并使钩锁腿部向后转动,开锁坐锁面坐在钩舌推铁的锁座上,使钩锁不能落下形成开锁位置。

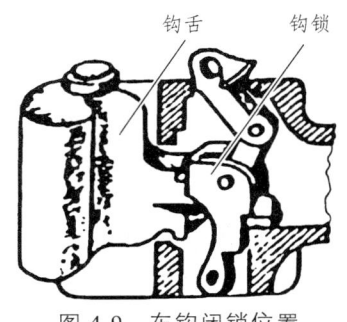

图4-9 车钩闭锁位置

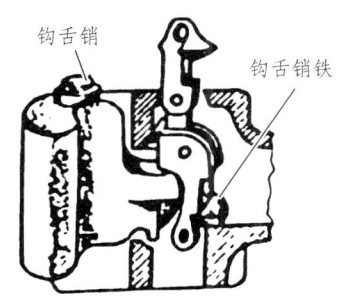

图4-10 车钩开锁位置

3. 全开位置

全开位置是车钩钩舌完全张开的状态,为车钩再次连挂的准备位置。如图4-11所示,由闭锁或开锁位用力提起车钩提杆（若在闭锁位置先脱离防跳），下锁销推动钩锁充分使其上升，钩锁全开回转以钩锁腔前壁全开作用点为支点，钩锁的腿部向后转动，后踢足踢动钩舌推铁的踢足推动面，使钩舌推铁绕其轴转动，推铁踢足踢动钩舌尾部侧面，使钩舌以钩舌销为轴张开，形成全开位置。全开位置，钩锁坐落在钩舌尾部上方不能落下。

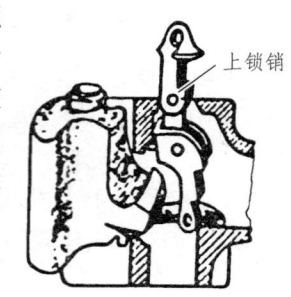

图 4-11　车钩全开位置

在挂钩时，相互连挂的两个车钩，必须有一个处于全开位，另一个则处于什么位置都可以，也就是说，挂钩的充分必要条件是其中一个车钩处于全开位。

由此可知，全开位置是连挂车钩的准备位置。

（二）车钩挂车作业

1. 连挂车辆前作业准备

（1）收车后，检查确认各仪表显示正常，安全锁销状态良好，作业装置锁定到位，车下有无障碍物。

（2）检查走行传动系统、制动系统等状态良好。

2. 主要工具、机具和材料

信号旗（白天）、信号灯（夜晚）、车载防护电台、手持防护电台。

3. 防护办法

连挂时，确认邻线无车后，连挂车下防护人员站在两线间本线一侧距作业人员 2～3 m 内，负责对连挂人员进行防护，随时监听和观察邻线车辆情况。

4. 连挂车辆时

（1）在直线上，一般应将一方车钩置于全开位置，如图 4-12（a）所示，另一方车钩置于闭锁位置，如图 4-12（b）所示。

（2）在曲线上，由于两车钩纵向中心线偏离，可将两车钩向曲线内侧扳动，使两车钩的纵向中心线接近，并将两车钩钩舌各开六七成，则易于连挂。

　　（a）全开位置　　　　　　（b）闭锁位置

图 4-12　车钩连挂前准备

5. 连挂后的检查

如发现车钩未完全形成闭锁位置（钩锁未充分落下），又不能重新连挂时，可用适当的器物（木棍、旗杆等）由钩头下部锁销孔向上触动钩锁的足部（下端），使其充分落下即可形成闭锁位置。

（三）车钩摘车作业

1. 摘车流程

（1）检查机车两侧防护设施。

（2）摘车时一关前（车辆折角塞门）、二关后（车辆折角塞门）、三摘管、四挂堵、五提钩。

（3）指挥机车向显示人方向稍行移动的信号：昼间——拢起的红色信号旗直立平举，再用展开的绿色信号旗左右小动，如图 4-13 所示；夜间——绿色灯光下压数次后，再左右小动。

图 4-13　车钩摘挂指挥

（4）等机车、车辆分离后显示停车信号：推好防护设施，挂好防尘堵，作业完成，撤除防护信号。

2. 摘钩原理

摘钩时可扳动任何一方的车钩提杆，使钩锁上升成开锁位置。此时，钩舌虽未张开，但只要车辆移动，则钩舌立即被拉开从而摘开车钩。

四、车钩的受力及磨耗情况

1. 车钩的受力

车钩在牵引或推进运行时，分别受着拉力或推力。这些力都作用在钩舌和钩体上，如图 4-14 所示。

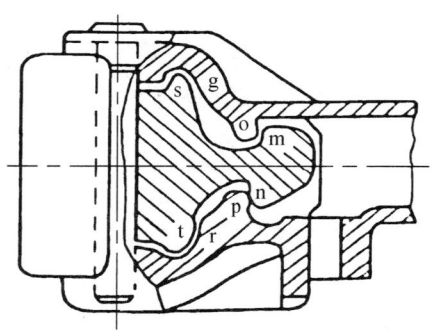

图 4-14 车钩受力状态图

当机车牵引运行时,载荷经钩舌尾部凸起的 m 及 n 处分别作用于钩头的内缘 o 及 p 处;在推进运行时,载荷经钩头的 g 及 r 处分别作用于钩舌的 s 及 t 处。在这两种情况下,钩舌销都不受力,因而它只起钩舌旋转轴的作用(钩舌销与钩舌销孔、钩头销孔的间隙,大于上述接触受力部位的间隙)。

实践证明,无论在牵引或推进运行中,万一钩舌销折损,只要车钩确实处于相互连接而且完全锁闭的状态下,钩舌并没有自动落下或被拉脱的危险;只有当互扣的钩舌解开后,钩舌方可取下。这种设计,目的是保障列车运行中车钩安全而可靠地连接。

2. 车钩的磨耗

列车在运行中的纵向冲击和垂直振动,使得互相连接的两车钩,经常发生相对运动。特别是在路基较软、曲线较多的行车线路上行车时,车钩经常处于相互摩擦状态,这就必然导致磨耗。钩舌的磨耗情况如图 4-15 所示。

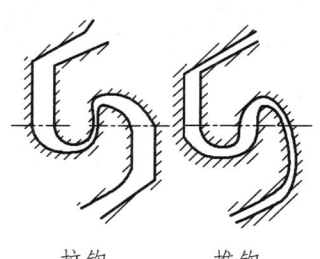

拉钩　　推钩

图 4-15 车钩钩舌磨耗情况示意图

牵引运行时,钩舌内侧面 m 处易磨耗;推进运行时,钩舌外侧面 n 处易磨耗。因而车钩长期使用后,钩舌会逐渐磨薄。钩舌厚度磨薄后,强度自然要减弱,而且由于钩舌磨耗过薄,相互连接的车钩必然松旷过大,致使列车冲动增加,钩舌容易相互脱离,造成列车分离事故。

另外,钩舌尾部与钩头接触受力的部分,也会因磨耗而逐渐减弱。为保证行车安全,应按照车钩磨耗限度,随时注意检查,及时修复或更换新品。

任务二 缓冲装置

学习目标

（1）了解缓冲装置的作用和种类。
（2）掌握缓冲装置的结构组成。
（3）了解车钩复原装置的构造和组成。
（4）熟悉缓冲装置力的传递。

能力目标

（1）了解车钩与缓冲器的安装及车钩复原装置。
（2）分析掌握力的传递及车钩缓冲与复原装置的关系。

素质目标

（1）培养学生爱岗敬业、忠于职守、团结合作的精神。
（2）使学生具备从事机车运用和检修岗位所必需的基本知识和专业技能。

工具设备

多媒体设备课件、图片、示教板、计算机多媒体设备等。

教学环境

多媒体教室、铁道机车模拟驾驶实训室。

一、缓冲装置的作用和种类

缓冲器用来减小列车在运行中由于机车牵引力的变化或起动、制动及调车挂钩时机车车辆相互碰撞而引起的冲击和振动，从而减少机车车辆的破损、货物的损伤，提高列车运行的平稳性。

缓冲器的工作原理与减振器相同。它一方面借助压缩弹性元件来缓和冲击作用力，另一方面在弹性元件变形过程中利用摩擦和阻尼吸收冲击能量。

缓冲器的种类很多，可以分为弹簧式、摩擦式、摩擦橡胶式、弹性胶泥式、液压式等。其中弹簧式缓冲器借助弹簧的作用来缓和冲击力，但它不能吸收冲击能量，因而不适用于大的冲击力。

我国铁路的标准型缓冲器有多种，机车上常用的有 MX-1 型橡胶摩擦式缓冲器、MT-3

型弹簧摩擦式缓冲器和 QKX100 型胶泥缓冲器等。其中 SS₄改型电力机车采用 MX-1 型橡胶摩擦式缓冲器，SS₉型电力机车采用 MT-3 型弹簧摩擦式缓冲器，DF₄B 型、DF₄D 型内燃机车采用的是全钢摩擦式二号缓冲器，而 HXD₃ 和 HXD₁ 型电力机车均采用 QKX100 型胶泥缓冲器。

缓冲器的主要性能参数如下：

1. 行　程

缓冲器受力下产生的最大变形量称为行程。此时，弹性元件处于压死状态，当继续增加外力时，变形量不再增加。

2. 作用力

作用力是指缓冲器变形量达到行程时的作用外力。

3. 容　量

容量是指缓冲器在全压缩过程中外力所做的功，即压缩缓冲器时，作用力在其行程上所做功的总和。容量是衡量缓冲器缓冲能力大小的主要数据。如果缓冲器的容量过小，则在冲击力作用下，将常常被压死，产生刚性冲击。

4. 能量吸收率

缓冲器在压缩过程中，有一部分冲击能量被阻尼所消耗。其消耗部分能量与容量（总能量）之比，称为能量吸收率。它表明缓冲器吸收冲击的能力。吸收率越大，则反作用力越小，冲动过程停止得越快。

二、缓冲器的结构

1. QKX100 型胶泥缓冲器

HXD₃ 和 HXD₁ 型电力机车均采用 QKX100 型胶泥缓冲器，它由壳体、连接板、预压板、弹性胶泥芯子、垫块、减磨套、紧固件等组成，如图 4-16 和图 4-17 所示。QKX100 型缓冲器安装在机车车体的车钩箱里面，当机车牵引或制动时，利用缓冲器的弹性胶泥之间的相互摩擦运动而对车钩产生的冲击起缓冲、吸能作用。

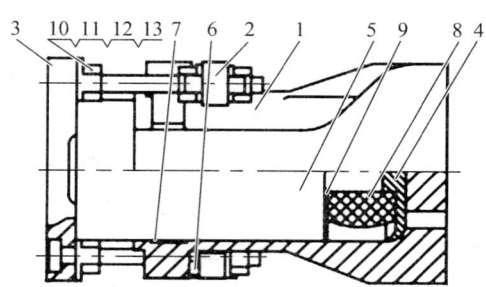

1—壳体；2—连接板；3—预压板；4—护板；5—弹性胶泥芯子；6—垫块；7—减磨套；
8—弹性体；9—垫片；10，11，12，13—螺母防松板、螺杆、螺母、垫圈。

图 4-16　QKX100 型缓冲器结构

项目四 车钩缓冲装置

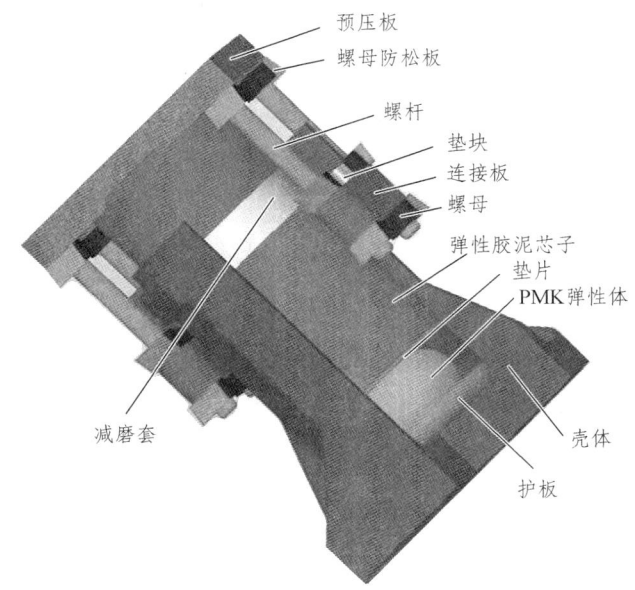

图 4-17 QKX100 型缓冲器结构三维图

（1）产品特点：容量大，阻抗小，结构简单，性能稳定；
（2）主要用途及适用范围：用于机车车辆起缓冲吸能作用；
（3）使用环境条件：-40 ~ +50 ℃。

QKX100 型弹性胶泥缓冲器自由状态下的外部轮廓尺寸：长×宽×高 =（572^{+2}_{-1}）mm×（318±2）mm×230 mm，长度（554±1）mm 为预压缩后的尺寸。

缓冲器主要技术参数见表 4-1。

表 4-1 QKX100 型大容量弹性胶泥缓冲器主要技术参数

项目	初压力/kN		最大阻抗力/kN		行程/mm		冲击速度/(m/s)
	静态	动态	静态	动态	静态	动态	
指标	≤250	≤250	≥1 200	≤2 500	≤83	≤83	≥10

QKX100 型大容量弹性胶泥缓冲器，采用性能稳定可靠的进口密封件和弹性胶泥材料，具有容量大、阻抗小、性能稳定、检修周期长、调车连挂速度高的特点，同时具有拆卸安装方便的预缩短装置，并能与既有的缓冲器互换使用，标准化程度高，运用检修方便。

该型缓冲器还满足如下应用要求：用于总重 100 t 车辆的允许连挂速度不低于 10 km/h；1/3 行程时的阻抗力不小于 800 kN；缓冲器的使用寿命不小于机车车辆的一个厂修周期。

2. 105A 车钩缓冲装置

FXD_1 型电力机车的机车与车辆之间采用 105A 车钩缓冲装置，该缓冲装置能自动连接两列列车。它由小间隙车钩、缓冲器、安装吊挂装置、连接卡环等组成，如图 4-18 所示。主要技术参数：车钩长度为 1 360 mm；最小拉伸破坏载荷为 1 800 kN；最大水平转角 ≥ ±25°，最大垂直转角 ≥ ±6°；缓冲器行程 ≤73 mm；缓冲器容量 ≥80 kJ。

3. MJGH-25T 型车钩缓冲装置

MJGH-25T 型车钩缓冲装置是一种能自动连接两辆车辆的车钩缓冲装置，它由密接式车钩、缓冲器、安装吊挂装置、连接法兰组成，如图 4-19 所示。其主要技术参数：车钩长度为 1 280 mm；抗拉强度为 1 800 kN；缓冲器行程为 73 mm；缓冲器容量为 30 kJ；最大水平转角 $\geqslant \pm 17°$，最大垂直转角 $\geqslant \pm 6°$，沿纵向轴旋转 $\pm 3°$。

图 4-18　105A 型车钩缓冲装置　　　图 4-19　MJGH-25T 型车钩缓冲装置

4. 全钢摩擦式二号缓冲器

DF_{4B} 型和 DF_{4D} 型内燃机车牵引缓冲装置均采用的是全钢摩擦式二号缓冲器。全钢摩擦式二号缓冲器由盒体、盒盖、内外环弹簧、底板等零件组成，如图 4-20 所示。该缓冲器额定容量为 30 kJ，额定阻抗力为 1 275 kN，额定行程为 67.71 mm。缓冲器能部分地吸收机车车辆间的冲击能量，可有效地缓和其间的冲击。

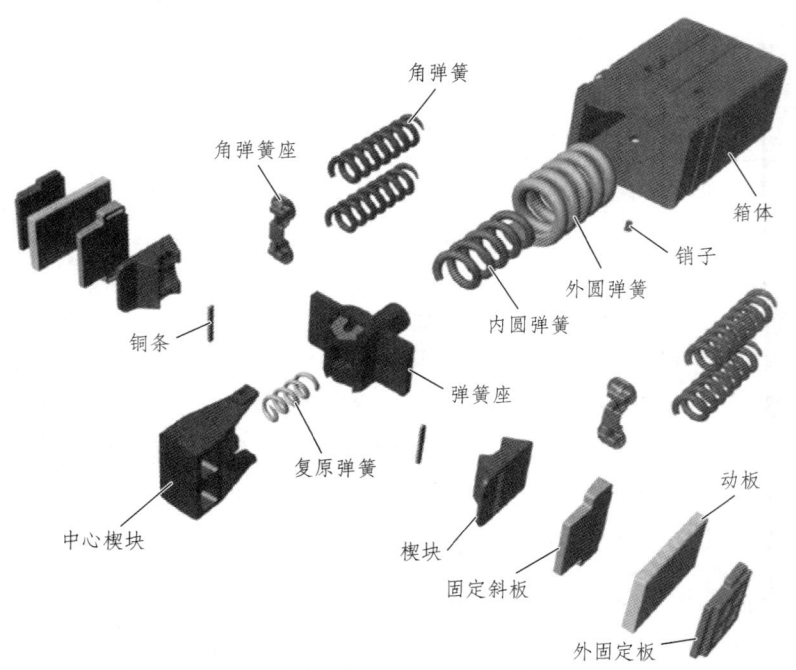

图 4-20　DF_{4B} 型内燃机车全钢摩擦式二号缓冲器

牵引缓冲装置的车钩中心线距轨面高度为 815～890 mm，如因轮缘偏磨等原因使车钩高度超过限度，可在磨耗板下和尾框托板内加调整垫，以恢复车钩的使用高度。

三、车钩与缓冲器的安装和车钩复原装置

1. HXD₃型电力机车车钩缓冲装置安装

将预压缩的缓冲器放入车钩钩尾框内，如图4-21所示。弹性胶泥缓冲器安装于钩尾框中并与车钩、钩尾销组装在一起后，放进牵引梁车钩箱中，然后将车钩拖板、均衡梁等安装好；在机车连挂或试用时，由于机车车辆间的相互撞击，使缓冲器上的垫块掉下，弹性胶泥缓冲器完全夹紧于从板和变形元件之间，在机车车辆运行过程中，起到缓冲、吸收冲击能量的作用。要求在机车车辆连挂完成后检查垫块是否已经掉下，如果没有掉下，要重新连挂，使垫块掉下，并在出厂前检查垫块是否掉下，确保垫块在厂内掉下而不是在线路上掉下。

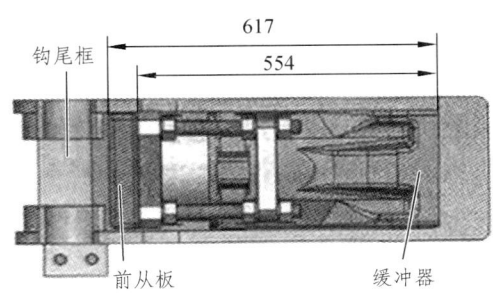

图4-21　HXD₃型电力机车缓冲器安装示意图

2. HXD₁型电力机车车钩缓冲装置的安装

将车钩从板放进钩尾框内，然后将预压缩的缓冲器放入车钩钩尾框，一起放进车钩箱里面，随后将车钩钩头装上，插入钩尾销并装好钩尾销螺栓，最后将均衡梁及吊杆装好并通过均衡梁上的调整垫板来调节车钩的高度，如图4-22所示。

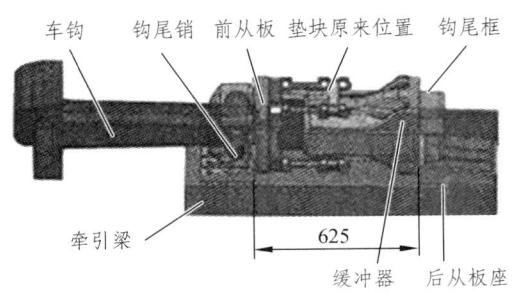

图4-22　HXD₁型电力机车13B型车钩缓冲装置安装示意图

3. 车钩复原装置

铁道机车在曲线运行时，车钩中心线与车体中心线之间必将产生一个偏角，即车钩将发生左右摆动。为了防止车钩偏移时钩身与车体牵引梁相碰而产生障碍，在牵引梁的中间开有较宽的钩门。

电力机车的车钩，允许有一定的横向偏移量。这不但有利于曲线运行，而且便于在弯道上挂车。

为了使车钩在偏移后能及时恢复正常位置，避免车钩左右任意摆动不稳，减小摘挂车钩时的困难，在车钩钩头的后面，钩身的下部，装设了车钩复原装置，如图4-23所示。

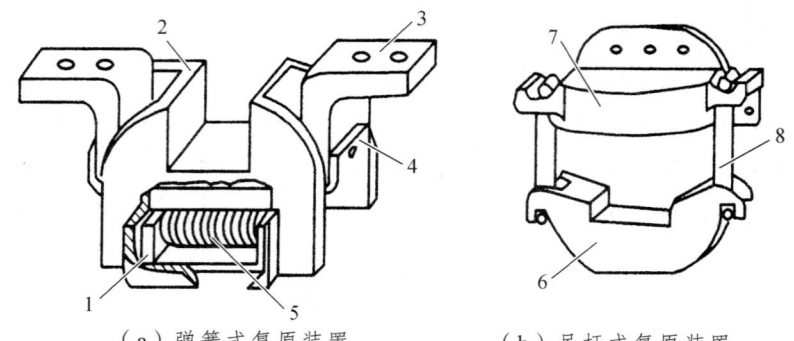

（a）弹簧式复原装置　　　　（b）吊杆式复原装置

1—垫板；2—复原弹簧鞍；3—钩身托板；4—复原弹簧托；5—复原弹簧；
6—摆块；7—冲击座；8—摆块吊杆。

图4-23　车钩复原装置

常用的复原装置有两种。图4-23（a）所示为弹簧式复原装置，它由钩身托板3、复原弹簧托4、复原弹簧鞍2、复原弹簧5、弹簧垫板1及心杆等零件组成。车钩钩身坐落在复原弹簧鞍内。当车钩偏移时，弹簧鞍压缩下部一侧的弹簧垫板及弹簧，此时弹簧的复原力就可使弹簧鞍恢复到正位，起复原作用。

另一种为吊杆式复原装置，如图4-23（b）所示。它由摆块6、冲击座7、摆块吊杆8等组成。钩身卡在摆块上，摆块两端支承在吊杆下。当车钩向一侧偏移时，车钩本身重力的水平分力将使自身和摆块恢复到原来的正常位置，增加了车钩摆动的灵活性，增强了车钩的复原能力。这种吊杆式复原装置结构简单，很少有磨损，所以被标准化，并得到广泛应用。$SS_{4改}$型、SS_9型及HXD_3型电力机车均采用吊杆式复原装置。

四、缓冲装置力的传递

车钩钩体尾部通过钩尾销连接车钩钩尾框。在车钩尾框内，安装前从板、缓冲器及后从板（有时不设后从板），如图4-24（a）所示。

车钩尾框和前后从板，是牵引缓冲装置中传递纵向力的构件，它们和车钩、缓冲器组装以后，一同安装在车体底架的前后两端的牵引梁内。前后从板及缓冲器卡装在牵引梁前后从板座之间。

1. 牵引运行时纵向力的传递顺序

牵引运行时，牵引力由车体底架传至车钩，如图4-24（b）所示，其传力顺序为：车体底架→牵引梁→前从板座→前从板→缓冲器→后从板→车钩尾框→钩尾销→车钩。

2. 推进运行时纵向力的传递顺序

推进运行时,机车推力也由底架传至车钩,如图 4-24(c)所示,其传力顺序为:车体底架→牵引梁→后从板座→后从板→缓冲器→前从板→车钩尾框→钩尾销→车钩。

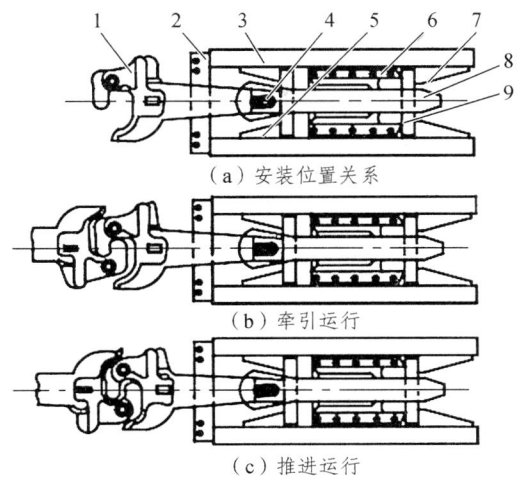

1—车钩;2—冲击座或复原装置;3—牵引梁;4—钩尾销;5—前从板座;
6—缓冲器;7—后从板座;8—钩尾框;9—后从板。

图 4-24 车钩缓冲装置力的传递

由以上可知,车钩缓冲装置无论在牵引运行还是推进运行中,机车的纵向力都经过缓冲器传递,而且缓冲器都会受到进一步的压缩,起到缓冲作用,减轻了纵向冲动,改善了运行品质。

由于车钩专用于机车和车辆之间的连接,所以各种机车车辆的车钩高度必须统一。我国统一规定车钩中心线距轨面的高度为(880±10)mm,如果不符合这一规定,可在钩尾框托板上加垫或改变冲击座下方吊杆装置均衡梁上磨耗板厚度来进行调整,必要时也可稍微改变吊杆头上的垫板厚度来调整车钩高度。

机车总体及走行部

> 操作运用案例

实训九　HXD₃型电力机车车钩拆装与检修

1. 实训项目教师工作活页

实训项目学生学习活页　　　　　　　　　　　　　NO：

实训项目		HXD₃型电力机车车钩拆装与检修		
学　　时		2	班　级	
实训场所		铁道机车车架走行部实训室		
工具设备		铁道机车车架走行部、手套、多媒体设备课件、图片、示教板等		
教学目标	专业能力	（1）了解车钩的作用和种类； （2）掌握车钩的结构； （3）熟悉车钩三态和摘挂作业； （4）熟练拆解、安装车钩； （5）熟悉HXD₃型电力机车车钩缓冲装置的安装； （6）熟悉车钩复原装置的种类和工作原理； （7）了解车钩的受力及磨耗情况		
	方法能力	（1）能综合运用专业知识，通过利用专业书籍、多媒体课件和图片资料获得帮助信息； （2）能根据实训项目学习任务确定实训方案，从中学会表达及展示活动过程和成果		
	社会能力	（1）能在实习训练活动中保持积极向上的学习态度； （2）能与小组成员和教师就学习中遇到的问题进行交流和沟通； （3）能与他人共享学习资源，具有较好的合作能力和团队协作精神		
教学评价		学生活动：① 以 5~7 人为单位小组开展实训活动，根据本组同学在实训过程中的能力表现及结果进行自评、组内互评；② 根据其他小组同学在成果展示活动中的表现及结果进行互评。 教师活动：① 教师组织学生开展评价活动和总结；② 对学生本实训项目单元成绩做出综合评价		
指导教师			教学时间	年　　　月　　　日

2. 实训项目学生学习活页

实训项目学生学习活页　　　　　　　　NO：

实训九　HXD$_3$ 型电力机车车钩拆装与检修

班级：　　　姓名：　　　学号：　　　时间：

一、实训目标
1. 专业能力目标
（1）了解车钩的作用和种类；
（2）掌握车钩的结构；
（3）熟悉车钩三态和摘挂作业；
（4）熟练拆解、安装车钩；
（5）熟悉 HXD$_3$ 型电力机车车钩缓冲装置的安装；
（6）熟悉车钩复原装置的种类和工作原理；
（7）了解车钩的受力及磨耗情况。
2. 方法能力目标
（1）能综合运用专业知识，通过利用专业书籍、多媒体课件和图片资料获得帮助信息；
（2）能根据实训项目学习任务确定实训方案，从中学会表达及展示活动过程和成果。
3. 社会能力目标
（1）能在实习训练活动中保持积极向上的学习态度；
（2）能与小组成员和教师就学习中遇到的问题进行交流和沟通；
（3）能与他人共享学习资源，具有较好的合作能力和团队协作精神。
二、知识总结
（1）简述 HXD$_3$ 型电力机车车钩的"三态"。

（2）简述 HXD$_3$ 型电力机车车钩的结构。

（3）简述 HXD$_3$ 型电力机车车钩的拆解、安装过程。

（4）简述 HXD$_3$ 型电力机车缓冲器的安装方法。

（5）简述牵引和推进运行时车钩、缓冲器纵向力的传递过程。

三、操作运用

（1）在铁道机车车架走行部实训室对 HXD$_3$ 型电力机车车钩部件进行指认。

（2）在铁道机车走行部实训室对 HXD$_3$ 型电力机车车钩进行拆解和安装。

四、实训小结

五、成绩评定
1. 学生评价

评价等级	A（优）	B（良）	C（中）	D（及格）	E（不及格）
学生自评					
组内互评					
他组互评					

2. 教师评价

评价等级	A（优）	B（良）	C（中）	D（及格）	E（不及格）
专业能力					
方法能力					
社会能力					

3. 综合评价

评价等级	A（优）	B（良）	C（中）	D（及格）	E（不及格）
评价结果					

注：按照学生自评占10%、组内互评占10%、他组互评占20%、教师评价占60%的比例计分。其中，A为100分，B为85分，C为75分，D为60分，E为50分。

4. 评价量规

等级	行为表现描述
A	能圆满高效地完成实训任务的全部内容
B	能顺利完成实训任务的全部内容
C	能完成实训任务的全部内容，但需要一些帮助和指导
D	自己只能完成实训任务的部分内容，但在现场的指导下，已经能完成任务的全部内容
E	不能完成实训任务的全部内容

项目五　车体与转向架连接装置

车体与转向架连接装置，既是承载装置，又是牵引装置，是车体与转向架的中间连接装置，起到车体与转向架之间活动关节的作用。本项目主要介绍车体与转向架连接装置的作用与类型，并分别阐述几种铁道机车车体与转向架的连接装置的组成、布置构造。

任务一　车体与转向架连接装置的分类

知识目标

（1）了解车体与转向架连接装置的作用。
（2）掌握车体与转向架连接装置的类型。

能力目标

（1）能够叙述车体与转向架连接装置的作用。
（2）能够说明车体与转向架连接装置的类型。

素质目标

（1）培养学生爱岗敬业、忠于职守、团结合作的精神。
（2）使学生具备从事机车运用和检修岗位所必需的基本知识和专业技能。

工具设备

多媒体设备课件、图片、示教板、计算机多媒体设备等。

教学环境

多媒体教室、铁道机车模拟驾驶实训室。

一、车体与转向架连接装置的作用

1. 传递重力

传递车体及其内部设备的重量，并按设计要求进行重量分配，保证各转向架载荷均等，各轴重符合规定要求。

2. 传递纵向力和横向力

传递转向架所产生的牵引力、制动力及机车在运行中转向架与车体受到的各种横向作用力。

3. 改善机车的动力学性能

改善机车在振动、曲线通过时的动力学性能，特别是横向动力学性能。

4. 保证机车的灵活性和稳定性

保证机车在曲线通过时的灵活性和稳定性，并使车体相对转向架经常处于平衡位置。

5. 提高机车运行的平稳性

缓和钢轨对机车的冲击和振动，改善部件的工作可靠性和乘务员的舒适度。由于机车在线路上运行时，受到来自钢轨的冲击，同时机车本身又产生各种形式的振动，所以现代电力机车大多采用弹性的支承装置，这样既可缓和传到车体上的冲击，又可增加机车总的静挠度；另外还因隔离了机车的振动质量，因而降低了车体的自振频率，提高了机车运行的平稳性指标。

二、车体与转向架连接装置的类型

车体与转向架连接装置的类型很多，主要包括有心盘（或中心销）连接和无心盘连接两大类。

1. 有心盘（或中心销）连接装置

在转向架的转动中心，设置心盘。它既是传递重力及水平力的装置，又是转向架绕车体间转动的转轴。机车曲线运行时，转向架绕心盘回转，如图 5-1 所示。目前使用心盘（或中心销）连接装置的机车已基本淘汰。

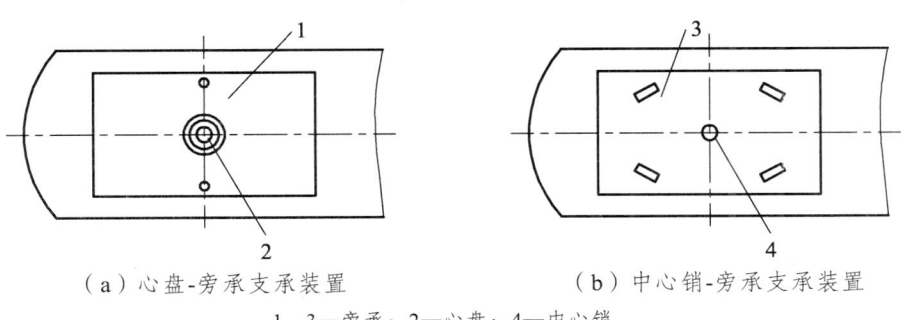

（a）心盘-旁承支承装置　　　　（b）中心销-旁承支承装置

1，3—旁承；2—心盘；4—中心销。

图 5-1　有心盘（或中心销）的连接装置示意图

2. 无心盘连接装置

这一类连接装置，不设心盘，也没有中心销，转向架没有明确的回转中心，只能绕一个假想的回转中心回转，同时还可以相对车体进行适当的横移。

可见，转向架假想的回转中心在一定的范围内变动，而不是一个确定的点。现有的铁道机车车体与转向架连接装置的结构都不尽相同，但其主要结构大都使用牵引杆连接部件。

任务二　车体与转向架连接装置的结构

知识目标

（1）熟悉 HXD_3 型电力机车车体与转向架连接装置的组成与结构。
（2）熟悉 HXD_1 型电力机车车体与转向架连接装置的组成与结构。
（3）熟悉 $SS_{4改}$ 型电力机车车体与转向架连接装置的组成与结构。
（4）熟悉 HXN_{3B} 型内燃机车车体与转向架连接装置的组成与结构。
（5）熟悉 DF_{4B} 型内燃机车车体与转向架连接装置的组成与结构。

能力目标

（1）能够讲述机车车体与转向架连接装置的构成和特点。
（2）能够对比分析不同连接装置的优缺点。

素质目标

（1）培养学生爱岗敬业、忠于职守、团结合作的精神。
（2）使学生具备从事机车运用和检修岗位所必需的基本知识和专业技能。

工具设备

多媒体设备课件、图片、示教板、计算机多媒体设备等。

教学环境

多媒体教室、铁道机车模拟驾驶实训室。

一、HXD_3 型电力机车车体与转向架连接装置的组成与结构

牵引杆装置是连接机车车体与转向架的重要组成部分，其主要作用是传递机车的牵引力和制动力。机车运行时要求其不应该存在对运动的约束，且能适应机车车体与转向架之间的各种相对运动。

HXD_3 型电力机车货运电力机车牵引装置的结构形式为推挽式中央平拉杆，主要部件包括牵引销装配、橡胶关节、托板、牵引杆体等，牵引装置结构如图 5-2 所示，牵引杆模型如图 5-3 所示，机车牵引杆装配如图 5-4 所示。

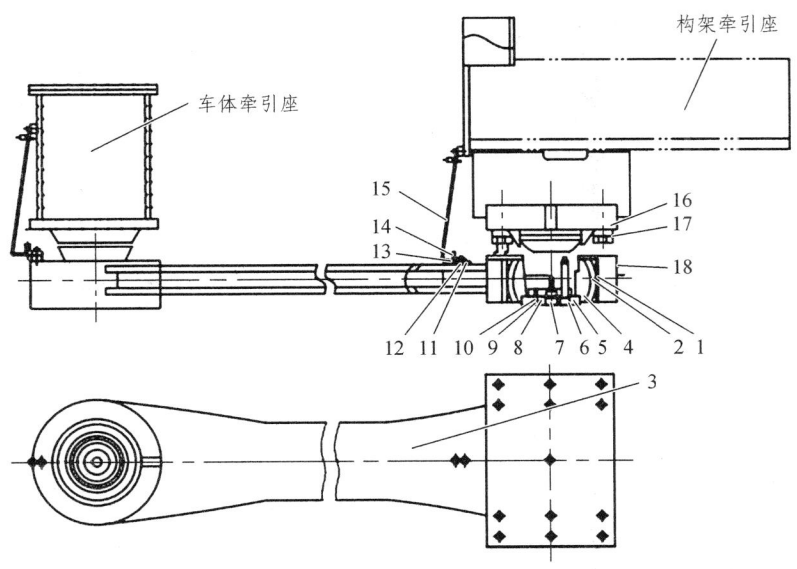

1—关节装配；2—牵引销装配；3—牵引杆体；4—托板；5，18—O形圈；6—螺钉M24×130；
7，9—螺堵；8，10—橡胶垫；11—安全座；12—销轴B12×45；13—销2×16；
14—绳夹；15—钢丝绳；16—螺栓套管；17—螺栓。

图 5-2　HXD_3 型电力机车牵引装置结构图

图 5-3　HXD_3 型电力机车牵引杆模型

图 5-4　HXD_3 型电力机车牵引杆装配

保养要求如下：
（1）检查各紧固件螺栓等应无松动现象。
（2）检查牵引销、橡胶关节及托板等状态良好。
（3）检查橡胶垫、O形圈等不得磨损，磨耗不得超限。
（4）检查牵引装置离轨面的最低距离不得超限。

二、HXD_1 型电力机车车体与转向架连接装置的组成与结构

因为 HXD_1 型电力机车为重载货运电力机车，因此牵引杆装置是该型机车转向架关键部

件之一。牵引装置的强度和刚度必须考虑 5 倍转向架质量惯性力的冲击载荷;同时为了减少轴面转移,牵引点距离轨面的距离尽可能低;为了保证转向架与车体的相对运动,牵引杆装置采用了橡胶关节和销套结构;为了有效传递牵引力和制动力,牵引杆装置纵向刚度要尽量大。该牵引杆装置纵向刚度达到 50 MN·m。HXD_1 型电力机车转向架牵引杆装置由牵引杆 1、牵引杆 2、连杆 3 及橡胶关节组成,如图 5-5 所示。牵引杆 1 和牵引杆 2 为 16MnDR 钢板焊接结构,连杆为 16MnDR 锻造结构。牵引杆 1 和牵引杆 2 之间的连接采用销套结构,如图 5-6 所示,连杆与牵引杆之间采用球铰连接结构,如图 5-7 所示。牵引杆与构架和车体之间采用橡胶关节连接。

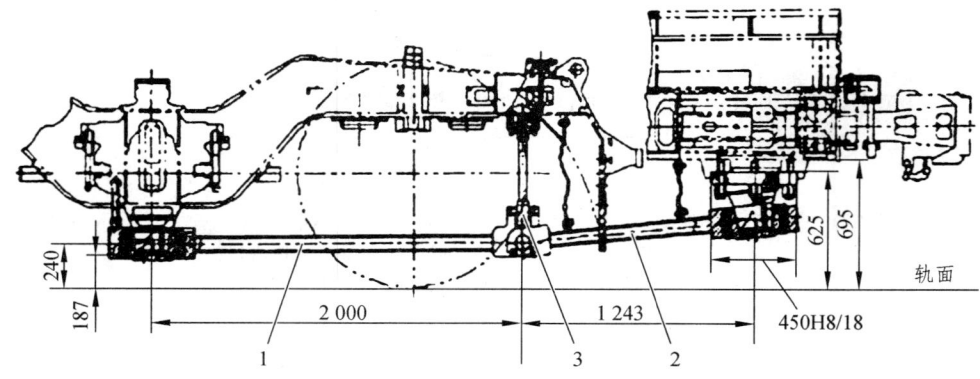

1,2—牵引杆;3—连杆。

图 5-5 牵引装置结构

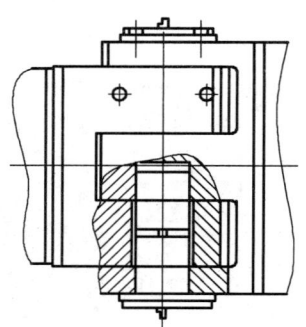

图 5-6 牵引销套结构

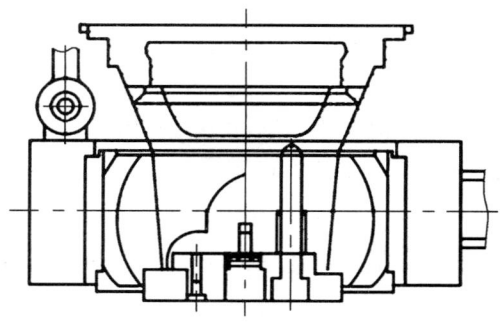

图 5-7 牵引球铰连接结构

日常维护保养要求：
（1）每日检查牵引杆螺栓的紧固性。
（2）每半年检查牵引杆安全钢丝绳，观察牵引杆及牵引座筒有无点蚀和裂纹。

三、$SS_{4改}$型电力机车车体与转向架连接装置的组成与结构

$SS_{4改}$型电力机车车体与转向架连接装置由橡胶弹簧（橡胶堆）、摩擦减振器、横向油压振器和牵引装置组成，如图 5-8 所示。

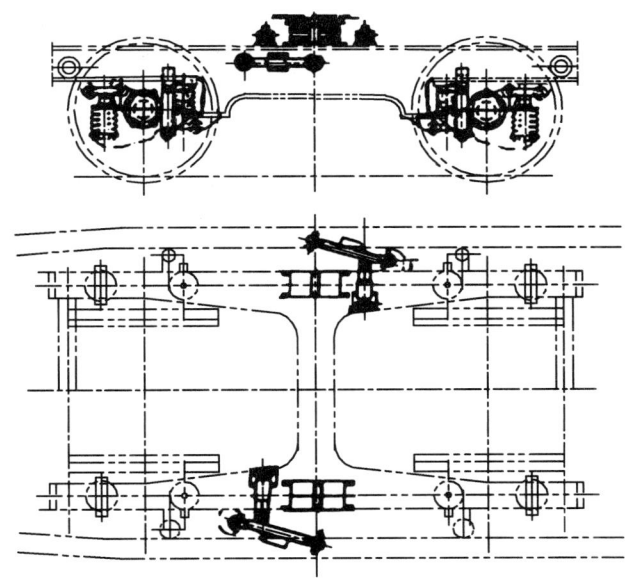

图 5-8　$SS_{4改}$型电力机车车体与转向架连接装置

1. 橡胶弹簧

橡胶弹簧，又称为橡胶堆，由 2 块端板、7 块隔板和橡胶硫化成整体。橡胶弹簧受载时的弹性变形，既有压缩变形，也有剪切变形，因而橡胶弹簧具有较大的垂向刚度和一定的横向剪切刚度，当其变形时，内部产生摩擦，吸收机械能。

2. 摩擦减振器

当转向架蛇行振动时，构架与车体产生相对位移，使组装在这两者之间的摩擦减振器也相对滑动产生阻尼力，消耗振动能量，达到阻止蛇行振动的目的。摩擦减振器阻力的大小，可用弹簧调整片调整弹簧压力来调节。

摩擦减振器主要由 2 个弹性球铰、杆、弹簧外罩、2 个弹簧、3 块摩擦片和定位板组成，如图 5-9 所示。

（1）弹性球铰。弹性球铰是连接车体或构架的弹性元件，是由外套、心轴和橡胶硫化成一体的弹性体。

心轴中间为球形体，两端呈扁平状，并有两个 22 mm 的孔，以便组装摩擦减振器用。外套分两半，内为球形，外为圆柱形，橡胶填在外套内孔和心轴球形体之间。

机车总体及走行部

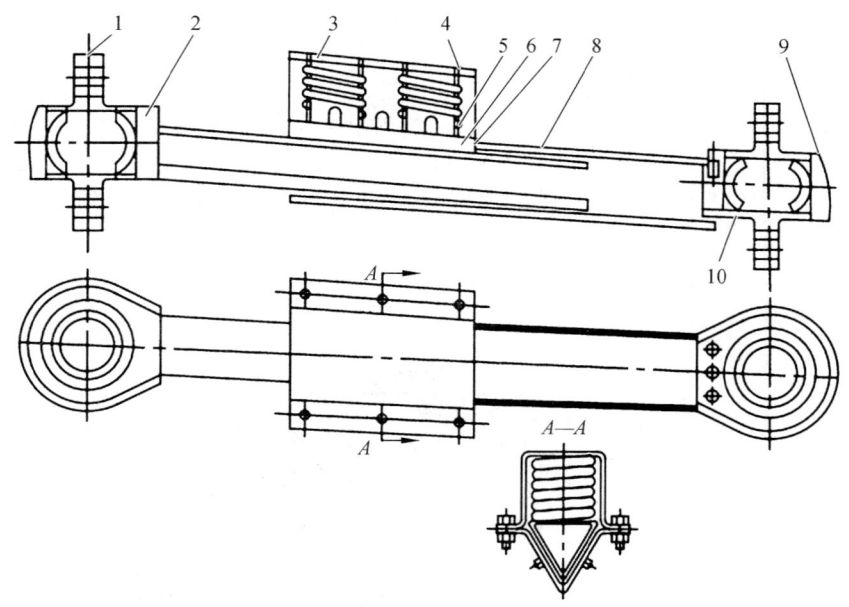

1—弹性球铰；2—三角形杆；3—弹簧外罩；4—弹簧；5—弹簧压力调整片；
6—弹簧支座；7—摩擦片；8—定位板；9—导槽杆；10—挡圈。

图 5-9　摩擦减振器

（2）杆。杆分三角形杆和导槽杆。三角形杆为摩擦工作表面，导槽杆上组装两块摩擦片，它与三角形杆形成摩擦副。

（3）弹簧外罩。弹簧外罩与定位板用于固定弹簧和摩擦片，使弹簧的压力通过定位板传给摩擦片，摩擦片与三角形杆产生压力，当摩擦时产生阻尼力。

（4）弹簧。弹簧是产生摩擦力的来源，调整弹簧调整片即可调整摩擦力。

（5）摩擦片。采用 3 块尺寸为 180 mm × 50 mm × 5 mm 的 HZ-91 石棉橡胶刹车带。其特点：耐磨、耐热、强度高、与钢摩擦系数大（$f = 0.25$），与三角形杆的 3 个摩擦面相接触。

在机车运行过程中，由于摩擦片和三角形杆不断磨耗，三角形杆表面越来越光滑，弹簧压力也相应减少，摩擦系数也相应变小。所以要定期维修，测定摩擦阻尼力，当下降比例超过 10% 时，应进行调整。

3. 横向油压减振器

SS$_{4改}$型电力机车转向架与车体之间在水平方向还布置了型号为 SFK 的横向油压减振器，每台转向架斜对称布置了两个减振器，其结构如图 5-10 所示。在储油筒上有一个储油包，安装时储油包应向上，其他结构与垂向油压减振器相同，其原理也相同。

4. 牵引装置

SS$_{4改}$型电力机车牵引装置的结构形式为中央斜杆推挽式，其主要作用是将转向架上的牵引力和制动力传递到车体上，并在机车通过曲线或上下振动时，使转向架与车体之间能自由回转和摆动。其牵引点距轨面的高度为 12 mm，降低了机车牵引点的高度，从而可减小转向架的轴重转移，提高机车的黏着牵引力。中央斜单杆推挽式牵引装置的主要部件有：牵引座、牵引橡胶垫、压盖、牵引叉头、牵引杆、三角撑杆、三角架等，其结构如图 5-11 所示。

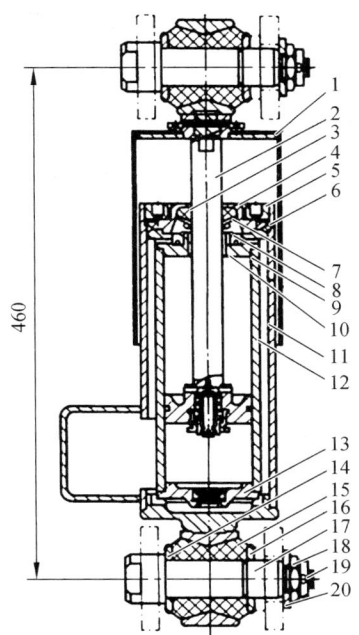

1—防尘罩；2—活塞；3—密封圈；4—密封盖；5—螺盖；6—油封圈；7—密封托垫；8—密封弹簧；
9—缸盖；10—导向套；11—储油筒；12—缸筒；13—进油阀；14，16—垫板；
15—橡胶套；17—连接销；18—螺母；19—开口销；20—垫圈。

图 5-10　横向液压减振器

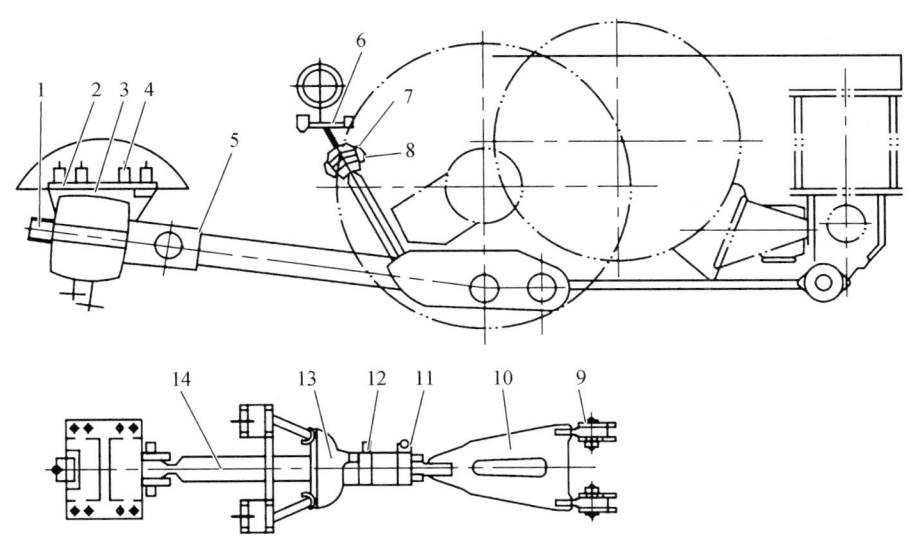

1—六角开槽螺母；2—压盖；3—牵引座；4—牵引橡胶垫；5—牵引叉头；6—三角撑杆座；7—关节轴承；
8—销Ⅰ；9—销Ⅱ；10—三角架；11—销Ⅲ；12—关节轴承；13—三角撑杆；14—牵引杆。

图 5-11　中央斜单杆推挽式牵引杆

1）主要附属部件

（1）牵引座。牵引座是一个焊接件，用 8 个 M36 的螺栓安装在车体牵引梁下方，由底板、立板和球形体焊接而成，焊装后必须进行电磁探伤检查，不允许有裂纹等缺陷存在，探伤后进行去应力退火。

（2）牵引橡胶垫。牵引橡胶垫用来缓和在牵引和制动过程中力的冲击，保证各部件之间的良好作用。

（3）压盖。压盖为一个碗形的容器，底部开有孔，以便牵引叉头穿过。该件为铸件，材料为 ZG230-450。

（4）牵引叉头。牵引叉头为锻钢件，材料为 45 钢，是连接牵引杆和牵引座的重要部件，受力大，其产品要求进行调质处理并经探伤检查。

以上 4 个部件按图 5-11 所示方式用六角槽形螺母连接成一个整体后，安装在车体牵引梁下方。

（5）牵引杆。牵引杆由牵引杆体和端头焊接而成，牵引杆体材料为 35 号（121 mm×16 mm）无缝钢管，端头材料为 45 钢。牵引杆是传递机车牵引力和制动力的关键部件，要求用不低于母材性能的焊条焊接，焊后焊缝进行电磁探伤，不允许存在任何裂纹等缺陷，并进行去应力退火。

（6）三角撑杆。三角撑杆为铸、锻焊接件且受力状态相当复杂，为保证其内在质量，在其加工处内部用超声波探伤。

（7）三角架。三角架分别与构架牵引梁和三角撑杆相连构成一个稳定的三角形结构，传递机车的牵引力和制动力。

2）牵引力和制动力的传递

来自轮轨黏着产生的牵引力或制动力的传递过程为：构架牵引梁→三角架、三角撑杆座和三角撑杆→牵引杆→牵引叉头压盖→牵引橡胶垫→牵引座→车体。

四、HXN$_{3B}$ 型电力机车车体与转向架连接装置的组成与结构

牵引装置是连接车体与转向架的重要部件，其主要作用是传递机车的牵引力或制动力。并且机车运行时，牵引装置应适应机车车体与转向架之间的各种相对运动，使这些运动不应存在约束。其中包括转向架相对于车体的横动、在水平面内的回转，转向架相对于车体的浮沉振动、点头振动及侧滚振动。该车牵引装置采用了与 DF$_4$ 型机车类似的四连杆机构，由 2 个牵引杆、2 个拐臂和 1 个连接杆等组成，通常称为牵引杆装配，其结构如图 5-12 所示。

图 5-12 牵引杆装配

牵引杆由杆体（钢管）、叉头等组焊而成，两端分别连接到拐臂和车体的牵引座。为保证车体和转向架之间的相对运动，牵引杆两端的连接部位均采用了免维护的关节球轴承和销轴的结构，保证了转向架和车体之间各个方向的力的传递。免维护的关节球轴承可以通过其内部的自润滑材料保证其在大修期内完全免维护，化繁为简，大大减少了机车正常运行过程中的检修维护工作。

HXN$_{3B}$型内燃机车车体与转向架连接装置如图5-13所示。

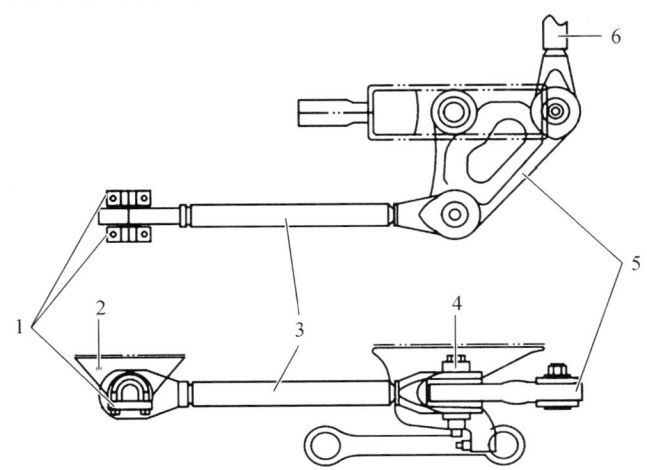

1—托板；2—车体支座；3—牵引杆；4—法兰衬套；5—拐臂装配；6—连接杆装配。

图5-13 牵引装置示意图

牵引杆的作用是传递机车的牵引力和制动力，由牵引杆管、牵引杆插头及牵引杆端头焊接而成，结构如图5-14所示。

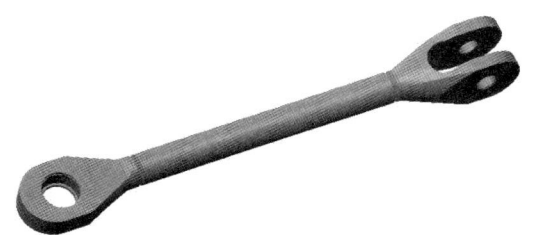

图5-14 牵引杆结构图

拐臂装配连接牵引杆和构架，同时通过连接杆将两侧连接起来，结构如图5-15所示。

图5-15 拐臂装配示意图

检查维护保养要求：
（1）经常检查牵引杆连接螺栓的紧固性。
（2）检查拐臂、牵引杆、连接杆杆体及焊接处是否有裂纹。

五、DF$_{4B}$型内燃机车车体与转向架连接装置的组成与结构

DF$_{4B}$型内燃机车采用牵引杆装置传递水平载荷。牵引杆装置由与转向架纵向中心线呈对称的2根牵引杆、2个拐臂、1根连接杆、球面关节轴承及牵引销等组成，如图5-16所示。

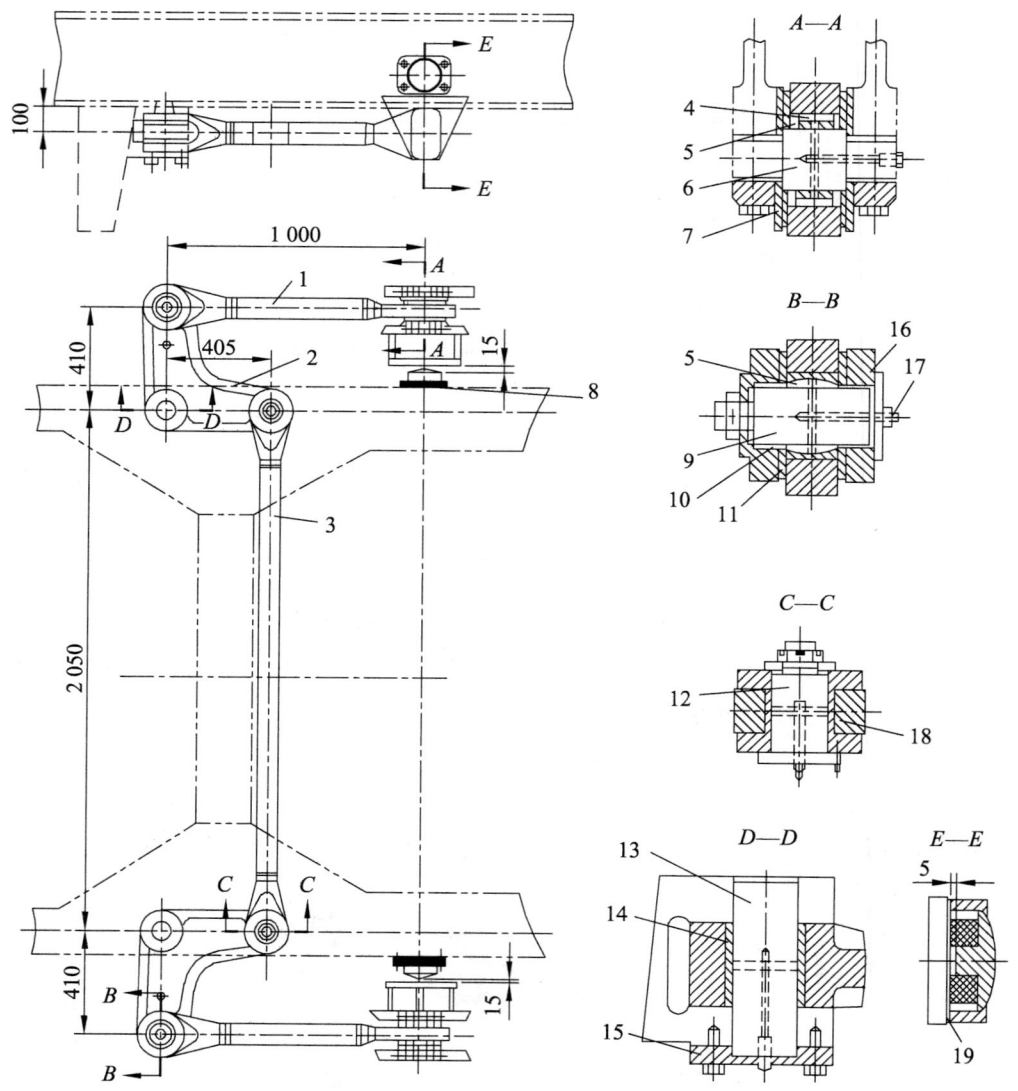

1—牵引杆；2—拐臂；3—连接杆；4—球面关节轴承外套；5—球面关节轴承；6—牵引销；7—卡环；8—侧挡；9—牵引杆销；10，14，18—套；11—橡胶垫；12—连接杆销；13—拐臂销；15—盖板；16—销钉；17—注油嘴；19—调整垫片。

图 5-16 DF$_{4B}$型内燃机车牵引杆装置

牵引杆一端通过牵引销与车体牵引座连接，另一端通过牵引杆销与拐臂连接。2个拐臂分别用2个拐臂销和止板安装在构架侧梁下方的拐臂座上。中间的连接杆两端通过连接杆销与2个拐臂连接，使左右牵引杆受力均匀。

牵引杆中心线离轨面高度725 mm，采用这种低位牵引杆装置可以减小牵引力作用下的轴重转移，减少空转。

在转向架上设有球形侧挡，作用是限制转向架对车体的横动量和传递横向力。转向架侧挡的安装和调整在落车时进行。侧挡每侧自由横动量为15 mm，调整时，左右自由横动量相加为30 mm即可。为了使左右间隙相等，要求在加装左右侧挡的调整垫片时，应使其厚度相等，以保证机车车体的纵向中心线与转向架纵向中心线相重合。此外，为缓和机车的横向冲击，在转向架侧挡内还装有橡胶垫，如图5-17所示。橡胶垫具有5 mm的弹性压缩量，这样车体和转向架间每侧总横动间隙为20 mm。由于转向架与车体的横向位置受侧挡的限制，纵向位置受牵引杆装置的限制，这样，当机车通过曲线，转向架相对于车体自由偏转时，转向架的回转中心只能在一定范围内变动。

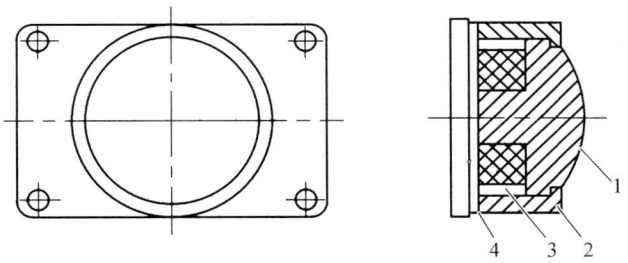

1—侧挡；2—侧挡体；3—缓冲器；4—调整垫片。

图5-17　DF_{4B}型内燃机车侧挡

由于横动量的存在和二系弹簧的设置，车体与转向架之间在水平方向和垂直方向都有相对移动，因此牵引杆两端必须采用球面关节轴承连接，才能满足上述运动的要求。球面关节轴承和它的外套都采用轴承钢制成，并经表面淬火提高硬度。关节轴承及其销、套均需润滑，为此在各销子端设有注油嘴，润滑脂从此注入，经销子内孔通到润滑表面。

由于牵引杆装置直接传递牵引力和制动力，其主要部件的强度、焊接质量的优劣对机车的安全运行影响极大，虽然设计上考虑了足够的安全系数，但出厂时仍需对焊缝进行探伤检查，机车运用中乘务人员应经常进行外观检查。

操作运用案例

实训十　HXD₃型电力机车车体与转向架连接装置认知

1. 实训项目教师工作活页

实训项目教师工作活页　　　　NO：

实训项目	\multicolumn{3}{c}{HXD₃型电力机车车体与转向架连接装置认知}
学　　时	2	班　级	
实训场所	\multicolumn{3}{c}{机车总体与走行部实训室}
工具设备	\multicolumn{3}{c}{机车总体与走行部实训台、多媒体设备课件、图片、计算机多媒体设备等}
教学目标	专业能力	\multicolumn{2}{l}{（1）能说明机车车体与转向架连接装置的构成； （2）能说明机车车体与转向架连接装置的工作原理； （3）能说明HXD₃型机车车体与转向架连接装置的构成； （4）能说明HXD₃型机车车体与转向架连接装置的工作原理}
	方法能力	\multicolumn{2}{l}{（1）能综合运用专业知识，通过利用专业书籍、多媒体课件和图片资料获得帮助信息； （2）能根据实训项目学习任务确定实训方案，从中学会表达及展示活动过程和成果}
	社会能力	\multicolumn{2}{l}{（1）能在实习训练活动中保持积极向上的学习态度； （2）能与小组成员和教师就学习中遇到的问题进行交流和沟通； （3）能与他人共享学习资源，具有较好的合作能力和团队协作精神}
教学评价	\multicolumn{3}{l}{学生活动：① 以5～7人为单位小组开展实训活动，根据本组同学在实训过程中的能力表现及结果进行自评、组内互评；② 根据其他小组同学在成果展示活动中的表现及结果进行互评。 教师活动：① 教师组织学生开展评价活动和总结；② 对学生本实训项目单元成绩做出综合评价}
指导教师		教学时间	年　　月　　日

2. 实训项目学生学习活页

实训项目学生学习活页　　　　　　　　　NO：

实训十　HXD$_3$型电力机车车体与转向架连接装置认知

班级：　　　　姓名：　　　　学号：　　　　时间：

一、实训目标
1. 专业能力目标
（1）能说明机车车体与转向架连接装置的构成；
（2）能说明机车车体与转向架连接装置的工作原理；
（3）能说明HXD$_3$型机车车体与转向架连接装置的构成；
（4）能说明HXD$_3$型机车车体与转向架连接装置的工作原理。
2. 方法能力目标
（1）能综合运用专业知识，通过利用专业书籍、多媒体课件和图片资料获得帮助信息；
（2）能根据实训项目学习任务确定实训方案，从中学会表达及展示活动过程和成果。
3. 社会能力目标
（1）能在实习训练活动中保持积极向上的学习态度；
（2）能与小组成员和教师就学习中遇到的问题进行交流和沟通；
（3）能与他人共享学习资源，具有较好的合作能力和团队协作精神。
二、知识总结
（1）简述机车车体与转向架连接装置的构成。

（2）简述机车车体与转向架连接装置的工作原理。

（3）简述HXD$_3$型电力机车车体与转向架连接装置的构成。

（4）简述HXD$_3$型电力机车车体与转向架连接装置的工作原理。

三、操作运用

（1）在机车实训设备上对电力机车车体与转向架连接装置进行认知。

（2）在机车实训室进行车体与转向架连接装置检查维护。

四、实训小结

五、成绩评定

1. 学生评价

评价等级	A（优）	B（良）	C（中）	D（及格）	E（不及格）
学生自评					
组内互评					
他组互评					

2. 教师评价

评价等级	A（优）	B（良）	C（中）	D（及格）	E（不及格）
专业能力					
方法能力					
社会能力					

3. 综合评价

评价等级	A（优）	B（良）	C（中）	D（及格）	E（不及格）
评价结果					

注：按照学生自评占10%、组内互评占10%、他组互评占20%、教师评价占60%的比例计分。其中，A为100分，B为85分，C为75分，D为60分，E为50分。

4. 评价量规

等级	行为表现描述
A	能圆满高效地完成实训任务的全部内容
B	能顺利完成实训任务的全部内容
C	能完成实训任务的全部内容，但需要一些帮助和指导
D	自己只能完成实训任务的部分内容，但在现场的指导下，已经能完成任务的全部内容
E	不能完成实训任务的全部内容

项目六　通风冷却系统

铁道机车上有很多电气设备，如电力机车的牵引电动机、主变压器、硅整流装置以及制动电阻柜等部件，内燃机车的柴油机、传动装置、某些辅助装置以及制动电阻柜等部件，在工作时会产生大量的热量，如不能及时散发出去，使电气设备的温度超出允许的范围，就会影响各电气设备的正常工作，甚至会烧毁设备。然而仅凭自然通风远不能满足散热要求，为保证这些设备的正常工作，必须采用通风系统对电气设备进行强制性通风。本项目主要介绍铁道机车的常用通风机的类型、结构特点以及通风机在铁道机车中的具体应用，并对 HXD_3、HXD_1、$SS_{4改}$ 型电力机车以及 HXN_{3B}、DF_{4B} 型内燃机车的通风系统做具体阐述。

任务一　通风冷却系统概述

学习目标

（1）了解通风冷却系统的作用和通风方式。
（2）掌握通风冷却系统的组成和特点。

能力目标

（1）了解通风冷却系统概况。
（2）掌握通风冷却系统的组成和特点。

素质目标

（1）培养学生爱岗敬业、忠于职守、团结合作的精神。
（2）使学生具备从事机车运用和检修岗位所必需的基本知识和专业技能。

工具设备

多媒体设备课件、图片、示教板、计算机多媒体设备等。

教学环境

多媒体教室、铁道机车模拟驾驶实训室。

一、通风冷却系统概况

机车上电气设备很多,机车车体的空间又十分有限,因此机车通风冷却系统通常数量较少,要充分利用有限的风源,还要求进风速度低,减少尘埃侵入;同时要求风道短、弯道少且圆滑过渡,减少风压损失。铁道机车通风方式通常有两种:一种是独立通风,即设置专用风道,便于集中去尘,空气净化较好;另一种是车体通风,即风由侧墙吸入车体内,再自行分配进入各风道,这两种通风方式也可以混合采用。对于分布在车体内不同部位的需要强制冷却的电气设备,通常需要将它们就近分为若干组,根据不同部件和冷却要求,采用合适的通风机和冷却风道,共同构成一个布置合理、适应要求的通风冷却系统。机车的设备布置往往要统筹考虑,做到兼顾各方,科学合理。目前,和谐系列和复兴号系列电力机车均采用独立通风方式,DF_{4B}型内燃机车则采用车体通风。

二、通风冷却系统的组成和特点

(一) 通风机

1. 通风机的类型

通风机按工作的原理,可分为离心式和轴流式两大类。

1) 离心式通风机

离心式通风机又称鼓风机,其结构如图 6-1 所示。离心式通风机有一个蜗壳状的壳体。在壳体内装有叶轮,叶轮由电动机驱动。

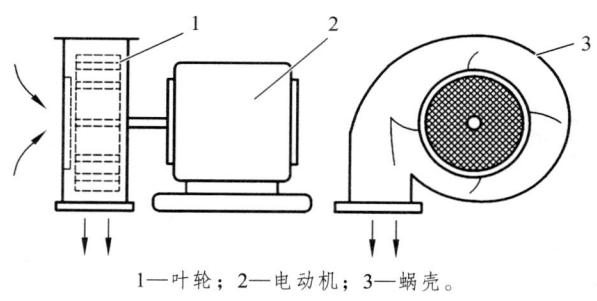

1—叶轮;2—电动机;3—蜗壳。

图 6-1 离心式通风机示意图

当叶轮在蜗壳内做高速旋转时,叶片间的空气也被迫做高速旋转,在离心力的作用下,沿叶轮甩出来,以一定的速度沿蜗壳经出风口进入风道。由于叶轮间形成真空,外界空气不断从叶轮轴向进风口被吸入。

离心式通风机具有风压较大、风力比较集中、适应较远距离通风、出风体积大等优点,但也有转速较低(受叶轮形状和强度的影响)、效率较低等缺点。

2) 轴流式通风机

轴流式通风机通常称风扇,其结构如图 6-2 所示。叶轮轴与风道平行(也可不设风道),

叶轮在电动机驱动下高速旋转,由于叶片有一定的斜度,形成空气的轴向流动,叶轮背面形成真空,外界空气不断补入。

轴流式通风机具有风压小、风力较分散、体积小,但转速高、效率较高等特点,因此不适宜远距离送风。

2. 通风机在电力机车上的应用

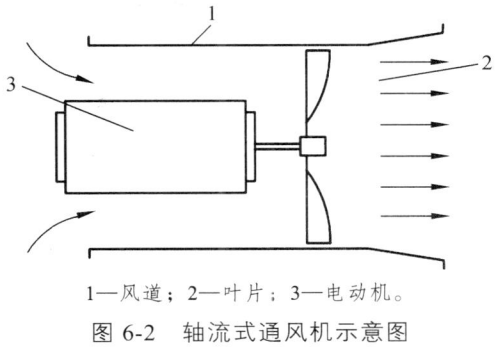

1—风道；2—叶片；3—电动机。

图 6-2　轴流式通风机示意图

离心式通风机和轴流式通风机在铁道机车通风冷却系统中均被采用,铁道机车的通风机都安装在车体内部,对于一些距离车体较远的设备,如牵引电机安装在转向架上,通常用离心式通风机冷却；对于距离通风机比较近的发热设备,如制动电阻柜,通常用轴流式通风机冷却,通风效率高,节约机车内部空间。

由于机车车体空间有限,有时会使用一台通风机冷却多台电气设备,将冷却设备分别布置于通风机的进风口或出风口。不论采用何种方式,都必须计算风道的流通阻力和冷却空气的流量,以保证冷却效果。以上两种冷却方式可以单独使用,也可混合使用。

（二）复合冷却器

为减少体积和质量,简化机车冷却系统,将主变压器的冷却油和牵引变流器的冷却水(纯水加乙二醇混合液)共用一套具有强制通风冷却的复合冷却系统。HXD_3 型电力机车每台机车安装有两台复合冷却系统,斜对称布置在机车中心线两侧,每台复合冷却系统负责对一台牵引变流器的水和主变压器的油（1/2 油）进行冷却。

HXD_3 型电力机车复合冷却系统示意图（一个油路）如图 6-3 所示,各循环回路如下：

(1) 油循环回路。主变压器的两个油路,被隔板分隔成两个区,一端为进油区,另一端为出油区。进出油区均有管路连接,保持两端油压平衡。出油部热油被油泵抽出,经油流继电器→蝶阀→ϕ100 mm 连接管→波纹管送入复合冷却器油散热器,经吹风冷却后再经波纹管→ϕ100 mm 连接管→螺阀,由油箱进油侧进入线圈,通过挡油圈、撑条、垫块、围屏导向在线圈内部流动冷却受热体,然后由线圈排油侧流出,形成油循环回路,通过变压器油反复循环,来冷却主变压器发热件。

(2) 水循环回路。冷却水通过设置在牵引变流器装置内的水泵进行循环。由水箱被水泵抽出来的冷却水,分成为三路,分别流入各分路,通过与散热片交换热量来冷却半导体元件。

三路冷却半导体元件的冷却水在出水口流出,经过闸阀 480 mm 波纹管复合冷却器入口到水散热器,经吹风冷却后再经ϕ80 mm 波纹管→流量计→闸阀返回水箱,形成水循环回路。通过冷却水反复循环,来冷却主变流器中的半导体元件。

(3) 风循环回路。复合冷却通风机组内的通风机,从车顶吸入冷却空气,先进入通风机,经过异径风道,进入复合冷却器,先冷却复合冷却器上层牵引变流器的冷却水,然后冷却下层的主变压器的冷却油,最后空气从车底排出。

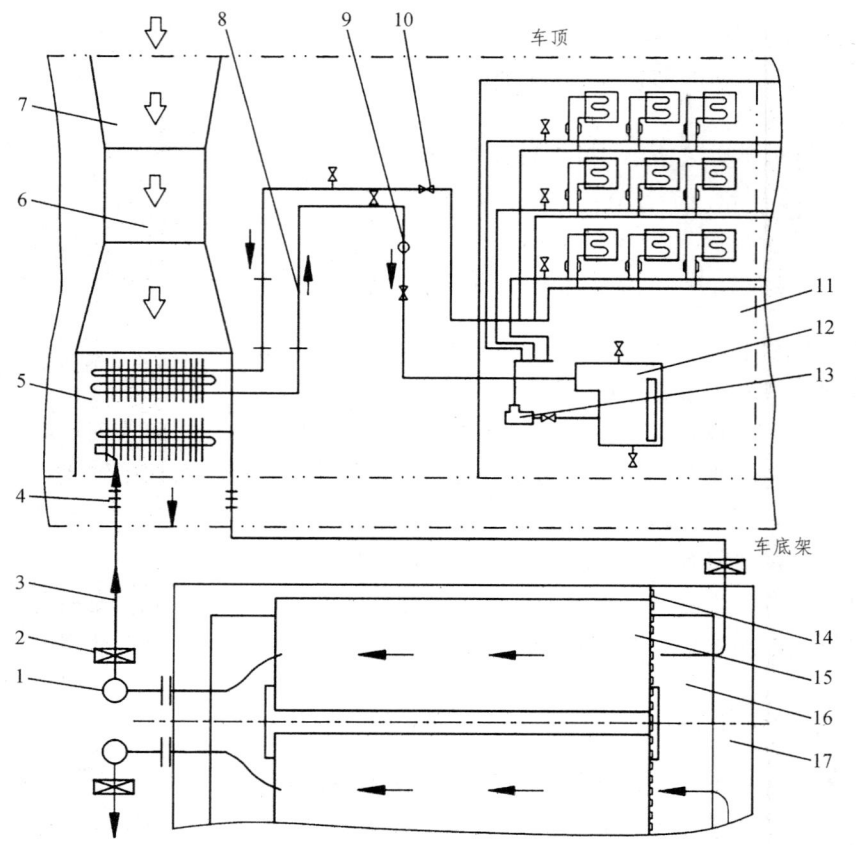

1—油泵；2—螺阀；3—$\phi 100$ mm 连接管；4—波纹管；5—复合冷却器；6—复合冷却通风机组；7—风道；8—$\phi 80$ mm 波纹管；9—流量计；10—闸阀；11—牵引变流器；12—水箱；13—水泵；14—止油隔板；15—线圈；16—铁心；17—主变压器。

图 6-3 复合冷却器示意图（一个油路）

任务二　通风冷却系统的工作原理

知识目标

（1）掌握几种电力机车通风冷却系统的工作原理和特点。
（2）掌握内燃机车通风冷却系统的工作原理和特点。

能力目标

（1）掌握 HXD_3 型电力机车通风冷却系统的工作原理和特点。
（2）掌握 HXD_1 型电力机车通风冷却系统的工作原理和特点。
（3）熟悉 $SS_{4改}$ 型电力机车通风冷却系统的工作原理和特点。
（4）了解 HXN_{3B} 型内燃机车通风冷却系统的工作原理和特点。
（5）了解 DF_{4B} 型内燃机车通风冷却系统的工作原理和特点。

素质目标

（1）培养学生爱岗敬业、忠于职守、团结合作的精神。
（2）使学生具备从事机车运用和检修岗位所必需的基本知识和专业技能。

工具设备

多媒体设备课件、图片、示教板、计算机多媒体设备等。

教学环境

多媒体教室、铁道机车模拟驾驶实训室。

一、HXD_3型电力机车通风冷却系统

1. HXD_3型电力机车冷却系统的主要特点

（1）通风系统采用独立通风冷却技术，具有结构简单、进风面积大、风阻小、各通风风量分配均匀等特点。

（2）通风冷却系统的冷却空气净化较好。如牵引电动机通风冷却系统采用惯性过滤器，并有自动排尘功能。

（3）主变压器油冷却和牵引变流器水冷却使用复合冷却器。

（4）轴通风机组使用单列深沟球轴承，具有较高的密封性，防尘性能好，平时无须加润滑脂，日常维护方便，运用寿命长。

2. 机车通风冷却系统的组成和风量分配

（1）通风冷却系统。

HXD_3型电力机车通风冷却系统主要包括：

① 牵引电动机（M1～M6）通风。
② 主变压器（MT1）与牵引变流器（UM1、UM2）复合冷却通风。
③ 辅助变流器（UA11、UA12）。
④ 司机室通风（EV11、EV12）。
⑤ 空气压缩机通风和车内通风。

（2）机车通风冷却系统风量分配。如图6-4所示，其中每台机车有6个牵引通风冷却系统，而通风冷却系统、空压机通风冷却系统、司机室通风系统每台机车各2个。

3. 复合通风冷却系统

复合通风冷却通风机组（MA17、MA18）等部件组成的复合冷却通风系统分别对2台复合冷却器进行冷却。每台复合冷却器通风系统示意图如图6-5所示。

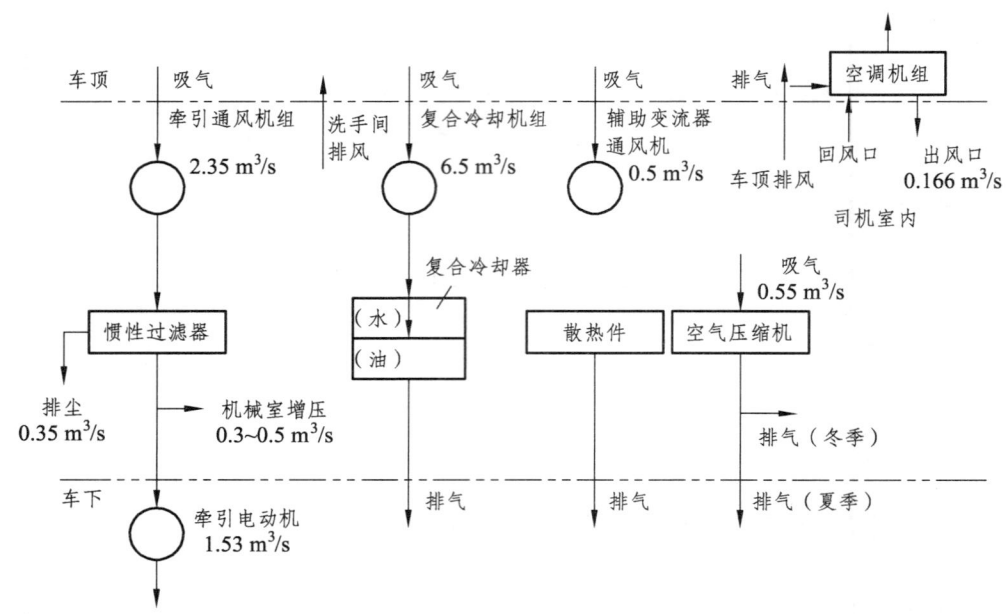

图 6-4 机车通风冷却系统风量分配示意图

冷却空气由车顶滤网经过进风道进入复合冷却通风机组，再经过异径风道进入复合冷却器对油、水冷却，然后从车底部排入大气。

复合冷却器通风支路的冷却空气走向：车外空气→滤网→复合冷却通风机组→异径风道→复合冷却器→车底大气。

HXD$_3$型电力机车复合冷却系统实物如图 6-6 所示。

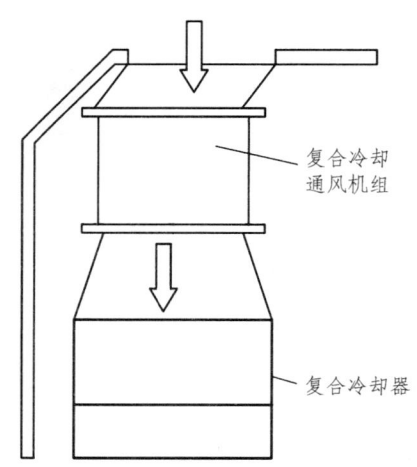

图 6-5 复合冷却器通风系统示意图

图 6-6 HXD$_3$型电力机车复合冷却器实物图

4. 牵引电动机通风冷却系统

6 台由牵引通风机组（MA11～MA16）等部件组成的牵引电动机通风冷却系统分别对 6 台牵引电动机（MA1～MA6）进行冷却。每台牵引电动机通风冷却系统示意图如图 6-7 所示。

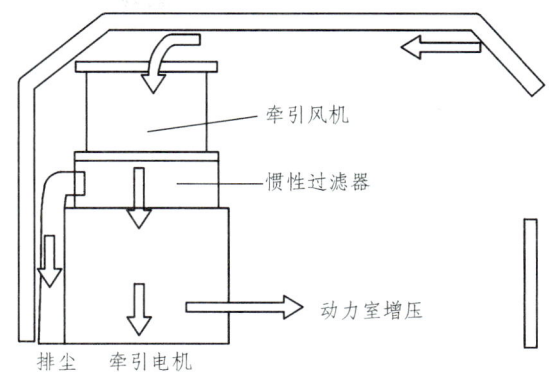

图 6-7　HXD₃ 型电力机车牵引电机通风冷却系统示意图

机车可拆卸顶盖的夹层作为进风道，大气通过百叶窗、顶盖夹层进入牵引通风机组，再经风道内的惯性过滤器进入牵引电动机，对电机进行冷却，然后排向车外大气。通过惯性过滤器的冷却空气还有两个支路：一个支路是经过自动排尘装置排入大气，另一支路是经过牵引通风机底座的风道侧旁风口，通过金属过滤网向车内排风，以确保机械间空气的整洁并在机械间内形成对流，及时带走机械间各电气部件散发的热量，有效地降低机械间的温度。

牵引通风支路的冷却空气走向：车外空气→百叶窗→夹层风道→弯道→牵引通风机组→惯性过滤器→牵引风机底座→车体风道→牵引电动机→车底大气。车外→排尘器旁风口→过滤网→机车内→车体出风口→车外。

5. 辅助变流器通风冷却系统

机车具有 2 台辅助变流器装置，分别安装在 2 台牵引变流装置柜内，具有各自独立的通风冷却系统。每台辅助变流器通风系统示意图如图 6-8 所示。

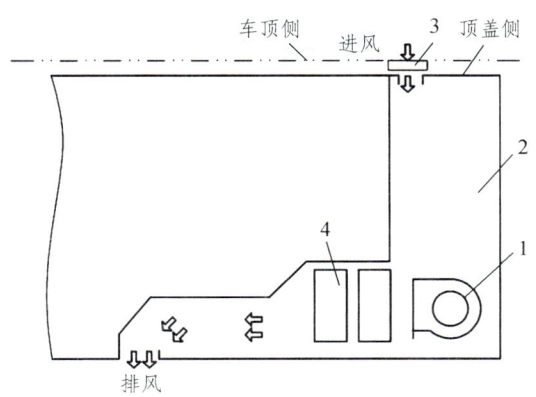

1—通风机；2—通道；3—滤网；4—散热片。
图 6-8　辅助变流器通风系统示意图

冷却空气由车顶侧滤网进入辅助变流器装置柜进风口，经柜内通道、离心通风机、散热原件到柜排风口，然后从车底排入大气。

辅助变流器通风支路的冷却空气走向：车外空气→车顶滤网→辅助变流器装置柜进风口→通道→离心通风机→各散热元件→风道→柜出风口→车底大气。

6. 司机室通风系统

HXD$_3$ 型电力机车司机室通风系统采用顶置单元式空调机组，安装在机车Ⅰ、Ⅱ端司机室顶部。司机室空调机组如图 6-9 所示。

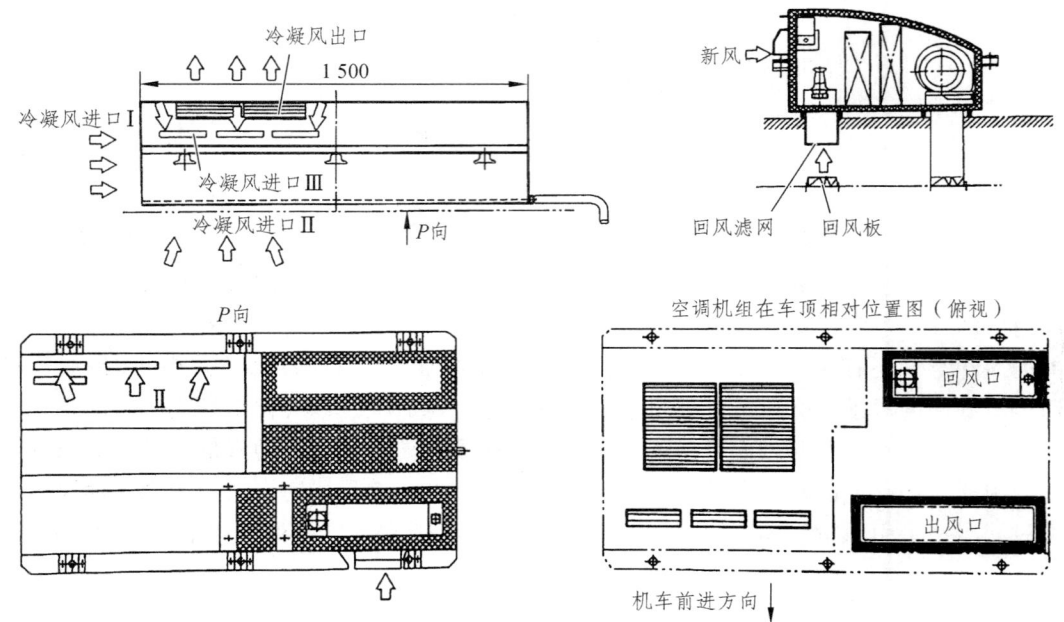

图 6-9　空调机组通风支路示意图

（1）司机室降温通风支路。司机室内的循环空气由空调机组内的通风机组经过装有滤尘网的回风道吸入，再通过空调机组内的蒸发器进行冷却，冷却后的空气经过出风口处的可调出风栅送入司机室内，使司机室内温度降低。

（2）司机室升温通风支路。司机室内的循环空气被空调机组内的通风机吸入，通过空调机组内的电加热器加热，被加热的空气由通风机送入司机室内，使司机室内温度上升。

7. 空气过滤装置

空气过滤装置的设计原则，随冷却部件所要求的空气洁净度和所需风量而定，并力求减小系统的空气阻力。由于牵引电动机要求空气洁净度较高，故采用V形百叶窗加过滤效果较好的惯性过滤器，以提高过滤效率和降低系统阻力，增强防雨性能。而在辅助交流器通风冷却系统中采用离心沉降式百叶窗，在复合通风冷却系统中采用V形进气网。

（1）惯性过滤器。每台牵引电动机通风冷却系统风道中安装一块过滤器，每块惯性过滤器上有 262 个管滤芯，惯性过滤器具有自动排尘功能，其外形如图 6-10 所示。

惯性过滤器的过滤原理：外界压力空气经过并联的管滤芯，气流阻挡、离心，空气中的大部分粉尘和雨水因重力作用而沉降落在沉积室，随后通过排尘风道被排出车外。

（2）过滤器。每台辅助变流器通风冷却系统车顶进风口安装有离心沉降过滤器，在机车左右侧共设有两组，过滤器断面结构如图 6-11 所示。

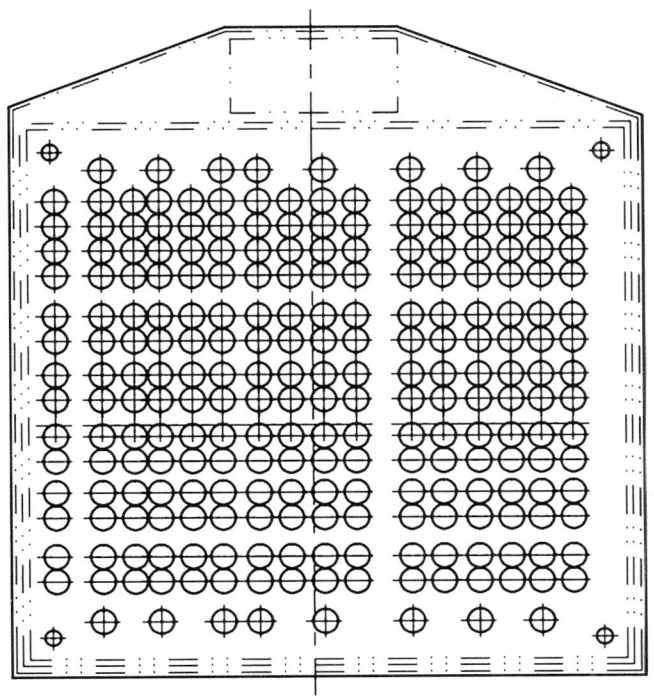

图 6-10 惯性过滤器外形图

图 6-11 过滤器断面结构图

离心沉降过滤器的过滤原理：进入风道的空气在进风口处加速，加速后的灰尘和水滴因含有较高的冲量而进入过滤件 1 和过滤件 2 并减速，由于本身的重力而下坠至沉积室，排到车顶侧墙外侧。离心沉降过滤器的优点：低压降、低噪声、免维修、质量小。

二、HXD_1 型电力机车通风冷却系统

HXD_1 型电力机车采用独立通风系统，两节车的通风系统是相同的。每节车的通风系统主要有 4 条通风支路：牵引电机通风支路、冷却塔通风支路、辅助变压器柜及车内通风支路、司机室空调通风支路。4 条通风支路相互独立。通风系统示意图如图 6-12 所示。

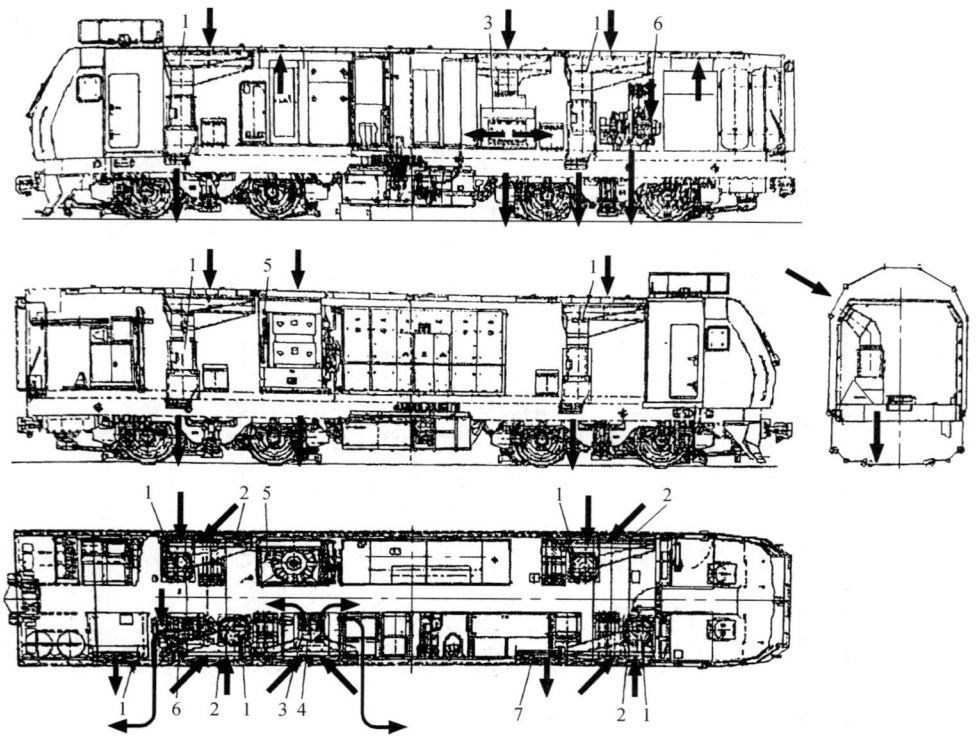

1—牵引风机；2—侧墙过滤风（进风）；3—辅助变压器柜；4—旋风除尘器；
5—冷却塔；6—主压缩机；7—侧墙过滤器（排风）。

图 6-12 通风系统示意图

1. 牵引电机通风支路

每节车有 4 条完全相同的牵引电机通风支路。冷却空气的走向：环境空气→空气进口侧墙过滤器→风道→牵引风机→风道支架→软风道→牵引电机→车底大气。

牵引电机通风支路示意图如图 6-13 所示。

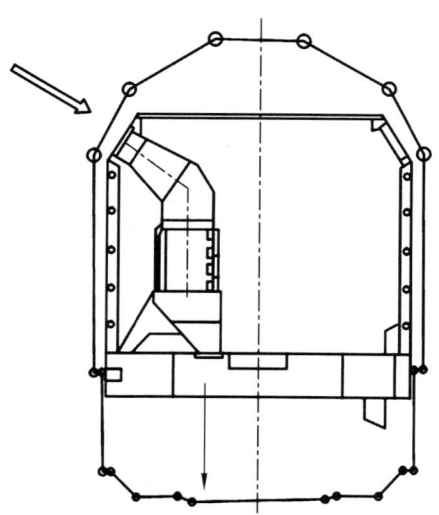

图 6-13 牵引电机通风支路示意图

牵引电机通风机由变流器提供变频、变压电源。机车控制系统根据牵引电机的温度，自动调节其运行电压和频率，来改变风机的转速，以使风量适合于牵引电机当时的冷却需要。

2. 冷却塔通风支路

每节机车装备有1个冷却塔，位于机械间内，冷却塔冷却牵引变流器和主变压器中相应的冷却剂，如图6-14所示。冷却塔有两个独立的冷却回路，用于牵引变流器水冷却液回路，主变压器油冷却液回路。空气走向：车外→车顶过滤网→冷却塔风机→油水散热器→车底大气。

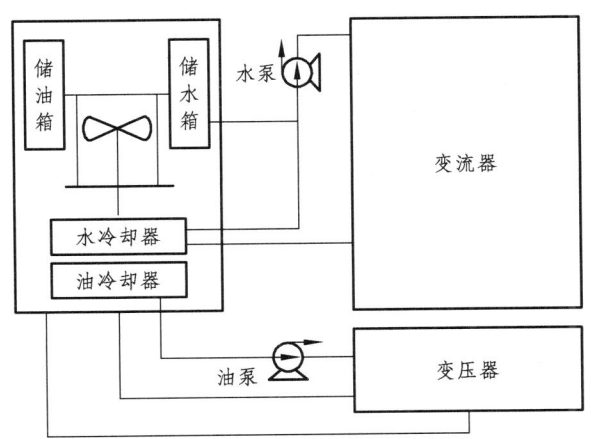

图6-14　HXD$_1$型电力机车冷却塔冷却系统示意图

冷却塔通过管路分别与主变流器和变压器连接。复合散热器由两个隔开的流体支路组成，在HXD$_2$型电力机车上采用板翅式复合散热器进行空气和需冷却液体的热量交换，在主变流回路中，采用水冷技术，在主变压器回路中，采用油冷技术，主变流器和变压器共用一个复合式散热器，简化了变压器冷却系统和主变流器冷却系统。

冷却塔通风机由变流器提供变频、变压电源。机车控制系统根据变压器支路的油温和主变流支路的水温，自动调节其运行电压和频率，来改变风机的转速，以使风量适合于变压器和主变流器当时的冷却需要。

主变流支路中，使用水/防冻剂的混合物作为传热介质；主变压器支路中，使用矿物油为传热介质。水泵和油泵的运行转速是固定的。

复合散热器是本支路的专用热交换设备，主变流器的冷却水进入散热器上层，主变压器油进入散热器下层，主变流器和主变压器的热量，在复合散热器中与空气进行交换，使水、油冷却到要求的温度。被冷却后的水和油，分别进入主变流器和主变压器，对主变压器和主变压器进行降温。

3. 辅助变压器柜及车内通风支路

辅助变压器柜通风机从车顶侧吸入冷却空气，向机械间充风，保持机械间的微正压。同时通过内循环风机冷却辅助变压器。

辅助变压器柜和车内通风支路冷却空气的走向：环境空气→空气进口侧墙过滤器→风道→辅助变压器柜风机→辅助变压器→旋风除尘器过滤→机械间→车内设备→空气出口侧墙过滤器→车外大气。

辅助变压器柜通风支路示意图如图6-15所示。

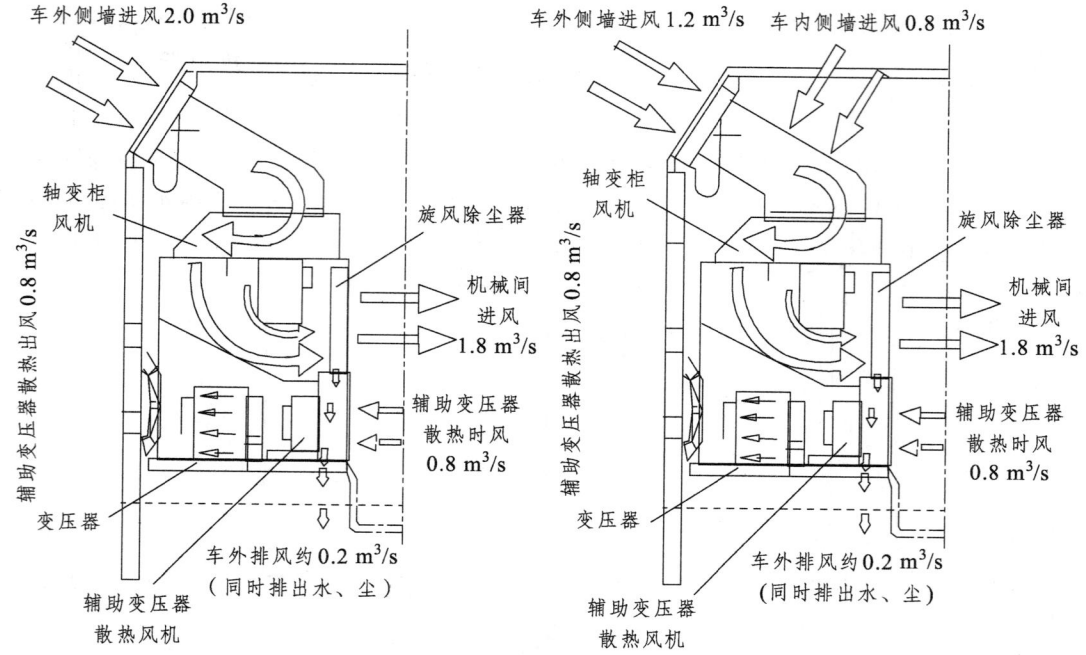

图 6-15 辅助变压器柜通风支路示意图

由于辅助变压器柜风机的作用，车内保持正压，本通风支路给机车提供一个车内的空气循环，以保证车内温度、压力、风速等参数满足设计值，给机车内的设备提供一个适当的运行气候环境。

送入机械室的空气，略大于从排风口排出的空气，送入空气量与排风口和制动系统所消耗的空气量之和的风量之差，通过机械室不严密处渗出，机械室的正压等于排风的阻力。辅助变压器风机以恒定频率工作，因此其风量是恒定的，有利于保证车内空气正压。

4. 司机室通风支路

司机室空调机组位于机械间内，靠近司机室后墙。空调通风支路有两个独立的空气支路：空气处理系统和压缩冷凝系统，即通常所说的室内空气循环和室外空气循环，如图 6-16 所示。

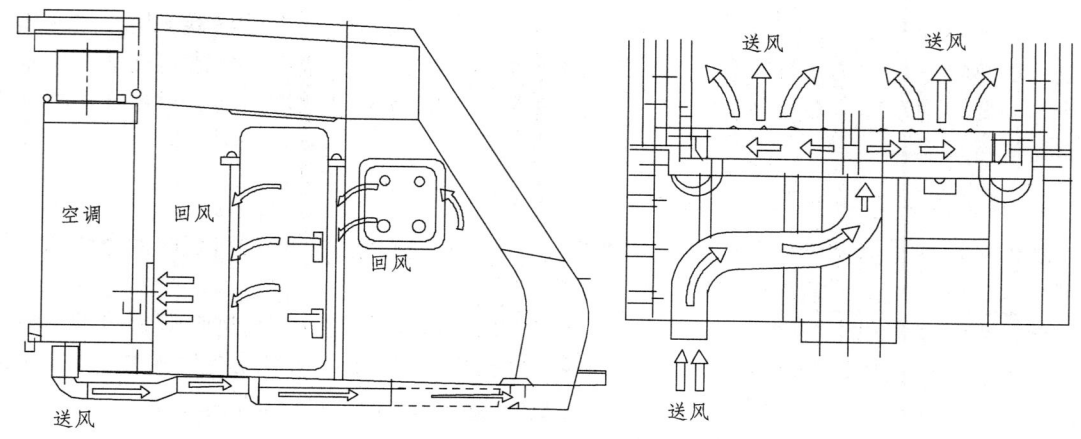

图 6-16 HXD$_1$ 型机车司机室通风支路示意图

1）室内空气循环

空调机组工作时，循环空气从空调机底部出风口，通过车底送风风道进入司机室内，用来调节司机室内的温度。室内送风口采用分布式布置，在前窗玻璃与操纵台之间（正副司机侧）均匀布置一排送风口，另外在司机室前端左右侧梁处分别布置一个送风口，室内送风口均可开关或转向。司机室的空气从司机室后墙的回风口回到空调机组内，完成一个室内空气循环。空调机组冷凝腔内设有新风进口，足够的新风能够使司机室内部保持一定的正压，并设置新风滤网，保证新风的洁净度。

2）室外空气循环

室外空气循环的空气从机械间空调机组顶部的进风口进入，首先经过冷凝器，吸收冷凝器的热量，然后进入冷凝室，吸收压缩机的热量，再由冷凝风机加压后，进入机组底部的排风风道，最后经排风口排向车底大气。

5. 过滤除尘装置

为了使机械室有较高的洁净度，一方面采用独立通风方式，大大减小进入机械室的风量；另一方面，需要提高空气的过滤效率，以减少带入机械室内的灰尘。

机械室的恒正压控制，也能保证车外的脏空气不会从车体的不严密处渗入，有利于保证机械室的洁净度。

所有进入机械室的空气，都经过两级除尘：一级除尘器是一个侧墙百叶窗（惯性式除尘器）；二级除尘器是一个旋风式除尘器，具有较高的过滤效率，两级除尘总效率约95%。

（1）侧墙百叶窗。侧墙百叶窗安装在牵引通风支路、辅助变压器柜通风支路的进风口，进风口设置在车体侧墙上部的斜面处。

侧墙百叶窗具有自动排灰功能，能有效阻挡雨水和雪进入后层过滤装置，所过滤的粉尘进入下部的灰斗，并由下部的条缝中排出，无须清洗和维护，进入内层的二级除尘器的粉尘量大大减少。侧墙百叶窗结构如图 6-17 所示，侧墙百叶窗过滤管断面示意图如图 6-18 所示。

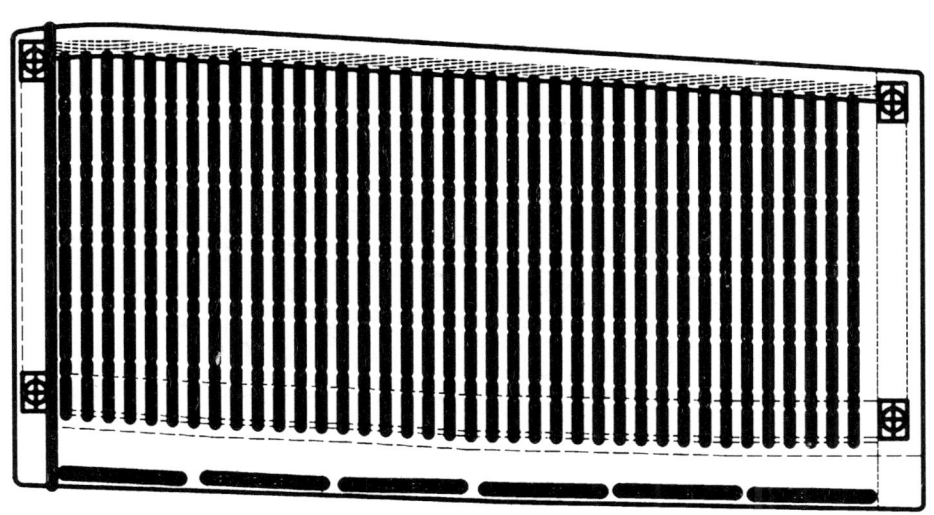

图 6-17 侧墙百叶窗结构图

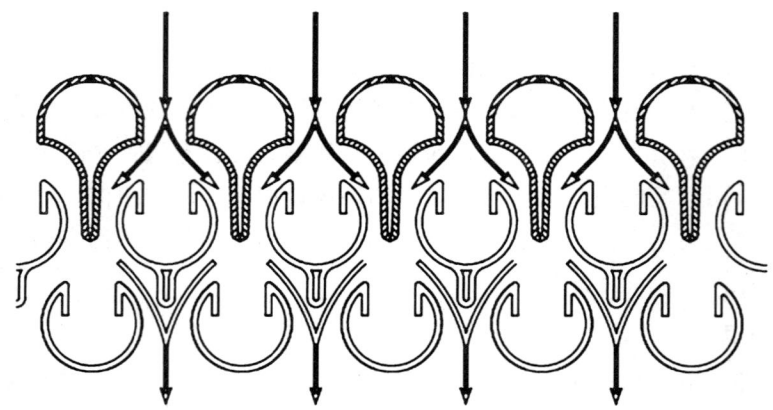

图 6-18 侧墙百叶窗过滤管断面示意图

（2）旋风式除尘器。旋风除尘器由多孔板、旋风单元、框架以及前板组成。每节机车装有一个旋风式除尘器，为箱体结构，内部布有多个旋管，每个旋管上有固定式导向叶片。

空气在涡旋管导向叶片的作用下，产生极强的离心力，将空气中的粉尘和水分等杂质甩向管壁，进入框架的箱体内，经旋风式除尘器下方的排尘口，由部分空气直接将粉尘吹到车外，除尘后的空气经中心管进入机械室内。

旋风除尘器结构如图 6-19 所示，旋风除尘器旋风除尘单元示意图如图 6-20 所示。

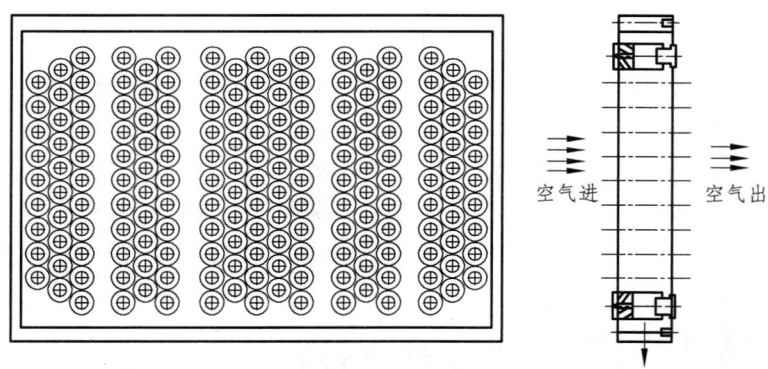

图 6-19 旋风除尘器结构图

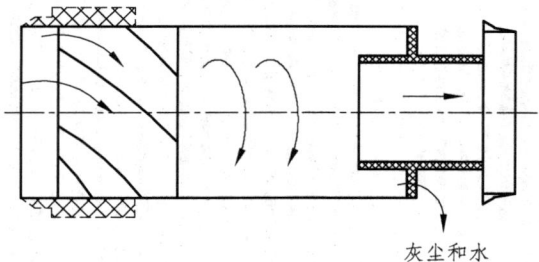

图 6-20 旋风除尘单元示意图

两种过滤装置均能自动排尘，具有免维护的优点，无须人工排灰，不需要清洗，大大降低了人工维护成本。

三、$SS_{4改}$型电力机车通风冷却系统

$SS_{4改}$型电力机车采用传统的车体通风方式,每节车分为 3 大通风系统:牵引通风系统、主变压器通风系统和制动通风系统,共设置 2 台离心式风机、3 台轴流式风机。其通风系统如图 6-21 所示。

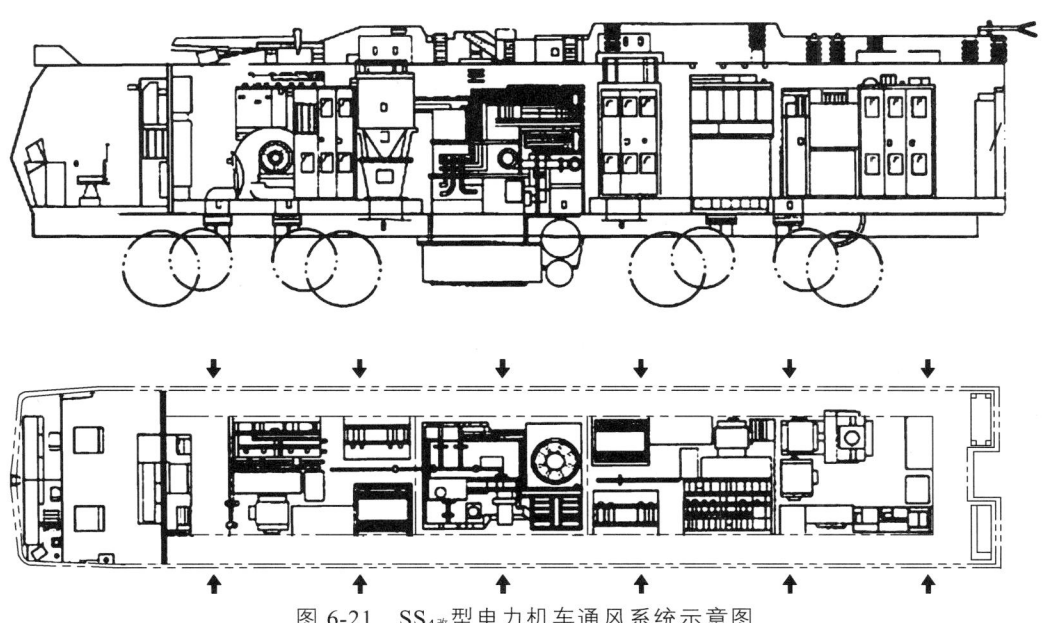

图 6-21 $SS_{4改}$型电力机车通风系统示意图

1. 车体侧墙百叶窗和滤尘器

$SS_{4改}$型电力机车采用双侧走廊侧墙大面积双层 V 形百叶窗进风,为了减小质量,百叶窗采用铝合金材料,过滤器采用与 SS_1、SS_3 型机车相同的通风件,过滤器过滤材料由原来的天然棕丝胶合物全部改为无纺合成棉新材料,增强了耐冲洗度。过滤器每单元进风面积为 0.65 m^2,每节车设 22 块过滤器,总进风面积为 14.3 m^2。

2. 三大通风系统

1)牵引通风系统

每节机车的牵引通风系统由两个独立且完全相同的通风支路组成,冷却对象为牵引电机、整流硅机组和 PFC 电容柜(功补电容),采用离心式通风机,每节机车共 2 台,其冷却通路为

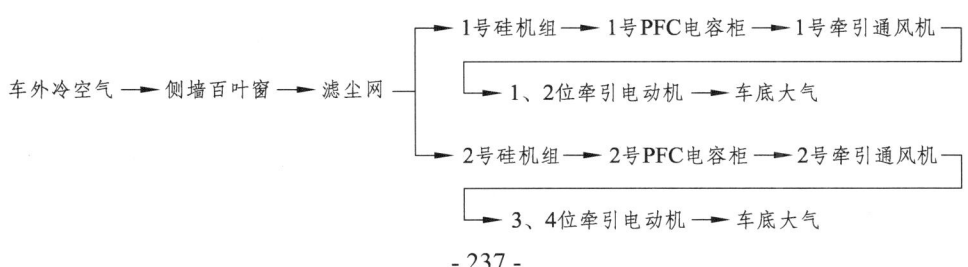

2）主变压器通风系统

主变压器通风系统仅有一个通风支路，冷却对象为主变压器和平波电抗器（两者共用同一油箱），采用轴流式通风机，每节机车 1 台，其冷却通路为

车外冷空气 → 侧墙百叶窗 → 滤尘网 → 主变压器油散热器 → 变压器通风机 → 车顶百叶窗 → 车顶大气

3）制动通风系统

制动通风系统每节机车有两个独立的且完全相同的通风支路，冷却对象为制动电阻柜，采用轴流式通风机，每节机车共 2 台，其冷却通路为

车底冷空气 → 进风口（不过滤）→ Ⅰ（Ⅱ）端制动通风机 → 风道 → Ⅰ（Ⅱ）端制动电阻柜 ─┐
└→ 车顶百叶窗 → 车顶大气

四、HXN₃B 型内燃机车通风冷却系统

1. 机车冷却水系统原理

机车冷却水系统原理图如图 6-22 所示。

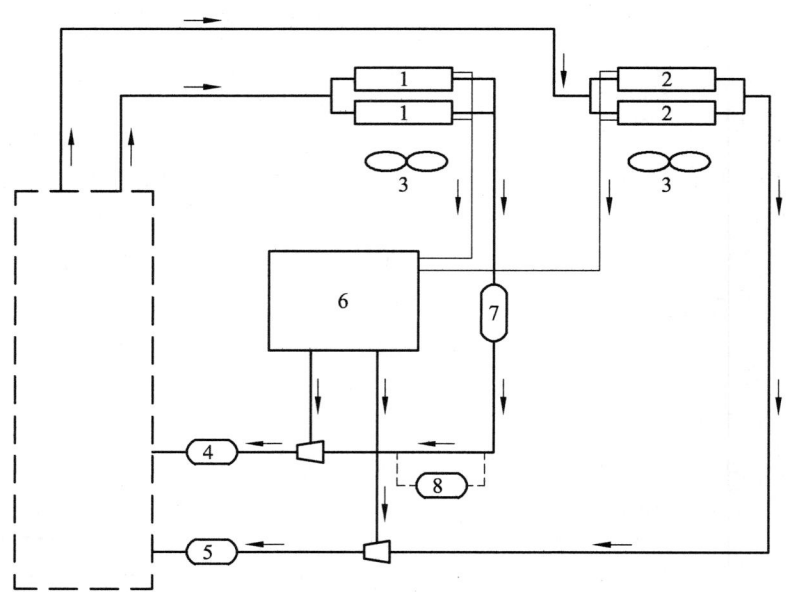

1—高温散热器；2—低温散热器；3—冷却风扇；4—高温水泵；5—低温水泵；
6—膨胀水箱；7—机油热交换器；8—燃油预热器。

图 6-22　机车冷却水系统原理图

高温水系统：高温水从柴油机流出，经过高温散热器、机油热交换器，流回高温水泵，进入柴油机。其中散热器中的空气流入膨胀水箱。

低温水系统：低温水从柴油机流出，经过高温散热器，流回低温水泵，进入柴油机。其中散热器中的空气流入膨胀水箱。

2. 机车冷却水系统主要部件

冷却系统主要由散热器、冷却风扇、高温水泵、低温水泵、机油热交换器、燃油预热器、水泵进口三通装置、膨胀水箱以及一些管路、接头等组成。高温水泵、低温水泵集成到柴油机上。

1）散热器

散热器分为左右两组，每组由高温散热器和低温散热器连接组成，如图 6-23 所示。靠近动力间的为高温散热器，靠近制动间的为低温散热器。高温散热器和低温散热器的进出水口都为两个。散热器为管片式，管子与端板采用胀接方式。高低温水进口处安装有过滤网。散热器为大片式，即每组高低温散热器只有一个单节。

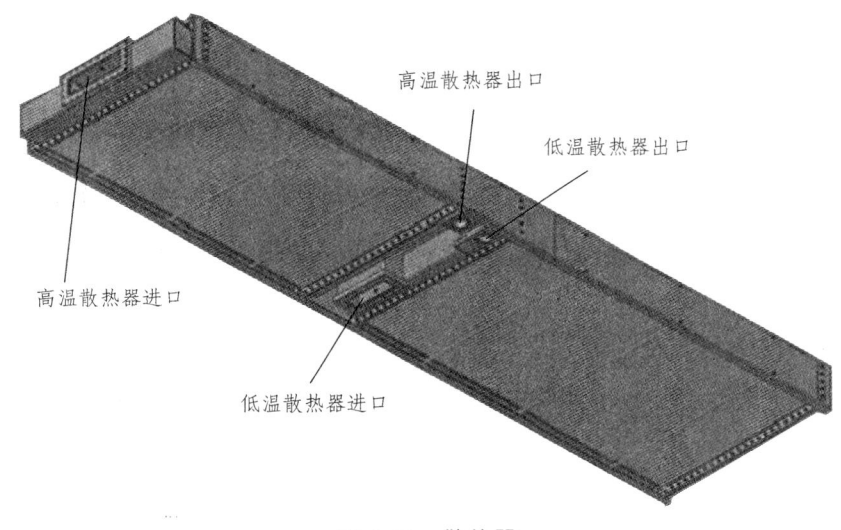

图 6-23 散热器

散热器结构形式与 HXN_3 型机车散热器相同，散热器的铜管与端板采用机械胀接式。在高低温进水口处都安装了过滤网，网孔直径为 $\phi1.6\ mm$。

2）膨胀水箱

膨胀水箱（见图 6-24）负责给机车高温和低温水循环补水。膨胀水箱装有上水管、溢水管和放气管。溢水管高度与水箱设计最高水位一致，上水时将两条管路上的塞门打开，水箱与大气连通，水满后经溢水管流出，关闭水泵和两塞门。膨胀水箱上安装有液位仪，可以检查冷却水的液位。

3）水泵进口三通装置

在高低温水泵进口处装有两个三通装置。三通装置的作用是提高水泵进口的压力以及减少气穴。三通装置与膨胀水箱的补水管相连。三通装置上装有温度传感器，用于测量柴油机高温水和低温水的进口温度，如图 6-25 所示。

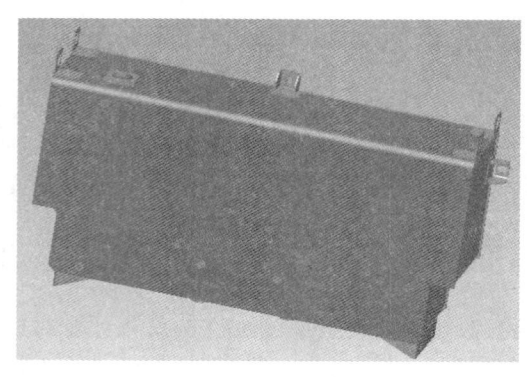

图 6-24　膨胀水箱效果图　　　　　图 6-25　水泵进口三通装置

4）自动排水阀

自动排水阀（见图 6-26）的作用是在冷却水的温度低于 4 ℃时，自动排水，防止水管或其他部件冻裂。在自动排水阀管路附近装有温度传感器，并连入微机。在动力室侧墙上装有自动排水阀接线盒，也可以进行手动控制。

图 6-26　自动排水阀

5）顶百叶窗

顶百叶窗主要起到防雨雪的作用。在机车停机或故障时，顶百叶窗处于关闭状态。机车控制电磁阀送风时，顶百叶窗开启，无风时，顶百叶窗关闭。

6）冷却室钢结构

冷却室钢结构起到承载散热器、顶百叶窗的作用，作为模块的基础，方便组装。

7）模块化设计

将机车冷却水系统中的冷却室钢结构、散热器、顶百叶窗及散热器放气管路等部件集成到一个模块，如图 6-27 所示。模块化设计有利于系统组装、检修和维护。

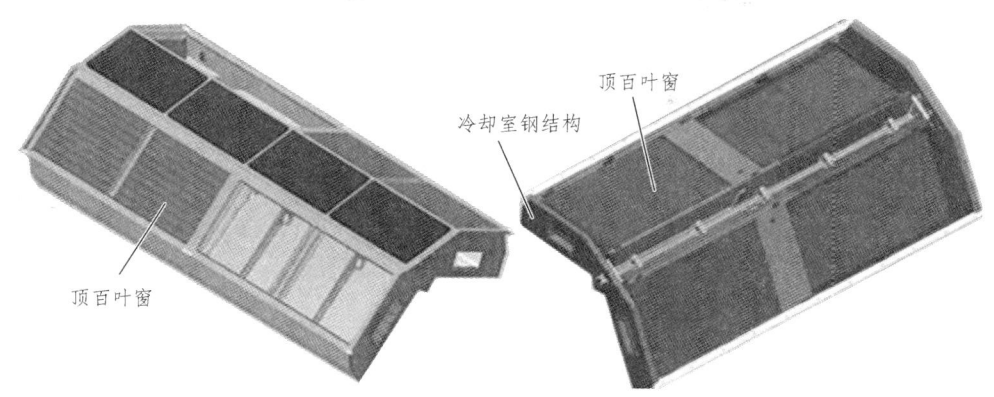

图 6-27 冷却室钢结构模块效果

五、DF_{4B} 型内燃机车通风冷却系统

在内燃机车机器间内，由于柴油机、传动装置及某些辅助装置连续工作，若无通风设施，温度就会越来越高，因此，在车体侧壁和底架上设有各种通风口和通道，以满足车内各机组、设备的通风。在设置通风设施时，应使进入车体内部的空气保持足够的清洁，因此，DF_{4B} 型内燃机车各进风口设有带滤网的自动或手动百叶窗。机车在运用中，应将各门关闭，动力室顶部 4 个天窗也应关闭，促使大量空气由侧壁百叶窗经过滤网进入车体内部。为排除动力室内的消气烟雾，动力室顶部装有两台车体通风机。

DF_{4B} 型内燃机车各室的空气分配如下：

（1）电气室。空气由侧壁的 4 个手动百叶窗经过滤网进入室内，部分空气经硅整流柜冷却硅元件后，由前转向架牵引电动机通风机吸入，经过底架风道进入前转向架，分别冷却 3 台牵引电动机后排入大气。装有电阻制动的机车，空气又经底架下部过滤网，被制动电阻的风机吸入，冷却制动电阻后，吹开顶部活动的百叶窗排出车外。

（2）动力室。一部分空气经侧壁上的旋风除尘器及空气滤清器进入柴油机增压器。另一部分空气经动力室侧壁的手动百叶窗进入动力室内，由底架下部过滤网被主发电机吸入。冷却主发电机后，一部分空气由主发电机下排风口排至车外，另一部分空气由主发电机上排风口排入动力室内，促使动力室内有一定的正压。动力室内的气体由车体通风机排至车外。

（3）冷却室。空气由侧壁上、下百叶窗进入室内，大部分空气冷却散热器后，经车顶活动百叶窗排至大气。另一部分空气被后转向架牵引电动机通风机吸入，经底架风道冷却后转向架的三台牵引电动机排入大气，还有一部分空气供空气压缩机使用。

为改善司机的工作条件，提高舒适度，DF_{4B} 型机车两端司机室内各装有一台 ZK4.5 型空调机组，可使司机室温度保持在 20～29 ℃。

> 操作运用案例

实训十一　HXD₃型电力机车通风冷却系统认知

1. 实训项目教师工作活页

实训项目学生学习活页　　　　　　　　　　NO：

实训项目	HXD₃型电力机车通风冷却系统认知		
学　　时	2	班　级	
实训场所	铁道机车车体实训场地		
工具设备	铁道机车样车一台、多媒体设备课件、图片、示教板等		
教学目标	专业能力	（1）了解通风冷却系统的作用和通风方式分类； （2）掌握通风冷却系统的组成和特点； （3）熟悉HXD₃型电力机车冷却系统的特点； （4）熟知HXD₃型电力机车牵引通风支路冷却空气的走向； （5）掌握HXD₃型电力机车复合冷却器通风支路冷却空气的走向； （6）熟知HXD₃型电力机车主变压器油循环回路	
	方法能力	（1）能综合运用专业知识，通过利用专业书籍、多媒体课件和图片资料获得帮助信息； （2）能根据实训项目学习任务确定实训方案，从中学会表达及展示活动过程和成果	
	社会能力	（1）能在实习训练活动中保持积极向上的学习态度； （2）能与小组成员和教师就学习中遇到的问题进行交流和沟通； （3）能与他人共享学习资源，具有较好的合作能力和团队协作精神	
教学评价	学生活动：① 以5~7人为单位小组开展实训活动，根据本组同学在实训过程中的能力表现及结果进行自评、组内互评；② 根据其他小组同学在成果展示活动中的表现及结果进行互评。 教师活动：① 教师组织学生开展评价活动和总结；② 对学生本实训项目单元成绩做出综合评价		
指导教师		教学时间	年　　月　　日

2. 实训项目学生学习活页

实训项目学生学习活页　　　　　　　　　　　　　　　　NO：

实训十一　HXD$_3$型电力机车通风冷却系统认知

班级：　　　　姓名：　　　　学号：　　　　时间：

一、实训目标
1. 专业能力目标
（1）了解通风冷却系统的作用和通风方式分类；
（2）掌握通风冷却系统的组成和特点；
（3）熟悉HXD$_3$型电力机车冷却系统的特点；
（4）熟知HXD$_3$型电力机车牵引通风支路冷却空气的走向；
（5）掌握HXD$_3$型电力机车复合冷却器通风支路冷却空气的走向；
（6）熟知HXD$_3$型电力机车主变压器油循环回路。
2. 方法能力目标
（1）能综合运用专业知识，通过利用专业书籍、多媒体课件和图片资料获得帮助信息；
（2）能根据实训项目学习任务确定实训方案，从中学会表达及展示活动过程和成果。
3. 社会能力目标
（1）能在实习训练活动中保持积极向上的学习态度；
（2）能与小组成员和教师就学习中遇到的问题进行交流和沟通；
（3）能与他人共享学习资源，具有较好的合作能力和团队协作精神。
二、知识总结
（1）简述HXD$_3$型电力机车冷却系统的特点。

（2）简述HXD$_3$型电力机车牵引通风支路冷却空气的走向。

（3）简述HXD$_3$型电力机车复合冷却器通风支路冷却空气的走向。

（4）简述 HXD$_3$ 型电力机车主变压器油循环回路。

（5）简述通风冷却系统的组成和特点。

三、操作运用
（1）在铁道机车车体实训场地对 HXD$_3$ 型电力机车通风冷却系统进行指认。

（2）绘制 HXD$_3$ 型电力机车主变压器油循环回路工作原理简图。

四、实训小结

五、成绩评定

1. 学生评价

评价等级	A（优）	B（良）	C（中）	D（及格）	E（不及格）
学生自评					
组内互评					
他组互评					

2. 教师评价

评价等级	A（优）	B（良）	C（中）	D（及格）	E（不及格）
专业能力					
方法能力					
社会能力					

3. 综合评价

评价等级	A（优）	B（良）	C（中）	D（及格）	E（不及格）
评价结果					

注：按照学生自评占10%、组内互评占10%、他组互评占20%、教师评价占60%的比例计分。其中，A为100分，B为85分，C为75分，D为60分，E为50分。

4. 评价量规

等　级	行为表现描述
A	能圆满高效地完成实训任务的全部内容
B	能顺利完成实训任务的全部内容
C	能完成实训任务的全部内容，但需要一些帮助和指导
D	自己只能完成实训任务的部分内容，但在现场的指导下，已经能完成任务的全部内容
E	不能完成实训任务的全部内容

项目七　空气管路系统

　　铁道机车的空气管路系统包括制动机管路系统、风源系统、控制管路系统、辅助管路系统。本项目主要阐述机车空气管路系统、风源管路系统、空气压缩机组、空气干燥器、辅助管路系统的作用、类型和装置结构，重点介绍 HXD_3 型、HXD_1 型、$SS_{4改}$ 型电力机车及 HXN_{3B} 型、DF_{4B} 型内燃机车空气管路系统的组成结构和结构特点。

任务一　HXD_3 型电力机车空气管路系统

学习目标

（1）了解 HXD_3 型电力机车空气管路系统的特点。
（2）掌握风源管路系统的作用和组成。
（3）熟悉空气压缩机、空气干燥器和辅助管路系统的工作原理和基本组成。

能力目标

（1）掌握风源管路系统的组成。
（2）掌握空气压缩机组的作用与组成。
（3）掌握空气干燥器的作用。
（4）熟悉辅助管路系统的用途。

素质目标

（1）培养学生爱岗敬业、忠于职守、团结合作的精神。
（2）使学生具备从事机车运用和检修岗位所必需的基本知识和专业技能。

工具设备

多媒体设备课件、图片、示教板、计算机多媒体设备等。

教学环境

多媒体教室、铁道机车模拟驾驶实训室。

一、风源系统的组成

HXD₃型电力机车风源系统采用两台 SL22-47 型螺杆式空气压缩机组,排风量为每台 2 750 L/min。配套使用两个 LTZ3.2-H 型双塔干燥器和两个 OEE2 型微油过滤器作为风源系统滤水、滤油的处理装置。另外,机车采用 4 个容积均为 400 L 的风缸串联作为压缩空气的储存容器,风缸采用车内立式安装,如图 7-1 所示。

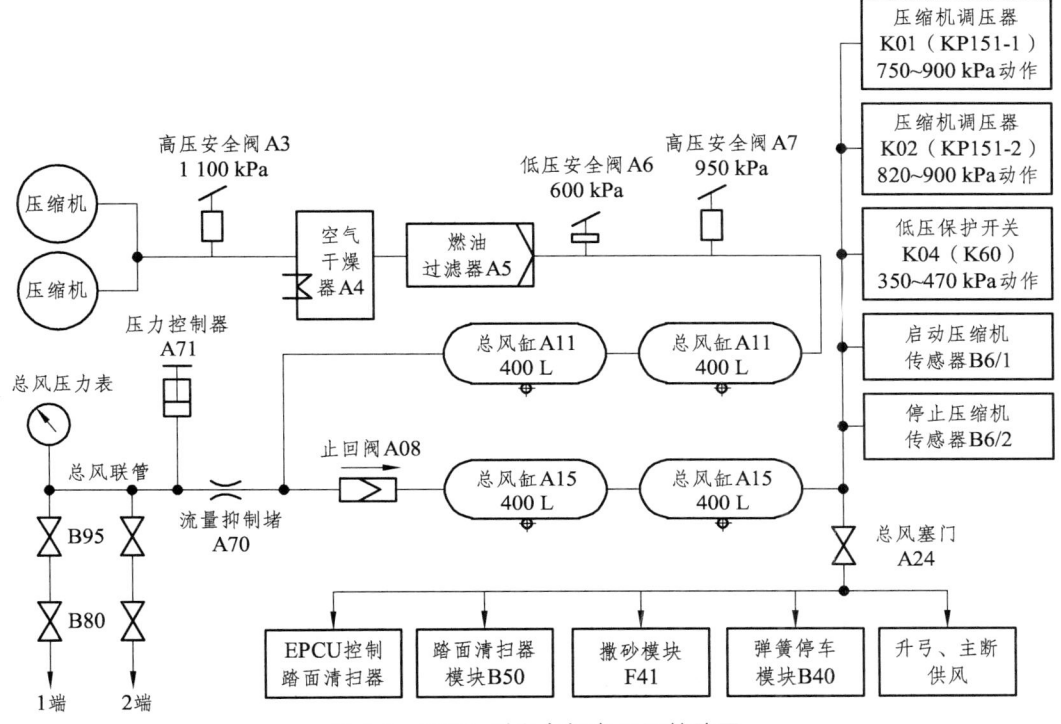

图 7-1 HXD₃型电力机车风源管路图

二、空气压缩机组

机车空气压缩机组型号为 SL22-47,为螺杆式压缩机组,如图 7-2 所示。排风量为每台 2 750 L/min。其驱动电机为 KB/26-180LB 型交流电机。此空气压缩机组具有温度、压力控制装置,可以实现无负荷启动。冷却器排风口向下向车内排风。空气压缩机组的开停状态由总风压力开关进行自动控制,也可以通过手动按钮强行控制开停。

1. 空气压缩机组结构

SL22-47型螺杆式空气压缩机组结构包含以下主要部件:三相电机、压缩机、弹性支座、电气系统和空滤器。

图 7-2 HDX₃型电力机车空气压缩机组

2. 工作原理

SL22-47 型螺杆式空气压缩机为间歇工作制，动作值为 850 kPa 启动，1 000 kPa 停止。

HXD$_3$ 型电力机车装有两台空气压缩机组，在正常使用状态下，只有一台空气压缩机组投入运用。当总风缸压力下降速度过快，使得总风压力降至 750 kPa 以下时，两台空气压缩机组同时投入运用。

螺杆压缩机有两个螺杆形的转子。空气输送几乎没有波动，1 000 kPa 的压缩空气压力是一级压缩产生的。其工作示意图如图 7-3 所示。

（1）空气压缩过程。空气通过空滤器（F）和单向阀（1.4.3）吸入压缩机体（1.3），空气被压缩后，通过与转子连接的输送口被推进压缩机壳（1.1.1）。

如果压缩机启动时，压缩机壳里无空气压力，最小压力阀（1.37）将保持关闭状态，以便使压缩机壳内迅速建立起空气压力。空气压力建立后，润滑油开始循环。

当压缩机壳内空气压力达到大约 650 kPa 时，最小压力逆止阀打开并将压缩空气送出。送出的压缩空气达到系统的规定压力后，压缩机受总风压力开关控制自动停机，最小压力阀将自动关闭，将系统和压缩机壳内的通路隔断。

每次压缩机停机后，压缩机壳内的空气压力被自动释放。压缩机停机后，最小压力阀（1.37）和单向阀（1.4.3）关闭。在进气口，由于压缩机体空气逆流而压力升高，导致减压阀（1.4）打开。压缩机壳（1.1.1）里压缩空气可通过减压阀流进空滤器后排向大气，从而快速将压缩机壳里空气压力降低到约 180 kPa。剩余的压力通过减压阀上的缩孔被缓慢排放至 0。

停机时间 $t > 6$ s 后，可以实现空压机的无负荷再启动。

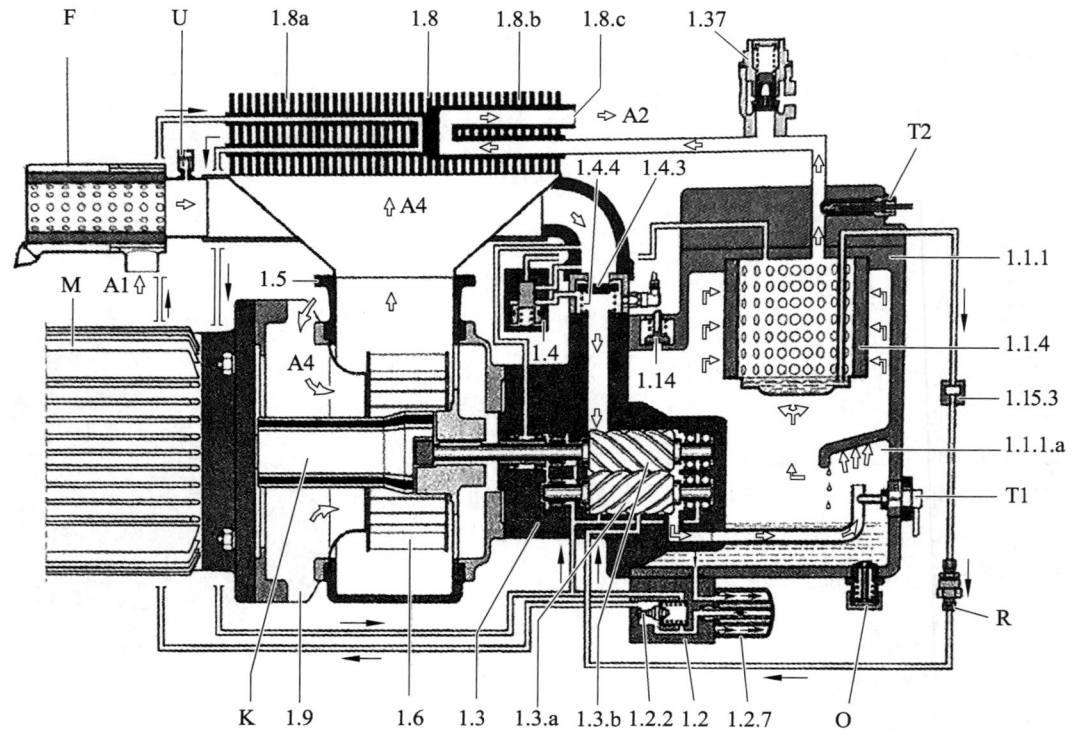

项目七　空气管路系统

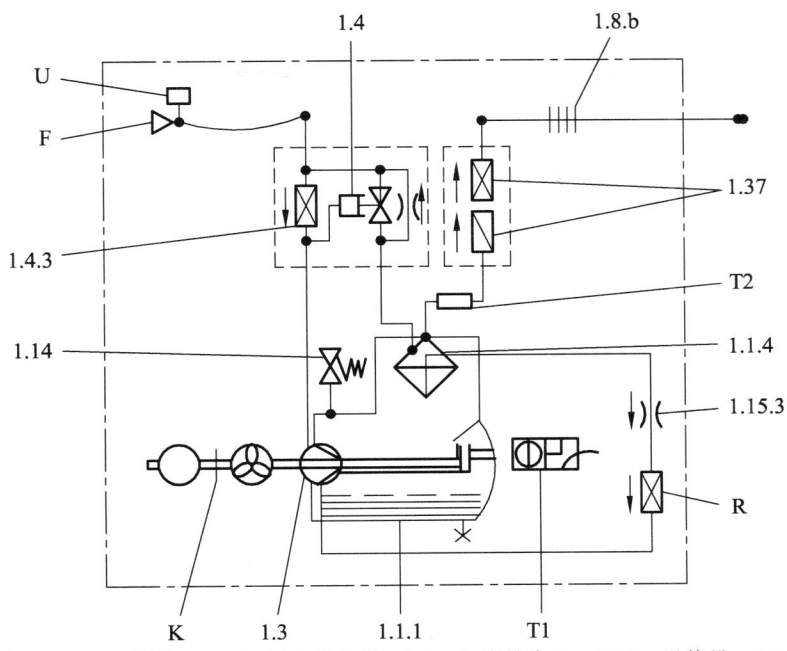

1.1.1—压缩机壳；1.1.1.a—挡板；1.1.4—油细分离器；1.2—油控制单元；1.2.2—温控器；1.2.7—油过滤器；
1.3—压缩机体；1.3.a—阳转子；1.3.b—阴转子；1.37—最小压力阀；1.4—减压阀；1.4.3—单向阀；
1.4.4—弹簧；1.5—蜗壳；1.6—离心风扇；1.8—冷却器；1.8.a—油冷却器；1.8.b—空气冷却器；
1.8.c—压缩空气出口；1.9—适配器壳；1.14—安全阀；1.15.3—回油过滤器；C—排油阀；
K—联轴器；F—空滤器；M—三相电机；T1—温度开关；T2—温度传感器；
U—真空指示器；R—止回阀；A1—进气口；
A2—压缩空气出口；A4—冷却空气。

图 7-3　HXD_3 型电力机车空气压缩机工作示意图

（2）油循环过程。当压缩机运转时，在压缩机壳（1.1.1）里建立起的空气压力将壳内的润滑油通过油过滤器输送到轴承、传动装置和压缩机体内油喷射点。这些油用于润滑、密封转子凸轮尖部，带走空气压缩产生的热量。

由压缩机传送的空气、油混合物通过输送口交互式打在壳上挡板上（1.1.1a），这一过程属于油粗级过滤。之后，压缩空气又经过油细分离器（1.1.4）进行精级过滤。精级过滤分离的油被收集到油细分离器底部，在压缩机壳内空气压力的作用下，通过回油过滤器（1.15.3）和止回阀（R）返回到压缩机体。

（3）其他。当压缩机运转时，如果在压缩机壳内没有建立起空气压力，压缩机就不能被充分润滑和冷却。在这种情况下，转子可能损坏。

当润滑油温度高于 83 ℃ 时，油控制单元（1.2）中的温控阀（1.2.2）打开到油冷却器（1.8.a）的通道，对润滑油进行冷却。当润滑油温度低于 83 ℃ 时，油冷却器的通道保持关闭，油被直接传送到压缩机体。通过这种方式可达到润滑油的最佳操作温度，可有效避免机油乳化。

压缩机壳里空气、油混合物的温度由输送口的温度开关（T1）监测。如果温度高于设定值（112 ℃），温度开关动作，压缩机停止工作。

若环境温度较低（-20 ℃ 以下），可以通过一个油加热器对润滑油进行预热后再启动空气压缩机。

三、空气干燥器

1. 概 述

干燥器型号为 LTZ3.2-H，属于双塔吸附式干燥器。该干燥器具有低温加热功能，位于空气压缩机组和总风缸之间，具有过滤压缩空气中油水、降低压缩空气露点的功能，保证空气系统在正常使用时不会出现液态水。

空气干燥器结构如图7-4、图7-5所示。两个干燥塔（1）每个塔内集成一个油分离器（A）、带有计时功能的脉冲电磁阀（12）、带可更换再生节流孔（47）的双逆止阀（4）、排放阀（44）、LTZ-H型单元的排放阀，还配备了一个恒温器控制器、消声器（72）和冷凝排放盖。

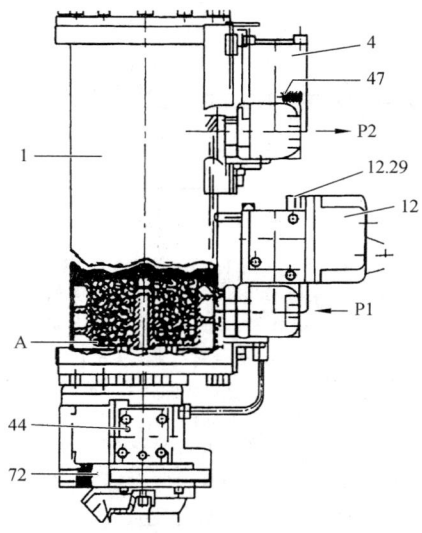

1—干燥塔；4—双逆止阀；12—脉冲电磁阀；12.29—压力指示器；44—排放阀；47—节流孔；72—消声器；A—油分离器；P1—压缩空气入口；P2—压缩空气出口。

图 7-4 HXD$_3$型电力机车空气干燥器结构图

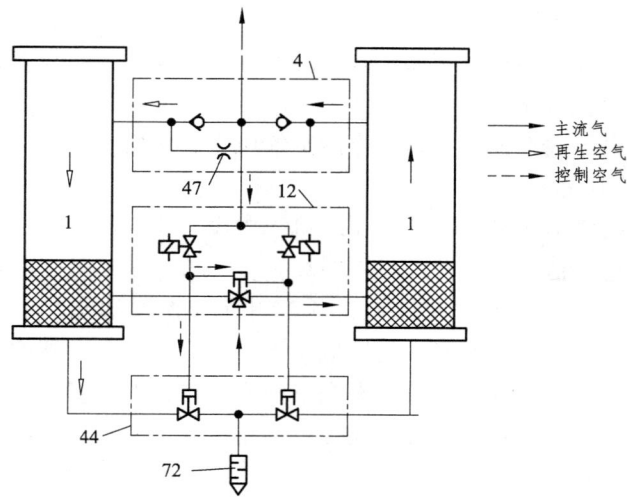

1—干燥塔；4—双逆止阀；12—脉冲电磁阀；44—排放阀；47—节流孔；72—消声器。

图 7-5 HXD$_3$型电力机车空气干燥器气动控制示意图

每个电磁阀的工作状态用一个气动压力指示器显示。当电磁阀作用时,压力指示器弹起,对应的干燥塔处于再生状态。

2. 工作原理

无热吸附式双塔干燥器的再生和吸附工作在两个塔中同时进行,当压缩空气在一个塔内通过干燥剂进行干燥时,另一塔内的干燥剂被干燥的空气吹扫进行再生处理。

到达干燥器的饱和压缩空气里的油和冷凝物在通过油分离器时首先被提取出来。饱和压缩空气接着通过干燥塔的干燥剂,压缩空气里水分子被吸收,干燥器出口压缩空气的相对湿度达到35%以下。

部分干燥后的压缩空气通过再生节流孔(47)进入再生塔,吸收饱和干燥剂的水分,并将其排放到大气。两个工作塔交替作为干燥塔和再生塔进行工作。

如图7-6所示,空气干燥器在工作状态,其中塔(1R)处于干燥阶段,塔(1L)处于再生阶段。

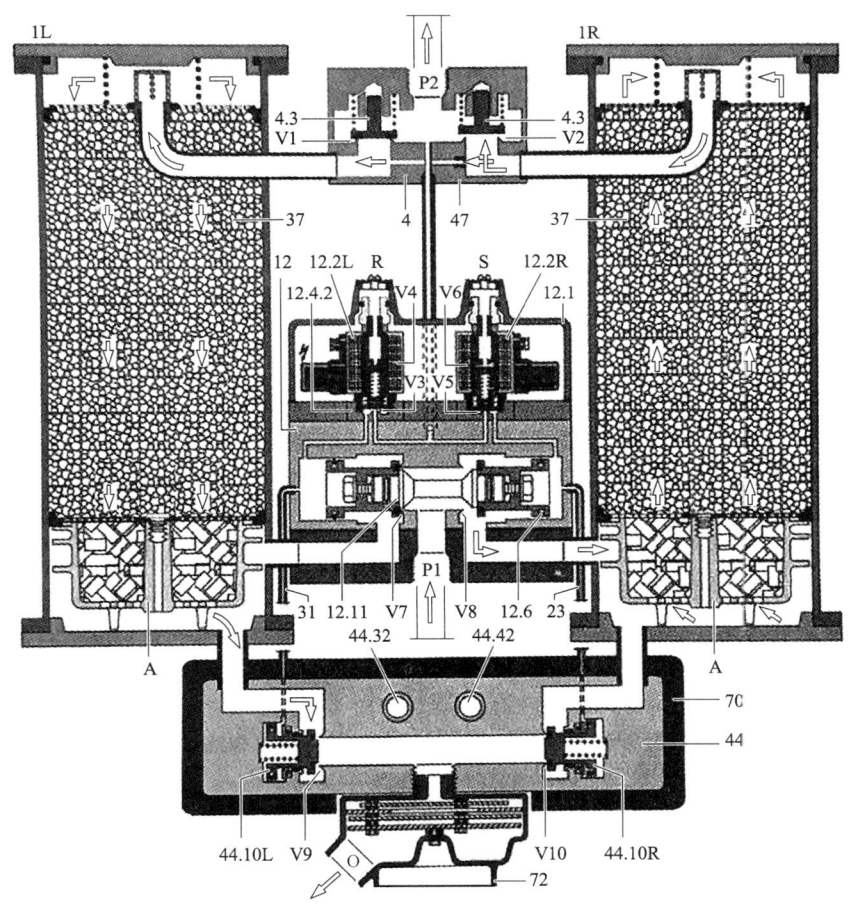

1—干燥塔(左/右);4—双逆止阀;4.3—单向阀;12—脉冲电磁阀;12.1—电磁阀盖;12.2—电磁阀(左/右);
12.4.2—再生状态指示器;12.6—K环;12.11—进气阀;23,31—控制管路;37—干燥剂;44—排放阀;
44.10—排放阀芯;44.32—加热器;44.42—温控器;47—节流孔;70—绝热层;72—消声器;
A—油分离器;P1—压缩空气入口;P2—压缩空气出口;O—再生空气排放口;
R,S—电磁阀排放口;V—阀座;L—左;R—右。

图7-6 HXD₃型电力机车空气干燥器单元示意图

脉冲电磁阀（12）的电磁阀（12.2L）得电工作。阀座 V3 打开，V4 关闭。由于电磁阀（12.2R）失电，V5 是关闭的。

压缩空气从 P1 口和打开的阀座 V8 进入干燥塔（1R），在油分离器里进行旋转，在离心力作用下将油和水滴甩向油分离器的内壁后收集到排放阀 44，压缩空气随后通过干燥剂，压缩空气中的水及水蒸气被吸收，使干燥器出口的压缩空气的相对湿度小于 35%。

压缩空气通过双逆止阀阀座 V2 和 P2 口从干燥器排出之前，部分干燥的压缩空气通过再生节流阀（47），进入再生塔（1L），带走干燥剂表面的液态水后从排放阀（44）左侧排放至大气。再生塔中的干燥剂得到干燥。

电磁阀（12.2L）在半个工作周期（4 min）前 60 s 失电，阀座 V3 关闭，V4 开放。控制管路中压缩空气通过阀座 V4 排放到大气，排放阀口（44.10L）在弹簧力作用下动作，阀座 V9 关闭。通过节流孔（47），再生塔（1L）中空气压力将增加到与干燥塔（1R）相同的空气压力。半个周期时（4 min），原干燥塔变为再生塔，原再生塔变为干燥塔。电磁阀（12.2）得电，进气阀（12.11）左侧开放，阀座 V10 开放。

当压缩机停止工作，干燥器也同时停止工作。干燥器的两个电磁阀都失电，控制管路（23、31）被排空，排放阀（44.10）两侧均关闭，进气阀（12.1）停留在干燥器停止工作时的位置。

四、辅助管路系统

HXD$_3$ 型交流传动机车辅助管路系统主要有停放制动装置、踏面清扫装置、撒砂和鸣笛装置、空气防滑器及辅助风源系统等。

1. 停放制动装置

司机通过位于操作台的旋钮可以对停放制动进行控制。当旋到制动位时，脉冲电磁阀的作用电磁阀得电，于是停放制动缸制动；当旋到缓解位时，脉冲电磁阀失电，于是停放制动缓解。同时设置了停放制动和空气制动的联系，直到制动缸充分制动时，自动缓解停放制动缸。

停放制动装置控制关系如下：

总风管→脉冲电磁阀→双向止回阀→减压阀→停放制动缸

制动缸压力

在发生供电障碍的情况下，也就使用脉冲阀的手动装置对停放制动装置进行手动操作。在系统无风的情况下，可以使用停放制动单元的手动缓解装置缓解停放制动。手动缓解后，不能再次实施停放制动，如果需要重新实施停放制动，必须使系统总风压力达到 550 kPa，方可实施停放制动。

2. 踏面清扫装置

为了清扫车轮圆周表面的杂物，增加机车和钢轨的黏着系数，每个车轮配有踏面清扫器来配合制动单元的工作。当制动缸压力高于 100 kPa 时，通过压力开关使清扫电磁阀得电，总风进入踏面清扫；压力达到 50 kPa 时，踏面清扫解除。

3. 撒砂和鸣笛装置

机车设有 8 个砂箱和撒砂装置,每个走行部设有 4 个砂箱,每个容积为 100 L,撒砂量可在 0.5~1 L/min 内调节。撒砂动作与司机脚踏开关紧急制动、防空转、防滑行等功能配合,操纵台下的喇叭脚踏开关分别进行控制。

4. 空气防滑器

防滑器,顾名思义是防止车轮在滑动时轮轨之间纵向发生相对滑动的装置。

轮轨之间纵向滑动有两种情况:一种是牵引状态下发生的,轮轴牵引力超过了黏着限度,车轮飞快地转动而车速很慢,甚至根本不动,叫作空转;另一种情况是制动状态下发生的制动力超过了黏着限制,车轮转速急剧下降甚至停转而车速降得很慢,叫作滑行。制动系统中的防滑器主要防止车轮滑行。

防滑器就是将速度传感器的脉冲信号传到防滑处理器进行处理,当数据判断达到有关标准时,防滑处理器发出防滑控制指令,控制相应的制动缸进行阶段排风或一次排风,从而达到防止轮对滑行,并根据轮轨黏着系数调节动力的目的。

5. 辅助风源系统

该装置采用 LP115 型辅助压缩机组作为辅助风源,将其和升弓控制模块、升弓风缸及风表相连。辅助压缩机组的控制开关位于电器控制柜上,点动开关后,辅助空压机开始工作。当风压达到(735 ± 20)kPa 时,自动切断辅助压缩机的电源。

为保证压缩空气和管路的清洁,辅助压缩机配有小型的单塔干燥器和再生风缸。

辅助风源由直流电机、空压机和干式空气过滤器等主要部件组成,该装置结构紧凑。辅助空压机为单级压缩,自带法兰安装。直流电机通过连接器和空压机连接。干式空气滤清器可以为压缩机提供纯净的空气。

任务二 HXD_1 型电力机车空气管路系统

学习目标

(1)了解 HXD_1 型电力机车空气管路系统的特点。
(2)掌握风源管路系统的作用和组成。
(3)熟悉空气压缩机、空气干燥器和辅助管路系统的工作原理和基本组成。

能力目标

(1)掌握风源系统的概述。
(2)掌握主风源系统的主要部件。
(3)熟悉辅助风源系统。

素质目标

（1）培养学生爱岗敬业、忠于职守、团结合作的精神。
（2）使学生具备从事机车运用和检修岗位所必需的基本知识和专业技能。

工具设备

多媒体设备课件、图片、示教板、计算机多媒体设备等。

教学环境

多媒体教室、铁道机车模拟驾驶实训室。

一、风源系统概述

HXD_1 型大功率电力机车空气管路与制动系统主要由风源系统、制动机系统和其他气动辅助装置组成。

HXD_1 型大功率电力机车由两节机车组成，每节机车上均设置了一套完整的空气管路与制动系统，可以单独运用。通过空气管路与制动系统的重联环节可实现两节或多台 HXD_1 型大功率电力机车空气管路与制动系统重联。

HXD_1 型大功率电力机车整车空气管道连接设计采用非焊接的连接技术，空气管路采用奥氏体冷拔不锈钢无缝钢管，保证了空气管道系统的清洁度，减少了制动机因管路堵塞造成的各种故障。

1. 概　述

风源系统是机车空气管路与制动系统的基础，它为机车与车辆制动系统及全列车气动辅助装置提供稳定洁净的压缩空气。

HXD_1 型大功率电力机车风源系统分为两个相对独立的部分：一部分为主空气压缩机组、主空气干燥器等组成的主风源系统；另一部分为辅助压缩机组、辅助干燥系统、风缸及连接管路等组成的辅助风源系统。

2. 主风源系统

HXD_1 型大功率电力机车主风源系统负责在机车正常运行时，提供机车、车辆的气动部件以及机车、车辆制动机所需的高质量的洁净、干燥、稳定的压缩空气。

HXD_1 型大功率电力机车主风源系统由主空气压缩机组、压力控制器、安全阀、主空气干燥器、微油过滤器、总风缸安全网、总风缸、止回阀、限流阀、折角塞门及连接管路组成。

主风源系统组成及管路原理如图 7-7 所示。

HXD_1 型大功率电力机年的风源系统可分为压缩机的生产、压力控制、净化处理、储存、风源保护等环节。

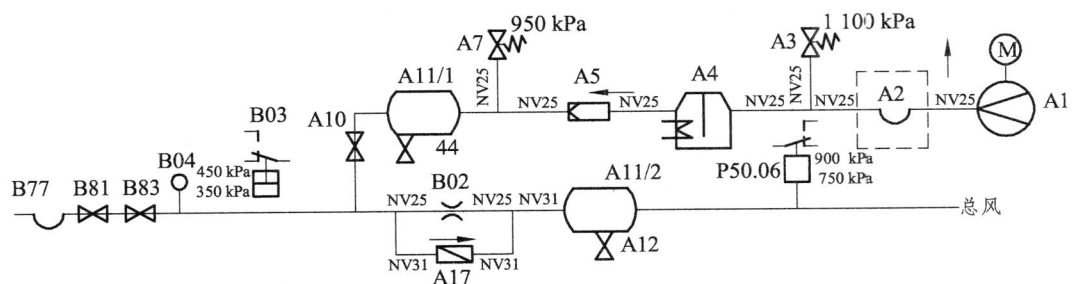

A1—主空气压缩机；A2—连接软管；A3—安全阀；A4—主空气干燥器；A5—微油过滤器；
A7—总风缸安全阀；A10—塞门；A11—总风缸；A12—风缸排水塞门；A17—止回阀；
B02—限流阀；B03—压力开关；B04—压力测试口；B77—总风软管连接器；
B81—折角塞门；B83—防撞塞门。

图 7-7　HXD_1 型电力机车主风源原理图

HXD_1 型大功率电力机车每单节车采用一台排气量不小于 3.0 m³/min 的 BT-3.0/10AD 型或 TSA-230AD 型螺杆空气压缩机组，用于产生压缩空气。压力控制器 P50.06 位于空气管路柜压力开关模块内，用于压力控制，其整定值为 750～900 kPa。

主空气压缩机后设置一台空气处理量不小于 4.8 m³/mim 的 TAD.8-H 型主空气干燥器（A4）及一个微油过滤器（A5）。空气干燥器用于风源净化处理，微油过滤器用于清除经空气干燥过滤器处理过的压缩空气中较小的油微粒，进一步提高空气质量。

两个 500 L 总风缸（A11）用于压缩空气的储存。压缩机排出的压缩空气经连接管路进入主空气干燥器，干燥器处理后的压缩空气经微油过滤器、止回阀进入主风缸备用。两个安全阀 A3、A7，分别设于压缩机与干燥器及微油过滤器与总风缸之间，用于压力过高时起保护作用，安全阀整定值 A3 为 1 100 kPa，A7 为 950 kPa。两个总风缸串联布置。总风连管设在两个总风缸之间，总风连管上设有止回阀 A17、限流阀 B02 压力开关 B03，可在断钩时迅速产生断钩保护作用，并避免压缩空气快速损失，保证断钩机车停车时制动系统所需的风量。限流阀 B02 通径为 $\phi 6$ mm，压力开关 B03 的动作值为 350～450 kPa。两节机车总风缸通过总风软管连接器相连。

二、主风源系统的主要部件

1. 主空气压缩机

HXD_1 型大功率电力机车每单节采用一台 BT-3.0/10AD 或 TSA-230AD 型螺杆空气压缩机组，一台双节机车装有两台相同型号的压缩机，压缩机位于机械间空气管路柜旁边。

螺杆空气压缩机组由四大主要部件构成：驱动装置、空气压缩机组体、风冷却装置和底座。它们用螺栓连接在一起，组成一个紧凑的底座支承的机组，采用弹性减振器平稳地固定在一个钢制共用底座上。共用底座将其余3个部件连成一个整体，通过底座下方4个安装孔与机车固定。

BT-3.0/10AD 型空气压缩机组如图 7-8 所示。TSA-230AD 型空气压缩机组如图 7-9 所示。

图 7-8　BT-3.0/10AD 型空气压缩机组

图 7-9　TSA-230AD 型空气压缩机组

2. 主空气干燥器

HXD_1 型大功率电力机车每单节车采用一台 TAD-4.8-H 型主空气干燥器（简称干燥器），干燥器是一种清除压缩空气中水、油、尘埃等杂质的装置，如图 7-10 所示，其空气处理量为 4.8 m/min。采用此装置可防止机车、车辆制动系统产生锈蚀、堵塞、凝结水、结冰等现象。干燥器通过干燥器安装架垂直安装在空气压缩机组旁边的车体侧墙上。

TAD-4.8-H 型空气干燥器是一种 2 室吸附式双塔干燥器，并带有自动排水功能的冷凝器和干燥器控制单元。干燥器由 2 个干燥塔、进气阀、排气阀、出气止回阀、电控器、离心式油水分离器及安装架等组成。通过电控器和电控阀对进气阀、排气阀和出气止回阀的控制，使 2 个干燥塔定时在吸附、再生和充气 3 种状态下周期性地转换，保证处理后的空气达到相应指标，满足机车、车辆的用风要求。

3. 总风缸

经干燥净化处理后的压缩空气，进入两个串联的总风缸内储存，以供全列车气动部件及制动机所需。两个风缸的容积均为 500 L，工作压力为 1 000 kPa，两个总风缸垂直布置于机械间空气管路柜旁边车体尾部，如图 7-11 所示。排水口位于总风缸底部，使用中应定期打开总风缸排水塞门 A12，检查和排除总风缸内的积水。

图 7-10　TAD-4.8-H 型主干燥器

图 7-11　总风缸

三、辅助风源系统

HXD_1 型大功率电力机车辅助风源系统负责在机车库停时间较长，总风缸中压缩空气压力不够的情况下，给机车电气系统用风设备供风。

HXD_1 型大功率电力机车辅助风源系统主要部件有辅助压缩机、辅助空气干燥器、止回阀、高压安全阀、压力控制器、风缸、排水阀、各型塞门等。辅助风源系统组成及管路原理如图 7-12 所示。

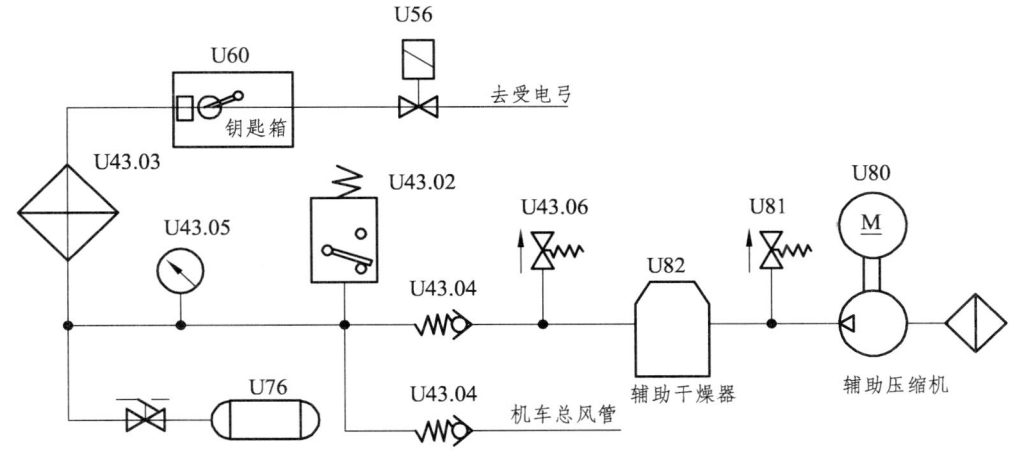

U80—辅助压缩机组；U81，U43.06—高压安全阀；U82—辅助干燥器；U43.04—止回阀；U43.02—压力控制器；U43.05—压力表；U43.14—塞门 1；U76—储风缸；U43.03—过滤器；U60—钥匙开关；U56—升弓电磁阀。

图 7-12 辅助风源系统原理图

HXD_1 型大功率电力机车辅助风源系统同样可分为压缩空气的产生、压力控制、干燥净化处理、储存等环节。

HXD_1 型大功率电力机车每节采用一台无油活塞压缩机，用于辅助风源系统压缩空气的产生。辅助压缩机启停受机车控制电路控制，压缩机的气缸盖上还设有温度传感器，用以控制辅助压缩机在规定温度范围内正常运行。辅助风源系统压力控制由位于制动柜内的 U43.02 压力控制器控制，其整定值为 480～650 kPa。

与其他电力机车不同，HXD_1 型大功率电力机车还设置一套辅助干燥系统，用于辅助风源系统的风源净化。辅助干燥系统主要包括吸附式单塔干燥器、过滤器、自动排水阀、加热装置、消声器等。吸附式单塔干燥器再生方式为无热再生，当压缩机停机时，再生风缸的干燥压缩空气经过干燥筒和消声器后排入大气，空气干燥器完成再生，同时将积累的水自动排出。加热装置用来防止压缩空气结冰。过滤器用来清洁干燥后的压缩空气。辅助压缩机压缩后的压缩空气，经辅助空气干燥系统处理后，通过止回阀送入储风缸 U76 备用。储风缸位于空气管路柜背面，容积为 50 L。辅助风源系统还设有安全阀 U81，用以控制保护辅助压缩机，其整定值为 1 000 kPa。

HXD_1 型大功率电力机车辅助压缩机、辅助干燥系统布置在一个结构紧凑的柜体内，形成辅助压缩机组，安装于空气制动柜上，如图 7-13 和图 7-14 所示。

机车总体及走行部

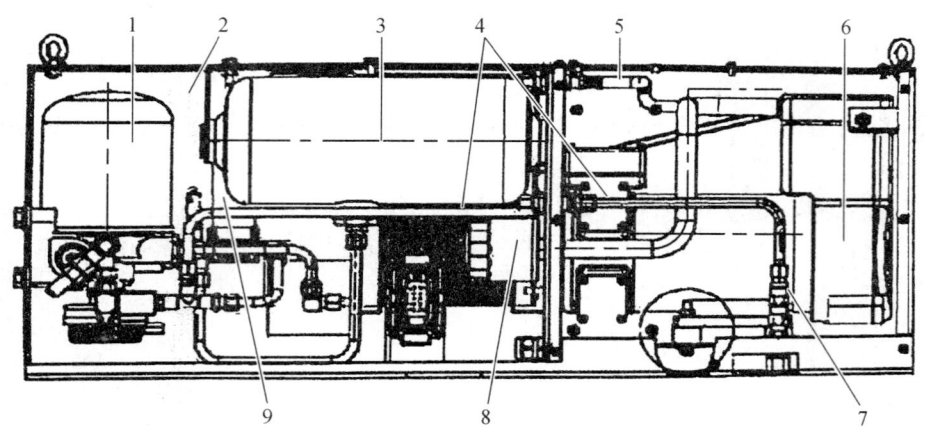

1—辅助干燥系统;2—柜体;3—再生风缸;4,5—连接管路;6—无油活塞压缩机组;
7—止回阀;8—吸气过滤器;9—过滤器。

图 7-13 辅助压缩机组

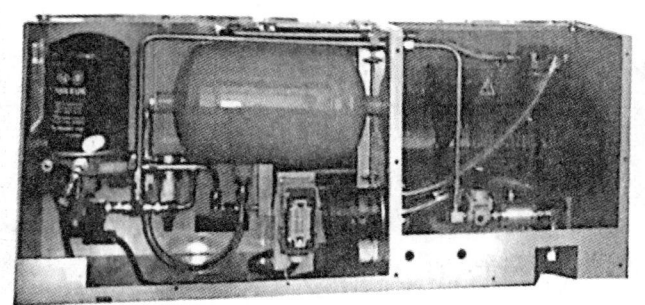

图 7-14 辅助压缩机组实物图

四、其他气动设备

HXD$_1$ 型大功率电力机车辅助气动控制装置用于改善机车运行条件,确保行车安全。HXD$_1$ 型大功率电力机车设有撒砂、轮喷、风喇叭、升弓控制等辅助气动系统。

1. 撒砂系统

为在轮轨黏着状况不佳的情况下,提高车轮与钢轨间的黏着系数,改善机车的牵引制动性能,HXD$_1$ 型大功率电力机车设有撒砂系统。撒砂系统由撒砂控制模块、砂箱、撒砂器等部件及连接管路组成。每个转向架设有 4 个容量分别为 100 L 的砂箱,每个砂箱装有 SDN14-1 型撒砂器。撒砂控制功能靠空气管路柜中撒砂控制模块实现,撒砂控制模块及原理如图 7-15 所示。

砂子储存在砂箱中,根据机车的行驶方向,砂子将输送到机车运行方向的第一、三轮对上,由电磁阀(.05 或.06)控制压缩空气流入撒砂装置,一定量的砂子经过加热,通过砂管撒到机车运行方向的第一、三车轮对前面的轨道上。单位时间的砂量由撒砂器控制。减压阀(.03)设定值为 500 kPa,调整该值能对撒砂量进行微调。为保证正常撒砂,砂箱需密封。为避免砂子结成块,会有压缩空气通过电磁阀(.04)流入砂箱以达到干燥砂子的目的。

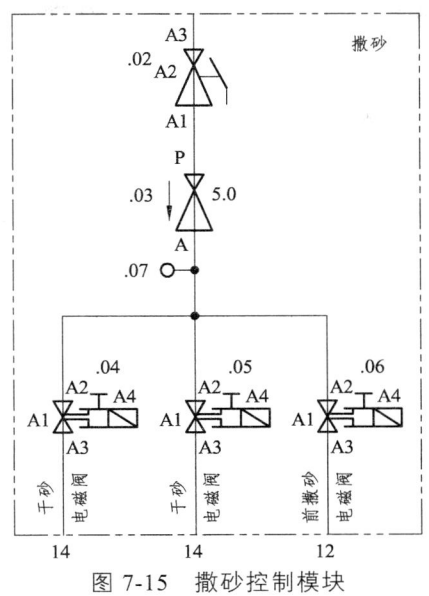

图 7-15 撒砂控制模块

截断塞门（.02）可在故障时隔离撒砂装置，截断塞门带有一个电开关，通过电开关可监控该塞门状态。减压阀（.03）的设定值可在维护时通过检测口（.07）检验。

2. 轮喷系统

轮喷系统为机车轮缘喷油润滑系统，受机车控制系统控制。轮缘润滑供风模块集成在空气制动柜内，如图 7-16 所示，通过两个带受控的塞门（.02 和.03）可自动控制打开和关闭。设有两个电磁阀（.04 和.05），每一个电磁阀将用来控制每一个方向的轮缘喷油润滑系统。减压阀（.01）设定压力为 600 kPa。

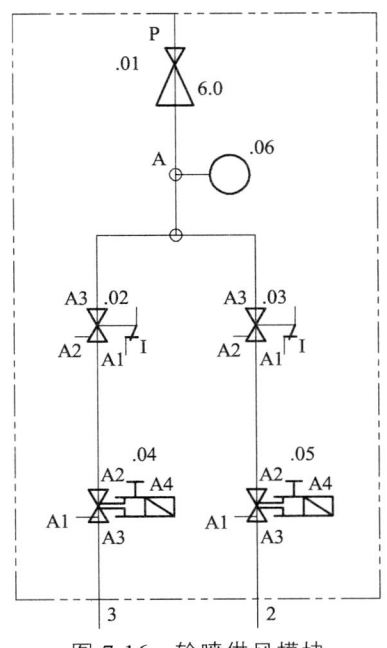

图 7-16 轮喷供风模块

3. 风喇叭系统

风喇叭系统由风喇叭、辅助控制装置组成，如图 7-17 所示。机车车顶上装有两个高音喇叭（P93），分别向前、向后安装；一个低音喇叭（P90），向前安装。喇叭控制功能通过设在机械间的辅助控制单元模块（P89）来实现，辅助控制单元模块设有 3 个电磁阀（P89.01、P89.02、P89.03），用来驱动机车的风喇叭，3 个电磁阀的开闭由机车主控制系统控制。每个电磁阀具有一个隔离塞门（P87），可在喇叭故障时切除相应的塞门。

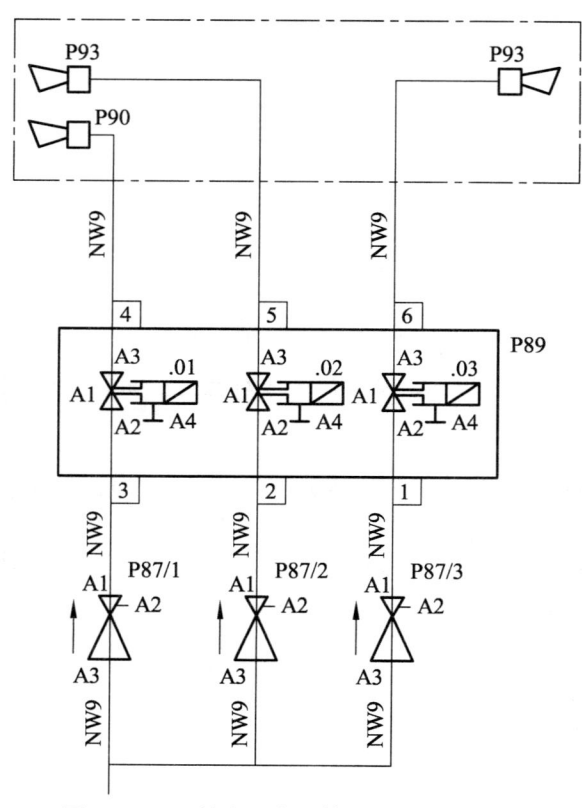

图 7-17 风喇叭系统及辅助控制单元模块

4. 受电弓控制系统

受电弓控制模块是用来给受电弓供气用的，如图 7-18 所示。为防止机车升弓时没有可用的压缩空气（库停后，总风缸因泄漏无风），机车在启动时可用辅助空气压缩机打风进行升弓操作。

升弓控制功能靠空气管路柜中升弓模块实现，由压缩空气控制受电弓的升高和降低。每个受电弓都有单独的控制回路。受电弓控制模块有两个不同的回路：

（1）压缩空气流经空气过滤器（.03）、截断塞门（.14），通过接口 A4 到高压隔离开关。

（2）压缩空气通过空气过滤器（.03）、缩堵（U.12）和钥匙箱到升弓电磁阀，再到受电弓。

压力表（.05）用来显示受电弓工作时可用空气压力。受电弓升起及降落是通过升弓电磁阀的得失电来控制的。通向受电弓控制装置的空气管路，通过 A3→A1 通路排气。

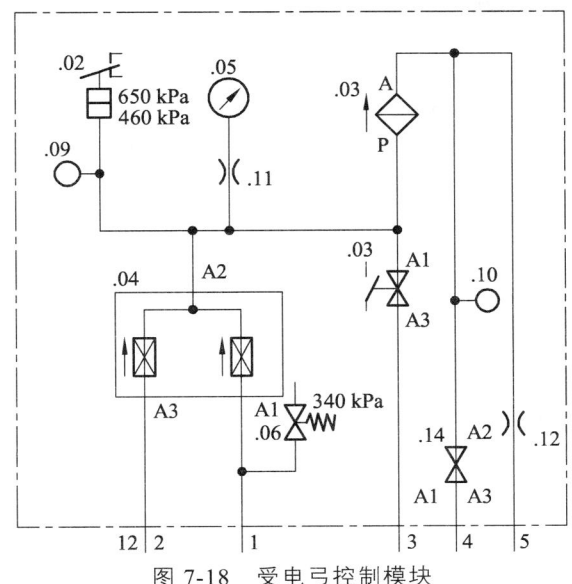

图 7-18 受电弓控制模块

任务三　$SS_{4改}$型电力机车空气管路系统

知识目标

（1）熟悉 $SS_{4改}$ 型电力机车风源管路系统。
（2）熟悉 $SS_{4改}$ 型电力机车主空气压缩机。
（3）熟悉 $SS_{4改}$ 型电力机车干燥器。
（4）熟悉 $SS_{4改}$ 型电力机车主风缸。
（5）熟悉 $SS_{4改}$ 型电力机车辅助压缩机。
（6）熟悉 $SS_{4改}$ 型电力机车辅助设备。

能力目标

（1）能够叙述 $SS_{4改}$ 型电力机车空气管路系统的特点。
（2）掌握 $SS_{4改}$ 型电力机车风源管路系统的作用和组成。
（3）熟悉 $SS_{4改}$ 型电力机车空气压缩机、空气干燥器、辅助管路系统的工作原理和基本组成。

素质目标

（1）培养学生爱岗敬业、忠于职守、团结合作的精神。
（2）使学生具备从事机车运用和检修岗位所必需的基本知识和专业技能。

工具设备

多媒体设备课件、图片、示教板、计算机多媒体设备等。

教学环境

多媒体教室、铁道机车制动实训室。

一、风源管路系统

机车风源系统是机车空气管路系统的基础，负责生产、储备、调节控制压缩空气，并向全车各气路系统、气动器械提供所需的高质量、洁净、干燥和稳定的压缩空气。

SS$_4$改型机车风源系统主要由空气压缩机组、压力控制器、总风缸、止回阀、逆流止回阀、高压安全阀、空气干燥器、启动电空阀、塞门和连接管等组成。单节机车风源系统的组成及管路原理如图 7-19 所示。

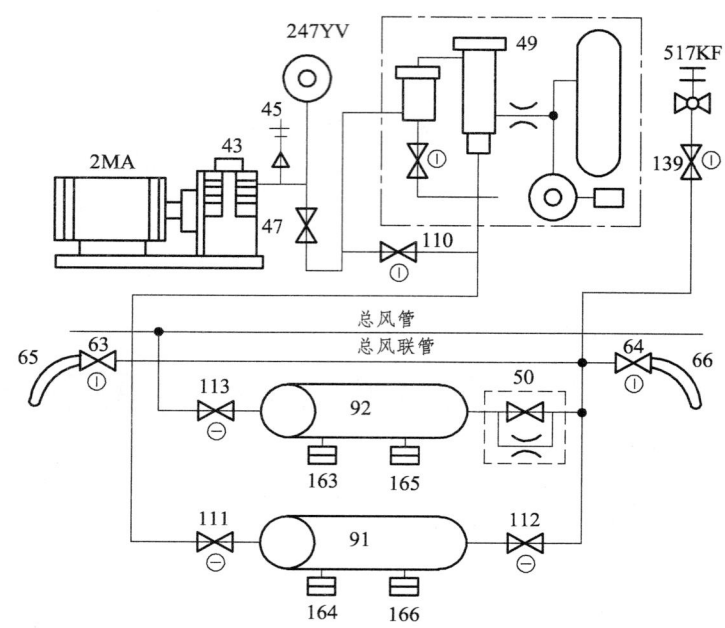

43—空气压缩机；45—高压安全阀；47—止回阀；49—空气干燥器；50—止流逆回阀；63，64—总风折角塞门；65，66—总风软管连接器；91—第一总风缸；92—第二总风缸；110，111，112，113，139—塞门；163，164，165，166—排水阀；247YV—启动电空阀；517KF—压力控制器；2MA—压缩机电机。

图 7-19 SS$_4$改型机车风源系统原理图

SS$_4$改型电力机车风源系统正常工作时通路如图 7-20 所示。

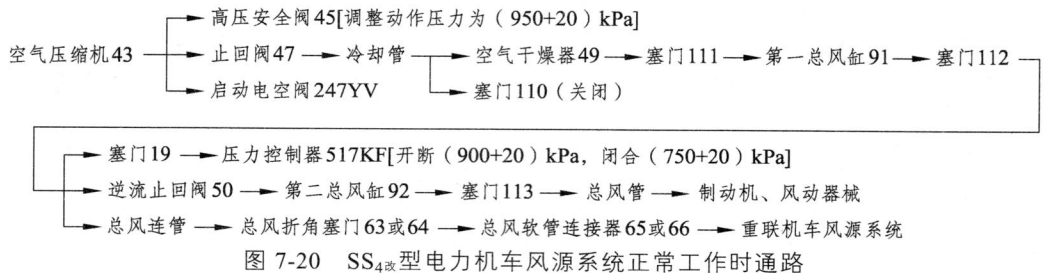

图 7-20 SS$_4$改型电力机车风源系统正常工作时通路

1. 压缩空气的制备

每节 SS$_4$改型机车的压缩空气，由一台 VF3/9 型空气压缩机来制备，该压缩机为 4 缸 V 形排列两级压缩活塞式压缩机，由一台功率为 37 kW 的三相交流电机驱动。在运行中，如果压缩机出现故障，另一节机车上的压缩机组可继续维持运行。

2. 压缩空气的净化和储存

压缩空气在储存前必须经过净化处理，将压缩空气中的油水、杂质、尘埃去掉。SS₄改型机车采用具有再生作用的空气干燥器，来完成上述过程。经干燥净化处理后的压缩空气进入两个串联的总风缸内储存。

3. 空气的压力调整

为了保证安全和将具有稳定压力的压缩空气供给各个系统工作使用，必须使总风缸的压力保持在一个规定的范围之内，风源系统由压力控制器 515KF 来自动控制空气压缩机电动机电力的闭合和断开，通过控制压缩机的工作来调节总风缸内的空气压力，使其保持在一定范围之内。SS₄改型机车由 YWK-50-C 型压力控制器对压力空气进行调整。

二、控制管路系统

1. 受控电气设备

SS₄改型机车控制管路系统主要向下列设备提供压缩空气：

（1）主断路器。主断路器的分合闸动作由压缩空气控制。

（2）受电弓。受电弓的开起和保持状态，需要压缩空气来完成。

（3）门联锁阀。在机车接电状态下，依靠压缩空气推动门联锁阀把各带有高压电的机器间门插住，以防止乘务人员误进入而危及人身安全。

（4）高压电器柜。向高压柜中的转换开关、电空接触器等提供压缩空气，以实现转换。

2. 控制管路系统的工作原理

SS₄改型机车控制管路系统原理图如图 7-21 所示。

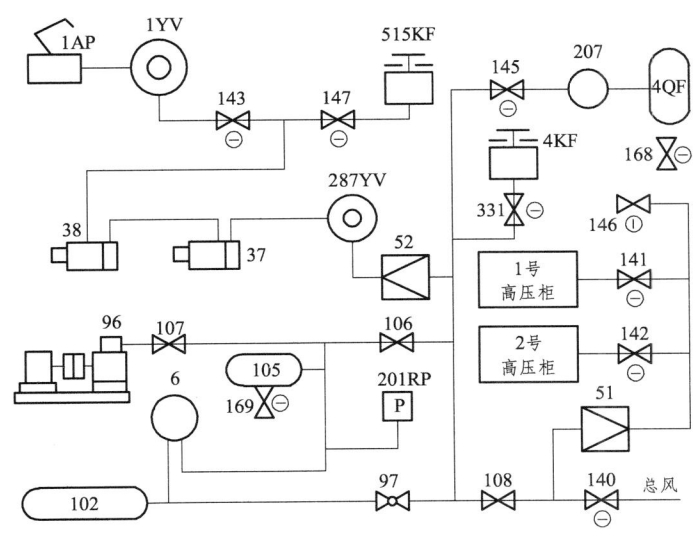

1AP—受电弓；1YV—升弓电空阀；4QF—主断路器；6—双针风压表；37,38—门联锁阀；51,52—调压阀；96—辅助压缩机；97—模板塞门；102—控制风缸；105—风缸；106,107,108—止回阀；140~143、145~147、331—塞门；168,169—排水塞门；207—分水滤气器；287YV—保护电空阀；515KF—风压继电器；201RP—压力传感器；4KF—风压继电器。

图 7-21　SS₄改型机车控制管路系统原理图

注：4KF 与 331 只在部分机车上安装使用。

（1）正常运用时的总风缸供风。机车正常运用时，由总风缸向控制管路系统供风，工作通路如图 7-22 所示。

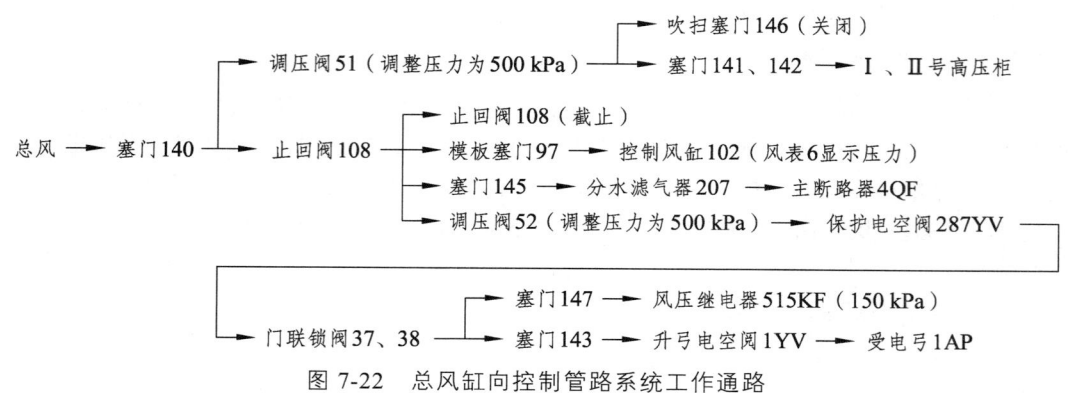

图 7-22　总风缸向控制管路系统工作通路

机车总风缸压缩空气经塞门 140，一路经调压阀 51 将总风压力调至 500 kPa 后，经塞门 141、142 供给Ⅰ、Ⅱ号高压柜，并经塞门 146 供给机车吹扫用。另一路经止回阀 108 分为四路：一路经止回阀 106 截止；一路经模板塞门 97 进入控制风缸 102 内储存；一路经塞门 145 后，经分水滤气器 207 再次净化后向主断路器 4QF 风缸供风；第四路经调压阀 52 调整至 500 kPa 经保护电空阀 287YV 和门联锁阀 37、38 后，再经塞门 143 进入升弓电空阀 1YV，在升弓电空阀得电后，受电弓升起。

若在升弓时，任一高压室或变压器室门没有关好，则门联锁阀 37、38 不能开放升弓通路，压缩空气不能进入受电弓。同时若非操纵节门没有关好，由于压缩空气不能进入，安装在门联锁阀 38 后的风压继电器 515KF 将切断本务机车的升弓控制电路。当受电弓升起后，保护电空阀 287YV 将保持得电，门联锁阀 37、38 内压缩空气不能排出，高压室及变压器室隔门均不能打开，必须降弓并使保护电空阀 287YV 失电后，才能打开这些门，这样就保证了人与高压区的隔离。如果风压继电器 515KF 故障，可通过塞门 147 切除。

设置控制风缸 102 的目的是在分合闸操作而引起的压力波动时，稳定控制系统管路内的风压。

止回阀 108、107、106 是为了防止控制系统压缩空气逆流，同时替代换向阀实现风源转换而设置的。

在机车停放前，应将控制风缸内的压缩空气充气至大于 900 kPa，然后关闭模板塞门 97，以备机车再次使用时的升弓、合闸操作。

使用中还应定期开放主断路器风缸下方的排水阀 168，排除风缸内积水。

（2）库停后的控制风缸供风。机车停放后重新运行时，如果总风缸风压因泄漏而低于主断路器分合闸所需的最低工作压力 450 kPa，而控制风缸 102 内压大于 700 kPa，可打开模板塞门 97，利用控制风缸内储存的压缩空气进行升弓及合闸操作。但此时高压柜内没有压缩空气。合闸后，应立即启动压缩机组打风，尽快恢复正常运用工况，由总风缸供风（控制风缸内的风压可以通过管路柜上双针风压表 6 观察）。

控制风缸供风时的工作通路如图 7-23 所示。

图 7-23 控制风缸供风时的工作通路

控制风缸 102 内储存的压缩空气,经开放的模板塞门 97 后分四路:一路被止回阀 108 截止,不能进入总风缸;一路被止回阀 106 截止,不能进入辅助风缸;另一路经塞门 145、分水滤气器 207 去往主断路器 4QF 风缸,供机车分、合闸使用;最后一路经调压阀 52、保护电空阀 287YV,去往受电弓。

(3) 库停后的辅助压缩机供风。机车在库停放后,再次投入使用时,如果总风缸和控制风缸的风压均低于主断路器合闸所需要的最低工作压力 450 kPa,则需要启动辅助压缩机组打风进行升弓和合闸操作。

辅助压缩机由机车蓄电池供电,小型直流电动机驱动。为了减轻辅助压缩机 96 的工作负担,应在启动辅助压缩机组前,关闭模板塞门 97,切除控制风缸 102。当辅助压缩机打风使辅助风缸 105 内压力大于 600 kPa 时,可边打风边升弓、合闸。完毕后,应立即启动主压缩机组打风,在总风缸压力大于 450 kPa 后,停止辅助压缩机工作。

辅助压缩机供风时的工作通路如图 7-24 所示。

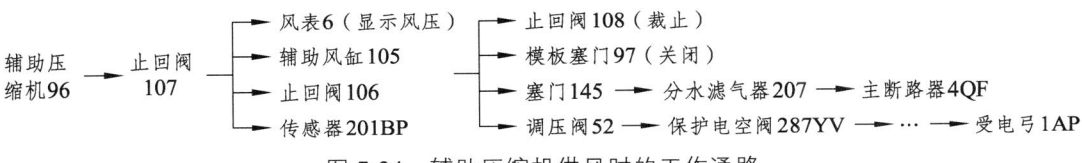

图 7-24 辅助压缩机供风时的工作通路

辅助压缩机 96 产生的压缩空气首先经止回阀 107 后,一路进入辅助风缸 105,辅助风缸内的风压可以通过管路柜上的双针风压表 6 显示,同时也可以通过压力传感器 201BP 和司机室内电测压力表 21SP 显示;另一路再经止回阀 106 后,一路被止回阀 108 截止,一路被关闭的模板塞门 97 截止,一路经塞门 145 进入主断路器 4QF 风缸,最后一路经调压阀 52 进入升弓通路,去往受电弓。

辅助风缸在此工况下,一方面起稳定、储存压缩空气的作用;另一方面对辅助压缩机产生的压缩空气进行冷却,故每次使用辅助压缩机后,应打开辅助风缸下方排水塞门 169 排放积水。

在操作中应注意关闭辅助压缩机的时机,在主压缩机组打风,总风缸压力低于 450 kPa 时,不可停止辅助压缩机工作,否则将使已经升起的受电弓降下,主断路器跳闸。另外,由于两节机车辅助压缩机技术指标的差异,并且管路的泄漏流量不同,使用中打风速度不一致。在运用中应注意时刻观察,以防止其中一节机车辅助风风缸压力超高。

三、辅助管路系统

辅助管路系统用以改善机车的运行条件,确保行车安全,主要由撒砂器、风喇叭和刮雨器等辅助受控装置及其控制部件组成。如图 7-25 所示是 SS$_{4改}$ 型机车单节机车辅助管路系统原理图。由图可见,各辅助装置直接使用总风缸压缩空气,各辅助装置前均设有塞门。在某个辅助装置发生故障时,可将相应的塞门关闭,切除风源。

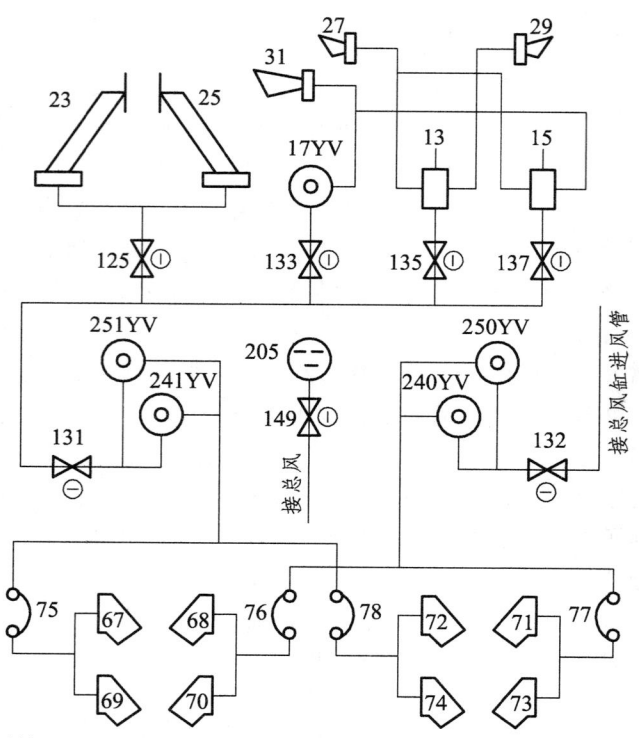

13, 15—手动喇叭控制阀；17YV—喇叭电空阀；23, 25—刮雨器；27, 29—高音喇叭；31—低音喇叭；67~74—撒砂器；75~78—撒砂连接软管；125, 131, 132, 133, 135, 137, 149—塞门；205—分水滤气器；240YV、241YV、250YV、21YV—撒砂电空阀。

图 7-25　$SS_{4改}$ 型机车辅助管路系统原理图

1. 风喇叭

风喇叭是机车运行中利用压缩空气产生鸣响、发出警告和进行联络的必备设施，$SS_{4改}$ 型机车单节机车共设置了 3 个风喇叭，一个为向前高音喇叭 27，一个为向后高音喇叭 29，另一个为前低音喇叭 31。它们安装在司机室顶盖左右两侧，分别由正、副司机台上的手动喇叭控制阀 13、15 和正司机台面下的脚踏开关 33SA 控制。高低音风喇叭的结构基本相同，所不同的是高音喇叭比低音喇叭的喇叭简短一些，因此它所发出的声音频率不同。

当正司机台手动喇叭控制阀 13 向前推时，向前高音喇叭 27 发出声音；向后拉时，向后高音喇叭 29 发出声音。同样，学习司机台手动喇叭控制阀 15 向前推时，向前高音喇叭 27 发出声音；向后拉时，向前低音喇叭 31 发出声音。如果踏下脚踏开关 33SA，喇叭电空阀 17YV 电源接通，总风经电空阀 17YV 下阀口进入低音喇叭 31，向前低音喇叭 31 发出声音。

2. 刮雨器

刮雨器是为了刮去司机室前窗玻璃上的雨、雪、水珠，便于司机瞭望，确保行车安全而设置的。在司机室两侧前窗各装有一套风动双杆刮雨器 23 和 25。通过调节进气阀口的供气量大小，从而启动或停止刮雨器的摆动，同时也能调节刮雨器雨刷的摆动速度。

3. 撒砂装置

撒砂装置是为向轨面撒砂，增加轮轨间的黏着力，改善机车牵引和制动性能而设置的。

SS₄改型机车每个转向架前、后轮对侧都装有砂箱和撒砂器,每节机车共有 8 个砂箱和 8 个撒砂器。

撒砂装置主要由撒砂器、砂箱和司机室控制的撒砂阀组成。SS₄改型电力机车采用脚踏开关代替脚踏阀控制撒砂。

撒砂装置不仅能受司机的控制,也能与制动机、防空转、防滑行及断钩保护装置配合作用。当司机踩下脚踏开关 35SA,或空转、滑行、断钩保护及大闸紧急制动时,通过相关电路,使撒砂(Ⅰ)电空阀 251YV、241YV,或撒砂(Ⅱ)电空阀 250YV、240YV 得电,总风缸内压缩空气通过电空阀下阀口到达与机车运行方向一致的撒砂器,将砂子吹撒到轨面。SS₄改型机车通过有关导线的重联,可以向非操纵节机车、重联机车的撒砂器送风。

任务四　HXN₃B 型内燃机车风源管路系统

知识目标

（1）熟悉 HXN₃B 型内燃机车风源系统。
（2）熟悉 HXN₃B 型内燃机车螺杆式空气压缩机。
（3）熟悉 HXN₃B 型内燃机车双塔式干燥器。
（4）熟悉 HXN₃B 型内燃机车辅助设备。

能力目标

（1）了解 HXN₃B 型内燃机车空气管路系统的特点。
（2）掌握 HXN₃B 型内燃机车风源管路系统的作用和组成。
（3）熟悉 HXN₃B 型内燃机车空气压缩机、空气干燥器、辅助管路系统的工作原理和基本组成。

素质目标

（1）培养学生爱岗敬业、忠于职守、团结合作的精神。
（2）使学生具备从事机车运用和检修岗位所必需的基本知识和专业技能。

工具设备

多媒体设备课件、图片、示教板、计算机多媒体设备等。

教学环境

多媒体教室、铁道机车制动实训室。

一、风源系统

HXN₃B 型机车风源系统空压机采用螺杆式空压机、双塔式干燥器,柴油机采用压缩空气启动方式,由第三风缸（720 L）提供风源。风源系统由 2 个螺杆式空气压缩机、2 个 625 L

的总风缸、双塔式空气干燥器、微油过滤器、安全阀、止回阀、截断塞门、软管、压力传感器、压力开关等组成。

风源系统工作原理如图 7-26 所示。

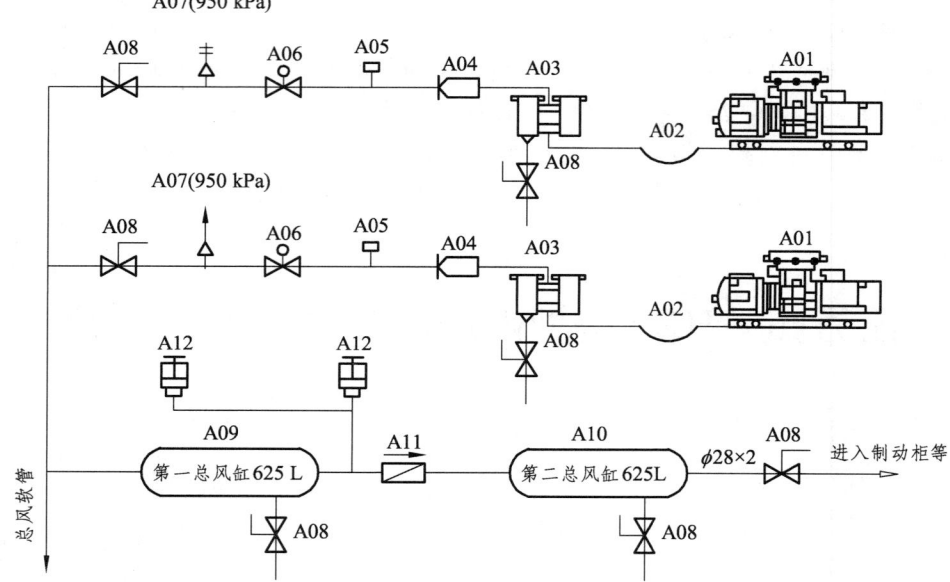

A01—空气压缩机；A02—软管；A03—干燥器；A04—微油过滤器；A05—温度指示器；A06—压力维持阀；A07—安全阀；A08—截断塞门；A09—第一总风缸；A10—第二总风缸；A11—止回阀；A12—压力传感器。

图 7-26　HXN$_{3B}$ 型机车风源系统原理图

二、螺杆式空气压缩机

空气压缩机是专为铁路机车车辆设计的电动空气压缩设备，主要用途是为车辆制动系统提供压缩空气。

1．组　成

HXN$_{3B}$ 型内燃机车风源系统使用的 TSA-2.8A-Ⅱ型螺杆空气压缩机组（见图 7-27）由四大主要部件构成，即驱动装置、空气压缩机体、风冷却装置和底座，它们用螺栓连接在一起组成一个紧凑单元。

2．功　能

（1）驱动装置：法兰式三相交流电动机。

（2）空气压缩机体：空气压缩机机头装入空气压缩机的油气筒中，油气筒内还装有油分离系统。这个主要组件还另外装有用于过滤、控制和监控润滑油的各元件。

（3）中托架和蜗壳组成了一个刚性很好的结构，这一结构使组件具有自支撑作用。蜗壳中容纳了离心式风扇，风扇安装在电动机和空气压缩机螺杆组之间的联轴器上。扩压器连接蜗壳与冷却器，冷却器起冷却压缩空气和润滑油的双重作用。这个复合的部件借助离心式风扇供给的冷却空气来交换压缩作用所产生的热量。

（4）底座：驱动装置、空气压缩机机体、冷却装置及过滤系统四大部件采用弹性减振垫平稳地固定在一个钢制共用底座上，底座下方有4个安装孔，用于与机车固定。共用底座将以上四个部件连成一个整体，便于运输与安装。

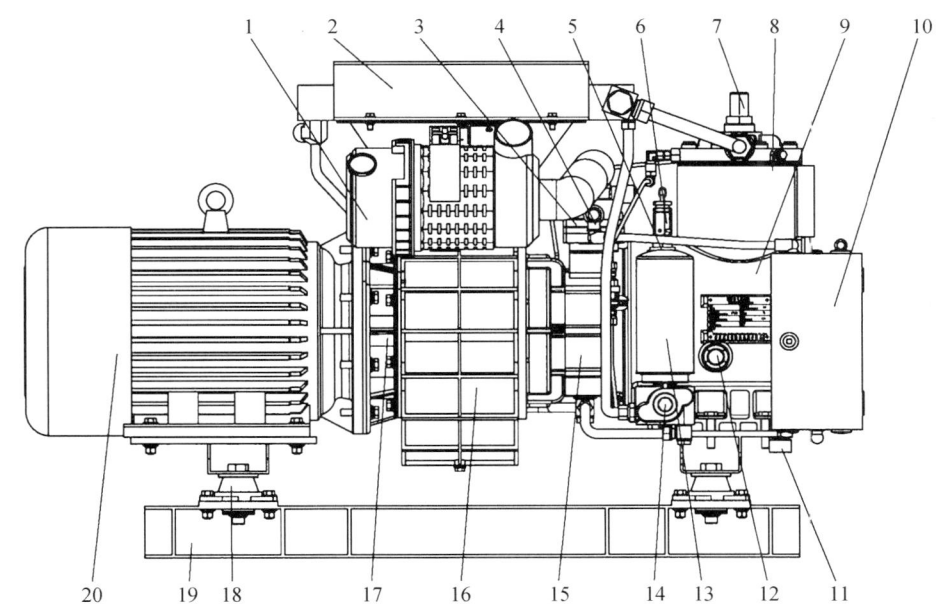

1—空气滤清器；2—冷却器；3—进气阀；4—压力开关；5—加油口盖；6—安全阀；7—压力维持阀；8—油细分离器；9—油气筒；10—电控箱；11—放油阀；12—视油镜；13—油过滤器；14—温控阀；15—机头；16—蜗壳；17—中托架；18—减振器；19—底架；20—电动机。

图 7-27　TSA-2.8A-Ⅱ型螺杆空气压缩机

3. 气路系统流程

空气通过位于空气压缩机机头吸气端的空气过滤器和进气阀吸入。经过压缩后，空气通过安装在空气压缩机机头的出气口压入油气筒。

如果空气压缩机在其油气筒内为空载时启动，压力维持阀将保持闭合，使油气筒快速建立起压力，这一作用的结果是在运动中迅速形成油的循环。

当空气压缩机的油气筒内压力达到约 650 kPa 时，压力维持阀动作，而使通向车辆压缩空气系统的通道敞开。

当系统压力达到断开压力后，空气压缩机停止运转，压力维持阀闭合。

每次当空气压缩机关停，在气压控制作用下压力从空气压缩机油气筒内自动卸除。在空气压缩机停机后，压力维持阀与进气阀闭合。由于空气压缩机机头产生了空气回流，因而进气口处压力升高。此时，电磁阀打开，压缩空气可以通过打开的阀门横截面流向空气过滤器，迅速将空气压缩机油气筒内的压力降到约 300 kPa。剩余的压力通过电磁阀全部排出至 0 kPa。

三、空气干燥器

HXN$_{3B}$型内燃机车风源系统使用的 JKG-1C 型空气干燥器是一种无热再生双塔式可连续

工作的压缩空气除湿装置。机车上以该装置为核心，与其他辅助设备构成机车风源净化系统，用以清除压缩空气中的油分、水分、尘埃等有害杂质。

经过净化的空气，可避免机车车辆空气管路系统发生锈蚀、堵塞、凝水和结冻等现象，也可防止因空气中的杂质引起制动失灵，对保证行车安全、延长制动机检修周期和使用寿命，将获得良好的效果。

注意：机车在高寒地区运行时，如果长时间停机，请在关闭空压机前及关闭后用手动方式按下控制左、右干燥塔再生的电空阀2~3s，排尽塔内的污水，防止其冻结，以免造成损坏。

1. 结构特征

JKG-1C型干燥器的总体结构如图7-28所示。它由干燥器主体、进气阀、排气阀、出气止回阀、电控器、电空阀、油水分离器等主要部件组成。另外，在排气阀体上安装了温控及加热装置，以适应于在高寒地区运行。

图7-28　JKG-1C型干燥器

1）干燥器主体

干燥器主体由两个结构完全相同的干燥塔组成，如图7-29所示。

干燥塔为一圆筒钢瓶式结构。上部为塔盖，中部为筒体，下部为底盖。干燥塔上设有三个对外通道口，其中进气法兰口连接空压机，受进气阀控制；出气法兰口通往总风缸，受出气止回阀控制；下部的接头体经过排气阀，并受其控制通往大气。

干燥塔的背面设有安装座，并通过安装架将干燥器安装于机车上。

干燥塔内部装有干燥剂，用压紧弹簧通过出气滤网将其压实，以防止干燥剂在气流作用下颗粒之间自由摩擦形成粉末。向塔内填装或添加干燥剂时，打开干燥塔盖，取出弹簧和出气滤网，方可将干燥剂由筒口加入。可从干燥塔下部拆下底盖，抽出油水分离器，这时，干燥剂颗粒便可自动流出。

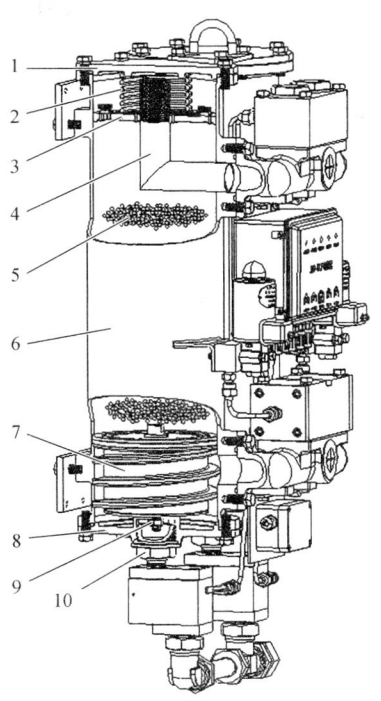

1—塔盖；2—压紧弹簧；3—出气滤网；4—出气滤筒；5—干燥剂；6—筒体；
7—油水分离器；8—底盖；9—防松螺母；10—接头体。

图 7-29　JKG-1C 型干燥塔

2）进气阀

进气阀是控制两干燥塔进气的机构，安装于两干燥塔的进气连接体上。其结构如图 7-30 所示。

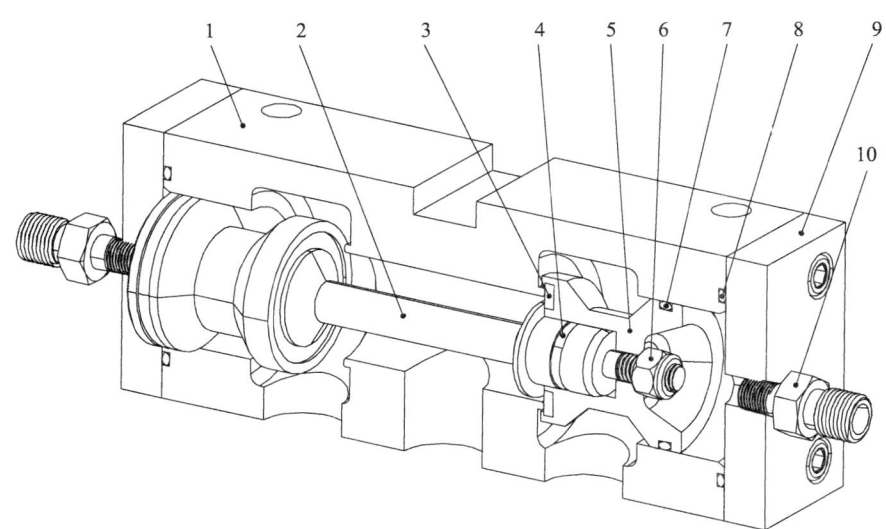

1—阀体；2—阀杆；3—阀垫；4—O 形圈 20×2.4；5—阀；6—防松螺母；
7—O 形圈 45×3.1；8—O 形圈 60×3.1；9—阀盖；10—接头体。

图 7-30　进气阀

进气阀阀体的安装面上有三个通道口，与连接体座面上的三个通道口相吻合。其中 J1、J2 通左、右干燥塔；P1 由连接体中部的管螺纹与来自空压机的主管连接。

阀体内部装有一个"连动式"鞲鞴阀，控制着这三条通道。

阀体两端的阀盖上，设有 Rc1/8 管螺纹口，连接来自电空阀的控制风管。当控制风无论从哪端进入阀体时，均会推动鞲鞴阀向另一端移动，并使该端的进气阀口关闭，切断该干燥塔的进气通路。同时，另一端的阀口打开，开通进入另一干燥塔的进气通道。由于两干燥塔的进气口受鞲鞴阀的连锁控制，故不能同时进入吸附状态（注：阀口开启为吸附状态）。

3）排气阀

排气阀是控制干燥塔"再生"排气的机构，安装于干燥塔底部的接头体上，其结构如图 7-31 所示。

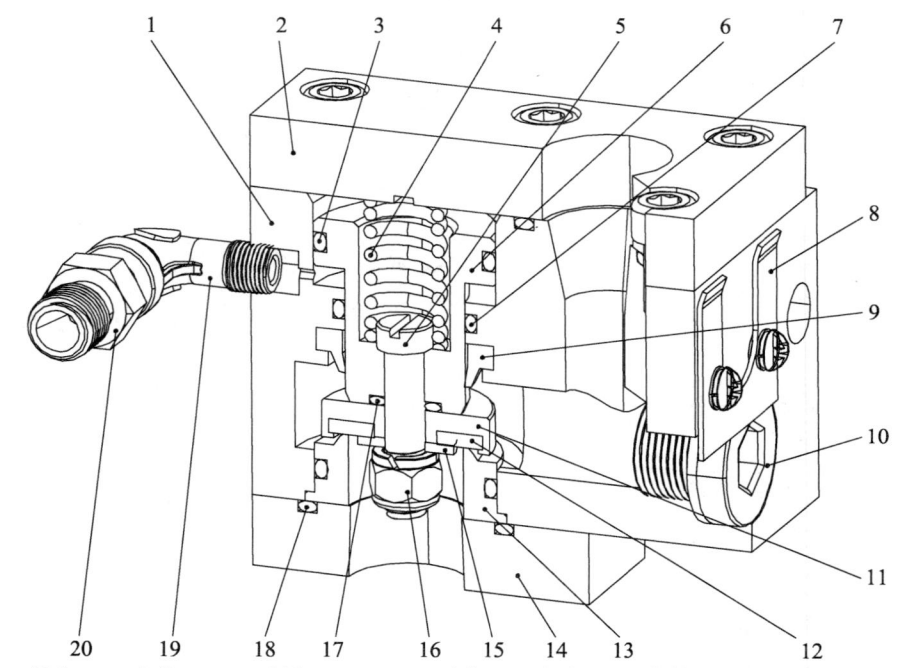

1—阀体；2—上盖；3—O 形圈 37×3.1；4—弹簧；5—螺杆；6—鞲鞴；7—O 形圈 30×3.1；8—温控器卡板；9—密封环；10—螺堵；11—阀；12—阀垫；13—阀座；14—下盖；15—垫圈；16—防松螺母；17—O 形圈 15×2.4；18—O 形圈 45×3.1；19—弯头；20—接头体。

图 7-31 排气阀

阀体内设有一个受电空阀控制的鞲鞴阀。上盖设有 Rc3/4 管口，通过接头体通往干燥塔。管座设有 Rc3/4 管口，是排气阀的排泄口，可安装消声器或接排气管道。

排气阀的开启与关闭，受来自电空阀的控制风操纵。当电空阀得电供气时，控制风从阀体上进气口进入鞲鞴的下方，将鞲鞴连同阀抬起，开启排气阀口，使干燥塔通大气并进入再生状态，活塞受弹簧的作用下移，关闭排气阀口，切断干燥塔到大气的通路，使干燥塔进入吸附状态。

4）出气止回阀

出气止回阀是防止总风缸压缩空气向干燥器倒流的机构，安装在干燥器的出气连接体上，其结构如图 7-32 所示。

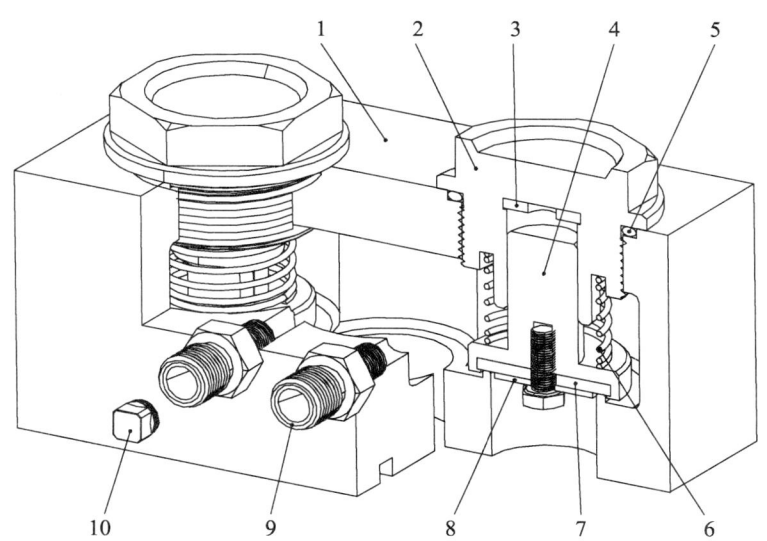

1—阀体；2—阀盖；3—缓冲垫；4—阀；5—O 形圈 54×3.5；6—弹簧；
7—阀垫；8—垫圈；9—接头体；10—螺堵。

图 7-32　出气止回阀

在阀体内装有两个结构完全相同的止回阀，分别控制着两干燥塔的出气口。干燥塔在吸附状态时，塔内的压力高于总风压力，止回阀阀芯被顶起，干燥空气经阀口流入总风缸；而 B 塔处于再生状态，因塔内为大气压力，止回阀阀芯关闭，阻止总风向干燥塔倒流。

在阀体的安装面上，设有一条通气沟槽，沟通两干燥塔的再生孔，构成一条常通的"再生气路"。在工作中，吸附塔的干燥空气一小部分将由此通道流入再生塔，对干燥剂进行再生。再生空气的流量受再生孔的控制。再生孔的大小是根据干燥器的处理能力来选配的。

5）电控器

电控器（或称时间控制器）是控制双塔式空气干燥器交替工作的核心。它根据机车空气压缩机的工况信号，转变为控制执行机构动作的"指令"，使两干燥塔按一定的程序交替工作。

电控器由防水机壳和内部的线路板组成。电控器常规的外部结构如图 7-33 所示。面板上设有电源指示灯，A、B 两塔指示灯，能分别显示转化电空阀的得电或失电状态。电控器还设有 A、B 两个加热指示灯。盒体下方设有电源开关、电源插头、熔断器以及左、右两个输出插头。电源插头外接 DC 110 V 正、负电源（+V、-V），控制线（Vk）和地线。熔断器装有 1A 管式保险丝。对于其加热器，备有专用熔断器（2A），装在电控器的线路板上。各插头的接线方式如图 7-33 所示。

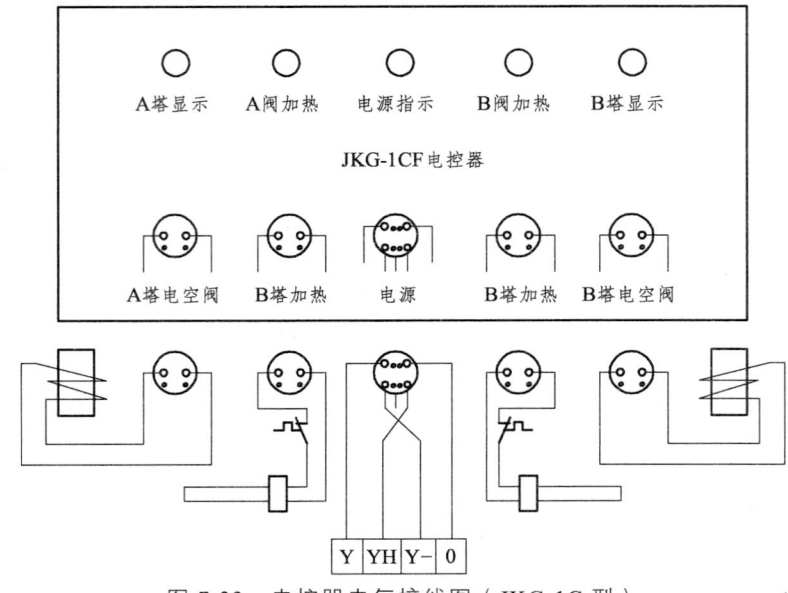

图 7-33　电控器电气接线图（JKG-1C 型）

6）电空阀

电空阀是电控器的执行机构，电控器以"供电"和"断电"来控制其工作。同时，电空阀又以"充入"或"排出"控制风来操作各机械阀动作。当电空阀得电时，下阀口开启，控制风进入各机械阀。当电空阀失电时，下阀口关闭，切断控制风源。同时上阀口开启，将原进入各机械阀的控制风释放大气。

该装置上使用的 TFK1B 电空阀，是质量性能好并在机车上通用的电空阀，便于维修与更换。

7）油水分离器

该油水分离器是空气干燥器的重要部件之一，装在干燥筒的下端盖上，用于在对压缩空气进行吸附之前，首先清除其中的液态（油、水）粒子，以减轻干燥剂的吸附负荷与油粒子对干燥剂的污染。

油水分离器的结构如图 7-29 中的部件 7 所示。在一个上、下都有滤板的封闭滤筒中，装满了过滤圈，当压缩空气以一定的流速由其下端向上端通过时，其中的液态粒子与过滤圈表面撞击而被黏附。当积累到一定数量时，可形成液滴滴落到筒体底部，当该塔处于再生状态时，由筒体上部进入并吹向下部干燥的压缩空气，在吹干吸附剂的同时，其气流还可将油水分离器中的污物清除干净。过滤圈是由不锈钢薄板卷成的，须定期进行清洗，反复使用。

2. 工作原理

JKG 系列空气干燥器的工作，由风泵调压器来控制。因此，装置的各种功能与工作状态，均与空气压缩机的工况相配合。故本装置对机车的各种工况，具有较好的适应性。

风泵调压器是机车上将总风缸压力转变为电信号的装置。当总风压力低于某一设定值（750 kPa）时，调压器发出"通电"信号；当总风压力达到另一设定值（900 kPa）时，调压器发出"断电"信号。调压器以这两种信号，一方面通过机车的电控系统来控制空气压缩机的启动与停止。另一方面通过干燥器的"电气-机械"控制系统操作装置的工作。

干燥装置"电气-机械"工作系统的组成及控制关系如图 7-34 所示。

电控器在接收风泵控制信号后，转而输出控制电空阀的电信号，并通过电空阀来操纵各机械阀（进气阀、排气阀）的动作。干燥塔根据其进气阀和排气阀所处的作用位，将形成以下几种状态。

（1）停机状态：排气阀关，进气阀随机位。

（2）吸附状态：排气阀关，进气阀开。

（3）再生状态：排气阀开，进气阀关。

（4）充气状态：排气阀关，进气阀关。

JKG 型空气干燥器的工作原理参见图 7-35。

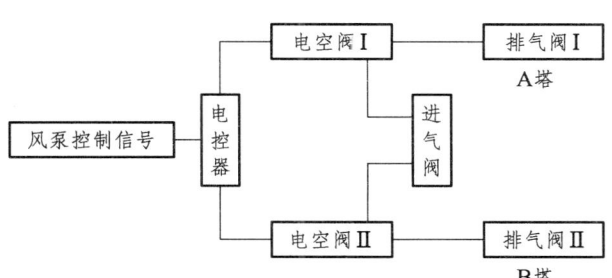

图 7-34 干燥装置工作系统组成及控制关系图

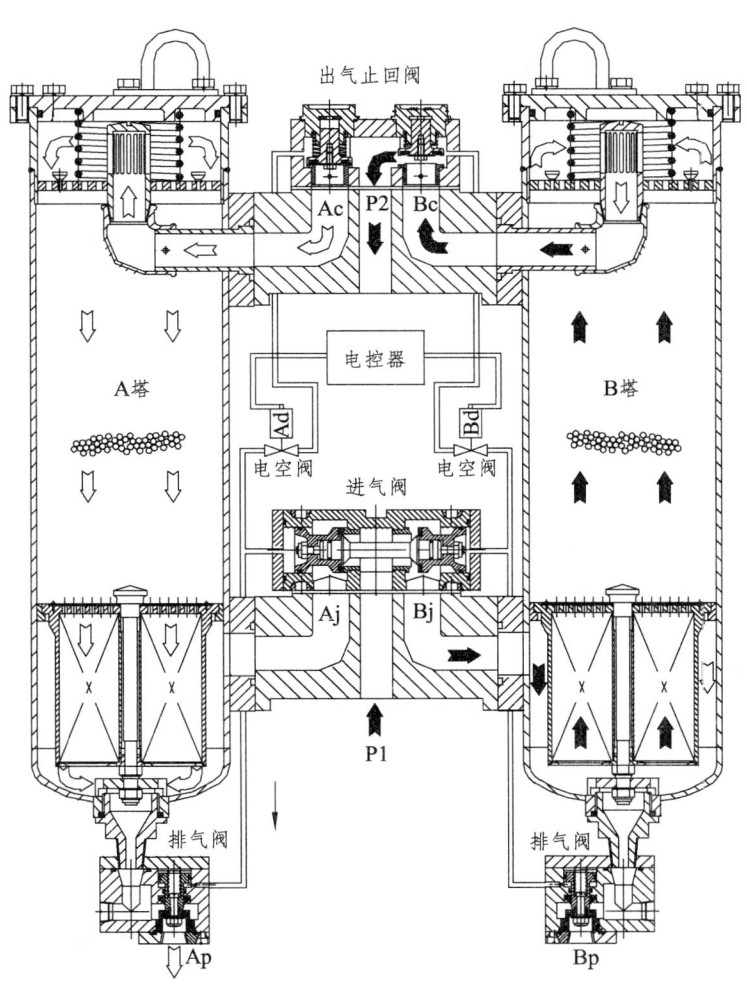

P1—进气管（自空气压缩机来）；P2—出气管（到总风缸去）；Ap，Bp—排气管（排大气）。

图 7-35 JKG 型空气干燥器工作原理图

在风泵调压器的控制下，干燥器的工作程序如下：

空气压缩机启动时，电控器同时得到"通电"信号。电控器使一个电空阀处于"得电供气"状态，另一电空阀处于"失电排气"状态，并以此操纵各自的进、排气阀动作。图 7-35 中电空阀 Ad 处于得电供气状态，Bd 处于失电排气状态；进气阀的控制活塞右移，阀口 Aj 关闭，Bj 开启；排气阀口 Ap 开启，Bp 关闭。

此时，A 塔进入再生状态，B 塔进入吸附状态。来自空气压缩机的高温、高湿度的压缩空气，经冷却和分离油水粒子后，由进气阀口 Bj 进入 B 塔。当气流通过干燥剂时，空气中的水分子被干燥剂吸附而降低了相对湿度，成为"干燥空气"。干燥空气由 B 塔出来后，受出气止回阀的控制分为两路：其中大部分经止回阀口 Bc 进入总风缸；一小部分（约 15%）经阀体上再生气路进入 A 塔，在 A 塔膨胀为极干的低压"再生空气"，然后流经干燥剂时，将干燥剂吸附的水分子脱附，并携带水分子由排气阀口 Ap 排到大气。同时还吹扫油水分离器过滤圈上黏附的油水。

这样，B 塔在吸附的同时，还担负着对 A 塔的再生。如果 B 塔没有压缩空气通过，A 塔也无再生空气排出。所以，B 塔的吸附与 A 塔的再生是同时进行的。

当 A 塔再生到设定时间 T_1 时，电控器停止对电空阀 Ad 供电。这样两电空阀（Ad、Bd）均处于失电关闭状态，使两排气阀也处于关闭状态。但进气阀仍保持原作用位，故 B 塔继续吸附而 A 塔却停止再生。虽然 B 塔的干燥空气仍源源不断充入 A 塔，因 A 塔无排出致使压力逐步上升，直至接近 B 塔。A 塔在这段时间内处于"充气状态"。

当 A 塔充气时间达到设定值 T_2 时，电控器开始向电空阀 Bd 供电。Bd 得电后，开启阀口，将控制风充入进、排气阀。一方面推动进气阀控制活塞左移，开启 A 塔进气阀口 Aj，关闭 B 塔进气阀口 Bj。另一方面将 B 塔的排气阀口 Bp 开启。这时，A 塔进入吸附状态，B 塔进入再生状态，干燥器完成了一个工作周期 T，且 $T = T_1 + T_2$。这里还需说明的是：在 A 塔转入吸附状态的瞬间，由于在 A 塔充气时间内已充满了压缩空气，致使进气阀口 Aj 开启时，里、外压差很小，进气气流缓慢，大大降低了进气气流对干燥剂的冲击，故称为"柔性转换"。柔性转换彻底消除了产生粉末的根源。

在 A 塔转入吸附的同时，由于 B 塔的进气阀口关闭，排气阀口开启，B 塔即转入再生状态。首先，将塔内的压缩空气排空。然后由 A 塔出来的干燥空气经再生气路进入 B 塔，对干燥剂进行脱附，同时还吹扫油水分离器过滤圈上黏附的油水，由排气口 Bp 排大气。

当空气压缩机停止工作时，电控器也停止对两电空阀供电，使 Ad、Bd 均处于失电状态，排气阀口 Ap、Bp 及止回阀口 Ac、Bc 均关闭，干燥器的吸附和再生作用都停止。同时电控器将工作时间记存下来，进气阀将其状态保持下来。当干燥器再次工作时，仍将按原来状态和原时间的基础继续工作。直到下一个转换周期。干燥器的这一工作特性，称之为"时间累计"和"状态记忆"功能。

四、其他部件

风源系统还包括安全阀、湿度指示器、传感器、压力开关等。

湿度指示器用于检测干燥器的工作状态。

（1）当相对湿度小于 35% 时，湿度指示器显示橘黄色，为正常状态。

（2）当相对湿度大于 35% 时，湿度指示器逐渐显示白色（干燥器工作不正常，检查干燥器）。当相对湿度从大于 35% 恢复到小于 35% 时，湿度指示器的颜色逐渐恢复到橘黄色。

（3）当湿度指示器显示褐色时，表示湿度指示器失效，需要更新（空压机油加多了、指示器被油污染失效了）。

五、辅助控制供风系统

1. 柴油机空气启动系统

柴油机空气启动系统由辅助压缩机、启动风缸、中继阀、空气启动马达、安全阀、过滤器、滤尘器、空压机启动传感器、电磁阀、压力开关等部件组成。

柴油机空气启动系统工作原理参见图 7-36。

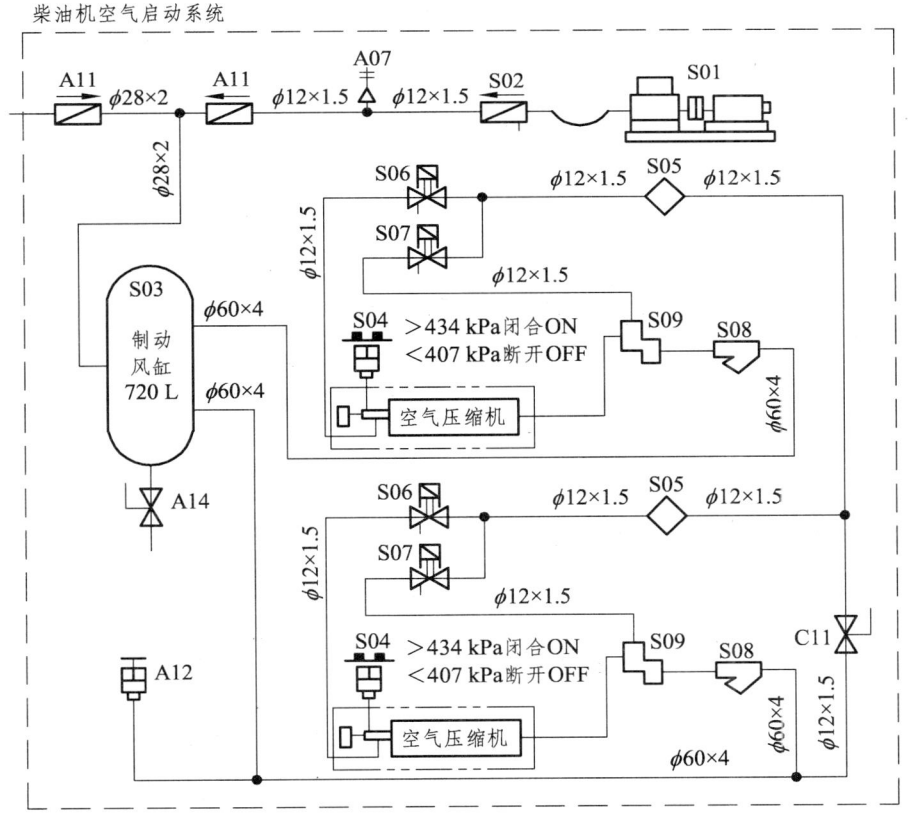

图 7-36　柴油机空气启动系统原理图

2. 撒砂控制管路

撒砂采用轴控方式，1、3、4、6 轴设有撒砂装置，工作原理如图 7-37 所示。

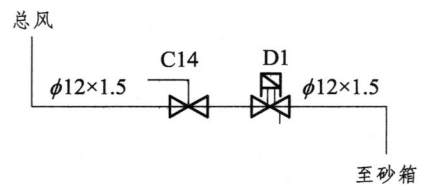

图 7-37 撒砂控制管路原理图

3. 雷达清扫管路

雷达清扫管路位于机车 1 轴（司机室侧），负责给雷达接收面吹压缩空气，保证接收面清洁。每次吹 3 s，间隔 23 s。管路原理参见图 7-38。

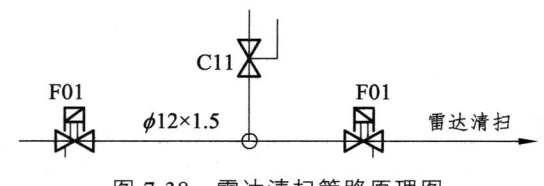

图 7-38 雷达清扫管路原理图

4. 轮缘润滑控制模块

轮缘润滑控制模块工作原理参见图 7-39。

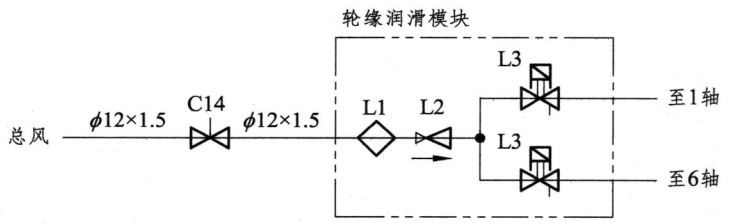

图 7-39 轮缘润滑控制模块工作原理图

5. 燃油箱油位检测供风管路

燃油箱油位检测供风管路参见图 7-40。

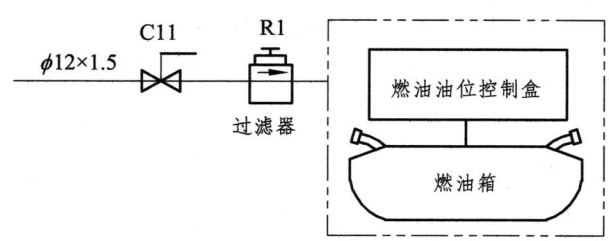

图 7-40 燃油箱油位检测供风管路图

6. 喇叭、刮雨器用风管路

喇叭、刮雨器用风管路参见图 7-41。

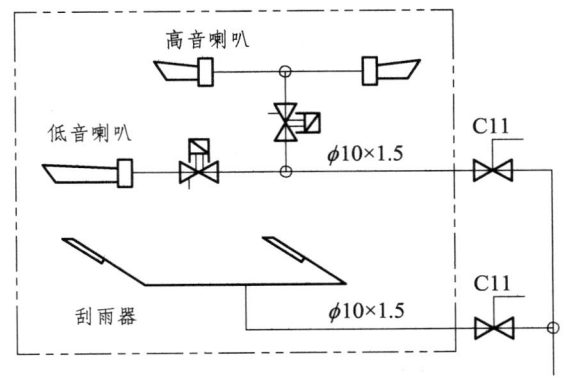

图 7-41 喇叭、刮雨器用风管路图

任务五　DF$_{4B}$型内燃机车风源管路系统

知识目标

（1）了解 DF$_{4B}$ 型内燃机车风源系统。
（2）了解 DF$_{4B}$ 型内燃机车空气压缩机。
（3）了解 DF$_{4B}$ 型内燃机车油水分离器。
（4）了解 DF$_{4B}$ 型内燃机车空气干燥器。

能力目标

（1）掌握 DF$_{4B}$ 型内燃机车风源管路系统的作用和组成。
（2）熟悉 DF$_{4B}$ 型内燃机车空气压缩机、空气干燥器的工作原理和基本组成。

素质目标

（1）培养学生爱岗敬业、忠于职守、团结合作的精神。
（2）使学生具备从事机车运用和检修岗位所必需的基本知识和专业技能。

工具设备

多媒体设备课件、图片、示教板、计算机多媒体设备等。

教学环境

多媒体教室、铁道机车制动实训室。

机车风源系统的作用是生产、储备并及时供给列车空气制动系统足够的、符合规定压力的、高质量的压缩空气，同时也提供机车撒砂装置、自动控制系统和其他风动、风控设备用的压缩空气，其中为空气制动系统提供压缩空气是机车风源系统最主要、最重要的作用。DF_{4B} 型内燃机车设有 2 个容量都为 625 L 的总风缸，用于储存空气压缩机所产生的压缩空气，通过相应的空气管路输往各用风装置。

DF_{4B} 型内燃机车的风源系统最初主要由两台 NPT5 型空气压缩机、NT1 型油水分离器、两级总风缸、集尘器及其他附件组成，其工作原理如图 7-42 所示。

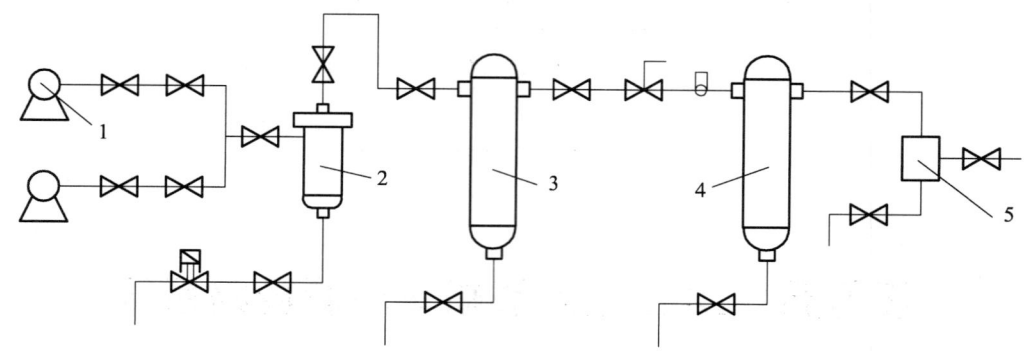

1—空气压缩机；2—油水分离器；3—总风缸 1；4—总风缸 2；5—集尘器。

图 7-42　DF_{4B} 型内燃机车的风源系统工作原理图

一、空气压缩机

NPT5 型空气压缩机是一种常用的空气压缩机，也是机车中使用较多的一种空气压缩机。它是由 110 V 直流电动机驱动，1 000 r/min 额定转速下供风量为 2 400 L/min，最大排气压力为 900 kPa，主风缸压力范围为 750～900 kPa，即当主风缸压力低至 750 kPa 时，两台空气压缩机同时启动向主风缸供风，当主风缸压力达到定压 900 kPa 时，两台空气压缩机同时关闭，停止打风。空气压缩机除向空气制动系统供风外，还向自动控制系统和撒砂系统供风。当环境温度小于 30 ℃ 时，它仍能够连续稳定运转。NPT5 型空气压缩机是三缸、立式、风冷、两级压缩的活塞式空气压缩机。NPT5 型空气压缩机主要由运动部件、空气压缩系统、润滑系统和冷却系统组成，其结构如图 7-43 所示。

NPT5 型空气压缩机的工作原理如下：

电动机通过联轴器将动力输入，然后带动空压机的曲轴按指定的方向做旋转运动。由于连杆的作用，带动装在连杆小端的活塞在气缸内做活塞运动。在活塞的不停运动中，活塞的顶部与气缸之间形成进气和排气的空气压缩过程。

NPT5 型空气压缩机技术参数如下：

容积流量/(m^3/min)	2.4
进气压力/kPa	101.325
额定排气压力/kPa	900
额定转速/(r/min)	1 000
轴功率/kW	≈2
旋转方向（从油泵端观察）	逆时针

 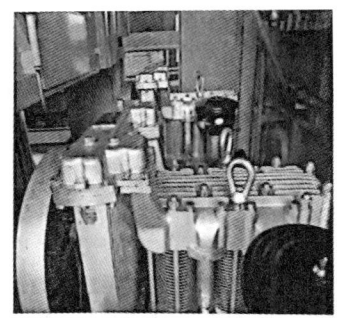

图 7-43　NPT5 型空气压缩机实物及安装位置图

滑油温度/℃	≤80
滑油压力/kPa	440×（1＋10%）
气缸数	一级气缸 2 个，二级气缸 1 个
活塞直径×行程/mm	低压 125×30，高压 101.6×130
冷却方式	风冷

二、油水分离器

空气压缩机至空气干燥器之间的管路上设有油水分离器，用以消除空气压缩机出来的压缩空气中的液态（油、水）粒子及尘埃等，以减轻干燥剂的吸附负荷及油粒子对干燥剂的污染。

油水分离器主要由上体、下体装配、滤芯、导向器、挡罩及弹簧等组成。其结构如图 7-44 所示。

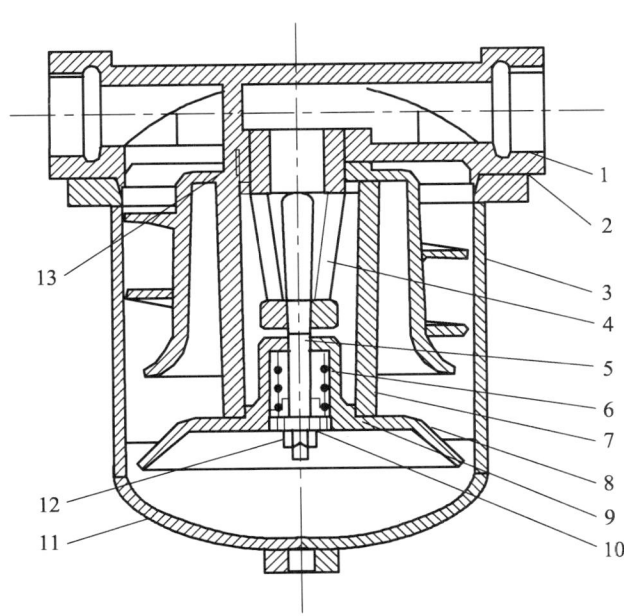

1—上体；2—垫；3—导向器；4—心柱；5—螺柱；6—弹簧；7—滤芯；8—挡罩；
9—弹簧座；10—螺母；11—下体装配；12—开口销；13—定位销。
图 7-44　内燃机车油水分离器

油水分离器的作用是由空气压缩机输送来的压缩空气，从进风端进入油水分离器的外侧空间，由于导向器外部具有螺旋形的导向片，使空气形成旋流状态，在离心力的作用下，将一部分油、水和机械杂质分离出来，并沿筒体内壁落入挡罩的下部空间，提高空气质量，减少空气系统在机车运用中的故障。为了使油、水和机械杂质等能够及时排出，在总风缸和油水分离器的下方装有排污塞门，用于排除总风缸和油水分离器内的油、水和机械杂质。

三、干燥器

目前机车上所使用的压缩空气直接来源于大气，大气中除了气体组分外，还含有大量的水蒸气、尘埃等杂质，而且空气压缩机在工作过程中有一部分雾状润滑油混入，于是水蒸气、尘埃、油雾便成为压缩空气中的三大有害物质。在列车运行当中，这些有害物质极易加速制动系统运动件的磨损，并对一些橡胶件形成腐蚀，造成漏气或因机械杂质堵塞而引发垫住阀口、堵塞气路、卡死柱塞等故障，导致机车制动失灵。所以，高质量的压缩空气对空气制动系统有着重要的意义，风源系统的净化必须得到重视。特别是在沿海、南方等气候湿润的地区，空气中水蒸气含量较高，水蒸气的影响尤为突出。为解决实际运用中暴露出的问题，达到理想的风源净化效果，通常在油水分离之后增加空气干燥环节，以起到去除压缩空气中的水蒸气的作用。

JKG1 型空气干燥器是一种无热再生双塔式可连续工作的压缩空气除湿装置，由干燥塔、电控器、进气阀、排气阀、电控阀等组成，它是风源净化系统的重要部件，用以消除压缩空气中的油分、水分、沙尘、飘尘等有害杂质，其工作原理如图 7-45 所示。经过净化后的空气可避免机车、车辆空气管路系统产生冷凝水而发生冻结和锈蚀现象，消除压力空气的输送和阀类卡死等故障，防止因空气中的杂质而引起制动失灵。因此，干燥器对保证行车安全、延长制动机检修周期和使用寿命有良好的效果。

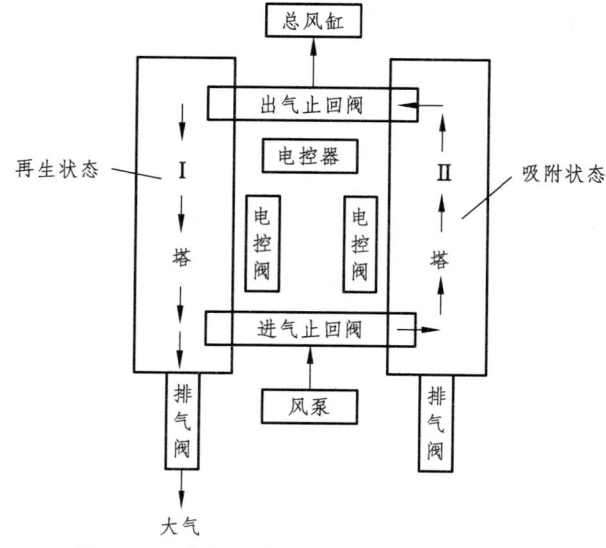

图 7-45 内燃机车空气干燥器工作原理图

操作运用案例

实训十二 HXD₃型电力机车空气管路系统认知

1. 实训项目教师工作活页

实训项目教师工作活页　　　　　　　　　　　　　　NO：

实训项目	HXD₃型电力机车空气管路系统认知实训		
学　时	2	班　级	
实训场所	铁道机车模拟驾驶实训室		
工具设备	铁道机车模拟控制台、多媒体设备课件、图片、计算机多媒体设备等		
教学目标	专业能力	（1）能说明电力机车空气管路系统总体结构； （2）能说明电力机车空气管路系统各功能单元的名称； （3）能说明电力机车空气管路系统的相互联系； （4）能领会机车的关键技术名称； （5）能领会机车空气管路相应的后序模块课程； （6）能说明 HXD_1 型机车空气管路的结构； （7）能说明 HXD_3 型机车空气管路的结构； （8）能说明 $SS_{4改}$ 型机车空气管路的结构； （9）能说明 DF_{4B} 型机车空气管路的结构	
	方法能力	（1）能综合运用专业知识，通过利用专业书籍、多媒体课件和图片资料获得帮助信息； （2）能根据实训项目学习任务确定实训方案，从中学会表达及展示活动过程和成果	
	社会能力	（1）能在实习训练活动中保持积极向上的学习态度； （2）能与小组成员和教师就学习中遇到的问题进行交流和沟通； （3）能与他人共享学习资源，具有较好的合作能力和团队协作精神	
教学评价	学生活动：① 以5~7人为单位小组开展实训活动，根据本组同学在实训过程中的能力表现及结果进行自评、组内互评；② 根据其他小组同学在成果展示活动中的表现及结果进行互评。 教师活动：① 教师组织学生开展评价活动和总结；② 对学生本实训项目单元成绩做出综合评价		
指导教师		教学时间	年　　月　　日

2. 实训项目学生学习活页

实训项目学生学习活页　　　　　　　　　　　　NO：

实训十二　HXD$_3$型电力机车空气管路系统认知

班级：　　　　姓名：　　　　学号：　　　　时间：

一、实训目标
1. 专业能力目标
（1）能说明电力机车总体结构；
（2）能说明电力机车车体各功能单元的名称；
（3）能说明电力机车车体各功能单元之间的相互联系；
（4）能领会机车的关键技术名称；
（5）能领会机车车体相应的后序模块课程；
（6）能说明HXD$_1$型机车空气管路系统的结构；
（7）能说明HXD$_3$型机车空气管路系统的结构；
（8）能说明SS$_{4改}$型机车空气管路系统的结构；
（9）能说明DF$_{4B}$型机车空气管路系统的结构。
2. 方法能力目标
（1）能综合运用专业知识，通过利用专业书籍、多媒体课件和图片资料获得帮助信息；
（2）能根据实训项目学习任务确定实训方案，从中学会表达及展示活动过程和成果。
3. 社会能力目标
（1）能在实习训练活动中保持积极向上的学习态度；
（2）能与小组成员和教师就学习中遇到的问题进行交流和沟通；
（3）能与他人共享学习资源，具有较好的合作能力和团队协作精神。

二、知识总结
（1）简述机车空气管路系统的功能。

（2）叙述对机车空气管路系统的要求。

（3）简述机车空气管路系统按不同用途的分类。

（4）简述机车空气管路系统按结构的分类。

（5）简述 HXD_3 型风源管路的结构特点。

（6）简述 HXD_1 型电力机车空气压缩机组的结构特点。

（7）简述 $SS_{4改}$ 型电力机车风源管路的结构特点。

（8）简述 HXN_{3B} 型内燃机车空气干燥器的结构特点。

（9）简述 DF_{4B} 型内燃机车风源系统的结构特点。

三、操作运用
（1）在铁道机车模拟驾驶实训室控制台微机屏上对电力机车各部件进行指认。

（2）在铁道机车模拟驾驶实训室控制台微机屏上进行电力机车有关部件的切除隔离操作。

四、实训小结

五、成绩评定
1. 学生评价

评价等级	A（优）	B（良）	C（中）	D（及格）	E（不及格）
学生自评					
组内互评					
他组互评					

2. 教师评价

评价等级	A（优）	B（良）	C（中）	D（及格）	E（不及格）
专业能力					
方法能力					
社会能力					

3. 综合评价

评价等级	A（优）	B（良）	C（中）	D（及格）	E（不及格）
评价结果					

注：按照学生自评占10%、组内互评占10%、他组互评占20%、教师评价占60%的比例计分。其中，A为100分，B为85分，C为75分，D为60分，E为50分。

4. 评价量规

等　级	行为表现描述
A	能圆满高效地完成实训任务的全部内容
B	能顺利完成实训任务的全部内容
C	能完成实训任务的全部内容，但需要一些帮助和指导
D	自己只能完成实训任务的部分内容，但在现场的指导下，已经能完成任务的全部内容
E	不能完成实训任务的全部内容

项目八　机车检查作业

机车检查是机车乘务员、副司机、司机定职考试必考的实作项目，要求机车乘务员应对所使用的车型结构、各部件的名称、正常安装位置及状态非常熟悉，掌握该车型的运用特点以及容易出现故障的部件和关键部位，充分合理地利用检查时间，在检查机车时，应以有条不紊的顺序，正确的姿势和适当的方法进行，要求做到：

顺序检查、不错不漏，姿势正确、步伐不乱；

锤分轻重、目标明确，耳听目视、仔细周到；

测试工具、运用自如，手触鼻嗅、灵活熟练。

在检查过程中，根据声音、颜色、形态、温度、气味等线索，准确及时地判断故障处所和故障程度，并采取适当的措施。本项目重点以 HXD_{3D}、HXD_{1B}、$SS_{4改}$、HXN_{3B}、DF_{4D} 型机车为例，对机车走行部检查进行详细阐述。

任务一　机车检查作业前的准备工作

知识目标

（1）掌握机车检查所需的各项准备工作及注意事项。

（2）熟悉机车检查走行路线及相关要求。

能力目标

（1）掌握机车检查准备工具及注意事项。

（2）熟悉机车检查走行路线。

素质目标

（1）培养学生爱岗敬业、忠于职守、团结合作的精神。

（2）使学生具备从事机车运用和检修岗位所必需的基本知识和专业技能。

工具设备

多媒体设备课件、图片、示教板、计算机多媒体设备等。

教学环境

多媒体教室、铁道机车模拟驾驶实训室。

一、检查准备工具及注意事项

（一）机车检查准备

1. 机车检查场地

机车检查场地设在现场机车整备作业场或是校内实训站场，带有清洁地沟的平直线路 50 m，在机车作业区停放 HXD_{3D}、HXD_{1B}、$SS_{4改}$ 型电力机车或 HXN_{3B}、DF_{4D} 型内燃机车，办理停电手续、挂好接地线。

2. 防　护

在机车停放地沟位置上下处，并在机车两端放好稳固渡板。在机车前后 20 m 处要设置红色防护牌，机车四周 2 m 外设置禁入线。

3. 防溜措施

机车停放制动已施加，机车 2、5 轮设置止轮器，做好防溜措施。

4. 防护信号

确认机车设置防护信号。

5. 布置考评工作台

检查场地两侧，布置检查作业考评工作台。

6. 工　具

工具有机车检车锤 1 个，手电筒 1 个。

（二）机车检查注意事项

1. 机车检查作业安全注意事项（口述）

（1）电力机车口述内容。

① 受电弓已下降，停放制动在制动位，防护信号已设置。

② 确认检查作业必须在安全区内，受电弓下降，办理停电手续，挂好接地线后进行。

③ 确认机车停放制动在制动位，打好止轮器，做好防溜措施。

④ 确认机车设置防护信号。

⑤ 检查机车时要注意安全，穿过地沟时从渡板通过，严禁跨越地沟。

（2）内燃机车口述内容。

① 确认检查作业必须在安全作业区内，有接触网线路整备作业场，要办理停电手续、挂接地线后进行。

② 确认机车手制动机已拧紧（或停放制动在制动位），打好止轮器，做好防溜措施。

③ 确认机车设置防护信号。

④ 检查机车时要注意安全，穿过地沟时从渡板通过，严禁跨越地沟。

2. 检查作业内容说明

在机车检查作业项目整个检查作业过程中，要求选手按规定检查作业路线进行有声检查作业，但在重复相同部件检查作业时，可只呼唤检查部位名称。

3. 故障设置说明

故障假设设置共 6 件，分为实际部件设置和粉笔设置，以教师设置假设为准，见表 8-1。故障假设粉笔设置颜色及符号说明：白粉笔表示擦伤●（实心）、剥离⊙、裂纹Ⅰ、开焊Ⅰ、松动×、漏油○等，红粉笔表示烧损■（片状），用白色粉笔在橡胶件上涂抹片状代表龟裂。

表 8-1 故障设置要求

检查部位	故障假设设置	配分比例	备注
Ⅱ端机车前部	故障假设 2 个	20%	以教师设置假设为准
右侧走行部第二转向架	故障假设 2 个	20%	
车底部第 6~4 电机	故障假设 2 个	20%	

二、检查走行路线

1. HXD_{3D}、HXD_1 型电力机车走行部检查走行路线

按照 HXD_{3D} 型电力机车走行部检查路线来进行检查，要求学生口述洪亮，手到（锤到）、眼到、嘴到。顺序检查，不错不漏，由上而下，由里往外，由左到右，姿势正确，步伐不乱；部件名称，正确呼唤，技术参数，准确无误；锤分轻重，目标准确，眼看耳听，仔细周到；鼻嗅手触，灵活熟练；仪器测量，正确使用，查找故障，准确无误，故障假设查找要提票等的内容进行标准评测，HXD_{3D}、HXD_{1B} 型电力机车下部检查主要包括以下几个方面：

（1）HXD_{3D}、HXD_1 型电力机车检查作业路线顺序如图 8-1 所示。

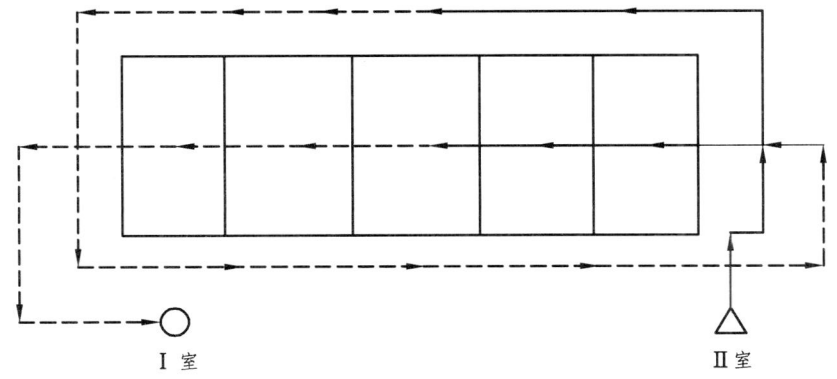

图 8-1 HXD_{3D}、HXD_{1B} 型电力机车检查作业路线顺序

（2）图例说明：始点△；终点○；检查走行线→；空走走行线——→。

（3）检查路线说明：Ⅱ端机车前部→机车右侧走行部第二转向架→机车右侧走行部第一转向架（空走）→Ⅰ端机车前部（空走）→机车左侧走行部第一转向架（空走）→机车左侧

走行部第二转向架（空走）→Ⅱ端机车前部（空走）→机车车底部第 6~4 电机→机车变压器底部→机车车底部第 3~1 电机（空走）→终点（Ⅰ端机车前部）。

2. $SS_{4改}$ 型电力机车走行部检查走行路线

（1）$SS_{4改}$ 型电力机车检查作业路线顺序如图 8-2 所示。

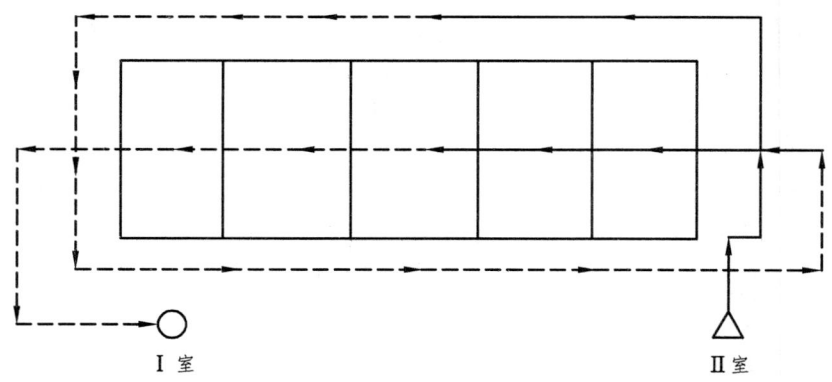

图 8-2　$SS_{4改}$ 型电力机车检查作业路线顺序

（2）图例说明：始点△；终点○；检查走行线→；空走走行线--→。

（3）检查路线说明：Ⅱ端机车前部→机车 B 节车右侧走行部转向架→机车 A 节车右侧走行部转向架（空走）→Ⅰ端机车前部（空走）→机车 A 节车左侧走行部转向架（空走）→机车 B 节车左侧走行部转向架（空走）→终点（Ⅱ端机车前部）→转向架（空走）→机车车底部第 8~5 电机→机车变压器底部→机车车底部第 4~1 电机（空走）→终点（Ⅰ端机车前部）。

3. HXN_{3B}、DF_{4D} 型内燃机车走行部检查走行路线

（1）HXN_{3B}、DF_{4D} 型内燃机车检查作业路线如图 8-3 所示。

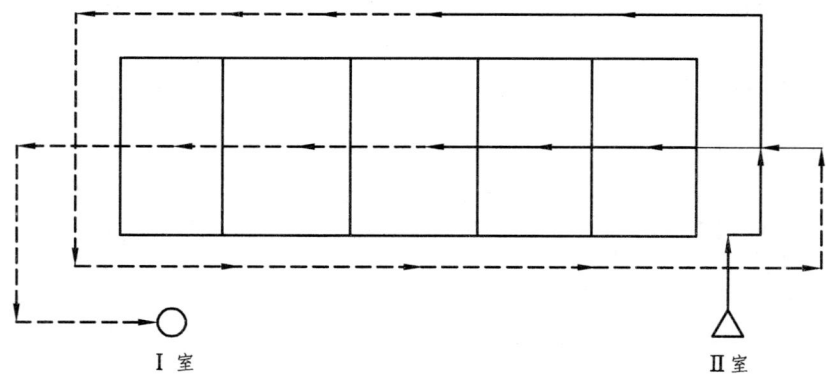

图 8-3　HXN_{3B}、DF_{4D} 型内燃机车检查作业路线顺序

（2）图例说明：始点△；终点○；检查走行线→；空走走行线-→。

（3）检查路线说明：Ⅱ端机车前部→机车右侧走行部第二转向架→机车右侧走行部第一转向架（空走）→Ⅰ端机车前部（空走）→机车左侧走行部第一转向架（空走）→机车左侧走行部第二转向架（空走）→机车车底部第 6~4 电机→机车燃油箱底部→机车车底部第 3~1 电机（空走）→终点（Ⅰ端机车前部）。

任务二　机车检查作业

知识目标

（1）掌握机车检查作业内容及要求。
（2）熟悉机车检查流程和评分要求。

能力目标

（1）能按机车检查作业内容及要求进行作业。
（2）能按机车检查评分标准进行作业。

素质目标

（1）培养学生爱岗敬业、忠于职守、团结合作的精神。
（2）使学生具备从事机车运用和检修岗位所必需的基本知识和专业技能。

工具设备

多媒体设备课件、图片、示教板、计算机多媒体设备等。

教学环境

多媒体教室、铁道机车模拟驾驶实训室。

一、作业内容及要求

1. HXD_{3D} 型电力机车检查部位内容及要求（见表8-2）

表8-2　HXD_{3D} 型电力机车检查部位内容及要求

作业顺序	检查部位	检查内容及要求	检查方法	细检顺序及动作要求
1	前端部外观检查	头灯（1个）、副灯（2个）、标志灯（2个）外观良好；前窗玻璃、刮雨器、机车标志齐全完好	目视	机车右前方站立，目视检查

续表

作业顺序	检查部位	检查内容及要求	检查方法	细检顺序及动作要求
2	Ⅱ端前端左侧：扶手、引导脚蹬、排障器、重联插座、集控插座、供电插座、平均管、总风连管、车钩提杆检查	（1）扶手安装牢固，无开焊裂纹。 （2）引导脚蹬无开焊裂纹。 （3）排障器无碰伤、变形、开焊，排障器调整螺栓紧固，距轨面高 110 mm。 （4）重联插座、集控插座外观完好，插座及盖作用良好。插座内部清洁，插针安装牢固、无灼痕。 （5）供电插座外观良好，插座及盖作用良好，锁扣安装牢固。插座内部清洁无异物，插针安装牢固、无灼痕，锁扣锁闭作用良好。 （6）平均管、总风连管各折角塞门手柄动作灵活，接头无泄漏，安装座U形卡子良好，螺丝紧固。总风管无硬化、老化、龟裂和凸凹现象，水压试验不过期（不超过3个月），软管安装卡子完好，螺丝紧固，软管连接器无开焊、裂纹，软管皮圈无断裂，软管角度正确（45°），放风试验，风管畅通。 （7）车钩提杆座安装牢固，无开焊；钩提杆无弯曲、变形，提钩动作灵活无卡滞。	目视手检锤检	下蹲，左虚步锤检引导脚蹬、排障器。 左脚迈至距排障器一步，上身前倾手检重联插座、集控插座、供电插座。 右弓步手检平均管、总风连管。 左弓步检查车钩提杆座有无开焊，车钩提杆有无弯曲、变形
3	Ⅱ端车钩全面检查	（1）车钩吊杆装置无裂纹，磨耗板油润良好，车钩摆动灵活。 （2）钩体、钩舌、下锁销各部无裂纹，防跳装置良好。 （3）钩舌销无弯曲、折损（径向间隙 1~4 mm），开口销良好（开度为 60°）。钩舌尾部防跳台及锁铁油润良好。钩舌与钩耳上下间隙 8~10 mm，钩舌磨耗不超过 8 mm，防跳台不小于 90°，与钩舌尾部侧向间隙 3~15 mm，锁铁浮动量 5~20 mm。 （4）车钩三态（闭锁、开锁、全开）作用良好。锁闭位 110~130 mm，全开位 220~250 mm。 （5）车钩水平中心线距轨面高度为 815~890 mm	目视手检锤检	侧身目测车钩中心线与轨面高度，提钩检验三态作用，上渡板检查车钩，注意安全，站稳双腿分开面对车钩，左起右落由上至下，由内至外，检查车钩三态作用，测量各部尺寸限度，锤击车钩、钩舌、钩舌穿销，下渡板注意安全
4	Ⅱ端前墙右侧重联插座、制动软管、总风管、平均管、供电插座、手扶杆、引导脚蹬、排障器检查	（1）重联插座外观完好，插座及盖作用良好，插座清洁、牢固。 （2）制动软管折角塞门手柄动作灵活，接头无泄漏，安装座U形卡子良好，螺丝紧固。软管无硬化、老化、龟裂和凸凹现象，水压试验不过期（不超过3个月），软管安装卡子完好、螺丝紧固，软管连接器无开裂、裂纹，软管皮圈无断裂、倒置，软管角度正确（45°），放风试验，风管畅通，防尘堵安装牢固。 （3）总风管卡子紧固，总风缸管、制动缸管、平均管无老化、龟裂，角度正确（45°），水压试验不超过3个月，连接器无缺陷，胶圈无破损、倒置，防尘堵齐全无丢失。折角塞门位置正确，开放折角塞门检查通风状态良好。 （4）供电插座外观良好，插座及盖作用良好，锁扣安装牢固，插座内部清洁无污物，插杆安装牢固无灼痕，锁扣锁闭作用良好。 （5）扶手安装牢固，无开焊裂纹。 （6）引导脚踏板无变形、开焊裂纹。 （7）排障器无碰伤变形，小排障器调整螺栓紧固，距轨面高 110 mm	目视手检锤检	正对制动软管、总风管、供电插座，下蹲左弓步手检。 右弓步手检总风管、扶手。 左弓步锤检引导脚蹬、排障器

续表

作业顺序	检查部位	检查内容及要求	检查方法	细检顺序及动作要求
5	机车车体外观，司机室门窗、车身标志、吊装孔座检查	车体侧面平整，无倾斜、变形、损伤，车身标志外观清晰。车体吊装孔盖齐全，安装良好	目视手检	左跨步转身面对机车，侧身与机车平行，立于机车左前方目视
6	机车门、窗、标志及附属设备，第四砂箱，制动管，平均管，总风管第二折角塞门，机车信号、自动过分相感应器，转向架构架，排石器，脚蹬检查	（1）机车门、窗、标志及附属设备外表良好。 （2）砂箱外观良好，安装螺栓无松动，箱体无开裂，砂箱盖完整无损，扣锁良好，关闭严密，箱内砂子干燥、无异物、颗粒均匀。 （3）制动管、平均管、总风管第二折角塞门安装良好、位置正确。 （4）机车自动信号装置及自动过分相装置，安装螺丝紧固，接线无松脱。 （5）排石器安装良好，符合标准，胶皮无破损。排石器距轨面高 70～80 mm，扫石胶皮距轨面 10～15 mm。 （6）砂箱加热装置外观良好，电线无断线，砂管支架安装牢固，管路外观良好、无堵塞、不偏斜，距轨面高度符合标准。 （7）撒砂胶皮管距轨面高度为 30～55 mm。 （8）司机室扶手安装牢固，上车脚蹬无开焊变形	目视手检	上前左跨步正对车门，手动检查门扶手无松动。 左弓步下蹲探身手检，目测。 左弓步面对砂箱，检查砂箱外观、砂量，以左弓步下蹲侧身，采用左右弓步变换检查砂箱安装螺丝，注意头部安全
7	第六动轮及第六轴箱各部检查	（1）轮盘式制动单元系统安装牢固，夹钳作用良好，无开焊、裂纹，吊杆及各螺丝无松动，单元制动缸无泄漏，缓解良好。活塞杆复位时，不得有卡滞现象。制动缸间隙调整器良好，闸片无掉块、裂纹、偏磨、不到限，闸片与制动盘缓解间隙 3 mm，制动盘不得有明显的台阶沟槽、拉伤，制动盘厚度 52.5 mm，磨耗不超过 1 mm，动作灵活，空气管路无泄漏。 （2）制动盘摩擦面的摩擦限度为每侧 5 mm，凹面不超过 2 mm，热裂纹不超过 65 mm。 注：检查时不得敲打制动盘的任何部位。 （3）动轮踏面无剥离、擦伤，轮辐、轮辋无裂纹。 （4）轴箱状态良好，内外螺丝牢固、无漏油、无裂纹。 （5）轴箱拉杆连体状态良好，橡胶关节无老化、无裂纹和挤出，安装螺丝紧固，前后弹簧装置无裂纹。 （6）一系油压减振器无漏油，上下安装支架无裂纹，安装螺丝牢固。 （7）轮喷油罐安装牢固，油罐内存油量不少于1/2且不超过2/3。软管无龟裂、老化，轮喷管头无堵塞、角度正确	目视手检	上左步转身面对轴箱，采用左右弓步变换检查动轮及轴箱各附属部件

续表

作业顺序	检查部位	检查内容及要求	检查方法	细检顺序及动作要求
8	二系油压减振器各部检查	（1）转向架右构架各部焊接无开焊。 （2）二系油压减振器无漏油，安装螺丝齐全紧固，上座及托板无裂纹，上罩与车体不接磨。 （3）转向架垂直支撑二系弹簧无裂纹，橡胶座无老化、龟裂	目视手检	左脚半蹲稍稍前探，右脚弓步
9	第五动轮及第五轴箱各部、抗蛇行油压减振器检查	（1）车体支撑弹簧无裂纹，橡胶垫无龟裂、挤出。车体侧挡良好，间隙正常，车体与构架间接线安装良好。 （2）轮盘式制动单元系统安装牢固、夹钳作用良好，无开焊、裂纹，吊杆及各螺丝无松动，单元制动缸无泄漏，缓解良好，活塞杆复位时，不得有卡滞现象。制动缸间隙调整器良好，闸片无掉块、裂纹、偏磨、不到限，闸片与制动盘缓解间隙3 mm，制动盘不得有明显的台阶沟槽、拉伤。制动盘厚度52.5 mm，磨耗不超过1 mm。动作灵活，空气管路无泄漏。 （3）制动盘的摩擦面的摩擦限度为每侧5 mm。凹面不超过2 mm，热裂纹不超过65 mm。注：检查时不得敲打制动盘的任何部位。 （4）动轮踏面无剥离、擦伤，轮辐、轮辋无裂纹。 （5）轴箱状态良好，内外螺丝牢固，无漏油，无裂纹。接地线良好。 （6）轴箱拉杆连体状态良好，橡胶关节无老化、裂纹和挤出，安装螺丝紧固，前后弹簧装置无裂纹。 （7）垂向限制器安装座无开焊、裂纹，垂向限制器安装螺丝无松动。 （8）抗蛇行油压减振器安装牢固，螺丝无松动，无漏油现象。	目视手检	左脚半蹲稍稍前探、右脚虚步。 上左步转身面对轴箱，采用左右虚步变换检查动轮及轴箱各附属部件
10	第四动轮及第四轴箱各部检查	（1）轴箱拉杆连体状态良好，橡胶关节无老化、无裂纹和挤出，前后弹簧装置无裂纹。 （2）轮盘式制动单元系统安装牢固，夹钳作用良好，无开焊、裂纹，吊杆及各螺丝无松动，单元制动缸无泄漏，缓解良好，活塞杆复位时，不得有卡滞现象。制动缸间隙调整器良好，闸片无掉块、裂纹、偏磨、不到限，闸片与制动盘缓解间隙3 mm，制动盘不得有明显的台阶沟槽、拉伤。制动盘厚度52.5 mm，磨耗不超过1 mm。动作灵活，空气管路无泄漏。 （3）制动盘的摩擦面的摩擦限度为每侧5 mm。凹面不超过2 mm，热裂纹不超过65 mm。注：检查时不得敲打制动盘的任何部位。 （4）动轮踏面无剥离、擦伤，轮辐、轮辋无裂纹。 （5）轴箱状态良好，内外螺丝牢固，无漏油，无裂纹。轴箱拉杆连体状态良好，橡胶关节无老化、裂纹和挤出，安装螺丝紧固，前后弹簧装置无裂纹。 （6）一系油压减振器无漏油，上下安装支架无裂纹，安装螺丝牢固。	目视手检	上左步转身面对轴箱，采用左右虚步变换检查动轮及轴箱各附属部件

项目八 机车检查作业

续表

作业顺序	检查部位	检查内容及要求	检查方法	细检顺序及动作要求
11	第三砂箱，撒砂装置检查	（1）砂箱外观良好，安装螺栓无松动，箱体无开焊，砂箱盖完整无损，扣锁良好，关闭严密。 （2）箱内砂子干燥，无异物，颗粒均匀。 （3）砂箱加热装置外观良好，电线无断线，砂管支架安装牢固，管路外观良好、无堵塞、不偏斜，距轨面高度符合标准。 （4）撒砂胶皮管距轨面高度为 30～55 mm	目视手检	上左步转身面对砂箱，检查砂箱外观、砂量，以左弓步下蹲侧身，采用左右弓步变换检查砂箱安装螺丝，注意头部安全
12	主电路插座、控制电路入库插座、牵引梁检查	（1）主电路、控制电路入库插座安装座无开焊，螺丝紧固，压盖严密，座芯洁净，无烧损。接线无破损、松脱。 （2）Ⅱ架牵引梁安装螺丝无松动，防脱钢丝绳无断股、作用良好	目视手检	上左步形成左弓前步，下蹲探身，从里到外目测检查
13	变压器、总风缸检查	（1）变压器外观良好，无开焊、裂纹。支架吊装螺栓无松动，接地线安装牢固、无断股。 （2）总风缸安装牢固，无开裂、变形，排水阀畅通，各管路接头良好、无泄漏	目视手检	上左弓步，从左到右依次检查
14	油泵、制动指示器检查	（1）变压器油泵支架、接线、弹性连接管、流量计、蝶阀完好。压力释放阀安装牢固，接线良好，释放阀无泄漏，加油口、放油口阀无泄漏，手轮铅封良好。各油管、卡箍、法兰安装良好，无漏油。 （2）制动指示器安装牢固，制动缸管路安装紧固，无泄漏，Ⅰ、Ⅱ架制动、停放制动指示器显示符合要求	目视手检	上左弓步，从左向右依次检查。右弓步向前探身
15	牵引梁、第二砂箱，撒砂装置检查	（1）Ⅰ架牵引梁安装螺丝无松动，防脱钢丝绳无断股、作用良好。 （2）砂箱外观良好，安装螺栓无松动，箱体无开焊，砂箱盖完整无损，扣锁良好，关闭严密。 （3）箱内砂子干燥，无异物，颗粒均匀。 （4）砂箱加热装置外观良好，电线无断线，砂管支架安装牢固，管路外观良好、无堵塞、不偏斜，距轨面高度符合标准。 （5）撒砂胶皮管距轨面高度为 30～55 mm	目视手检	上左步转身面对砂箱，检查砂箱外观、砂量，以左弓步下蹲侧身，采用左右弓步变换检查砂箱安装螺丝，注意头部安全
16	第三动轮及第三轴箱各部检查	（1）轮盘式制动单元系统安装牢固，夹钳作用良好，无开焊、裂纹，吊杆及各螺丝无松动，单元制动缸无泄漏，缓解良好，活塞杆复位时，不得有卡滞现象。制动缸间隙调整器良好，闸片无掉块、裂纹、偏磨、不到限，闸片与制动盘缓解间隙 3 mm，制动盘不得有明显的台阶沟槽、拉伤。制动盘厚度 52.5 mm，磨耗不超过 1 mm。动作灵活，空气管路无泄漏。 （2）制动盘摩擦面的摩擦限度为每侧 5 mm，凹面不超过 2 mm，热裂纹不超过 65 mm。注：检查时不得敲打制动盘的任何部位。 （3）动轮踏面无剥离、擦伤，轮辐、轮辋无裂纹。 （4）轴箱状态良好，内外螺丝牢固，无漏油，无裂纹。 （5）轴箱拉杆连体状态良好，橡胶关节无老化、无裂纹和挤出，前后弹簧装置无裂纹。 （6）一系油压减振器无漏油，上下安装支架无裂纹，安装螺丝牢固	目视手检	上左步转身面对轴箱，采用左右虚步变换检查动轮、轴箱及各附属部件

续表

作业顺序	检查部位	检查内容及要求	检查方法	细检顺序及动作要求
17	第二动轮及第二轴箱各部检查	（1）抗蛇行油压减振器安装牢固，螺丝无松动，无漏油现象。 （2）车体侧挡良好，间隙正常，车体与构架间接线安装良好。 （3）轮盘式制动单元系统安装牢固，夹钳作用良好，无开焊、裂纹，吊杆及各螺丝无松动，单元制动缸无泄漏、缓解良好，活塞杆复位时，不得有卡滞现象。制动缸间隙调整器良好，闸片无掉块、裂纹、偏磨、不到限，闸片与制动盘缓解间隙 3 mm，制动盘不得有明显的台阶沟槽、拉伤。制动盘厚度 52.5 mm，磨耗不超过 1 mm。动作灵活，空气管路无泄漏。 （4）制动盘的摩擦面的摩擦限度为每侧 5 mm，凹面不超过 2 mm，热裂纹不超过 65 mm。注：检查时不得敲打制动盘的任何部位。 （5）动轮踏面无剥离、擦伤，轮辐、轮辋无裂纹。 （6）轴箱状态良好，内外螺丝牢固，无漏油，无裂纹。 （7）轴箱拉杆连体状态良好，橡胶关节无老化、无裂纹和挤出，安装螺丝紧固，前后弹簧装置无裂纹。 （8）垂向限制器安装座无开焊、裂纹，垂向限制器安装螺丝无松动	目视手检	左脚半蹲稍稍前探右脚虚步。 上左步转身面对轴箱，采用左右虚步变换检查动轮、轴箱及各附属部件
18	二系油压减振器各部检查	（1）转向架右构架各部焊接无开焊。 （2）转向架垂直支撑二系弹簧无裂纹，橡胶座无老化、龟裂。 （3）二系油压减振器无漏油，安装螺丝齐全紧固，上座及托板无裂纹，上罩与车体不接磨	目视手检	左脚半蹲稍稍前探，右脚弓步
19	第一动轮及第一轴箱各部检查	（1）轮喷油罐安装牢固，油罐内存油量不少于1/2且不超过2/3，软管无龟裂、老化，轮喷管头无堵塞，角度正确。 （2）轮盘式制动单元系统安装牢固，夹钳作用良好，无开焊、裂纹，吊杆及各螺丝无松动，单元制动缸无泄漏、缓解良好，活塞杆复位时，不得有卡滞现象。制动缸间隙调整器良好，闸片无掉块、裂纹、偏磨、不到限，闸片与制动盘缓解间隙 3 mm，制动盘不得有明显的台阶沟槽、拉伤。制动盘厚度 52.5 mm，磨耗不超过 1 mm。动作灵活，空气管路无泄漏。 （3）制动盘的摩擦面的摩擦限度为每侧 5 mm，凹面不超过 2 mm，热裂纹不超过 65 mm。注：检查时不得敲打制动盘的任何部位。 （4）动轮踏面无剥离、擦伤，轮辐、轮辋无裂纹。 （5）轴箱状态良好，内外螺丝牢固，无漏油，无裂纹。 （6）轴箱拉杆连体状态良好，橡胶关节无老化、无裂纹和挤出，安装螺丝紧固，前后弹簧装置无裂纹。 （7）一系油压减振器无漏油，上下安装支架无裂纹，安装螺丝牢固	目视手检	上左步转身面对轴箱，采用左右虚步变换检查动轮、轴箱及各附属部件

续表

作业顺序	检查部位	检查内容及要求	检查方法	细检顺序及动作要求
20	前端机车门、窗、标志及附属设备，第一砂箱，平均管，总风管第二折角塞门，机车信号、自动过分相感应器，转向架构架、排石器、脚蹬检查	（1）司机室扶手安装牢固，上车脚蹬无开焊变形。 （2）机车门、窗、标志及附属设备外观良好。 （3）砂箱外观良好，安装螺栓无松动，箱体无开焊。砂箱盖完整无损，扣锁良好，关闭严密。箱内砂子干燥，无异物，颗粒均匀。 （4）平均管、总风管第二折角塞门安装良好，位置正确。 （5）机车自动信号装置及自动过分相装置，安装架螺丝紧固，接线无松脱。 （6）排石器安装良好，符合标准，胶皮无破损，排石器距轨面高 70~80 mm，扫石胶皮距轨面 10~15 mm。 （7）砂箱加热装置外观良好，电线无断线，砂管支架安装牢固，管路外观良好，无堵塞，不偏斜，距轨面高度符合标准。 （8）撒砂胶皮管距轨面高度为 30~55 mm	目视手检	上前左跨步正对车门手动检查门扶手无松动。 左弓步面对砂箱，检查砂箱外观、砂量，以左弓步下蹲侧身检查，采用左右弓步变换检查砂箱安装螺丝，右弓步探身检查，注意头部安全
21	Ⅱ端车钩下部及缓冲装置检查	（1）车钩扁销止退销螺母无松动，开口销无丢失。 （2）缓冲器从板与从板座应密贴。 （3）从板及钩尾框各部无裂纹。 （4）缓冲器托板螺栓无松动。 （5）车体构架牵引梁无开焊	目视手检	直立锤触
22	后排障器底部检查	（1）排障器安装牢固，排石器支架无开焊，螺丝紧固，胶皮完整，高度符合标准。 （2）机车信号各安装螺丝紧固，各部无破损，插座、接线良好	目视手动	直立手触
23	转向架端梁检查	（1）端梁无开焊、变形。 （2）撒砂管胶管卡子无松脱	目视手检	侧身直立手触
24	左右第四砂箱检查	箱体完整，无开焊，安装座牢固，螺丝不松动，撒砂阀良好、砂管支架安装牢固、砂管角度不偏斜	目视手检	手检及目视箱体、支架、撒砂器装置，卡子螺丝紧固
25	第六轮对及附近检查	（1）轮箍、轮辐无裂纹。 （2）轮箍踏面无擦伤、无剥离	目视手检	弓步下蹲，目视、手检相结合检查
26	第六轮齿轮箱检查	（1）箱体各部不得有裂纹、变形、破损；接口处不得有漏油。 （2）各安装螺丝紧固。油堵不漏油，油位正常。 （3）油位需接近油标上刻度线，不得低于下刻度线	目视手动	弓步下蹲，目视、手检相结合检查

续表

作业顺序	检查部位	检查内容及要求	检查方法	细检顺序及动作要求
27	第六牵引电机外部检查	（1）机座无裂纹、损伤，电机接线、引线夹、线端标志及铭牌齐全、紧固性良好，线端标志及铭牌完好、清晰，接线盒密封良好。 （2）牵引电动机通风罩安装牢固，无破损、歪斜、变形。 （3）吊杆螺栓紧固、防脱落块及穿销的状态良好、各螺栓紧固。 （4）牵引电机的温度、速度传感器安装可靠无异常，连线无损坏，连接器连接牢固	目视手检	弓步下蹲，目视、手检相结合检查
28	第六牵引电机悬挂装置检查	（1）各紧固件螺栓无松动、脱落，防缓标记齐整，开口销齐全。 （2）橡胶关节无裂纹或严重变形。 （3）电机吊杆无弯曲变形、油漆无损坏，吊杆及吊杆座上无裂缝，橡胶垫无破损、老化。 （4）防落块与电机防落槽上下表面的间隙，确保不小于2 mm。否则应更换橡胶关节或重新紧固悬挂螺栓	目视手动	弓步下蹲，目视、手检相结合检查
29	第五轮对及附近检查	参照第六轮对及附近检查内容及要求	目视手动	弓步下蹲，目视、手检相结合检查
30	第五轮齿轮箱检查	参照第六齿轮箱检查内容及要求	目视手动	弓步下蹲，目视、手检相结合检查
31	第五牵引电机外部检查	参照第六牵引电机外部检查内容及要求	目视手动	弓步下蹲，目视、手检相结合检查
32	第五牵引电机悬挂装置检查	参照第六电机悬挂装置检查内容及要求	目视手动	弓步下蹲，目视、手检相结合检查
33	第四轮对及附近检查	参照第六轮对及附近检查内容及要求	目视手动	弓步下蹲，目视、手检相结合检查
34	第四轮齿轮箱检查	参照第六齿轮箱检查内容及要求	目视手动	弓步下蹲，目视、手检相结合检查
35	第四牵引电机外部检查	参照第六牵引电机外部检查内容及要求	目视手动	弓步下蹲，目视、手检相结合检查
36	第四牵引电机悬挂装置检查	参照第六电机悬挂装置检查内容及要求	目视手动	弓步下蹲，目视、手检相结合检查
37	左右第三砂箱背部检查	参照第四砂箱检查内容及要求	目视手动	弓步下蹲，目视、手检相结合检查
38	主变压器底部检查	（1）清洁、检查各部位，无漏油现象，外观无缺陷。 （2）各部安装牢固，无松动	目视手动	弓步下蹲，目视、手检相结合检查

2. HXD$_{1B}$型电力机车检查部位内容及要求（见表8-3）

表8-3　HXD$_{1B}$型电力机车检查部位内容及要求

作业顺序	检查部位	检查内容及要求	检查方法	细检顺序及动作要求
1	前端部外观检查	头灯（1个）、副灯（2个）、标志灯（2个）外观良好。前窗玻璃、刮雨器、机车标志齐全完好	目视	机车右前方站立，目观检查
2	Ⅱ端前端左侧：扶手、引导脚蹬、排障器、平均管、总风连管、车钩提杆检查	（1）扶手安装牢固，无开焊裂纹。 （2）引导脚蹬无开焊裂纹。 （3）排障器无碰伤、变形、开焊，排障器调整螺栓紧固，距轨面高110 mm。 （4）平均管、总风管各折角塞门手柄动作灵活，接头无泄漏，安装座U形卡子良好，螺丝紧固。总风管无硬化、老化、龟裂和凸凹现象，水压试验不过期（不超过3个月），软管安装卡子完好，螺丝紧固，软管连接器无开焊、裂纹，软管皮圈无断裂，软管角度正确（45°），放风试验，风管畅通。 （5）车钩提杆座安装牢固，无开焊，钩提杆无弯曲、变形，提钩动作灵活无卡滞	目视手检锤检	下蹲，左虚步锤检引导脚蹬、排障器。 右弓步手检平均管、总风连管。 左弓步检查车钩提杆座有无开焊，车钩提杆有无弯曲、变形
3	Ⅱ端车钩全面检查	（1）车钩吊杆装置无裂纹，磨耗板油润良好，车钩摆动灵活。 （2）钩体、钩舌、下锁销各部无裂纹，防跳装置良好。 （3）钩舌销无弯曲、折损（径向间隙1~4 mm），开口销良好（开度为60°）。钩舌尾部防跳台及锁铁油润良好。钩舌与钩耳上下间隙8~10 mm，钩舌磨耗不超过8 mm，防跳台不小于90°，与钩舌尾部侧向间隙3~15 mm，锁铁浮动量5~20 mm。 （4）车钩三态（闭锁、开锁、全开）作用良好。锁闭位110~130 mm，全开位220~250 mm。 （5）车钩水平中心线距轨面高度为815~890 mm	目视手检锤检	侧身目测车钩中心线与轨面高度，提钩检验三态作用，上渡板检查车钩，注意安全，站稳双腿分开面对车钩，左起右落由上至下、由内至外，检查车钩三态作用，测量各部尺寸限度，锤击车钩、钩舌、钩舌穿销，下渡板注意安全
4	Ⅱ端前墙右侧制动软管、总风管、平均管、手扶杆、引导脚蹬、排障器检查	（1）制动软管折角塞门手柄动作灵活，接头无散漏，安装座U形卡子良好，螺丝紧固。软管无硬化、老化、龟裂和凸凹现象，水压试验不过期（不超过3个月），软管安装卡子完好、螺丝紧固，软管连接器无开裂、裂纹，软管皮圈无断裂、倒置，软管角度正确（45°），放风试验，风管畅通，防尘堵安装牢固。 （2）总风管卡子紧固，总风缸管、制动缸管、平均管无老化、龟裂，角度正确（45°），水压试验不超过3个月，连接器无缺陷，胶圈无破损、倒置，防尘堵齐全不丢失。折角塞门位置正确，开放折角塞门检查通风状态良好。 （3）扶手安装牢固，无开焊裂纹。 （4）引导脚踏板无变形、开焊裂纹。 （5）排障器无碰伤变形，小排障器调整螺栓紧固，距轨面高110 mm	目视手检锤检	正对制动软管、总风管，下蹲左弓步手检。 右弓步手检总风管、扶手。 左弓步锤检引导脚蹬、排障器

续表

作业顺序	检查部位	检查内容及要求	检查方法	细检顺序及动作要求
5	机车车体外观，司机室门、窗、车身标志、吊装孔座检查	车体侧面平整，无倾斜、变形、损伤，标志、标牌完整清晰，无局部脱漆和锈蚀。车体吊装孔盖齐全，安装良好	目视手检	左跨步转身面对机车，身体侧身与机车平行，立于机车左前方目视
6	机车门、窗、标志及附属设备，第四砂箱，制动管、平均管、总风管第二折角塞门，机车信号感应器，转向架构架、排石器、脚蹬检查	（1）机车门、窗、标志及附属设备外表良好。 （2）砂箱外观良好，安装螺栓无松动，箱体无开裂，砂箱盖完整无损，加快良好，关闭严密，箱内砂子干燥、无异物、颗粒均匀。 （3）制动管、平均管、总风管第二折角塞门安装良好、位置正确。 （4）机车自动信号装置安装架螺丝紧固，接线无松脱。 （5）排石器安装良好，符合标准，胶皮无破损。排石器距轨面高 70～80 mm，扫石胶皮距轨面 10～15 mm。 （6）砂箱砂管支架安装牢固，管路外观良好、无堵塞、不偏斜，距轨面高度符合标准。 （7）撒砂器无裂损，接头无泄漏，砂管安装支架螺栓紧固，下部胶管无松动、老化、龟裂，胶管尾部与轨面在一个平面。撒砂软管距轨面高度为（25±2）mm。 （8）司机室扶手安装牢固，上车脚蹬无开焊变形	目视手检	上前左跨步正对车门手动检查门把手无松动。 左弓步下跨探身手检，目测。 左弓步面对砂箱，检查砂箱外观、砂量，左弓步下蹲侧身，采用左右弓步变换检查砂箱安装螺丝，注意头部安全
7	第六动轮及轴箱各部检查	（1）停放制动风缸安装牢固、无泄漏，手动缓解拉环作用良好。 （2）轮盘式制动单元系统安装牢固，夹钳作用良好，无开焊、裂纹，吊杆及各螺丝无松动，单元制动缸无泄漏，缓解良好。活塞杆复位时，不得有卡滞现象。制动缸间隙调整器良好，闸片无掉块、裂纹、偏磨、不到限，闸片与制动盘缓解间隙 3 mm，制动盘不得有明显的台阶沟槽、拉伤，制动盘厚度 52.5 mm，磨耗不超过 1 mm，动作灵活，空气管路无泄漏。 （3）制动盘安装螺丝无松动、断裂，盘无过热、变形；制动盘摩擦面的摩擦限度为每侧 5 mm，凹面手检不超过 2 mm，热裂纹不超过 65 mm，制动盘厚度最小处不小于 19 mm。 注：检查时不得敲打制动盘的任何部位。 （4）动轮踏面无剥离、擦伤，轮辐、轮辋无裂纹。 （5）轴箱状态良好，内外螺丝牢固、无漏油、无裂纹，防缓铁丝良好。 （6）轴箱拉杆连体状态良好，橡胶关节无老化、无裂纹和挤出，安装螺丝紧固，前后弹簧装置无裂纹。 （7）一系油压减振器无漏油，上下安装支架无裂纹，安装螺丝牢固。 （8）轮喷油罐安装牢固，油罐内存油量不少于 1/2 且不超过 2/3。软管无龟裂、老化，轮喷管头无堵塞、角度正确	目视手检	上左步转身面对轴箱，采用左右弓步变换检查动轮及轴箱各附属部件

续表

作业顺序	检查部位	检查内容及要求	检查方法	细检顺序及动作要求
8	二系油压减振器各部检查	（1）转向架右构架各部焊接无开焊。 （2）二系油压减振器无漏油，安装螺丝齐全紧固，上座及托板无裂纹。 （3）转向架垂直支撑二系弹簧无裂纹，橡胶座无老化、龟裂	目视手检	左脚半蹲稍稍前探，右脚弓步
9	第五动轮、第五轴箱及附件各部检查	（1）车体支撑弹簧无裂纹，橡胶垫无老化、龟裂、挤出。车体侧挡良好，间隙正常，车体与构架间接线安装良好。 （2）轮盘式制动单元系统安装牢固、夹钳作用良好，无开焊、裂纹，吊杆及各螺丝无松动，单元制动缸无泄漏，缓解良好，活塞杆复位时，不得有卡滞现象。制动缸间隙调整器良好，闸片无掉块、裂纹、偏磨、不到限，闸片与制动盘缓解间隙 3 mm，制动盘不得有明显的台阶沟槽、拉伤。制动盘厚度 52.5 mm，磨耗不超过 1 mm。动作灵活，空气管路无泄漏。 （3）制动盘安装螺丝无松动、断裂，无过热、变形；制动盘摩擦面的摩擦限度为每侧 5 mm，凹面手检不超过 2 mm，热裂纹不超过 65 mm。注：检查时不得敲打制动盘的任何部位。 （4）动轮踏面无剥离、擦伤，轮辐、轮辋无裂纹。 （5）轴箱状态良好，内外螺丝牢固，无漏油，无裂纹，接地线良好。 （6）轴箱拉杆连体状态良好，橡胶关节无老化、裂纹和挤出，安装螺丝紧固，前后弹簧装置无裂纹。 （7）垂向限制器安装座无开焊、裂纹，垂向限制器安装螺丝无松动。 （8）速度传感器安装牢固，电缆角度正常，作用良好。 （9）停放制动指示器安装牢固，显示符合要求。 （10）自动过分相装置安装牢固、接线良好	目视手检	左脚半蹲稍稍前探、右脚虚步。 上左步转身面对轴箱，采用左右虚步变换检查动轮及轴箱各附属部件
10	第四动轮及第四轴箱各部检查	（1）停放制动风缸安装牢固、无泄漏，手动缓解拉环作用良好。 （2）轴箱拉杆连体状态良好，橡胶关节无老化、无裂纹和挤出，前后弹簧装置无裂纹。 （3）轮盘式制动单元系统安装牢固，夹钳作用良好，无开焊、裂纹，吊杆及各螺丝无松动，单元制动缸无泄漏，缓解良好，活塞杆复位时，不得有卡滞现象。制动缸间隙调整器良好，闸片无掉块、裂纹、偏磨、不到限，闸片与制动盘缓解间隙 3 mm，制动盘不得有明显的台阶沟槽、拉伤。制动盘厚度 52.5 mm，磨耗不超过 1 mm。动作灵活，空气管路无泄漏。	目视手检	上左步转身面对轴箱，采用左右虚步变换检查动轮及轴箱各附属部件

续表

作业顺序	检查部位	检查内容及要求	检查方法	细检顺序及动作要求
10	第四动轮及第四轴箱各部检查	（4）制动盘安装螺丝无松动、断裂，制动盘无过热、明显变形；制动盘摩擦面的摩擦限度为每侧5 mm，凹面手检不超过2 mm，热裂纹不超过65 mm，制动盘厚度最小处不小于19 mm。注：检查时不得敲打制动盘的任何部位。 （5）动轮踏面无剥离、擦伤、轮辐、轮辋无裂纹。 （6）轴箱状态良好，内外螺丝牢固，无漏油，无裂纹，接地线良好。 （7）轴箱拉杆连体状态良好，橡胶关节无老化、裂纹和挤出，安装螺丝紧固，前后弹簧装置无裂纹。 （8）一系油压减振器无漏油，上下安装支架无裂纹，安装螺丝牢固		
11	第三砂箱，撒砂装置检查	（1）砂箱外观良好，安装螺栓无松动，箱体无开焊，砂箱盖完整无损，扣锁良好，关闭严密。 （2）箱内砂子干燥，无异物，颗粒均匀。 （3）砂管支架安装牢固，管路外观良好、无堵塞、不偏斜，距轨面高度符合标准。 （4）撒砂胶皮管距轨面高度为30～55 mm	目视手检	上左步转身面对砂箱，检查砂箱外观、砂量，以左弓步下蹲侧身，采用左右弓步变换检查砂箱安装螺丝，注意头部安全
12	牵引梁检查	Ⅱ架牵引梁安装螺丝无松动，防脱钢丝绳无断股、作用良好	目视手检	上左步形成左弓前步，下蹲探身，从里到外目测检查
13	变压器、总风缸检查	（1）变压器外观良好，无开焊、裂纹。支架吊装螺栓无松动，接地线安装牢固、无断股。 （2）总风缸铭牌清晰，安装牢固，无开裂、变形，排水阀畅通，各管路接头良好、无泄漏	目视手检	上左弓步，从左到右依次检查
14	油泵检查	变压器油泵支架、接线、弹性连接管、流量计、蝶阀完好。压力释放阀安装牢固，接线良好，释放阀无泄漏，加油口、放油口阀无泄漏，手轮铅封良好。各油管、卡箍、法兰安装良好，无漏油	目视手检	上左弓步，从左向右依次检查，右弓步向前探身
15	牵引梁、第二砂箱，撒砂装置检查	（1）Ⅰ架牵引梁安装螺丝无松动，防脱钢丝绳无断股、作用良好。 （2）砂箱外观良好，安装螺栓无松动，箱体无开焊，砂箱盖完整无损，扣锁良好，关闭严密。 （3）箱内砂子干燥，无异物，颗粒均匀。 （4）砂管支架安装牢固，管路外观良好、无堵塞、不偏斜，距轨面高度符合标准。 （5）撒砂胶皮管距轨面高度为30～55 mm	目视手检	上左步转身面对砂箱，检查砂箱外观、砂量，以左弓步下蹲侧身，采用左右弓步变换检查砂箱安装螺丝，注意头部安全

续表

作业顺序	检查部位	检查内容及要求	检查方法	细检顺序及动作要求
16	第三动轮及第三轴箱各部检查	（1）轮盘式制动单元系统安装牢固，夹钳作用良好，无开焊、裂纹，吊杆及各螺丝无松动，单元制动缸无泄漏，缓解良好，活塞杆复位时，不得有卡滞现象。制动缸间隙调整器良好，闸片无掉块、裂纹、偏磨、不到限，闸片与制动盘缓解间隙 3 mm，制动盘不得有明显的台阶沟槽、拉伤。制动盘厚度 52.5 mm，磨耗不超过 1 mm。动作灵活，空气管路无泄漏。 （2）制动盘安装螺丝无松动、断裂，制动盘无过热、明显变形；制动盘的摩擦面的摩擦限度为每侧 5 mm，凹面手检不超过 2 mm，热裂纹不超过 65 mm，制动盘厚度最小处不小于 19 mm。注：检查时不得敲打制动盘的任何部位。 （3）动轮踏面无剥离、擦伤，轮辐、轮辋无裂纹。 （4）轴箱状态良好，内外螺丝牢固，防缓铁丝良好，无漏油，无裂纹。 （5）轴箱拉杆连体状态良好，橡胶关节无老化、无裂纹和挤出，前后弹簧装置无裂纹。 （6）一系油压减振器无漏油，上下安装支架无裂纹，安装螺丝牢固	目视手检	上左步转身面对轴箱，采用左右虚步变换检查动轮、轴箱及各附属部件
17	第二动轮及第二轴箱各部检查	（1）车体支撑弹簧无裂纹，橡胶垫无老化、龟裂、挤出。 （2）车体侧挡良好，间隙正常，车体与构架间接线安装良好。 （3）轮盘式制动单元系统安装牢固，夹钳作用良好，无开焊、裂纹，吊杆及各螺丝无松动，单元制动缸无泄漏，缓解良好，活塞杆复位时，不得有卡滞现象。制动缸间隙调整器良好，闸片无掉块、裂纹、偏磨、不到限，闸片与制动盘缓解间隙 3 mm，制动盘不得有明显的台阶沟槽、拉伤。制动盘厚度 52.5 mm，磨耗不超过 1 mm。动作灵活，空气管路无泄漏。 （4）制动盘安装螺丝无松动、断裂，制动盘无过热、明显变形；制动盘的摩擦面的摩擦限度为每侧 5 mm，凹面手检不超过 2 mm，热裂纹不超过 65 mm，制动盘厚度最小处不小于 19 mm。注：检查时不得敲打制动盘的任何部位。 （5）动轮踏面无剥离、擦伤，轮辐、轮辋无裂纹。 （6）轴箱状态良好，内外螺丝牢固，无漏油，无裂纹，接地线良好。 （7）轴箱拉杆连体状态良好，橡胶关节无老化、无裂纹和挤出，安装螺丝紧固，前后弹簧装置无裂纹。 （8）垂向限制器安装座无开焊、裂纹，垂向限制器安装螺丝无松动	目视手检	左脚半蹲稍稍前探，右脚虚步。 上左步转身面对轴箱，采用左右虚步变换检查动轮及轴箱各附属部件

续表

作业顺序	检查部位	检查内容及要求	检查方法	细检顺序及动作要求
18	二系油压减振器各部	（1）转向架右构架各部焊接无开焊。 （2）转向架垂直支撑二系弹簧无裂纹，橡胶座无老化、龟裂。 （3）二系油压减振器无漏油，安装螺丝齐全紧固，上座及托板无裂纹，上罩与车体不接磨	目视手检	左脚半蹲稍稍前探，右脚弓步
19	第一动轮及第一轴箱各部检查	（1）轮喷油罐安装牢固，油罐内存油量不少于1/2且不超过2/3，软管无龟裂、老化，轮喷管头无堵塞，角度正确。 （2）轮盘式制动单元系统安装牢固，夹钳作用良好，无开焊、裂纹，吊杆及各螺丝无松动，单元制动缸无泄漏，缓解良好，活塞杆复位时，不得有卡滞现象。制动缸间隙调整器良好，闸片无掉块、裂纹、偏磨、不到限，闸片与制动盘缓解间隙3 mm，制动盘不得有明显的台阶沟槽、拉伤。制动盘厚度52.5 mm，磨耗不超过1 mm。动作灵活，空气管路无泄漏。 （3）制动盘安装螺丝无松动、断裂，制动盘无过热、明显变形；制动盘的摩擦面的摩擦限度为每侧5 mm，凹面手检不超过2 mm，热裂纹不超过65 mm，制动盘厚度最小处不小于19 mm。注：检查时不得敲打制动盘的任何部位。 （4）动轮踏面无剥离、擦伤，轮辐、轮辋无裂纹。 （5）轴箱状态良好，内外螺丝牢固，无漏油，无裂纹，接地线良好。 （6）轴箱拉杆连体状态良好，橡胶关节无老化、无裂纹和挤出，安装螺丝紧固，前后弹簧装置无裂纹。 （7）一系油压减振器无漏油，上下安装支架无裂纹，安装螺丝牢固	目视手检	上左步转身面对轴箱，采用左右虚步变换检查动轮及轴箱各附属部件
20	前端机车门、窗、标志及附属设备，第一砂箱，平均管，总风管第二折角塞门，机车信号感应器，转向架构架、排石器、脚蹬检查	（1）司机室扶手安装牢固，上车脚蹬无开焊变形。 （2）机车门、窗、标志及附属设备外观良好。 （3）砂箱外观良好，安装螺栓无松动，箱体无开焊。砂箱盖完整无损，扣锁良好，关闭严密。箱内砂子干燥，无异物，颗粒均匀。 （4）平均管、总风管第二折角塞门安装良好，位置正确。 （5）机车自动信号装置安装架螺丝紧固，接线无松脱。 （6）排石器安装良好，符合标准，胶皮无破损，排石器距轨面高70～80 mm，扫石胶皮距轨面10～15 mm。 （7）砂管支架安装牢固，管路外观良好，无堵塞，不偏斜，距轨面高度符合标准。 （8）撒砂胶皮管距轨面高度为30～55 mm	目视手检	上前左跨步正对车门手动检查门扶手无松动。 左弓步面对砂箱，检查砂箱外观、砂量，以左弓步下蹲侧身检查，采用左右弓步变换检查砂箱安装螺丝，右弓步探身检查，注意头部安全

续表

作业顺序	检查部位	检查内容及要求	检查方法	细检顺序及动作要求
21	Ⅱ端车钩下部及缓冲装置	（1）车钩扁销止退销螺母无松动，开口销无丢失。 （2）缓冲器从板与从板座应密贴。 （3）从板及钩尾框各部无裂纹。 （4）缓冲器托板螺栓无松动。 （5）车体构架牵引梁无开焊	目视手检	直立手触
22	后排障器底部检查	（1）安装牢固，排石器无开支架无开焊，螺丝紧固，胶皮完整，高度符合标准。 （2）机车信号各安装螺丝紧固，各部无破损，插座、接线良好	目视手动	直立手触
23	转向架端梁检查	（1）端梁无开焊、变形。 （2）撒砂管胶管卡子无松脱	目视手检	侧身直立手触
24	左右第四砂箱检查	箱体完整，无开焊，安装座牢固，螺丝不松动，撒砂阀良好、砂管支架安装牢固、砂管角度不偏斜	目视手检	手检及目视箱体、支架、撒砂器装置，卡子螺丝紧固
25	第六轮对及附近检查	（1）轮箍、轮辐无裂纹。 （2）轮箍踏面无擦伤、无剥离	目视手检	弓步下蹲，目视、手检相结合检查
26	第六轮齿轮箱检查	（1）箱体各部不得有裂纹、变形、破损；接口处不得有漏油。 （2）各安装螺丝紧固。油堵不漏油，油位正常。 （3）油位需接近油标上刻度线，不得低于下刻度线	目视手动	弓步下蹲，目视、手检相结合检查
27	第六牵引电机外部检查	（1）机座无裂纹、损伤，电机接线、引线夹、线端标志及铭牌齐全，紧固性良好，线端标志及铭牌完好、清晰，接线盒密封良好。 （2）牵引电动机通风罩安装牢固，无破损、歪斜、变形。 （3）吊杆螺栓紧固、防脱落块及穿销的状态良好、各螺栓紧固。 （4）牵引电机的温度、速度传感器安装可靠无异常，连线无损坏，连接器连接牢固	目视手检	弓步下蹲，目视、手检相结合检查
28	第六牵引电机悬挂装置检查	（1）各紧固件螺栓无松动、脱落，防缓标记齐整，开口销齐全。 （2）橡胶关节无裂纹或严重变形。 （3）电机吊杆无弯曲变形、油漆无损坏，吊杆及吊杆座上无裂缝，橡胶垫无破损、老化。 （4）防落块与电机防落槽上下表面的间隙，确保不小于 2 mm。否则应更换橡胶关节或重新紧固悬挂螺栓	目视手动	弓步下蹲，目视、手检相结合检查
29	第五轮对及附近检查	参照第六轮对及附近检查内容及要求	目视手动	弓步下蹲，目视、手检相结合检查

续表

作业顺序	检查部位	检查内容及要求	检查方法	细检顺序及动作要求
30	第五轮齿轮箱检查	参照第六齿轮箱检查内容及要求	目视手动	弓步下蹲，目视、手检相结合检查
31	第五牵引电机外部检查	参照第六牵引电机外部检查内容及要求	目视手动	弓步下蹲，目视、手检相结合检查
32	第五牵引电机悬挂装置检查	参照第六电机悬挂装置检查内容及要求	目视手动	弓步下蹲，目视、手检相结合检查
33	第四轮对及附近检查	参照第六轮对及附近检查内容及要求	目视手动	弓步下蹲，目视、手检相结合检查
34	第四轮齿轮箱检查	参照第六齿轮箱检查内容及要求	目视手动	弓步下蹲，目视、手检相结合检查
35	第四牵引电机外部检查	参照第六牵引电机外部检查内容及要求	目视手动	弓步下蹲，目视、手检相结合检查
36	第四牵引电机悬挂装置检查	参照第六电机悬挂装置检查内容及要求	目视手动	弓步下蹲，目视、手检相结合检查
37	左右第三砂箱背部检查	参照第四砂箱检查内容及要求	目视手动	弓步下蹲，目视、手检相结合检查
38	主变压器底部检查	（1）清洁、检查各部位，无漏油现象，外观无缺陷。 （2）各部安装牢固，无松动	目视手动	弓步下蹲，目视、手检相结合检查

3. SS$_{4改}$型电力机车检查部位内容及要求（见表 8-4）

表 8-4　SS$_{4改}$型电力机车检查部位内容及要求

作业顺序	检查部位	检查内容及要求	检查方法	细检顺序及动作要求
1	Ⅱ端前端外观检查	（1）头灯、副灯、标志灯、前窗玻璃、刮雨器外观完好。 （2）标志清晰，外观完好。 （3）上踏板、扶手牢固，路徽完整	目视手检	机车前方站立，目视检查
2	Ⅱ端前端外观左半部检查	（1）标志灯是否完整。 （2）钩提杆无弯曲、提杆座安装螺丝无松动。 （3）脚踏板安装牢固。 （4）排障器完整，安装螺丝无松动，排障器距轨面 80～100 mm	目视锤检	左脚迈至距排障器 0.5 m，目视扶手；下蹲左虚步锤检排障器
3	Ⅱ端车钩全面检查	（1）车钩提杆座牢固，无开焊；车钩提杆无弯曲、变形；提钩动作灵活无卡滞。全开位 220～250 mm。 （2）车钩摆动灵活，吊杆及托板状态良好，无裂纹。 （3）钩体、钩舌各部无裂纹。 （4）钩舌销无折损，开口销完好（开度为 60°），径向间隙 1～4 mm。 （5）钩舌锁闭作用良好，防跳台不少于 90°，闭锁位 110～130 mm。 （6）车钩中心线距轨面垂直高度应为 815～890 mm	目视手检锤检	侧身目测车钩中心线与轨面高度，提钩检验三态作用，上渡板检查车钩，注意安全，锤检车钩、钩舌、钩舌穿销。下渡板注意安全

续表

作业顺序	检查部位	检查内容及要求	检查方法	细检顺序及动作要求
4	Ⅱ端前端右侧检查	（1）制动软管卡子状态良好。 （2）折角塞门状态良好，各部无漏风。 （3）制动管防尘堵及安全链齐全，状态良好。 （4）连接器无缺陷，胶圈无老化、丢失，口面与地面垂直。 （5）软管无老化、龟裂，卡箍无松动，卡耳间隙不少于 5 mm。 （6）软管试验期不超过 3 个月。 （7）软管与机车中心线夹角为 45°。 （8）扶手、脚踏板安装牢固，无开焊裂纹。 （9）排障器无变形，距轨面高度符合规定，为 80~100 mm	目视 手检 锤检	下蹲左弓步手检；然后右弓步手检；左弓步锤检排障器
5	Ⅱ端前端外观右半部检查	（1）标志灯是否完整。 （2）脚踏板安装牢固。 （3）排障器完整，安装螺丝无松动，排障器距轨面 80~100 mm	目视 锤检	右脚迈至距排障目视扶手；下蹲右虚步锤检排障器
6	车体外观检查	车体应平整，百叶窗不应破损。	目视	侧身与机车平行，立于机车左前方目视
7	排障器内侧与排石器检查	（1）安装螺丝无松动。 （2）自动信号安装螺丝牢固	锤检 手检	左弓步下蹲探身手检、锤检目测
8	B节司机室门窗检查	（1）侧窗、侧门完整。 （2）扶手、上下脚蹬安装牢固	目视 手检	直立目视侧窗、侧门，左弓步下蹲探身手检扶手、脚蹬
9	右侧第八砂箱检查	（1）砂箱安装牢固，砂箱盖严密，卡子良好，砂子干燥、清洁、无异物、装载量充足。 （2）排石器无开焊，胶皮无破损。 （3）撒砂及砂管状态良好，无堵塞。 （4）撒砂距轨面 70~80 mm，胶皮距轨面 10~15 mm。 （5）砂箱吊铁无开焊	锤检 目视 手检	左弓步面对砂箱，检查砂箱外观、砂量，以左弓步下蹲侧身，采用左右弓步变换检查砂箱安装螺丝，注意头部安全
10	右侧第八动轮检查	（1）轮箍无弛缓，厚度不小于 38 mm，轮箍、轮辐无裂纹。 （2）轮箍踏面擦伤深度不大于 0.7 mm；剥离长度不大于 40 mm，深度不大于 1 mm；垂直磨耗深度不大于 7 mm。 （3）轮缘无碾堆，垂直磨耗高度不超过 18 mm，厚度符合《铁路技术管理规程（普速铁路部分）》规定。 （4）制动缸风管无泄漏，安装螺丝无松动。 （5）闸瓦间隙自动调整器良好，手轮无破损，闸瓦无裂纹、磨损不到限，闸瓦缓解间隙 6~8 mm，厚度不少于 10 mm。 （6）闸瓦托杆穿销良好，防尘罩良好。 （6）调整手轮作用良好	目视 锤检 手检	左脚半蹲稍稍前探，右脚虚步。上左步转身面对轴箱，采用左右虚步变换检查动轮及轴箱各附属部件

续表

作业顺序	检查部位	检查内容及要求	检查方法	细检顺序及动作要求
11	右侧第八轴箱及弹簧检查	（1）内外弹簧无裂纹、折损，音响正常。 （2）弹簧安装倾斜。 （3）轴箱内外侧油封无漏油。 （4）箱体及箱体接杆无裂纹，拉杆芯轴斜面座密贴，芯轴与梯形槽底面应有间隙。 （5）轴箱盖螺丝、拉杆螺丝、盖螺丝无松动。 （6）轴箱与构架间隙为 1~4 mm。 （7）速度传感器安装牢固，接线无破损	锤检 目视	上步转身面对轴箱，采用左右虚步变换检查动轮及轴箱各附属部件
12	油压减振器检查	无漏油，安装螺丝无松动，防尘帽齐全	手检	下蹲左弓步手检
13	侧向油压减振器检查	无漏油，安装螺丝无松动，防尘帽齐全	锤检	下蹲左弓步锤检
14	右侧第二侧向限制器检查	螺丝无松动，橡胶块无损坏裂纹，弹簧无折损，与机车和转向架焊接处无开焊	目视	下蹲左弓步目视
15	旁承检查	各部无裂纹、摩擦板良好	目视	上步形成左弓前步，下蹲探身，从里到外目测检查
16	入库插座检查	安装螺丝无松动，插座无破损	手检	下蹲左弓步手检
17	第七动轮检查	（1）轮箍无弛缓，厚度不小于 38 mm，轮箍、轮辐无裂纹。 （2）轮箍踏面擦伤深度不大于 0.7 mm；剥离长度不大于 40 mm，深度不大于 1 mm；垂直磨耗深度不大于 7 mm。 （3）轮缘无碾堆，垂直磨耗高度不超过 18 mm，厚度符合《铁路技术管理规程（普速铁路部分）》规定 （3）制动缸风管无泄漏，安装螺丝无松动。 （4）闸瓦间隙自动调整器良好，手轮无破损，闸瓦无裂纹、磨损不到限，闸瓦缓解间隙 6~8 mm，厚度不少于 10 mm。 （5）闸瓦托杆穿销良好，防尘罩良好。 （6）调整手轮作用良好	目视 锤检 手检	左脚半蹲稍稍前探，右脚虚步
18	右侧第七轴箱及弹簧检查	（1）内外弹簧无裂纹、折损，音响正常。 （2）弹簧安装倾斜。 （3）轴箱内外侧油封无漏油。 （4）箱体及箱体接杆无裂纹，拉杆芯轴斜面座密贴，芯轴与梯形槽底面应有间隙。 （5）轴箱盖螺丝、拉杆螺丝、盖螺丝无松动。 （6）轴箱与构架间隙为 1~4 mm。 （7）速度传感器安装牢固，接线无破损	锤检 目视	上步转身面对轴箱，采用左右虚步变换检查轴箱及各附属部件
19	油压减振器检查	无漏油，安装螺丝无松动，防尘帽齐全	手检	下蹲左弓步手检

续表

作业顺序	检查部位	检查内容及要求	检查方法	细检顺序及动作要求
20	右侧第七砂箱检查	（1）砂箱安装牢固，砂箱盖严密，卡子良好，砂子干燥、清洁、无异物、装载量充足。 （2）砂管无开焊，胶皮无破损。 （3）撒砂器及砂管状态良好，无堵塞。 （4）撒砂器距轨面70~80 mm，胶皮距轨面10~15 mm	锤检 目视 手检	左弓步面对砂箱，检查砂箱外观、砂量，以左弓步下蹲侧身，采用左右弓步变换检查砂箱安装螺丝，注意头部安全
21	出厂名牌检查	完整无破损	目视	直立目视检查
22	蓄电池箱检查	（1）安装螺丝无松动，箱体无变形。 （2）侧盖安装牢固，螺栓无松动，开口销齐全。 （3）通气孔无堵塞，引出线良好	锤检 目视 手检	弓步检查，上左弓步，从左向右依次检查
23	总风缸头部检查	（1）排水阀开关应灵活。 （2）总风缸安装牢固，安装带无移动，总风塞门位置正确，排水阀灵活，无漏风	手检 锤检	弓步检查，上左弓步，右弓步变换检查总风管安装螺丝
24	右侧第六砂箱检查	（1）闸缸及闸瓦间隙自动调节器良好，风管无漏风，手轮无破损。 （2）砂箱安装牢固，砂箱盖严密，卡子良好，砂子干燥、清洁、无异物、载砂量充足。 （3）砂管无开焊，胶皮无破损。 （4）撒砂器及砂管状态良好，无堵塞，控制电路插座安装牢固，内部无杂物，插座无明显放点痕迹。三级插座安装牢固，接线良好。 （5）撒砂器距轨面70~80 mm，胶皮距轨面10~15 mm	手检 目视	左弓步面对砂箱，检查砂箱外观、砂量，以左弓步下蹲侧身，采用左右弓步变换检查砂箱安装螺丝，注意头部安全
25	右侧第六动轮检查	（1）轮箍无弛缓，厚度不小于38 mm，轮箍、轮辐无裂纹。 （2）轮箍踏面擦伤深度不大于0.7 mm；剥离长度不大于40 mm，深度不大于1 mm；垂直磨耗深度不大于7 mm。 （3）轮缘无碾堆，垂直磨耗高度不超过18 mm，厚度符合《铁路技术管理规程（普速铁路部分）》规定。 （4）制动缸风管无泄漏，安装螺丝无松动。 （4）闸瓦间隙自动调整器良好，手轮无破损，闸瓦无裂纹、磨损不到限，闸瓦缓解间隙6~8 mm，厚度不少于10 mm。 （5）闸瓦托杆穿销良好，防尘罩良好。 （6）调整手轮作用良好	目视 锤检 手检	左脚半蹲稍稍前探，右脚虚步。上左步转身面对轴箱，采用左右虚步变换检查动轮及轴箱各附属部件
26	右侧第六轴箱及弹簧检查	（1）内外弹簧无裂纹、折损，音响正常。 （2）弹簧安装倾斜。 （3）轴箱内外侧油封无漏油。 （4）箱体及箱体接杆无裂纹，拉杆芯轴斜面座密贴，芯轴与梯形槽底面应有间隙。 （5）轴箱盖螺丝、拉杆螺丝、盖螺丝无松动。 （6）轴箱与构架间隙为1~4 mm	目视 锤检	上步转身面对轴箱，采用左右虚步变换检查轴箱及各附属部件

续表

作业顺序	检查部位	检查内容及要求	检查方法	细检顺序及动作要求
27	油压减振器检查	无漏油,安装螺丝无松动,防尘帽齐全	手检	下蹲左弓步手检
28	机车速度传感器检查	安装牢固,接线无松脱	手检	下蹲左弓步手检
29	侧向油压减振器检查	无漏油,安装螺丝无松动,连接处无开焊	锤检	下蹲左弓步锤检
30	侧向限制器检查	螺丝无松动,橡胶块无损坏,弹簧无折损	目视	下蹲左弓步目视
31	旁承检查	各部无裂纹,摩擦板完好	目视	上步形成左弓前步,下蹲探身,从里到外目视检查
32	右侧第五动轮检查	(1)轮箍无弛缓,厚度不小于38 mm,轮箍、轮辐无裂纹。 (2)轮箍踏面擦伤深度不大于0.7 mm;剥离长度不大于40 mm,深度不大于1 mm;垂直磨耗深度不大于7 mm。 (3)轮缘无碾堆,垂直磨耗高度不超过18 mm,厚度符合《铁路技术管理规程(普速铁路部分)》规定。 (4)制动缸风管无泄漏,安装螺丝无松动。 (5)闸瓦间隙自动调整器良好,手轮无破损,闸瓦无裂纹、磨损不到限,闸瓦缓解间隙6~8 mm,厚度不少于10 mm。 (6)闸瓦托杆穿销良好,防尘罩良好。 (7)调整手轮作用良好	目视 锤检 手检	左脚半蹲稍稍前探,右脚虚步。上步转身面对轴箱,采用左右虚步变换检查动轮及轴箱各附属部件
33	右侧第五轴箱及弹簧检查	(1)内外弹簧无裂纹、折损,音响正常。 (2)弹簧安装倾斜。 (3)轴箱内外侧油封无漏油。 (4)箱体及箱体接杆无裂纹,拉杆芯轴斜面座密贴,芯轴与梯形槽底面应有间隙。 (5)轴箱盖螺丝、拉杆螺丝、盖螺丝无松动。 (6)轴箱与构架间隙为1~4 mm	手检 目视 锤检	上左步转身面对轴箱,采用左右虚步变换检查动轮及轴箱各附属部件
34	油压减振器检查	无漏油,安装螺丝无松动,防尘帽齐全	目视 锤检	弓步检查
35	主电路入库插座、轮缘喷油器油箱检查	(1)安装螺丝无松动,插座无破损。 (2)油管接头无漏油,安装螺丝无松动	手检 锤检	下蹲左弓步手检、锤检
36	右侧第五砂箱检查	(1)砂箱安装牢固,砂箱盖严密,卡子良好,砂子干燥、清洁、无异物,载砂量充足。 (2)撒砂器及砂管状态良好,无堵塞	目视 手检 锤检	左弓步面对砂箱,检查砂箱外观、砂量,以左弓步下蹲侧身,采用左右弓步变换检查砂箱安装螺丝,注意头部安全
37	脚梯、扶手检查	脚蹬、扶手安装牢固,无开焊	目视 锤检	直立目视,锤检

续表

作业顺序	检查部位	检查内容及要求	检查方法	细检顺序及动作要求
38	连接插头座检查	接线插座、插销良好无松脱	目视	左弓步向前目视
39	A/B节车之间车钩检查	（1）钩体无裂纹。 （2）吊杆无裂纹、弯曲。 （3）钩舌销无折损，开口销良好。 （4）钩提杆无弯曲，锁闭良好。 （5）钩舌销径向间隙1～4 mm	目视 手检	弓步下蹲探身目视、手检，注意头部安全
40	制动软管检查	（1）软管无裂纹，水压试验不超过3个月。 （2）软管卡子无松动。 （3）折角塞门在开放状态。 （4）车厢连接渡板底部支撑卡子安装牢固，螺丝无松动	目视 手检	弓步下蹲探身目视、手检，注意头部安全
41	Ⅱ端车钩下部及缓冲器	（1）钩体托板及缓冲器托板螺丝无松动。 （2）弹簧箱冲击座、钩尾框无裂纹。 （3）从板磨动部无缺油	锤检 目视	直立锤触、目视
42	牵引梁检查	与车体连接处以及各部无裂纹、开焊、变形，油堵齐全，三角板无裂纹，开口销开度良好	目视	直立锤触、目视
43	机车信号接收线圈检查	安装牢固，各部无破损，插销座良好，接线无松脱	目视 手检	直立手触
44	排石器检查	无开焊、胶皮无破损	手检	直立手触
45	左右第八砂箱撒砂装置检查	（1）箱体、撒砂阀、撒砂管安装牢固、无破损，螺丝紧固。 （2）砂管距轨面35～60 mm，胶管距轨面15～25 mm	锤检 目视	锤检及目视箱体、支架、撒砂器装置，卡子螺丝紧固
46	后转向架后端梁检查	（1）无裂纹、变形、开焊。 （2）撒砂风管卡子无松动，胶管完整	目视 锤检	侧身直立锤检
47	第八动轮间检查	（1）牵引电动机大线是否磨损，夹板是否完整。 （2）牵引电机上盖是否严密，通风道帆布罩卡子良好	目视	直立目视检查
48	第八动轮检查	（1）踏面无超限、剥离、擦伤。 （2）轮辐、轮辋无裂纹	目视 锤检	弓步下蹲，目视、锤击相结合检查
49	左右第八齿轮箱检查	（1）箱体安装螺丝无松动，箱体无裂纹、变形，油封无漏油。 （2）加油口盖完好，油位合乎标准，油堵不松漏	锤检 目视	弓步侧身锤检、目视
50	第八牵引电动机抱轴检查	（1）各安装螺丝无松动，各部无漏油，检查盖完整齐全、轴承无过热现象。 （2）油位合乎标准。	锤检 目视 手检	弓步下蹲，目视、锤击、手检相结合检查
51	第八牵引电动机外观检查	（1）机体外观无异状，检查盖严密。 （2）小油堵及加油管是否松动，轴承温度不超过55°。 （3）端盖各螺栓紧固	目视 手触 锤检	弓步目视、锤击、手检相结合检查

续表

作业顺序	检查部位	检查内容及要求	检查方法	细检顺序及动作要求
52	第八牵引电动机内部检查	（1）牵引电机盖应完好，卡子锁闭。 （2）通风网有无破损、堵塞，轴承无甩油、内部清洁。 （3）整流子表面颜色正常，无电灼伤痕迹。 （4）刷架、刷架圈固定机构良好。 （5）各绕组接线无过热，断裂现象，绕组无变形	目视 手检	手电、目视、手检电机孔盖、上通风网、换向器、刷架、绝缘瓷瓶、电刷
53	第八悬挂装置与手制动装置检查	（1）各安装螺丝紧固开口销良好，油堵齐全。 （2）各部无裂纹、开焊，橡胶元件无老化、变形。 （3）安全托铁良好、间隙合乎标准。 （4）杆件无变形，开口销齐全，油润良好。 （5）手制动装置钢丝绳无断股，传动杆无变形，穿销及油润良好	锤检 手检 目视	直立锤检安装螺丝，手检油堵、开口销、橡胶元件，目视各部件，弯腰检查安全托铁。
54	第七动轮检查	参照第八动轮检查	目视 锤检	弓步下蹲，目视、锤击相结合检查
55	左右第七齿轮箱检查	参照左右第八齿轮箱检查	锤检 目视	弓步侧身锤检、目视
56	第七牵引电动机抱轴检查	参照第八牵引电动机抱轴检查	锤检 目视 手检	弓步下蹲，目视、锤击、手检相结合检查
57	第七牵引电动机外观检查	参照第八牵引电动机外观检查	目视 手触 锤检	弓步下蹲，目视、锤击、手检相结合检查
58	第七牵引电机内部检查	参照第八牵引电机内部检查	目视 手检	手电、目视、手检电机孔盖、上通风网、换向器、刷架、绝缘瓷瓶、电刷
59	第七悬挂装置检查	（1）各安装螺丝紧固开口销良好，油堵齐全。 （2）各部无裂纹、开焊，橡胶元件无老化、变形。 （3）安全托铁良好、间隙合乎标准。 （4）杆件无变形，开口销齐全，油润良好	锤检 手检 目视	直立锤检安装螺丝，手检油堵、开口销、橡胶元件，目视各部件，弯腰检查安全托铁
60	左右第七砂箱撒砂装置检查	参照左右第八砂箱撒砂装置检查	锤检 目视	锤检及目视箱体、支架、撒砂器装置卡子螺丝紧固
61	第二枕梁检查	（1）各部应无裂纹、开焊、变形。 （2）锰钢板安装良好。 （3）风机叶片、防护网良好	锤检 目视	直目视、锤检
62	变压器下部检查	（1）放油阀，油堵及管接头无漏油，器身无变形。 （2）左右蓄电池各部良好	手检 目视	左弓步下蹲手检

续表

作业顺序	检查部位	检查内容及要求	检查方法	细检顺序及动作要求
63	总风缸检查	安装牢固,卡子无损坏,各螺丝紧固无漏风,排水阀灵活	目视锤检	直立、弓步下蹲交叉进行锤检、目视
64	各风管路检查	各风管路无漏风,安装卡子牢固	目视手检	直立目视、手检
65	第六砂箱撒砂装置检查	参照第八砂箱撒砂装置检查	锤检目视	锤检及目视箱体、支架、撒砂器装置卡子螺丝紧固
66	第六动轮间检查	参照第八动轮间检查	目视	直立目视检查
67	第六动轮检查	参照第八动轮检查	目视锤检	弓步下蹲,目视、锤击相结合检查
68	左右第六齿轮箱检查	参照左右第八齿轮箱检查	锤检目视	弓步侧身锤检、目视
69	第六牵引电动机抱轴检查	参照第八牵引电动机抱轴检查	锤检目视手检	弓步下蹲,目视、锤击、手检相结合检查
70	第六牵引电动机外观检查	参照第八牵引电动机外观检查	目视手触锤检	弓步下蹲,目视、锤击、手检相结合检查
71	第六牵引电动机内部检查	参照第八牵引电动机内部检查	目视手检	手电、目视、手检电机孔盖、上通风网、换向器、刷架、绝缘瓷瓶、电刷
72	第六牵引电动机悬挂装置检查	(1)各安装螺丝紧固开口销良好,油堵齐全。 (2)各部无裂纹、开焊,橡胶元件无老化、变形。 (3)安全托铁良好、间隙合乎标准。 (4)杆件无变形,开口销齐全,油润良好	锤检手检目视	直立锤检安装螺丝,手检油堵,目视各部件,弯腰检查安全托铁
73	牵引梁检查	与车体连接处及各部加强板无裂纹、开焊变形	目视	直立目视
74	第五牵引电动机悬挂装置检查	参照第八牵引电动机悬挂装置检查	目视手检锤检	直立锤检安装螺丝,手检油堵、开口销、橡胶元件,目视各部件,弯腰检查安全托铁
75	第五动轮间检查	参照第八动轮间检查	目视	直立目视检查
76	第五动轮检查	参照第八动轮检查	目视锤检	弓步下蹲,目视、锤击相结合检查
77	第五牵引电机内部检查	参照第八牵引电机内部检查	目视手检	手电、目视、手检电机孔盖、上通风网、换向器、刷架、绝缘瓷瓶、电刷

作业顺序	检查部位	检查内容及要求	检查方法	细检顺序及动作要求
78	左右第五齿轮箱检查	参照左右第八齿轮箱检查	锤检目视	弓步侧身锤检、目视
79	第五牵引电动机抱轴检查	参照第八牵引电动机抱轴检查	锤检目视手检	弓步下蹲，目视、锤击、手检相结合检查
80	第五牵引电动机外观检查	参照第八牵引电动机外观检查	目视手触锤检	弓步下蹲，目视、锤击、手检相结合检查
81	左右第五砂箱撒砂装置检查	参照左右第八砂箱撒砂装置检查	锤检目视	弓步侧身锤检、目视
82	牵引梁附近检查	（1）牵引梁油堵，开口销齐全，转向架侧梁、枕梁各部无裂纹、变形、开焊。 （2）车钩安全托铁良好，安装螺丝坚固，各风管各部状态良好	锤检目视	直立检查

4. HXN_{3B}型内燃机车检查部位内容及要求（见表8-5）

表8-5 HXN_{3B}型内燃机车检查部位内容及要求

作业顺序	检查部位	检查内容及要求	检查方法	细检顺序及动作要求
1	Ⅱ端前端外观检查	（1）风笛、头灯、副灯、标志灯、护栏、前窗玻璃、刮雨器外观完好。 （2）标志清晰，外观完好。 （3）扶手安装牢固，无开焊裂纹。 （4）救援吊座安装牢固，无开焊	目视	机车前方站立，目视检查；下蹲左虚步锤检排障器
2	Ⅱ端车钩全面检查	（1）车钩提杆座牢固，无开焊；钩提杆无弯曲、变形；提钩动作灵活无卡滞。全开位220～250 mm。 （2）车钩摆动灵活，吊杆及托板状态良好，无裂纹。 （3）钩体、钩舌各部无裂纹。 （4）钩舌销无折损，开口销完好（开度为60°），径向间隙1～4 mm。 （5）钩舌锁闭作用良好，防跳台不少于90°，闭锁位110～130 mm。 （6）车钩中心线距轨面垂直高度应为815～890 mm	目视手检锤检	侧身目测车钩中心线与轨面高度，提钩检验三态作用，上渡板检查车钩，注意安全，锤击车钩、钩舌、钩舌穿销。下渡板注意安全
4	Ⅱ端前端右侧检查	（1）制动软管、总风管、平均管安装牢固，卡子状态良好。 （2）折角塞门状态良好，各部无漏风。 （3）制动管、总风管防尘堵及安全链齐全，状态良好。 （4）连接器无缺陷，胶圈无老化、丢失，口面与地面垂直。 （5）软管无老化、龟裂，卡箍无松动，卡耳间隙不少于5 mm。 （6）软管试验期不超过3个月。 （7）软管与机车中心线夹角为45°。 （8）扶手安装牢固，无开焊裂纹。 （9）排障器无变形，距轨面高度符合规定	目视手检锤检	下蹲左弓步手检；右弓步手检；左弓步锤检排障器

续表

作业顺序	检查部位	检查内容及要求	检查方法	细检顺序及动作要求
5	车体侧面外观检查	（1）车体侧面平整，无变形、损伤。 （2）车体吊装孔盖齐全，安装良好。 （3）扶手、脚踏板安装牢固，无变形	目视	侧身与机车平行，立于机车左前方目视
6	排障器内侧检查	（1）排障器支架安装牢固，无开焊。 （2）扫石器安装牢固无破损，距轨面20～30 mm。 （3）机车信号接收器安装架无开焊，接线无破损、脱落。 （4）缓冲梁无裂纹	目视 手检 锤检	左弓步下蹲探身手检、锤检目测
7	右侧第四砂箱检查	（1）砂箱焊接牢固，外观完好，箱盖锁闭严密。 （2）砂箱焊接牢固，无开焊、裂纹。 （3）存砂量充足，砂质纯净、干燥。 （4）撒砂器及砂管安装牢固，无堵塞。 （5）撒砂管无变形，管口位置无偏斜。胶管管口距轨面高度符合规定	锤检 目视 手检	左弓步面对砂箱，检查砂箱外观、砂量，以左弓步下蹲侧身，采用左右弓步变换检查，注意头部安全
8	右侧第六位单元制动器、停放制动装置、闸瓦检查	（1）单元制动器安装状态良好，各紧固螺栓紧固良好无松缓，垫片齐全。 （2）进风管及软管接头、支架、卡子安装螺栓紧固，无松缓；检查风管路无泄漏。 （3）第六位手动停放制动装置缓解手柄良好，缓解弹簧作用正常、锁闭良好。 （4）闸瓦钎及定位锁安装状态良好；闸瓦厚度不小于13 mm，闸瓦间隙为6～8 mm，闸瓦钎锁闭良好	目视 手检	左脚半蹲稍稍前探，右脚虚步，自上至下检查，注意头部安全
9	右侧第六动轮检查	（1）轮箍无弛缓，厚度不小于38 mm，轮箍、轮辐无裂纹。 （2）轮箍踏面擦伤深度不大于0.7 mm；剥离长度不大于40 mm，深度不大于1 mm；垂直磨耗深度不大于7 mm。 （3）轮缘无碾堆，垂直磨耗高度不超过18 mm，厚度符合《铁路技术管理规程（普速铁路部分）》规定	目视 锤检 手检	左脚半蹲稍稍前探，右脚虚步。上左步转身面对轴箱，采用左右虚步变换检查动轮及轴箱各附属部件
10	第六轴箱及弹簧检查	（1）轴箱拉杆无裂纹，紧固螺栓无松动。 （2）轴箱弹簧无裂损、无倾斜。 （3）弹簧胶垫无老化、龟裂。 （4）轴箱止挡座无裂纹，止挡与挡座间隙为8 mm。 （5）轴箱端盖螺栓齐全、紧固，内外油封无漏油	目视 手检 锤检	上步转身面对轴箱，采用左右虚步变换检查动轮及轴箱各附属部件
11	油压减振器检查	（1）上支架、下安装座无裂纹，螺丝紧固。 （2）减振器体无破损漏油	目视 手检	下蹲左弓步手检

续表

作业顺序	检查部位	检查内容及要求	检查方法	细检顺序及动作要求
12	第四旁承检查	各部无裂纹，摩擦板完好	目视手检	上步形成左弓前步，下蹲探身，从里到外目测检查
13	右侧第五位单元制动器、停放制动装置、闸瓦检查	（1）单元制动器安装状态良好，各紧固螺栓紧固良好、无松缓，垫片齐全。 （2）进风管及软管接头、支架、卡子安装螺栓紧固良好、无松缓；检查风管路无泄漏。 （3）第五位手动停放制动装置缓解手柄良好，缓解弹簧作用正常、锁闭良好。 （4）闸瓦钎及定位锁安装状态良好；闸瓦厚度不小于13 mm，闸瓦间隙为6~8 mm，闸瓦钎锁闭良好。	目视手检	右脚半蹲稍稍前探，左脚虚步，自上至下检查，注意头部安全
14	停放制动风缸	停放制动风缸缸体无泄漏，螺丝无松动，风管接头螺母无松动，指示器位置正确	目视	左脚半蹲稍稍前探，右脚虚步
15	第五动轮检查	（1）轮箍无弛缓，厚度不小于38 mm，轮箍、轮辐无裂纹。 （2）轮箍踏面擦伤深度不大于0.7 mm；剥离长度不大于40 mm，深度不大于1 mm；垂直磨耗深度不大于7 mm。 （3）轮缘无碾堆，垂直磨耗高度不超过18 mm，厚度符合《铁路技术管理规程（普速铁路部分）》规定	目视手检	左脚半蹲稍稍前探，右脚虚步。上左步转身面对轴箱，采用左右虚步变换检查动轮、制动装置及各附属部件
16	牵引杆装置检查	（1）牵引拐臂、牵引杆、牵引座各部无裂纹。 （2）拐臂销止钉螺栓无松缓，防缓垫无破损。 （3）牵引销托板螺栓及防缓垫片无松缓变形	目视手检锤检	上左弓步，从左到右依次检查
17	车体侧挡	（1）侧挡安装螺栓无松动。 （2）两侧横动间隙之和为30 mm	锤检	左脚半蹲稍稍前探，右脚虚步
18	第三旁承检查	各部无裂纹，摩擦板完好	目视手检	上步形成左弓前步，下蹲探身，从里到外目测检查
19	抗蛇行液压减振器检查	安装座无裂纹，安装销无断裂，螺栓紧固，缓冲橡胶无脱离；箱体无松动漏油	目视	上步形成左弓前步目视检查
20	第四动轮、单元制动器、闸瓦检查检查	（1）轮箍无弛缓，厚度不小于38 mm，轮箍、轮辐无裂纹。 （2）轮箍踏面擦伤深度不大于0.7 mm；剥离长度不大于40 mm，深度不大于1 mm；垂直磨耗深度不大于7 mm。 （3）轮缘无碾堆，垂直磨耗高度不超过18 mm，厚度符合《铁路技术管理规程（普速铁路部分）》规定。 （4）单元制动器安装状态良好，各紧固螺栓紧固良好、无松缓，垫片齐全。 （5）进风管及软管接头、支架、卡子安装螺栓紧固良好、无松缓；检查风管路无泄漏。 （6）闸瓦钎及定位锁安装状态良好；闸瓦厚度不小于13 mm，闸瓦间隙为6~8 mm，闸瓦钎锁闭良好。 （7）停放制动显示器安装牢固，显示符合要求	目视手检	左脚半蹲稍稍前探，右脚虚步。上左步转身面对轴箱，采用左右虚步变换检查动轮、制动装置及各附属部件

续表

作业顺序	检查部位	检查内容及要求	检查方法	细检顺序及动作要求
21	第五轴箱及弹簧检查	（1）轴箱弹簧无裂损、无倾斜。 （2）弹簧胶垫无老化、龟裂。 （3）轴箱止挡座无裂纹，止挡与挡座间隙为8 mm。 （4）轴箱端盖螺栓齐全、紧固，内外油封无漏油。 （5）轴箱拉杆无断裂	目视 手检 锤检	上步转身面对轴箱，采用左右虚步变换检查轴箱及各附属部件
22	第四轴箱及弹簧检查	（1）轴箱弹簧无裂损、无倾斜。 （2）弹簧胶垫无老化、龟裂。 （3）轴箱止挡座无裂纹，止挡与挡座间隙为8 mm。 （4）轴箱端盖螺栓齐全、紧固，内外油封无漏油。 （5）轴箱拉杆无断裂。 （6）速度表电机安装牢固，电缆线良好	目视 手检	上左步转身面对轴箱，采用左右虚步变换检查动轮及轴箱各附属部件
23	油压减振器检查	（1）上支架、下安装座无裂纹。 （2）胶垫无老化、龟裂，防护胶帽无丢失。 （3）减振器体无破损漏油	目视 手检	弓步检查
24	第二总风缸及附近检查	（1）柴油机上水、放水管卡子牢固。 （2）防尘堵、安全链及胶圈齐全完好。 （3）柴油机机油放油管卡子牢固。 （4）放油阀关闭严密，防尘堵及安全链齐全完好。 （5）总风缸安装带无裂纹，螺栓无松动，安装带无位移。 （6）总风缸排水阀无松漏，排水作用良好。 （7）总风缸风管接头无漏风	目视 手检 锤检	弓步检查，上左弓步，从左向右依次检查
25	第三砂箱检查	（1）砂箱焊接牢固，外观完好，箱盖锁闭严密，加砂口密封良好。 （2）存砂量充足，砂质纯净、干燥。 （3）撒砂器及砂管安装牢固，无堵塞。 （4）撒砂管无变形，管口位置无偏斜，胶管管口距轨面高度符合规定	目视 锤检	左脚半蹲稍稍前探，右脚弓步
26	蓄电池箱及附近检查	（1）蓄电池箱门锁闭良好，挡块牢固。 （2）打开蓄电池箱做内部检查（先断开闸刀，严禁吸烟及明火作业，禁止金属器具放在跨线板上）。 ① 蓄电池箱内部应清洁干燥； ② 各单节跨线板连接正确，无松动、烧损、氧化； ③ 各箱连接线无松动、烧损，绝缘套无破损； ④ 各单节电压不低于2 V	目视 手检	弓步检查，上左弓步，从左向右依次检查

续表

作业顺序	检查部位	检查内容及要求	检查方法	细检顺序及动作要求
27	燃油箱检查	（1）燃油箱焊接牢固，外观应清洁完整、无破损。 （2）加油口盖严密，安全链完好。 （3）端部无破损，无变形。 （4）燃油表清晰完好无泄漏，油箱满油（运用中按段规定执行）	目视 手检	上左弓步，从左向右依次检查。右弓步向前探身
28	Ⅱ端车钩下部及缓冲装置	（1）车钩扁销止退销螺母无松动，开口销无丢失。 （2）缓冲器从板与从板座应密贴。 （3）从板及钩尾框各部无裂纹。 （4）缓冲器托板螺栓无松动。 （5）车体构架牵引梁无开焊	目视 锤触	直立锤触
29	机车信号线圈检查	（1）各安装螺丝紧固，各部无破损，插座、接线良好。 （2）安装牢固，排石器支架无开焊，螺丝紧固，胶皮完整，高度符合标准	目视 手动	直立手触
30	转向架端梁检查	（1）端梁无开焊。 （2）撒砂管胶管卡子无松脱	目视	侧身直立手触
31	左右第四砂箱检查	箱体完整，无开焊，焊接牢固，撒砂阀良好，砂管支架安装牢固，砂管角度不偏斜	目视 锤触	锤检及目视箱体、撒砂器装置
32	第六轮对及附近检查	（1）轮箍、轮辐无裂纹。 （2）轮箍踏面无擦伤、无剥离。 （3）闸瓦吊杆各销及开口销完好。 （4）吊杆横拉杆螺母无松动，开口销无丢失。 （5）横拉杆无断裂、弯曲、变形	目视 锤触 手检	弓步下蹲，目视、锤击、手检相结合检查
33	第六滚动轴承（抱轴）检查	滚动轴承安装螺丝牢固，各安装螺栓防缓标记无错位，压油堵无丢失	目视 手检	弓步下蹲，目视、手检相结合检查
34	第六轮齿轮箱检查	（1）齿轮箱无裂纹或泄漏，通气孔防尘罩无丢失，合口安装螺栓无松动，开口销无丢失，加油口盖严密。 （2）安装螺丝无松动，放油堵无松动。 （3）齿轮箱安装座螺栓无松缓，油位符合要求，弹簧作用良好	目视 手动 锤触	弓步侧身、目视
35	第六牵引电机外部检查	（1）电机盖锁闭完好。 （2）电机轴承加油管及油堵无丢失，通气网完好。 （3）通气孔无堵塞。 （4）轴承无过热变色	手动 锤检	弓步下蹲，目视、锤击、手检相结合检查
36	第六牵引电动机悬挂装置检查	（1）牵引电动机及半悬挂吊杆安装牢固，无裂纹、无松动。 （2）通风道无破损，卡子及固定螺丝无松动。 （3）电机安全吊杆无裂纹，安装牢固，螺丝无松动。 （4）安全托铁无裂纹，螺丝牢固	目视 手检	直立目视及手检通风网、吊杆销、吊杆座橡胶垫、安全托铁

项目八 机车检查作业

续表

作业顺序	检查部位	检查内容及要求	检查方法	细检顺序及动作要求
37	第六牵引电动机内部检查	（1）牵引电动机引线连接牢固，无过热、老化现象。 （2）牵引电动机电缆和底架电缆之间的伞状防护罩无异状，防护罩安装正确（密闭、夹紧）。 （3）牵引电动机的可见引线元件无断路、绝缘损坏现象，端子安全夹紧。 （4）电动机和机车底架之间接地线良好	目视手动	手电、目视、手检通风网、接线
38	第五轮对及附近检查	参照第六轮对附近检查内容及要求	目视锤触手检	弓步下蹲，目视、锤击，手检相结合检查
39	第五滚动轴承（抱轴）检查	参照第六抱轴检查内容及要求	目视手检	弓步下蹲，目视、手检相结合检查
40	第五齿轮箱检查	参照第六齿轮箱检查内容及要求	目视手动	弓步侧身、目视
41	第五牵引电动机外部检查	参照第六牵引电动机外部检查内容及要求	手动锤检	弓步下蹲，锤击、手检结合检查
42	第五牵引电动机悬挂装置检查	参照第六牵引电动机悬挂装置检查内容及要求	目视手检	直立目视及手检通风网、吊杆销、吊杆座橡胶垫、安全托铁
43	第五牵引电动机内部检查	参照第六电机内部检查内容及要求	目视手动	手电、目视、手检通风网、接线
44	第四轮对及附近检查	参照第六轮对附近检查内容及要求	目视锤触手检	弓步下蹲，目视、锤击，手检相结合检查
45	第四滚动轴承（抱轴）检查	参照第六抱轴检查内容及要求	目视手检	弓步下蹲，目视、手检相结合检查
46	第四齿轮箱检查	参照第六齿轮箱检查内容及要求	目视手动	弓步侧身、目视
47	第四牵引电动机外部检查	参照第六牵引电动机外部检查内容及要求	手动锤检	弓步下蹲，目视、锤击、手检相结合检查
48	第四牵引电动机悬挂装置检查	参照第六牵引电动机悬挂装置检查内容及要求	目视手检	直立目视及手检通风网、吊杆销、吊杆座橡胶垫、安全托铁
49	第四牵引电动机内部检查	参照第六电机内部检查内容及要求	目视手动	手电、目视、手检通风网、接线
50	左右第三砂箱背部检查	参照第四砂箱检查内容及要求	目视锤检	锤检及目视箱体、撒砂器装置
51	燃油箱后端部检查	（1）端梁无开焊。 （2）制动缸管接口螺母及卡子无松动。 （3）撒砂风管卡子无松动，胶管无破损。 （4）污油槽放油管及卡子应牢固。 （5）总风管安装牢固，卡子良好，无泄漏	目视手动锤触	弓步下蹲，目视、锤击、手检相结合检查
52	燃油箱底部检查	（1）燃油箱外观完整无破损。 （2）燃油箱放油堵无漏油	目视手动	弓步下蹲，目视、手检相结合检查

5. DF$_{4D}$ 型内燃机车检查部位内容及要求（见表 8-6）

表 8-6　DF$_{4D}$ 型内燃机车检查部位内容及要求

作业顺序	检查部位	检查内容及要求	检查方法	细检顺序及动作要求
1	Ⅱ 端前端外观检查	（1）头灯、副灯、标志灯、前窗玻璃、刮雨器外观完好。 （2）标志标记清晰外观完好	目视	机车前方站立，目视检查
2	Ⅱ 端前端左侧检查	（1）扶手安装牢固，无开焊裂纹。 （2）排障器脚踏无变形，距轨面高度符合规定为 80～160 mm	目视锤检	目视扶手，下蹲左虚步锤检排障器
3	Ⅱ 端车钩全面检查	（1）车钩提杆座牢固，无开焊；钩提杆无弯曲、变形；提钩动作灵活无卡滞，全开位 220～250 mm。 （2）车钩摆动灵活，吊杆及托板状态良好，无裂纹。 （3）钩体、钩舌各部无裂纹。 （4）钩舌销无折损，开口销完好（开度为 60°），径向间隙 1～4 mm。 （5）钩舌锁闭作用良好，防跳台不少于 90°，闭锁位 110～130 mm。 （6）车钩中心线距轨面垂直高度应为 815～890 mm	目视手检锤检	侧身目测车钩中心线与轨面高度，提钩检验三态作用，上渡板检查车钩，注意安全，锤击车钩、钩舌、钩舌穿销。下渡板注意安全
4	Ⅱ 端前端右侧检查	（1）制动软管卡子状态良好。 （2）折角塞门状态良好，各部无漏风。 （3）制动管防尘堵及安全链齐全，状态良好。 （4）连接器无缺陷，胶圈无老化、丢失，口面与地面垂直。 （5）软管无老化、龟裂，卡箍无松动，卡耳间隙不少于 5 mm。 （6）软管试验期不超过 3 个月。 （7）软管与机车中心线夹角为 45°。 （8）扶手安装牢固，无开焊裂纹。 （9）排障器无变形，距轨面高度符合规定，为 80～160 mm	目视手检锤检	下蹲左弓步手检；右弓步手检；左弓步锤检排障器
5	车体侧面外观检查	车体侧面平整，无变形、损伤。车体吊装孔盖齐全，安装良好	目视	侧身与机车平行，立于机车左前方目视
6	排障器内侧检查	（1）排障器支架安装牢固、无开焊。 （2）扫石器安装牢固无破损，距轨面 20～30 mm。 （3）机车信号接收器安装架无开焊，接线无破损、脱落。 （4）均衡风缸排水阀无松动泄漏，动作灵活、无堵塞。 （5）缓冲梁无裂纹	目视手检锤检	左弓步下蹲探身手检、锤检、目测

续表

作业顺序	检查部位	检查内容及要求	检查方法	细检顺序及动作要求
7	第六动轮制动装置检查	（1）制动杆各穿销、垫圈、开口销齐全完好。 （2）闸瓦间隙调整器手轮、罩盖及防尘套齐全完好，调整作用良好。 （3）制动缸安装螺栓齐全、牢固。 （4）制动缸前后端盖螺栓齐全、无松动。 （5）制动缸风管接口紧固螺母无松动、漏风。 （6）制动缸活塞杆穿销、垫圈及开口销齐全、完好。 （7）制动装置各销与套的径向间隙不大于2 mm。 （8）制动缸活塞行程74～123 mm。 （9）闸瓦安装正确，无偏磨，无裂纹，各穿销开口销完好。 （10）闸瓦与轮箍踏面缓解间隙6～8 mm，闸瓦厚度不少于20 mm	目视手检锤检	上步转身面对制动装置，采用左右弓步变换检查制动装置各附属部件
8	第四砂箱检查	（1）砂箱外观完好，箱盖锁闭严密。 （2）砂箱安装螺栓无松动。 （3）存砂量充足（100 kg），砂质纯净、干燥。 （4）撒砂器及砂管安装牢固，无堵塞。 （5）撒砂管无变形，管口位置无偏斜。胶管管口距轨面高度35～60 mm	目视手检锤检	左弓步面对砂箱，检查砂箱外观、砂量，以左弓步下蹲侧身，采用左右弓步变换检查砂箱安装螺丝，注意头部安全
9	第六动轮检查	（1）轮箍无弛缓，厚度不小于38 mm，轮箍、轮辐无裂纹。 （2）轮箍踏面擦伤深度不大于0.7 mm；剥离长度不大于40 mm，深度不大于1 mm；垂直磨耗深度不大于7 mm。 （3）轮缘无碾堆，垂直磨耗高度不超过18 mm，厚度符合《铁路技术管理规程（普速铁路部分）》规定	目视手检锤检	左脚半蹲稍稍前探，右脚虚步
10	第六轴箱及弹簧检查	（1）轴箱拉杆无断裂。 （2）轴箱拉杆芯轴与梯形槽底面应有间隙，两侧接触面不少于80%，紧固螺栓无松动，防缓铁丝无断损。 （3）轴箱弹簧无裂损、无倾斜。 （4）弹簧胶垫无老化、龟裂。 （5）轴箱止挡座无裂纹，止挡与挡座间隙为8 mm。 （6）轴箱端盖螺栓齐全、紧固，内外油封无漏油。 （7）轴箱通气孔无堵塞，运用温度不超过70 ℃	目视手检锤检	上步转身面对轴箱，采用左右虚步变换检查动轮及轴箱各附属部件
11	油压减振器检查	（1）上支架、下安装座无裂纹。 （2）胶垫无老化、龟裂，防护胶帽无丢失。 （3）减振器体无破损漏油	目视手检	下蹲左弓步手检

续表

作业顺序	检查部位	检查内容及要求	检查方法	细检顺序及动作要求
12	第四旁承检查	（1）旁承安装螺栓无松动。 （2）防尘罩完好，卡子无松缓。 （3）放油堵无松动漏油。	目视 手检 锤检	上步形成左弓前步，下蹲探身，从里到外目测检查
13	牵引杆装置检查	（1）牵引拐臂、牵引杆、牵引座各部无裂纹。 （2）拐臂销止钉螺栓无松缓，防缓垫无破损。 （3）拐臂销及牵引杆销油堵无丢失。 （4）牵引销托板螺栓及防缓垫片无松缓变形。	目视 手检 锤检	上左弓步，从左到右依次检查
14	车体侧挡	（1）侧挡安装螺栓无松动。 （2）两侧横动间隙之和为 30 mm	锤检	左脚半蹲稍稍前探，右脚虚步
15	第五动轮检查	（1）轮箍无弛缓，厚度不小于 38 mm，轮箍、轮辐无裂纹。 （2）轮箍踏面擦伤深度不大于 0.7 mm；剥离长度不大于 40 mm，深度不大于 1 mm；垂直磨耗深度不大于 7 mm。 （3）轮缘无碾堆，垂直磨耗高度不超过 18 mm，厚度符合《铁路技术管理规程（普速铁路部分）》规定	目视 手检	左脚半蹲稍稍前探，右脚虚步
16	第五轴箱弹簧检查	（1）轴箱拉杆无断裂。 （2）轴箱拉杆芯轴与梯形槽底面应有间隙，两侧接触面不少于 80%，紧固螺栓无松动，防缓铁丝无断损。 （3）轴箱弹簧无裂损、无倾斜。 （4）弹簧胶垫无老化、龟裂。 （5）轴箱止挡座无裂纹，止挡与挡座间隙为 8 mm。 （6）轴箱端盖螺栓齐全、紧固，内外油封无漏油。 （7）轴箱通气孔无堵塞，运用温度不超过 70 ℃	目视 手检 锤检	上步转身面对轴箱，采用左右虚步变换检查轴箱及各附属部件
17	第五动轮制动装置	（1）制动杆各穿销、垫圈、开口销齐全完好。 （2）闸瓦间隙调整器手轮、罩盖及防尘套齐全完好，调整作用良好。 （3）制动缸安装螺栓齐全、牢固。 （4）制动缸前后端盖螺栓齐全、无松动。 （5）制动缸风管接口紧固螺母无松动、漏风。 （6）制动缸活塞杆穿销、垫圈及开口销齐全、完好。 （7）制动装置各销与套的径向间隙不大于 2 mm。 （8）制动缸活塞行程 74～123 mm。 （9）闸瓦安装正确，无偏磨，无裂纹，各穿销开口销完好。 （10）闸瓦与轮箍踏面缓解间隙 6～8 mm，闸瓦厚度不少于 20 mm	目视 手检 锤检	上步转身面对制动装置，采用左右弓步变换检查制动装置各附属部件

续表

作业顺序	检查部位	检查内容及要求	检查方法	细检顺序及动作要求
18	第三旁承检查	（1）旁承安装螺栓无松动。 （2）防尘罩完好，卡子无松缓。 （3）放油堵无松动漏油	目视手检	上左步形成左弓前步，下蹲探身，从里到外目测检查
19	第四动轮检查	（1）轮箍无弛缓，厚度不小于38 mm，轮箍、轮辐无裂纹。 （2）轮箍踏面擦伤深度不大于0.7 mm；剥离长度不大于40 mm，深度不大于1 mm；垂直磨耗深度不大于7 mm。 （3）轮缘无碾堆，垂直磨耗高度不超过18 mm，厚度符合《铁路技术管理规程（普速铁路部分）》规定	目视手检	左脚半蹲稍稍前探，右脚虚步。上左步转身面对轴箱，采用左右虚步变换检查动轮及轴箱各附属部件
20	第四轴箱及弹簧检查	（1）轴箱拉杆无断裂。 （2）轴箱拉杆芯轴与梯形槽底面应有间隙，两侧接触面不少于80%，紧固螺栓无松动，防缓铁丝无断损。 （3）轴箱弹簧无裂损、无倾斜。 （4）弹簧胶垫无老化、龟裂。 （5）轴箱止挡座无裂纹，止挡与挡座间隙为8 mm。 （6）轴箱端盖螺栓齐全、紧固，内外油封无漏油。 （7）轴箱通气孔无堵塞，运用温度不超过70 ℃	目视手检	上左步转身面对轴箱，采用左右虚步变换检查动轮及轴箱各附属部件
21	油压减振器检查	（1）上支架、下安装座无裂纹。 （2）胶垫无老化、龟裂，防护胶帽无丢失。 （3）减振器体无破损漏油。	目视手检	弓步检查
22	第四动轮制动装置检查	（1）制动杆各穿销、垫圈、开口销齐全完好。 （2）闸瓦间隙调整器手轮、罩盖及防尘套齐全完好，调整作用良好。 （3）制动缸安装螺栓齐全、牢固。 （4）制动缸前后端盖螺栓齐全、无松动。 （5）制动缸风管接口紧固螺母无松动、漏风。 （6）制动缸活塞杆穿销、垫圈及开口销齐全、完好。 （7）制动装置各销与套的径向间隙不大于2 mm。 （8）制动缸活塞行程74～123 mm。 （9）闸瓦安装正确无偏磨，无裂纹，各穿销开口销完好。 （10）闸瓦与轮箍踏面缓解间隙6～8 mm，闸瓦厚度不少于20 mm	目视手检	上步转身面对制动装置，采用左右弓步变换检查制动装置各附属部件

续表

作业顺序	检查部位	检查内容及要求	检查方法	细检顺序及动作要求
23	第三砂箱检查	（1）砂箱外观完好，箱盖锁闭严密。 （2）砂箱安装螺栓无松动。 （3）存砂量充足（100 kg），砂质纯净、干燥。 （4）撒砂器及砂管安装牢固，无堵塞。 （5）撒砂管无变形，管口位置无偏斜。胶管管口距轨面高度 35～60 mm	目视锤检	左脚半蹲稍稍前探，右脚弓步
24	第二总风缸及附近检查	（1）油水分离器安装状态良好。 （2）油水分离器排水阀无松动、漏泄，排水作用良好。 （3）柴油机上水、放水管卡子牢固。 （4）防尘堵、安全链及胶圈齐全完好。 （5）柴油机机油放油管及卡子牢固。 （6）放油阀关闭严密，防尘堵及安全链齐全完好。 （7）总风缸安装带无裂纹，螺栓无松动，安装带无位移。 （8）总风缸排水阀无松漏，排水作用良好。 （9）总风缸风管接头无漏风	锤检	弓步检查，上左弓步，从左向右依次检查
25	蓄电池箱及附近检查	（1）燃油箱吊装座无开焊，吊杆调节螺栓、防缓螺母无松动，穿销、开口销无丢失。 （2）蓄电池箱门锁闭良好，防开插销应插牢。 （3）打开蓄电池箱做内部检查（先断开闸刀，严禁吸烟及明火作业，禁止金属器具放在跨线板上）： ① 蓄电池箱内部应清洁干燥，电解液无溢漏； ② 各单节跨线板无松动、烧损、氧化； ③ 各跨线板连接正确，防护油层均匀完整； ④ 各箱连接线无松动、烧损、绝缘套无破损； ⑤ 各单节注水口盖及胶垫齐全、紧固，通气孔畅通； ⑥ 各单节电解液面高出极板 10～20 mm； ⑦ 各单节电压不低于 2 V，电解液相对密度不低于 1.23	目视手检	弓步检查，上左弓步，从左向右依次检查
26	燃油箱检查	（1）燃油箱体外观应清洁完整、无破损。 （2）加油口盖严密，安全链完好。 （3）前端部无破损，无变形。 （4）吊装座无开焊，吊杆调节螺栓、防缓螺母无松动，穿销、开口销无丢失。 （5）燃油表清晰完好无泄漏，油箱满油（运用中按段规定执行）	目视手检	上左弓步，从左向右依次检查；右弓步向前探身

续表

作业顺序	检查部位	检查内容及要求	检查方法	细检顺序及动作要求
27	Ⅱ端车钩下部及缓冲装置	（1）车钩扁销止退销螺母无松动，开口销无丢失。 （2）缓冲器从板与从板座应密贴。 （3）从板及钩尾框各部无裂纹。 （4）缓冲器托板螺栓无松动。 （5）车体构架牵引梁无开焊	目视锤触	直立锤触
28	机车信号线圈检查	（1）各安装螺丝紧固，各部无破损，插座、接线良好。 （2）安装牢固，排石器支架无开焊，螺丝紧固，胶皮完整，高度符合标准。	目视手检	直立手触
29	转向架端梁检查	（1）端梁无开焊。 （2）撒砂管胶管卡子无松脱。 （3）手制动装置完好	目视	侧身直立手触
30	左右第四砂箱检查	箱体完整，无开焊，安装座牢固，螺丝不松动，撒砂阀良好，砂管支架安装牢固，砂管角度不偏斜	目视锤触	锤检及目视箱体、支架、叠砂器装置卡子螺丝紧固
31	第六轮对及附近检查	（1）轮箍、轮辐无裂纹。 （2）轮箍踏面无擦伤、无剥离。 （3）闸瓦吊杆各销及开口销完好。 （4）吊杆横拉杆螺母无松动，开口销无丢失。 （5）横拉杆无断裂、弯曲、变形。 （6）牵引电机大线夹板无松动，无丢失。 （7）牵引电机上盖严密，通风罩及卡子完好	目视锤触手检	弓步下蹲，目视、锤击、手检相结合检查
32	第六抱轴检查	（1）抱轴油盒紧固螺栓齐全牢固，放油堵无松漏。 （2）油盒加油口盖完好严密，油尺无丢失。 （3）抱轴瓦防尘罩完整、严密，开关灵活。 （4）抱轴瓦无错口，无裂纹，无碾片。 （5）抱轴运用温度70 ℃，抱轴瓦与轴颈的径向间隙应为0.2~1.0 mm	目视锤检手检	弓步下蹲，目视、锤击、手检相结合检查
33	第六轮齿轮箱检查	（1）齿轮箱安装牢固，箱体无裂漏。 （2）齿轮箱合口螺栓无松动，油封无甩油。 （3）放油堵无松漏，通气器透气孔无堵塞。 （4）加油口盖严密，油尺完好，油位在上、下刻线之间	目视手检锤触	弓步侧身，目视
34	第六牵引电机外部检查	（1）电机盖锁闭完好。 （2）电机轴承加油管及油堵无丢失，通气网完好。 （3）通气孔无堵塞。 （4）轴承无过热变色	手检锤检	弓步下蹲，目视、锤击、手检相结合检查

续表

作业顺序	检查部位	检查内容及要求	检查方法	细检顺序及动作要求
35	第六牵引电动机悬挂装置检查	（1）悬挂吊杆无倾斜、裂纹。 （2）螺栓无松动，开口销完好。 （3）吊杆芯轴与座两侧应密贴，芯轴螺栓无松动，防缓铁丝无破损。 （4）安全托铁与座无松动裂纹，安全止挡与构架无接磨。 （5）减振胶垫无老化，龟裂	目视手检	目视及锤检通风网罩、吊杆销卡板、吊杆座橡胶垫、安全托铁。安装螺丝，防缓线棉线擦拭确认
36	第六牵引电动机内部检查	（1）电机内部无异物，轴承、油封无漏油。 （2）换向器表面无拉伤，灼痕。 （3）换向器云母槽深度不少于 0.5 mm。 （4）刷架螺栓无松动，防缓标记无位移。 （5）弹簧及压指无裂损，压指应在工作位。 （6）电刷无卡滞、无破损，长度不少于原形尺寸的 1/2，与换向器接触面不少于 75%。 （7）刷辫无破损，无松动。 （8）接线端子无松动，瓷瓶无裂损。 （9）各绕组无烧损、击穿。 （10）通风网无堵塞、破损	目视手检	手电、目视、手检电机孔盖、上通风网、换向器、刷架、绝缘瓷瓶、电刷
38	第五轮对及附近检查	参照第六轮对及附近检查	目视锤触手检	弓步下蹲，目视、锤击、手检相结合检查
39	第五抱轴检查	参照第六抱轴检查内容及要求	目视锤检手检	弓步下蹲，目视、锤击、手检相结合检查
40	第五齿轮箱检查	参照第六齿轮箱检查内容及要求	目视手检锤触	弓步侧身、目视
41	第五牵引电动机外部检查	参照第六牵引电动机外部检查内容及要求	手检锤检	弓步下蹲，目视、锤击、手检相结合检查
42	第五牵引电动机悬挂装置检查	参照第六牵引电动机悬挂装置检查内容及要求	目视手检	目视及锤检通风网罩、吊杆销卡板、吊杆座橡胶垫、安全托铁。安装螺丝，防缓棉线擦拭确认
43	第五牵引电动机内部检查	参照第六电机内部检查内容及要求	目视手检	手电、目视、手检电机孔盖、上通风网、换向器、刷架、绝缘瓷瓶、电刷
44	第四轮对及附近检查	参照第六轮对附近检查内容及要求	目视锤触手检	弓步下蹲，目视、锤击、手检相结合检查
45	第四抱轴检查	参照第六抱轴检查内容及要求	目视锤检手检	弓步下蹲，目视、锤击、手检相结合检查

续表

作业顺序	检查部位	检查内容及要求	检查方法	细检顺序及动作要求
46	第四齿轮箱检查	参照第六齿轮箱检查内容及要求	目视 手检 锤触	弓步侧身、目视
47	第四牵引电动机外部检查	参照第六牵引电动机外部检查内容及要求	手检 锤检	弓步下蹲，目视、锤击、手检相结合检查
48	第四牵引电动机悬挂装置检查	参照第六牵引电动机悬挂装置检查内容及要求	目视 手检	目视及锤检通风网罩、吊杆销卡板、吊杆座橡胶垫、安全托铁。安装螺丝，防缓棉线擦拭确认
49	第四牵引电动机内部检查	参照第六电机内部检查内容及要求	目视 手检	手电、目视、手检电机孔盖、上通风网、换向器、刷架、绝缘瓷瓶、电刷
50	左右第三砂箱背部检查	参照第四砂箱检查内容及要求	目视 锤触	锤检及目视箱体、支架、叠砂器装置卡子螺丝紧固
51	燃油箱后端部检查	(1) 端梁无开焊。 (2) 制动缸管接口螺母及卡子无松动。 (3) 撒砂风管卡子无松动，胶管无破损。 (4) 污油槽放油管及卡子应牢固。 (5) 燃油箱外观完整无破损	目视 手检 锤触	弓步下蹲，目视、锤击、手检相结合检查
52	燃油箱底部检查	(1) 燃油箱外观完整无破损。 (2) 燃油箱放油堵无漏油	目视 手检	弓步下蹲，目视、手检相结合检查

二、评分标准

（一）HXD_{3D}、HXD_{1B}型电力机车检查

1. 评分大纲（见表8-7）

表8-7 评分大纲

项　　目	内容及要求		配分比例	备注
检查时间	走行部检查	15 min	10%	
故障假设	Ⅱ端机车前部 右侧走行部第二转向架 车底部第6~4电机	故障假设2个 故障假设2个 故障假设2个	60%	
检查及呼唤部件	Ⅱ端机车前部 右侧走行部第二转向架 车底部第6~4电机 部件名称、技术参数、呼唤用语、熟练无误	顺序、方法、动作 顺序、方法、动作 顺序、方法、动作	20%	
安全	按照规定准备安全工作 作业过程按规定执行		10%	

2. 评分标准

（1）检查时间要求及评分标准。

① 机车检查考核时间为 15 min，超过规定时间，每超 1 min 减 2 分；

② 超过规定时间 3 min 以上，每超 1 min（不包括 3 min）减 4 分；

③ 时间超过 30 s 不足 60 s 的，按 1 min 计算；

④ 超过规定时间 5 min 以上（不包括 5 min）算失格。

（2）故障假设要求及评分标准。

① 共设故障假设 6 个，每发现一个得 10 分，漏掉一个减 10 分；

② 发现故障处所，呼唤名称错误，减应得分的 1/2。

（3）检查、呼唤部件要求及评分标准。

① 检查顺序、路线错误，每次减 2 分；

② 漏检机车部件，每次减 2 分；

③ 检查方法及程序错误，每次减 1 分；

④ 检查部件后未恢复原状态，每次减 2 分；

⑤ 遗失及人为损坏工具，每次减 2 分；

⑥ 错误呼唤机车检查部件名称，未呼唤被检部件名称，每次减 1 分；

⑦ 错误呼唤机车检查部件技术参数，未呼唤被检部件技术参数，每次减 1 分。

备注：各项最大扣分为各项总分。

（4）安全要求及评分标准。

① 检查前安全准备工作没有完成就开始检查，每次减 5 分；

② 违反安全作业有关规定，每次减 2 分。

（5）考核失格。作业中发生下列情况之一的为考核失格：

① 超过规定时间 5 min 以上（不包括 5 min）算失格；

② 由于检查方法不当造成部件损坏；

③ 违反考核纪律。

（6）机车检查作业成绩组成。

机车检查考核总成绩满分为 100 分。总成绩由四部分组成，各部分分数所占总成绩的比例如下：

A 项：检查时间，占总成绩的 10%；

B 项：故障假设，共 6 个，占总成绩的 60%；

C 项：检查及呼唤部件，占总成绩的 20%；

D 项：安全，占总成绩的 10%。

四项得分之和（A + B + C + D）即为机车下部检查总成绩。

（二）SS₄改型电力机车检查

1. 评分大纲（见表 8-8）

表 8-8 评分大纲

项　目	内容及要求		配分比例	备注
检查时间	走行部检查　　　　　　　　　20 min		10%	
故障假设	Ⅱ端机车前部 右侧走行部第四、三转向架 车底部第 8~5 电机	故障假设 2 个 故障假设 2 个 故障假设 2 个	60%	
检查及呼唤部件	Ⅱ端机车前部 右侧走行部第四、三转向架 车底部第 8~5 电机 部件名称、技术参数、呼唤用语、熟练无误	顺序、方法、动作 顺序、方法、动作 顺序、方法、动作	20%	
安全	按照规定准备安全工作 作业过程按规定执行		10%	

2. 评分标准

（1）检查时间要求及评分标准。

① 机车检查考核时间为 20 min，超过规定时间，每超 1 min 减 2 分；

② 超过规定时间 3 min 以上，每超 1 min（不包括 3 min）减 4 分；

③ 时间超过 30 s 不足 60 s 的，按 1 min 计算；

④ 超过规定时间 5 min 以上（不包括 5 min）算失格。

（2）故障假设要求及评分标准。

① 共设故障假设 6 个，每发现一个得 10 分，漏掉一个减 10 分；

② 发现故障处所，呼唤名称错误，减应得分的 1/2。

（3）检查、呼唤部件要求及评分标准。

① 检查顺序、路线错误，每次减 2 分；

② 漏检机车部件，每次减 2 分；

③ 检查方法及程序错误，每次减 1 分；

④ 检查部件后未恢复原状态，每次减 2 分；

⑤ 遗失及人为损坏工具，每次减 2 分；

⑥ 错误呼唤机车检查部件名称，未呼唤被检部件名称，每次减 1 分；

⑦ 错误呼唤机车检查部件技术参数，未呼唤被检部件技术参数，每次减 1 分。

备注：各项最大扣分为各项总分。

（4）安全要求及评分标准。

① 检查前安全准备工作没有完成就开始检查，每次减 5 分；

② 违反安全作业有关规定，每次减 2 分。

（5）考核失格。作业中发生下列情况之一的为考核失格：

① 超过规定时间 5 min 以上（不包括 5 min）算失格；

② 由于检查方法不当造成部件损坏；

③ 违反考核纪律。

（6）机车检查作业成绩组成。

机车检查考核总成绩满分为 100 分。总成绩由四部分组成，各部分分数所占总成绩的比例如下：

A 项：检查时间，占总成绩的 10%；

B 项：故障假设，共 6 个，占总成绩的 60%；

C 项：检查及呼唤部件，占总成绩的 20%；

D 项：安全，占总成绩的 10%。

四项得分之和（A＋B＋C＋D）即为机车下部检查总成绩。

（三）HXN$_{3B}$、DF$_{4D}$ 型内燃机车检查

1. 评分大纲（见表 8-9）

表 8-9　评分大纲

项　目	内容及要求		配分比例	备注
检查时间	Ⅱ 端机车前部 走行部右侧第二转向架 底部第 6～4 电机	3 min 5 min 7 min	10%	
故障假设	Ⅱ 端机车前部 右侧走行部第二转向架 车底部第 6～4 电机	故障假设 2 个 故障假设 2 个 故障假设 2 个	60%	
检查及呼唤部件	Ⅱ 端机车前部 右侧走行部第二转向架 车底部第 6～4 电机 部件名称、技术参数、呼唤用语、熟练无误	顺序、方法、动作 顺序、方法、动作 顺序、方法、动作	20%	
安全	无安全事故、无违反安全操作		10%	

2. 评分标准

（1）检查时间要求及评分标准。

① 机车检查考核时间为 15 min，超过规定时间，每超 1 min 减 2 分。

② 超过规定时间 3 min 以上，每超 1 min（不包括 3 min）减 4 分。

③ 时间超过 30 s 不足 60 s 的，按 1 min 计算。

④ 超过规定时间 5 min 以上（不包括 5 min）算失格。

（2）故障假设要求及评分标准。

① 共设故障假设 6 个，每发现一个得 10 分，漏掉一个减 10 分；

② 发现故障处所，呼唤名称错误，减应得分的 1/2。

（3）检查、呼唤部件要求及评分标准。

① 检查前安全准备工作没有完成就开始检查，每次减 5 分；

② 违反安全作业有关规定，每次减 2 分；

③ 检查顺序、路线错误，每次减 2 分；

④ 漏检机车部件，每次减 2 分；

⑤ 检查方法及程序错误，每次减 1 分；

⑥ 检查部件后未恢复原状态，每次减 2 分；

⑦ 遗失及人为损坏工具，每次减 2 分。

（4）呼唤检查部件名称技术参数及评分标准。

① 错误呼唤机车检查部件名称，未呼唤被检部件名称，每次减 1 分；

② 错误呼唤机车检查部件技术参数，未呼唤被检部件技术参数，每次减 1 分。

（5）考核失格。作业中发生下列情况之一的考核失格：

① 超过规定时间 5 min 以上（不包括 5 min）算失格；

② 由于检查方法不当造成部件损坏；

③ 违反考核纪律。

（6）机车检查作业成绩。

机车检查考核总成绩满分为 100 分。总成绩由四部分组成，各部分分数所占总成绩的比例如下：

A 项：检查时间，占总成绩的 10%；

B 项：故障假设，占总成绩的 60%；

C 项：检查及呼唤部件，占总成绩的 20%；

D 项：安全，占总成绩的 10%。

HXD3D型电力机车走行部检查作业考核评分表

标准时间：15 min　　用时：　　开始时间：　　结束时间：

选手编号					
项　目	考核内容	扣分标准	扣分次数	扣分合计	得分
（A） 检查时间 10 分	① 超过规定时间，每超 1 min	2 分			
	② 超过规定时间 3 min 以上，每超 1 min	4 分			
	③ 超过规定时间 5 min 以上	失格			
（B） 故障假设 60 分	①	10 分			
	②	10 分			
	③	10 分			
	④	10 分			
	⑤	10 分			
	⑥	10 分			
（C） 检查及呼唤部件 20 分	① 检查顺序、路线错误	每次 5 分			
	② 漏检机车部件	每次 2 分			
	③ 检查方法及程序错误	每次 2 分			
	④ 检查部件后未恢复原状态	每次 2 分			
	⑤ 遗失及人为损坏工具	每次 1 分			
	⑥ 未呼唤部件名称或错呼部件名称	每次 2 分			
	⑦ 未呼唤部件技术参数或错呼参数	每次 2 分			
（D） 安全 10 分	① 检查前安全准备工作没有完成	每次 1 分			
	② 违反安全作业的有关规定	每次 1 分			
失　格	① 超过规定时间 5 min 以上（不包括 5 min）算失格； ② 由于检查方法不当造成部件损坏，或出现安全事故； ③ 违反考核纪律				
总　分	A＋B＋C＋D＝				

教师签字（或盖章）：

DF₄D 型内燃机车走行部检查作业考核评分表

标准时间：15 min　　用时：　　　开始时间：　　　结束时间：

选手编号					
项　目	考核内容	扣分标准	扣分次数	扣分合计	得分
（A） 检查时间 10分	① 超过规定时间，每超 1 min	2分			
	② 超过规定时间 3 min 以上，每超 1 min	4分			
	③ 超过规定时间 5 min 以上	失格			
（B） 故障假设 60分	①	5分			
	②	5分			
	③	5分			
	④	5分			
	⑤	5分			
	⑥	5分			
（C） 检查及呼唤部件 20分	① 检查顺序、路线错误	每次2分			
	② 漏检机车部件	每次2分			
	③ 检查方法及程序错误	每次1分			
	④ 检查部件后未恢复原状态	每次2分			
	⑤ 遗失及人为损坏工具	每次2分			
	⑥ 未呼唤部件名称或错呼部件名称	每次1分			
	⑦ 未呼唤部件技术参数或错呼参数	每次1分			
（D） 安全 10分	① 检查前安全准备工作没有完成	每次5分			
	② 违反安全作业的有关规定	每次2分			
失　格	① 超过规定时间 5 min 以上（不包括 5 min）算失格； ② 由于检查方法不当造成部件损坏； ③ 违反考核纪律				
总　分	A＋B＋C＋D＝				

教师签字（或盖章）：

操作运用案例

实训十三　HXD₃型电力机车走行部检查

1. 实训项目教师工作活页

实训项目学生学习活页　　　　　　　　　　NO：

实训项目	HXD₃型电力机车走行部检查		
学　时		班　级	略
实训场所	铁道机车车体实训场地		
工具设备	铁道机车样车一台、检车锤、多媒体设备课件、图片、示教板等		
教学目标	专业能力	（1）熟知HXD₃型电力机车走行部机车检查准备工具； （2）掌握HXD₃型电力机车走行部机车检查注意事项； （3）掌握HXD₃型电力机车走行部机车检查走行路线； （4）熟知HXD₃型电力机车走行部机车检查的顺序、正确姿势和适当方法； （5）熟知HXD₃型电力机车走行部机车检查的部件名称； （6）了解HXD₃型电力机车走行部的故障假设及对应的符号	
	方法能力	（1）能综合运用专业知识，通过利用专业书籍、多媒体课件和图片资料获得帮助信息； （2）能根据实训项目学习任务确定实训方案，从中学会表达及展示活动过程和成果	
	社会能力	（1）能在实习训练活动中保持积极向上的学习态度； （2）能与小组成员和教师就学习中遇到的问题进行交流和沟通； （3）能与他人共享学习资源，具有较好的合作能力和团队协作精神	
教学评价	学生活动：① 以5~7人为单位小组开展实训活动，根据本组同学在实训过程中的能力表现及结果进行自评、组内互评；② 根据其他小组同学在成果展示活动中的表现及结果进行互评。 教师活动：① 教师组织学生开展评价活动和总结；② 对学生本实训项目单元成绩做出综合评价		
指导教师		教学时间	年　月　日

2. 实训项目学生学习活页

实训项目学生学习活页　　　　　　　　NO：

实训十三　HXD$_3$型电力机车走行部检查

班级：　　　　姓名：　　　　学号：　　　　时间：

一、实训目标

1. 专业能力目标

（1）熟知 HXD$_3$ 型电力机车走行部机车检查准备工具；

（2）掌握 HXD$_3$ 型电力机车走行部机车检查注意事项；

（3）掌握 HXD$_3$ 型电力机车走行部机车检查走行路线；

（4）熟知 HXD$_3$ 型电力机车走行部机车检查的顺序、正确姿势和适当方法；

（5）熟知 HXD$_3$ 型电力机车走行部机车检查的部件名称；

（6）了解 HXD$_3$ 型电力机车走行部的故障假设及对应的符号。

2. 方法能力目标

（1）能综合运用专业知识，通过利用专业书籍、多媒体课件和图片资料获得帮助信息；

（2）能根据实训项目学习任务确定实训方案，从中学会表达及展示活动过程和成果。

3. 社会能力目标

（1）能在实习训练活动中保持积极向上的学习态度；

（2）能与小组成员和教师就学习中遇到的问题进行交流和沟通；

（3）能与他人共享学习资源，具有较好的合作能力和团队协作精神。

二、知识总结

（1）简述 HXD$_3$ 型电力机车走行部机车检查前应做哪些准备工作。

（2）简述 HXD$_3$ 型电力机车走行部机车检查注意事项。

（3）简述 HXD$_3$ 型电力机车走行部机车检查走行路线。

（4）简述 HXD$_3$ 型电力机车走行部机车检查的顺序、正确姿势和适当方法。

（5）简述 HXD$_3$ 型电力机车走行部的故障假设名称。

三、操作运用
（1）在铁道机车车体实训场地对 HXD$_3$ 型电力机车走行部部件名称进行指认。

（2）绘制 HXD$_3$ 型电力机车检查作业路线顺序图。

四、实训小结

五、成绩评定
1. 学生评价

评价等级	A（优）	B（良）	C（中）	D（及格）	E（不及格）
学生自评					
组内互评					
他组互评					

2. 教师评价

评价等级	A（优）	B（良）	C（中）	D（及格）	E（不及格）
专业能力					
方法能力					
社会能力					

3. 综合评价

评价等级	A（优）	B（良）	C（中）	D（及格）	E（不及格）
评价结果					

注：按照学生自评占10%、组内互评占10%、他组互评占20%、教师评价占60%的比例计分。其中，A为100分，B为85分，C为75分，D为60分，E为50分。

4. 评价量规

等级	行为表现描述
A	能圆满高效地完成实训任务的全部内容
B	能顺利完成实训任务的全部内容
C	能完成实训任务的全部内容，但需要一些帮助和指导
D	自己只能完成实训任务的部分内容，但在现场的指导下，已经能完成任务的全部内容
E	不能完成实训任务的全部内容

参考文献

[1] 孙竹生，鲍维千. 内燃机车总体与走行部[M]. 北京：中国铁道出版社，1995.

[2] 张红军，孙永鹏. 双拉杆式机车转向架轴箱定位刚度分析[J]. 机车电传动，2004（5）：5-7.

[3] LEGE B，张文茂. 德国铁路 Cargo 公司 189 型四流制机车[J]. 变流技术与电力牵引，2001（6）：37-38.

[4] BERHARD K，CHRISTIAN T. 欧洲 BR189 型多流制式电力机车[J]. 电力机车与城轨车辆，2004（6）：37-41.

[5] 陈喜红，陈又专，黄勇明，等. 国内货运电力机车转向架的发展历程和最新技术展望[J]. 电力机车与城轨车辆，2010（5）：1-6.

[6] 周建斌，陈清明，王德新，等. HXD_{1B} 型机车转向架驱动系统[J]. 电力机车与城轨车辆，2010（6）：5-7.

[7] 陈清明，陈喜红，钟源. 我国货运电力机车转向架轮对驱动系统[J]. 电力机车与城轨车辆，2010（3）：1-4.

[8] 李冠军. C_0-C_0 轴式大功率货运电力机车牵引装置技术难点分析及对策[J]. 电力机车与城轨车辆，2009（5）：10-12.

[9] 李业明，张红军，姚远. 大功率机车驱动系统联轴器弧齿端齿盘结构性能分析及参数优化[J]. 铁道机车车辆，2009（6）：31-33.